Francisco Morán

¡CÓMO TIEMBLA! ¡CÓMO TIEMBLA!

POESÍA Y PROSA DE BONIFACIO BYRNE

EL *TIC* DIABÓLICO Y RARO DEL MODERNISMO HISPANOAMERICANO

- STOCKCERO -

Foreword, bibliography & notes © Francisco Morán
of this edition © Stockcero 2011
1st. Stockcero edition: 2011

ISBN: 978-1-934768-41-9

Library of Congress Control Number: 2011921808

Set in Linotype Granjon font family typeface
Printed in the United States of America on acid-free paper.

Published by Stockcero, Inc.
3785 N.W. 82nd Avenue
Doral, FL 33166
USA
stockcero@stockcero.com

www.stockcero.com

Francisco Morán

¡Cómo tiembla! ¡Cómo tiembla!
Poesía y Prosa de
Bonifacio Byrne
El *tic* diabólico y raro del modernismo hispanoamericano

Índice

I. Poesías

I.1. Excéntricas

I. 2. Lira y Espada (selecciones)

I. 3. En medio del camino (Selecciones)

III. Bonifacio Byrne: su recepción crítica

IV. Bibliografía de Bonifacio Byrne

I. ¡Cómo tiembla! ¡Cómo tiembla! Bonifacio Byrne o el *tic*
diabólico y raro del modernismo hispanoamericano (una
introducción a la vida y obra del poeta cubano)

I

El Niágara en el joyero: Breve introducción al modernismo
hispanoamericano y al lugar de José Martí en el movimiento

Tanto el modernismo hispanoamericano[1] como los estudios canónicos del
movimiento están marcados por extrañas paradojas. Puesto que no pocos es-
tudiosos consideran todavía hoy al modernismo como escapista, dado al exo-
ticismo y afrancesado, el lugar de José Martí en el mismo (para no mencionar
sino un ejemplo emblemático) sigue siendo, por lo mismo, problemático e ines-
table.[2] Así, Roberto Fernández Retamar sólo consigue reconciliar precaria e
incómodamente al autor de *Ismaelillo* con el modernismo, a cambio de rede-
finir a este último, «más allá de la literatura.» Sólo entonces podría verse, nos
asegura, que «no sólo que Martí es enteramente modernista, sino que es el
mayor de ellos» («Modernismo, Noventiocho» 103). Para decirlo en pocas pa-
labras: a menos que se niegue o minimice lo literario en el movimiento es que

---

1   El modernismo fue concebido inicialmente como un movimiento determinado hasta cierto
     punto por la obra de la figura de Rubén Darío. Habría, pues, comenzado en 1888, con la pu-
     blicación de *Azul*, y concluido con la muerte del poeta nicaragüense en 1916. Los estudios crí-
     ticos más recientes, sin embargo, coinciden en considerar al modernismo como un proceso de
     mayor alcance, más complejo. Ya en 1966, Ivan A. Schulman había observado que «la figura
     monumental de Darío y sus hiperbólicos conceptos historiográficos desorientaron a muchos
     críticos y eruditos del período de posguerra en adelante» (*Génesis* 11). Por tanto, añade
     Schulman, «ya no es lícito hablar del modernismo como movimiento que es el producto de
     un solo hombre y que abarca los años entre 1888 y 1916 (fechas darianas)» (12). El moder-
     nismo se inserta en los comienzos de la modernidad hispanoamericana, y cubre las dos úl-
     timas décadas del siglo XIX hasta, aproximadamente, los años 20s. Schulman incluso llega a
     afirmar que «el modernismo, como estilo epocal, y como legado ideológico, sobrevive en la
     literatura de hoy» (16). Me atrevo incluso a afirmar que la estética modernista no solamente
     no desaparece del todo, sino que incluso persistió en algunos géneros de la cultura popular,
     particularmente en el bolero, pero también en el tango y en las novelas del corazón (foto, radio
     y aún telenovelas del presente), estás últimas herederas del folletín. Rafael Castillo Zapata,
     por ejemplo, se refiere a la impronta de la poesía modernista en las composiciones de Agustín
     Lara (42), mientras que Iris M. Zavala también comenta la relación entre modernismo y
     bolero. En un bello libro, *El imperio de los sentimientos*, Beatriz Sarlo explora el impacto de la
     ficción y de la poesía (por cierto, no restringidas al público femenino) no sólo en la cons-
     trucción de «materiales ideológico-experienciales que, de algún modo, forman parte de un
     patrimonio común transformado estéticamente», sino también «como formadores activos de
     fantasías sociales» (39). Véanse: Rafael Castillo Zapata. *Fenomenología del bolero* (1993); Iris
     M. Zabala. *El bolero. Historia de un amor* (2000) y el citado título de Sarlo (2000).

2   En este sentido, una de las primeras cosas que llama la atención al revisar la bibliografía de
     los estudios martianos es el creciente auge del enfoque político en detrimento del interés en
     lo literario que se observa en la crítica, a particularmente a partir de los años 1950s, y coinci-
     dente con la celebración del Centenario de su nacimiento (1953) y el triunfo de la revolución
     cubana (1959).

se le puede dar cabida a Martí en él. Precisamente, esto es lo que busca Fernández Retamar cuando, al identificar el 98 como la otra cara de la moneda de la literatura en lengua española de fines del siglo XIX, nos dice que, en España, «[l]a verdadera postura modernista fue la de Unamuno *escribiendo en favor de la independencia de Cuba*» (105, énfasis mío). De esta manera, la *prosa* y el *pensamiento políticos* reemplazan a la *poesía* y a la *literatura*, con lo cual, el ensayista cubano al *redefinir* el modernismo, de hecho lo *anula*.

Hay que reconocer, sin embargo, el importante aporte crítico de Fernández Retamar al insistir en la experiencia del subdesarrollo que comparten España e Hispanoamérica al entrar en la modernidad como un aspecto a tener en cuenta en los respectivos desarrollos del modernismo hispanoamericano y la Generación del 98. Al mismo tiempo, quiero llamar la atención sobre una significativa paradoja. Por diferentes caminos, los críticos que más han condenado al modernismo, no solamente han enfatizado el *españolismo* de Martí (en lo cual llevan razón), sino que hasta en no pocos casos lo han celebrado. Aunque partiendo de una premisa diferente, la asociación de Martí con Unamuno que propone Fernández Retamar[3] se incribe dentro de esta lectura. Otro ejemplo significativo es el de Juan Marinello,[4] quien incluso dedicó un ensayo exclusivamente a este asunto («Españolidad literaria de José Martí,» 1941), y al que vuelve en su *José Martí, escritor americano* (1958), así como en la polémica sobre el modernismo que sostuvo con Manuel Pedro González (1959). Esa *españolidad* resulta clave, puesto que ha sido uno de los argumentos más efectivos de la crítica al oponer a Martí a sus *afrancesados* colegas modernistas. Marinello nos dice que una «nota privativa» de éstos «podría situarse en la tendencia a rechazar lo español como inspiración, norma y dechado» y optar, en cambio, por «el acatamiento a las nuevas modalidades literarias de la Europa más culta y avanzada, singularmente las de Francia» (*Martí, escritor* 4).[5] Como puede verse el rechazo a lo español contrasta vivamente con la sugerida sumisión, esclavización (*acatamiento*) al modelo *singularmente* francés. La paradoja de esta lectura es bastante obvia. Si se tiene en cuenta la condición colonial de Cuba a fines del siglo XIX, así como la guerra de independencia que organizó el propio Martí, ¿ese celebrado españolismo no debería a la postre resultar repudiable tanto como anti-moderno? Es posible, sin embargo, explicar esta inconsistencia de la crítica si pensamos en

---

3   Fernández Retamar nos dice que fue Federico de Onís quien incluyó a Unamuno y a Martí en el modernismo, pero al mencionar esto junto a otros puntos del argumento onisiano expresa que la ampliación del concepto del modernismo, «obliga a dar razón de varios hechos,» siendo uno de ellos la de qué relación «guarda el hecho literario que es el modernismo con el pensamiento que anima sobre todo (aunque no exclusivamente) a sus prosistas, y en particular a José Martí y Miguel de Unamuno» (98). Cabe destacar, como ya he dicho, o sugerido, que ese dar razón, no consiste sino en oponer pensamiento a literatura, 98 a modernismo, y Martí y Unamuno a Darío. Sin embargo, la idea no era nueva ni mucho menos. En *Martí, escritor americano* (título al que nos referiremos muy pronto) Juan Marinello comenta que «cuando De Onís empareja a Unamuno con Martí como modernista pleno, lo que está haciendo es en verdad acercándolos como combatientes del Modernismo» (26).

4   Juan Marinello (Las Villas, 1898 – La Habana, 1977). Poeta, ensayista, pensador marxista y uno de los estudiosos más importantes de la obra de José Martí.

5   En lo adelante, al citar de este título lo haré utilizando las siglas JMEA, seguidas del número de página(s) correspondiente(s).

las diferentes asociaciones que concitan lo español (el realismo, el pensamiento, la masculinidad, lo político) y lo francés (el escapismo, la impostura, el exotismo y, más sutilmente, pero de manera inequívoca, la sospecha al menos de una sexualidad y un erotismo *raros*). Dicha alineación cobra matices más definidos cuando Marinello separa al Unamuno agónico que «bracea en el vacío de sí mismo» y al Martí que lo hace «entre la gente», del Darío que «no bracea, sino que reposa, anotando los gestos gráciles de los otros» (27). Los *braceos* (acción enérgica, viril) de Unamuno y Martí se separan hostilmente del *reposo* (languidez, inacción, afeminamiento) de Darío que, lejos de crear, imita (toma nota, copia) los *gestos gráciles* (otra vez el énfasis en la desvirilización) de esos otros (modelos foráneos, franceses). Martí, Unamuno y lo español quedan asociados al pensamiento creador; mientras que el modernismo es reducido a la imitación, al regodeo en las formas.[6] Martí, había dicho antes Marinello, «es más él, por fiel a la tradición y triunfador de ella, cuando medita como Gracián, adoctrina como Quevedo o siente como Santa Teresa» («Españolidad» 58). He aquí la paradoja a que nos aboca esta lectura. Uno tiene que preguntarse cómo puede Martí triunfar *de* (sobre) la tradición española al mimetizarse *en* ella, al travestirse *en* Gracián, Quevedo y Santa Teresa, al posar como, pasar como ellos y (con)fundirse con ellos. ¿Y por qué no podría imputársele a este mimetismo, insisto, la supuesta sumisión que se les atribuía a los modernistas respecto a los modelos franceses? Y si Martí podía sentir como Santa Teresa, ¿no era susceptible también de experimentar los transportes místicos de la santa, el éxtasis, la visita del ángel?[7]

He ahí, pues, la gran paradoja: el salto anti-moderno que implica esta adopción de los modelos de Quevedo, Gracián y Santa Teresa, a diferencia de la adopción de los movimientos renovadores franceses (el simbolismo sobre todo) que realizan los modernistas. Si como también han comentado algunos críticos importantes como Pedro Henríquez Ureña, el modernismo constituyó un tipo de independencia literaria con respecto a España,[8] ¿no se infiere entonces que el apego a los modelos españoles debía constituir a su vez una señal de *dependencia* de ellos? Esto resulta todavía más importante si se

---

6   Esto, que es uno de los lugares comunes de la crítica, ha alimentado y mantenido los ataques al modernismo. Por ejemplo, en su *Breve historia del modernismo* Max Henríquez Ureña, a pesar de su advertencia de que «conviene no olvidar que toda renovación de forma conlleva generalmente la búsqueda de una expresión adecuada para una nueva sensibilidad» (16), insiste en el predominio del «culto preciosista de la forma» en la primera etapa del modernismo, hasta el punto que la voluntad de estilo «culmina en refinamiento artificioso y en inevitable amaneramiento.» La expresión literaria, entonces, «parece reducirse a un mero juego de ingenio que sólo persigue la originalidad y la aristocracia de la forma.» Aclara otra vez que no es «que los modernistas desecharan del todo otros motivos de inspiración más honda,» pero, insiste, «un ansia de refinamiento, que a veces degeneraba en frivolidad, era lo que parecía dar la tónica del movimiento» (33). No es de extrañar que haya sido esta supuesta «primera etapa» la que de hecho haya definido al movimiento como tal. Obsérvese la reserva que persiste en la idea de que los modernistas no desecharon *del todo* preocupaciones más profundas.

7   Pedro Henríquez Ureña comenta que el conocimiento de los clásicos españoles que tenía Martí «era muy amplio, y parece que tuvo especial devoción por Santa Teresa, descubridora de una forma sutil de expresión para experiencias místicas en su lenguaje coloquial cotidiano, tan típicamente femenino en su construcción que nos parece oír la entonación de su voz» (*Las corrientes* 167).

8   *Ibid.*, 169.

considera que mientras Martí parece ignorar la existencia de sus colegas modernistas,[9] se prodiga en los poetas y figuras del pasado y en las de los héroes. Al evocar la figura del poeta Alfredo Torroella, en el discurso que pronuncia en el Liceo de Guanabacoa el 28 de febrero de 1879, lo imagina de niño escuchando de labios del padre las historias de los héroes: «¡Cuánto anheló para sí el manto de Régulo, la palabra de Hortensia, la toga de los Gracos!» Y añade: «Acordábase de su padre el niño poeta, y allá en el alma hallaba elevación para el coturno» («Alfredo» 730). Por supuesto, Martí se proyecta a sí mismo en estas imágenes. Es él quien anhela *manto*, *toga* y *coturno*. En la proximidad de la renovación modernista, busca refugio en el taller de la pintura neoclásica, en el repertorio de sus grandes gestos.

Los críticos han reconocido, desde luego, el desasosiego martiano frente a la modernidad, y no han fallado en ver en esto otra evidencia de la figura del poeta moderno. Pero lo que no se ha reconocido es otra cosa: el rechazo (y no la mera crítica) de Martí a la vida moderna. En carta a José Joaquín Palma[10], incluida como prólogo en las *Poesías* de éste (Honduras, 1882), le dice: «Tú, Palma, hubieras sido aeda en Grecia, scalder en Escocia, trovador en España, rimador de amores en Italia» («Carta» 735). Nótese que no es solamente en sus asuntos que Martí se vuelve al pasado, sino incluso también en la pesantez del estilo oratorio. Esto explica que la mayor parte de los escritores de quienes se ocupó, o permanecen en el olvido, o no despiertan ya interés: Alfredo Torroella, José Joaquín Palma, Francisco Sellén y Juan Antonio Pérez Bonalde[11], entre otros. Eran, en su mayoría, ya figuras del *pasado* cuando Martí escribió sobre ellas; y fue por eso que merecieron su interés.

El ejemplo de Pérez Bonalde resulta particularmente revelador de lo que digo. El Prólogo de Martí al *Poema del Niágara* del venezolano ha sido considerado como una especie de manifiesto modernista. Julio Ramos lo lee como «una de las primeras reflexiones latinoamericanas sobre la relación problemática entre la literatura y el poder en la modernidad» (*Desencuentros* 21). Con claridad meridiana, Ramos comenta que Martí «es un 'héroe' *moderno* precisamente porque su intento de sintetizar roles y funciones discursivas presupone las antítesis generadas por la división del trabajo y la fragmentación de la esfera

---

9   No dejó ni una página sobre Darío, a quien sabemos que llegó a conocer. Lo mismo en el caso de Manuel Gutiérrez Nájera, al que también conoció y sabemos que tenía en estima. De Julián del Casal no escribió sino un breve medallón, y a su muerte; y lo mismo sucedió con Augusto de Armas. Martí fue uno de los colaboradores de *La Revista Ilustrada de Nueva York*, donde también aparecieron textos de Casal, Darío, Gutiérrez Nájera, Salvador Díaz Mirón, Enrique Gómez Carrillo. También sabemos, por una carta suya a su director, Enrique Hernández Miyares, que leía *La Habana Elegante*, revista en la que Casal publicó casi toda su poesía. Curiosamente, las únicas figuras modernas de las que se ocupa (como Oscar Wilde y Walt Whitman) no son hispanoamericanas.

10   José Joaquín Palma (Bayamo, Oriente, 1844 – Guatemala, 1911). Poeta y periodista. Participó en la guerra de independencia que se inició en 1868 y en 1873 viajó a Jamaica con la misión de recaudar fondos para la causa separatista. Residió en Guatemala y Honduras. En este último país llegó a ser secretario del Presidente, y se hizo ciudadano hondureño, y también guatemalteco. Escribió el himno nacional de Guatemala. Regresó a Cuba en 1902 y aceptó la representación de Cuba en Guatemala.

11   Alfredo Torroella (La Habana, 1845 – La Habana, 1879); Antonio Sellén (Santiago de Cuba, 1838 – La Habana, 1889); Francisco Sellén (Santiago de Cuba, 1836 – La Habana, 1907); Juan A. Pérez Bonalde (Caracas, Venezuela, 1846 – La Guaira, Venezuela, 1892).

vital relativamente integrada en que había operado la escritura de los letrados»
(29). Es decir, la heroicidad moderna de Martí no está para Ramos, en ese
«sujeto orgánico, como una 'estatua de granito' – al decir de Enrique José
Varona[12] – que logra condensar la fragmentación moderna» (28), sino, por el
contrario, en la imposibilidad (no obstante su lucha por conseguirlo) de superar
esa, pudiéramos decir, fragmentación constitutiva de la experiencia moderna.

Lo que se le escapa a Ramos, y a todos los que han comentado el Prólogo,
es que junto a la modernidad apuntada, encontramos también el gesto deci-
didamente *anti-moderno*. Es decir, si bien es cierto que en este texto el *estilo*,
como observa Ramos, «registra la especificidad de una mirada, de una auto-
ridad literaria» (24), rasgo definidor del modernismo, también, a mi juicio,
es un error leer el texto martiano completamente al margen del otro texto li-
terario al que sirve de puerta de entrada: el poema de Pérez Bonalde. Debe
observarse que, desde su título, nos remite al de José María Heredia, al estilo
herédico en el cual el romanticismo se combinó con la retórica neoclásica.
No es un hecho de menor importancia que uno de los textos que la crítica con-
sidera como fundacional del modernismo, y de la *modernidad* literaria hispa-
noamericana, lo suscitara el entusiasmo por un poema que aunque se publica
en 1883 ya estaba en el *pasado*. A la luz de esto que estoy diciendo la obser-
vación de que el Prólogo «se organiza en torno a una metáfora clave que re-
presenta al escritor como un guerrero solitario, sin ejército ni respaldo,» así
como la de que la privatización de la práctica literaria produce, en términos
de Martí, la «nostalgia de la hazaña» (23), cobran un significado adicional y
no menos importante, insisto, que el que con sobrada razón, le atribuye
Ramos. La metáfora del escritor como guerrero solitario es coherente con la
nostalgia de la hazaña, puesto que lo segundo es, en efecto, la nostalgia del
mundo épico que Martí lee, añora y reescribe al comentar el poema de Pérez
Bonalde. La *nostalgia de la hazaña* es *nostalgia de la acción*, y es reflejo espe-
cular del deseo de Martí de ser *poeta en actos* (no en el lenguaje).[13] Así, pues,
el mismo texto que afirma la voluntad de estilo, y que a través de él legitima

---

12   Enrique J. Varona (Puerto Príncipe, Cuba, 1849 – La Habana, 1933). Escritor, crítico y filósofo
       cubano. Al morir Martí en 1895, asumió la dirección del periódico *Patria* en Nueva York.

13   De esto no hay que inferir, por supuesto, un rechazo absoluto de la palabra escrita por parte
       de Martí, porque ¿cómo explicar entonces los veintisiete volúmenes de sus *Obras Completas*?
       Además, no sería difícil encontrar en la propia escritura martiana ejemplos que sugieren un
       compromiso total con la escritura y con la literatura. Recuérdense los versos: «Verso, o nos con-
       denan juntos / nos salvamos los dos!» (*Obra poética* 144). Lo que sí puede afirmarse es que,
       no obstante, la relación de Martí con la escritura es a un tiempo, íntima y agónica, atravesada
       como está por la idea obsesiva que asocia la acción con lo masculino y la palabra con lo fe-
       menino. Comentando esa dicotomía, Ramos nos dice que «por el reverso de la heroicidad viril
       y poderosa, [Martí] se ubica en el lugar secundario de las palabras – el lugar mediado y pasivo
       de la escritura – desde donde admira y representa la prioridad de la acción emblematizada por
       el cuerpo sano y completo del guerrero» (*Desencuentros* 306). Esta ansiedad de castración re-
       fleja el intenso drama de la virilidad que obsesivamente atraviesa toda la escritura martiana.
       Este asunto ya ha llamado la atención de otros críticos, además de Ramos. Véanse también,
       entre otros: Emilio Bejel. *Gay Cuban Nation* (2001); Jorge Camacho. «La virilidad (amenazada)
       del apóstol Martí: una polémica pospuesta.» *Dissidences* 2.1., 2006; «Los límites de la trans-
       gresión: la masculinización de la mujer y la feminización del poeta en José Martí.» *Revista Ibe-
       roamericana*. LXVII 194-195 (2001): 59-68; Francisco Morán. «'Sueño con claustros de
       mármol': homoheroísmo o la veta en el mármol de la escritura martiana.» *Mandorla* 10, 2007.

la autoridad literaria y se convierte por ello en testimonio de la modernidad, es el mismo que niega ambas cosas. ¿Por qué no se ha visto que la metáfora del escritor como guerrero solitario se sostiene en su oposición a la del escritor moderno (entiéndase, *modernista*) que es caracterizado como desvirilizado?:

> De aquí esos poetas pálidos y gemebundos; de aquí esa nueva poesía atormentada y dolorosa; de aquí esa poesía íntima, confidencial y personal, necesaria consecuencia de los tiempos, ingenua y útil, como canto de hermanos cuando brota de una naturaleza sana y vigorosa, desmayada y ridícula cuando la ensaya en sus cuerdas un sentidor flojo, dotado, como el pavón del plumaje brillante, del don del canto («El Poema» 224).

No se trata sólo , sin embargo, de la mencionada desvirilización, puesto que esto no es sino uno de los síntomas de la modernidad, si bien importante, que angustian a Martí. En última instancia, lo decisivo es la vertiginosidad de los cambios, y en consecuencia, la inestabilidad de las creencias, de la fe, pues lo que prima ahora es la incertidumbre. «Partido así el espíritu en amores contradictorios e intranquilos [...]; desprestigiadas y desnudas todas las imágenes que ante se reverenciaban,» comenta, ya no es posible «producir aquellas celosas imitaciones de gentes latinas que se escribían pausadamente, año sobre año, en el reposo de la celda.» Lo curioso, y a mi entender significativo de lo que la crítica persistentemente ha preferido no ver en Martí, es la expresa nostalgia, de signo reaccionario, que es paralela a la afirmación de la modernidad. Lo que se echa de menos aquí es la celda, la supuesta «beatífica calma que ponía en el espíritu la certidumbre de que el buen indio amasaba el pan, y el buen rey daba la ley, y la madre Iglesia abrigo y sepultura» (225-26). Las imágenes idílicas del (*buen*) indio colonizado, del (*buen*) poder monárquico y del (*maternal*) poder eclesiástico revelan el salto hacia un pasado que Martí ve como repositorio de las tradiciones perdidas. Tradiciones que, notemos, son anti-democráticas, coloniales y autoritarias. La «nostalgia de la hazaña» (228) no es sino la nostalgia de la épica, de la guerra, de la acción, es decir, de todo lo que, visto desde la modernidad, representa la escenografía y el *performance* de una masculinidad que, justo en el momento de institucionalizarse a fines del siglo XIX (y quizá como resultado de esto) está en crisis. Quizá ya sea hora de preguntarnos si la guerra de independencia organizada por Martí, eso que él llamó la «guerra necesaria», no fue acaso *necesaria* en el doble sentido de *necesidad* política de Cuba y *necesidad* psicológica del propio Martí.

Así, pues, en una época minada por las sospechas de las conductas sexuales «contra-natura,» la afirmación martiana de que el poema «está en la naturaleza» (231), y la figuración de Pérez Bonalde en su poema como un caballero medieval, y aún la afirmación, por otra parte jubilosa, de que el poema tiene «alarde pindárico» y «vuelo herediano» (233), constituyen, insisto, un gesto reaccionario, y que está motivado por la voluntad de virilizar, o de re-virilizar al poeta moderno: «Ase la niebla, rásgala, penétrala. ¡Evoca al Dios del antro; húndese en la cueva limosa: enfríase en torno suyo el aire; resurge coronado de luz; canta el *hosanna*!» A la nostalgia de la épica hay que agregar el hecho de que el estilo del prólogo mismo parece competir con el del poema. El «Prólogo» al *Poema del Niágara*, es, efecto, el resultado de una extraña com-binación estilística: la de la épica romántica con sus rezagos neoclásicos y el nuevo estilo del modernismo. Los «colores a prueba de sol,» la frase que «cae rota en colores,» el «buril de plata,» el trabajo de «abrillantar y redondear la joya» son ya, sin duda, una muestra del trabajo de orfebrería del modernismo, mientras que esas «ideas potentes» que «se enciman, se precipitan, se cobijan, se empujan, se entrelazan,» parecen citar, sobreescribir la célebre oda de He-redia a la catarata. Pero lo fascinante al cabo son esos momentos en que los relampagueos del estilo iluminan la fusión de lo épico con el nuevo aliento modernista, como cuando se afirman, al mismo tiempo, el «vuelo herediano», las «cóleras heroicas» y los «lujosos alzamientos» del poema (233). *Lujosos al-zamientos*, como si la *haute couture* y el trabajo de orfebrería del modernismo insistieran en labrar las aguas del torrente, en aquietarlas en el engaste de la joya. «El verso es perla,» dice Martí; y apenas se entreabre el joyero cuando ya se escapan los perfumes, las fragancias que inevitablemente delatan la in-timidad y la cercanía del *boudoir* de la mujer: «No han de ser los versos como la rosa centifolia, toda llena de hojas, sino como el jazmín de Malabar, muy cargado de esencias» (234). Todo lo que Martí se empeña en conjurar, regresa con más fuerza por vía del estilo. La oposición *llena de hojas-cargado de esencias* es otro ejemplo de la ansiedad de castración que permea su angustiosa po-sición ante los flujos y la fragmentación de la modernidad. Notemos de paso que esa *rosa centifolia* de que nos habla trae un eco de los «trabajosos hojosos, y de devaneos y fragilidades de la imaginación, y de toda esa literatura blanda y murmurante» que había criticado en «El carácter de la *Revista Venezolana*» en 1881. Esos «trabajos hojosos» y las fragilidades de la imaginación» que critica entonces, sugieren una desvirilización a la que Martí opone los trabajos de la revista, «muy puesta en su lugar, y muy precisa» (208).

Hay que decir, no obstante, que justamente por las fugas a que necesa-riamente la aboca el trabajo de estilización, la propia escritura martiana se desvía hacia lo que inútilmente trata de conjurar. Así, si volvemos al pasaje del «Prólogo,» no podemos dejar de notar que el jazmín cargado de esencias apenas es otra cosa que la imagen especular de la rosa. Pienso que las satura-ciones que opone Martí – *hojas/esencias* – buscan inscribir lo segundo en el reino de lo esencial, de la *identidad*. No veo como podría tener sentido la opo-sición si este no fuera el caso. Pero como se trata de la esencia de otra flor (el jazmín) e, insisto, también en ambos casos de saturaciones, de excesos, lo esencial, la *identidad* es, curiosamente, perfume, *esencia*, aroma. Como tal, se escapa, se expande, perfuma. Su *esencia*, para decirlo en pocas palabras, consiste en su *disipación*, en el *gasto*, el *derroche* y la *pérdida*.

El combate de Martí se explica, entonces, porque en él se enfrentan lo que llamé antes el modernismo ético al modernismo estético.[14] Con lo primero, Martí asocia el control de los flujos, el simbolismo vertical y jerarquizante de la raíz, la unidad, la identidad política (americana, cubana) y la suya propia como sujeto. Del lado del segundo caen lo fluido y lo inestable, el simbolismo del rizoma anarquista, la máscara, la fragmentación del sujeto, la permeabilidad de los proyectos identitarios.

La lucha que se da en el interior de Martí mismo, de su escritura, y que es por lo mismo la evidencia más contundente de la imposibilidad de separar un modernismo de otro, ha sido paradójicamente replicado por la crítica tradicional que, a su vez, ha escindido artificialmente (por lo radical de la operación) a los modernistas y, por extensión (como ya vimos en Fernández Retamar) a la prosa de la poesía y al periodismo de la literatura. José Martí se convierte entonces en el polo opuesto de Darío y, más aún, en el de Julián del Casal (La Habana 1863-1893). Incluso Julio Ramos, a quien debemos uno de los análisis más incisivos de la relación literatura-política en el siglo XIX latinoamericano, cae en la simplificación de reducir al modernismo al paseo decorador, a un «discurso estetizador» que, afirma, borra la ciudad (*Desencuentros* 179). Ese discurso estetizante resulta condenable precisamente porque se lo figura alienado de lo ético. «Es significativo,» comenta Ramos, que «[el] aspecto disciplinario, ordenador, de paseo» pase a ser luego «un mecanismo narrativo de cierta criminología finisecular» (176). Más significativo resulta, habría que agregar, la falta de examen crítico de que ha disfrutado (con muy pocas excepciones) la escritura política y social de Martí. Apenas llega a los Estados Unidos, y enseguida da riendas a un discurso xenofóbico de honda raíz positivista. «[M]uchos extranjeros traen sus odios, sus heridas, sus úlceras morales. [...] ¡Qué grande ha de ser una nación, para conducir por vía tranquila, esas bandadas de lobos hambrientos y sedientos, esas excrecencias de países viejos y pobres, feroces e inútiles allá, –y aquí, bajo el influjo del trabajo, buenas cordiales y mansas» («Impresiones» 109-110). Para la mayor parte de los críticos (que sólo han prestado atención a la impresión de Martí sobre los Estados Unidos, y no, por ejemplo, a cuestiones más específicas como la que desarrolla sobre los inmigrantes) esta es una etapa fugaz que luego será reemplazada por un antiimperalismo sólido y contundente. Sostengo, sin embargo, que si se le sigue el rastro a esta rabiosa xenofobia, se la encontrará (mezclada a expresiones de simpatía por los desposeídos) hasta incluso después de los sucesos de Chicago, cuando, supuestamente, tuvo lugar la radicalización definitiva de Martí.

Si se quiere un ejemplo, ahí está el artículo «La inmigración en los Estados

---

14   Ver *Julián del Casal o los pliegues del deseo*, 45-55.

Unidos y en Hispanoamérica. Aviso a México,» publicado en *El Partido Liberal* de México el 26 de septiembre de 1888. En él Martí alerta a México sobre el engañoso «consejo a nuestras tierras» que circulaba por aquellos días en la prensa norteamericana, y que consistía en afirmar que «la inmigración italiana conviene singularmente a nuestros pueblos.» Desde luego, Martí tiene razón al calificar de *insidioso* ese consejo, puesto que saca a la luz la razón oculta del mismo: las pugnas entre italianos e irlandeses se intensificaban, y no resulta difícil colegir, como lo hace Martí, que Estados Unidos sólo quería deshacerse de una inmigración indeseable. Esta es la característica postura antiimperialista de Martí. Mas ese antiimperialismo está *vis-á-vis*, como dije antes, con un inquietante (por virulento) discurso xenofóbico, que difiere muy poco del que desarrolló antes de la ejecución de los anarquistas de Chicago. Para Martí «[el] odio del irlandés al italiano es mayor por lo mismo que ambas inmigraciones, se parecen en lo ruin de sus empleos y en lo mezquino de sus hábitos.» El comentario de que los napolitanos que viven por Mulberry Bend y por Mott Street «parecen haces de huesos vivos, con todo el fósforo de la calentura en los ojos» sugiere la asociación con los anarquistas, tanto por la violencia de que está cargada la imagen como por la evocación de la dinamita cuya mecha parecen listos a encender el fósforo acumulado en los ojos. Del irlandés, por otra parte, dice que «no le lleva mucha ventaja» a su rival, puesto que vive «sin amistad más íntima que el chivo y el puerco.» El juicio xenofóbico de Martí (y esto es lo irónico) tiene su origen en su impertérrita costumbre de juzgarlo todo y a todos desde una posición de superioridad moral absoluta que, por lo mismo, casi nunca falla en emitir un juicio condenatorio. El catalizador, por así decirlo, de este juicio moral es, como hemos visto hasta aquí, la represión del cuerpo y sus deseos. Lo que obsesiona a Martí es el cuerpo, y esto desata el discurso inquisitorial. Los italianos, afirma, «con amarse hasta secarse, y matarse por celos los domingos, tienen la vida hecha» («La inmigración» 1089). Expresa que no son «los espaldudos agricultores de Piamonte, que esos vienen poco acá, sino los pescadores de arete y pulsera» (1090) los que los Estados Unidos *invitan* a México y a «nuestros países» a recibir. Estos pescadores «de arete y pulsera» cuya abyección reside en el afeminamiento que les atribuye, no son, como pudiera creerse una otredad diferente de la latinoamericana. Años más tarde, en su canónico ensayo «Nuestra América» (1891), exhortará a los gobernantes latinoamericanos a «cargar los barcos con esos insectos dañinos que le roen el hueso a la patria que los nutre,» insectos de los que había dicho que tenían «el brazo canijo», «el brazo de uñas pintadas y pulseras» (338). Cada instancia identitaria en Martí se realiza a expensas de un *Otro-insecto* (discurso eugenésico), y con el cual, por lo mismo, no hay que andarse con miramientos. Es por esto que en el artículo «antimperialista» sobre la inmigración en los Estados Unidos el discurso emancipador termina reproduciendo, casi especularmente, al del opresor:

> Y es cosa de pensarse, por lo mismo que está sucediendo en Estados
> Unidos, qué especie de inmigración debe llevarse a nuestras tierras, y
> con qué privilegios, y *hasta dónde* deben gozar de los *derechos públicos*,
> y si va sobre seguro el pueblo que dé intervención en sus cosas a los ex-
> tranjeros antes de que críen familia en él y lo amen (1090) (énfasis míos).

A los que insisten en la «vigencia» del pensamiento martiano debería pre-
guntárseles, por ejemplo, dónde creen que estaría este Martí en los debates
sobre la inmigración que tienen lugar hoy en los Estados Unidos; este Martí
que piensa que hay un límite en los derechos públicos que deben dárseles a
los extranjeros (así los llama: *extranjeros*); a este Martí que parece exigir la
asimilación del extranjero antes de que se le otorguen ciertos privilegios y de-
rechos (¿cuáles?); a este Martí, en suma, que aconseja seleccionar la *especie*
de inmigración, de extranjeros a los que ha de permitírseles la entrada en
nuestros países. ¿Cómo se haría esa selección? ¿Quién lo decidiría? La pulsera
les cerraría el paso ¿a cuántos?, ¿a quiénes?

Me he extendido en la discusión de Martí, de su lugar en el modernismo,
y de los caminos por los que ha transitado la crítica tradicional, porque todo
esto constituye el telón de fondo sobre el que se ilumina el caso particularísimo
del poeta matancero Bonifacio Byrne, y también el del modernismo cubano.
Porque si la oposición entre un modernismo *ético* y otro *estético* ha legitimado
no sólo la separación de Martí de los demás modernistas, sino incluso la crítica
severa (cuando no la condena) del modernismo, también se la ha invocado
para negar la existencia del modernismo cubano, y para deshacerse del de Bo-
nifacio Byrne.

El modernismo en Cuba: la oposición José Martí-Julián del Casal

En 1905 Pedro Henríquez Ureña afirmaba que la literatura cubana era
«la más española de todas las cis-atlánticas» («El modernismo» 33), puesto
que a pesar de que la evolución de las letras cubanas se acercaba a la que tenía
lugar en el continente, en la isla «seguía prevaleciendo la tradición española»
(34). Para el ensayista dominicano, «[a] ninguna otra cosa que esa influencia
pervadente puede atribuirse la extraña y casi total desaparición del estilo *mo-
dernista* en la poesía cubana» (34, itálicas en el original). Esta insistencia, debe
notarse, es paralela al reconocimiento de que Cuba aportó dos de los inicia-
dores del modernismo: Casal y Martí. La aparente contradicción se resuelve
a través del aislamiento del primero, de su rarificación. Juana Borrero no pasa
de ser una «hermana menor» de Casal (35), y los seguidores que este dejó (la
propia Juana y su hermana Dulce María, y los también hermanos Carlos Pío
y Federico Uhrbach),[15] o imitan a su vez a Casal, o mueren temprano. La tra-

dición casaliana se conserva en ellos, afirma Henríquez Ureña, «más como un recuerdo, como un ideal, que como una guía efectiva y constante.» Desde luego, es el propio ensayista en primer lugar quien construye y legitima esa separación al decirnos que Casal «no es muy propio para maestro de ideas» (36). La supuesta incapacidad para enseñar, para ser un guía efectivo y constante, aísla a Casal y con él la infección modernista, del resto de los escritores cubanos que preservan así la españolidad literaria. Se hace, pues, el correspondiente pase de lista, pero para confirmar la inmunidad, el aislamiento de la literatura cubana de la época con respecto al modernismo: «Dulce María no es definitivamente modernista» (36). René López «es probable que se asemeje poco a Casal por el temperamento» (37).[16] Si las *Excéntricas* (1893) de Bonifacio Byrne «eran felices ensayos modernistas,» luego, «noblemente inspirado por los heroísmos de la revolución,» el poeta «abandonó sus deliciosas *excentricidades* para abordar el género heroico» (itálica en el original, 38-9). El crítico considera que esa no era la cuerda lírica de Byrne, y que este «abandonó totalmente el estilo modernista,» y que ya sin un rumbo preciso su poesía había perdido «bastante fuerza e individualidad.» Henríquez Ureña concluye que «[f]uera de los [nombres] ya citados [...], el modernismo en la poesía cubana se reduce a dos o tres rasgos sueltos de J. M. Collantes, Fernando de Zayas [*Asesinas*], Ramiro Hernández Portela [*Página blanca*], y José M. Carbonell [*Trova errante*].»[17] El borrón del modernismo cubano se sustenta, como hemos visto, en la afirmación de la tradición española, y en la minimización del impacto de Casal en los poetas de su tiempo y de los primeros tiempos de la República. Así se nos dice que «por su amor al casticismo» Serafín M. Pichardo «nunca ha querido adoptar la filiación modernista,» aún cuando «puede decirse que es realmente un temperamento de modernista, por lo sutil, penetrante y exquisito» (39).[18] Llama la atención en este comentario la sugerencia de que el amor a lo castizo sea lo suficientemente fuerte como para desplazar al temperamento *realmente* modernista de Pichardo. Pienso, sin embargo, que la refutación del modernismo cubano solamente refleja la prisa que tiene Pedro Henríquez Ureña por dejar atrás el modernismo hispanoamericano en cuanto tal. De ahí que la afirmación de *lo castizo* en la

---

15 Juana Borrero (La Habana, 1877 – Cayo Hueso, Florida, 1896). Véase *Juana Borrero o la pasión del obstáculo* (Stockcero, 2005). Dulce María Loynaz y del Castillo (La Habana, 1903 – La Habana, 1997). Poeta, ensayista y narradora. En 1992 recibió el Premio Cervantes. Carlos Pío Uhrbach (Matanzas, 1872 – Las Villas, 1897) y su hermano Federico (Matanzas, 1873 – La Habana, 1832) son dos figuras menores del modernismo cubano. Carlos Pío murió combatiendo por la independencia de Cuba. Ambos, Carlos Pío y Federico recogieron su obra poética en *Gemelas* (La Habana, 1894). En *Oro* (La Habana, 1907), Federico publicó la obra suya y de su hermano.

16 René López (La Habana, 1881 – 1909). Poeta. Aparece incluido en la antología *Arpas cubanas* (1904). Preparaba un libro de versos titulado *Moribundas*, y que no llegó a publicar al morir a causa de la morfina. Arturo de Carricarte, depositario de su obra inédita, no consiguió editarla debido a la destrucción de sus archivos.

17 Fernando de Zayas (Cayo Hueso, Florida, 1876 – La Habana, ¿1932?). José M. Carbonell y Rivero (Habana, ¿1880? – 1968).

18 Manuel Serafín Pichardo y Peralta (Santa Clara, Cuba, 1863 – Madrid, 1937). Junto a Ramón A. Catalá fundó *El Fígaro* que, con *La Habana Elegante*, fueron los dos periódicos más importantes del modernismo cubano.

literatura cubana corre paralela a la afirmación también de *lo americano* en el modernismo en el que

> predomina una célula psíquica americana, cuya acción se descubre en las más griegas, o escandinavas o francesas imaginaciones de Guillermo Valencia o de Leopoldo Díaz o de Jaimes Freyre; y si, por desgracia, los devaneos exóticos y místicos parecen retardar la aparición de los poetas que vendrán [una legión soñada de poetas típicos en quienes cante *toda* el alma de nuestra raza y de nuestra naturaleza], ya tenemos un corto grupo de precursores, cuyo cerebro ardoroso diríase un remedo de los volcanes de su país (34-35, itálica en el original).

Esto explica la esperanza de que los nuevos poetas cubanos (al igual que los que desea no se retarden en aparecer en América) traigan «un caudal de ideas nuevas» y creen, «bajo el sol de la República, un arte definitiva y genuinamente nacional» (41). Para que esto suceda, el «espíritu cubano» debe desechar la tradición española «en lo que esta tiene ya de exótica (no la tradición de lo castizo y lo correcto), así como acoger y ensayar «toda buena enseñanza.» Debe observarse que Pedro Henríquez Ureña reconoce que incluso el modernismo puede ofrecer «excelentes» lecciones, pero se trata «[del] modernismo americano bien entendido, que me figuro tiende a transformarse en una literatura plena y vigorosamente *humana*» (itálica en el original, 42). Esa literatura *humana* en la que debe transformarse el modernismo no es sino la transformación a su vez del modernismo *estético* en modernismo *ético*. Tal metamorfosis exige el rechazo de lo impostado, de lo no americano, entendiéndose por esto las imaginaciones «griegas, escandinavas y francesas» del modernismo, pero *no* el rechazo de la tradición de «lo castizo y lo correcto,» es decir, del origen colonial que es así reificado como constitutivo de la identidad latinoamericana, y reclamado desde la tribuna de ese mismo americanismo.

La perspectiva de Pedro Henríquez Ureña sobre el modernismo cubano que, como puede observarse, se formula bien temprano, en 1905, llegó a convertirse en otro de los lugares comunes de la crítica, tanto en América Latina como en Cuba. Esto vuelven a repetirlo en 1954 ambos, Pedro y Max Henríquez Ureña, en dos textos clásicos de los estudios sobre el modernismo. El primero de ellos en *Las corrientes literarias en la América hispánica*; el segundo, en *Breve historia del modernismo*. En *Las corrientes* el modernismo en Cuba y Puerto Rico no llega a desarrollarse porque debido a la condición colonial de estas islas «los hombres de letras continuaron tomando parte en la vida pública» y «luchando por la libertad» (165-66). De esta manera la autonomía literaria, que es precisamente lo que PHU señala como rasgo definidor del modernismo al permitir la emergencia de la «poesía pura», se frustra ante las exigencias éticas (políticas) del momento. Por otra parte, en *Breve historia* se afirma que el «[e]l modernismo, a pesar de haber sido Cuba la cuna de dos de sus principales iniciadores [...], no hubo 'movimiento modernista' y, si lo hubo, fue ya entrado el siglo XX» (418). En este último caso, de lo que se trata es que la guerra misma interrumpe el desarrollo del modernismo, dada la dispersión de muchas de sus figuras, como los Borrero, que se ven obligadas a emigrar.

La crítica cubana repetirá más o menos el mismo argumento. En el *Perfil histórico de las letras cubanas* del Instituto de Literatura y Lingüística (1983) se expresa que «el Modernismo como escuela no tiene grandes cultivadores en Cuba.» Y se añade: «Poco pueden avenirse las teorías del arte por el arte con las luchas independentistas que con renovado ardor se reinician en Cuba en 1895, y a la cual prácticamente ningún poeta nativo se sentirá ajeno» (417). Casal es caracterizado como una «figura singular» que «trata de evadirse de su realidad circundante, para lo cual utiliza como vehículo influencias literarias extranjeras» (410).

La negación del modernismo cubano se corresponde con el empeño por presentar a Casal como un caso único, *raro*. Ya Oscar Montero ha mencionado que su obra es, al mismo tiempo, «canónica y marginal, fundadora y sin embargo incompleta.» Montero asocia esa marginalidad con el erotismo y la sexualidad, también marginales, de Casal (*Erotismo y representación* 3). Esto es cierto, pero hay que enfatizar que lo que definitivamente margina a Casal es la comparación con Martí. Se puede afirmar, entonces, que la refutación a aceptar el modernismo cubano no ha sido más que el resultado y el reflejo de la hostilidad de la crítica hacia Casal, y que es a través de la negación del modernismo que se consigue, si bien a medias y solapadamente, aquello que resulta imposible hacer abiertamente y con un éxito absoluto: la completa marginación del autor de *Nieve*.

En 1958 Cintio Vitier publicó *Lo cubano en la poesía* y Juan Marinello, *José Martí, escritor americano*, en La Habana y México respectivamente. Ambos excelentes ensayistas, también hay importantes diferencias entre ellos. Vitier, uno de los fundadores del grupo Orígenes, y una de sus figuras más destacadas, fue también poeta y católico. Marinello, que también fue poeta, era, en cambio, marxista.

Lo cubano recoge las lecciones sobre poesía cubana impartidas por Vitier en el Lyceum de La Habana en 1957. En la «Primera lección» declaró que el propósito del curso no era «dictaminar sobre la cubanidad de nuestra poesía, sino que vamos a tratar de oír sus propias lecciones» (28). Y añade: «Vamos juntos, sin aparato de erudición ni crítica, a suscitar la voz humilde, conmovedora e impresionante de nuestros poetas» (29). Es el crítico convertido en medium, en revelador de lo cubano... en la poesía. Y esas lecciones que soplarían solas de la poesía misma, convocadas por la sesión espiritual del curso, no podían sino iluminar los grados de cubanía de los poetas. Esto se refleja en

la estructura misma del curso en el que las figuras se presentan, o unidas fe-
lizmente (son las parejas nupciales o las de la amistad), o por la mutua hosti-
lidad. En el primer caso están, por ejemplo, las que acercan a José María He-
redia y a Gabriel de la Concepción Valdés (*Plácido*), y a Juan Clemente Zenea
y a Luisa Pérez de Zambrana;[19] mientras que en el segundo podemos men-
cionar las oposiciones de Gastón Baquero a Virgilio Piñera, y la de José Martí
a Julián del Casal. Las Amistades, los Amores y las Hostilidades los deter-
minan, desde luego, las porciones de cubanía que el crítico le asigna a cada
poeta. Quizá uno de los casos más elocuentes sea el de Gertrudis Gómez de
Avellaneda (*Tula*), quien es, por el tono y el estilo, la verdadera pareja de He-
redia. Vitier, sin embargo, los separa. Y las razones de esa separación no
pueden ser más claras: Heredia «es nuestro primer poeta cabal.» La identifi-
cación entre su vida íntima y sus ideales, y «entre su vida emocional y sus con-
vicciones patrióticas» es lo que hace de Heredia «el primer lírico de la patria,
el primer vivificador poético de la nación como necesidad del alma» (65).
Dicha identificación se expresa particularmente en la «espiritualización de la
naturaleza» (66) en la que se funden lo amoroso y lo patriótico. Con Heredia,
afirma Vitier, «[se] inicia la iluminación poética de Cuba desde la nostalgia
del destierro» (71). Es justamente la contraposición, no explícita, pero sí su-
gerida, entre *destierro* (Heredia) y *exilio* (la Avellaneda) lo que determina la
cubanía cabal del primero, y que se ponga en entredicho la de la segunda.
De la autora de *Sab*, Vitier afirma que «llena un buen espacio de vida de las
letras en Cuba y España,» tras lo cual añade que aunque también en ella hay
una naturaleza espiritualizada, esta no está sin embargo «especificada,» sino
«reducida a sus rasgos universales» (103). Como dije antes, lo uno lleva a lo
otro: la vida y obra cubano-española de la Avellaneda se traduce en una na-
turaleza también brumosa, y a la que el crucero de las identidades le impide
especificarse como cubana. «[D]esde el punto de vista en que estamos si-
tuados, persiguiendo la iluminación progresiva de lo cubano en nuestra
lírica,» sentencia Vitier, el interés y la importancia de la Avellaneda «decrece
notablemente.» Esto, agrega, «sin perjuicio del valor absoluto de su poesía,
que no pretendemos fijar aquí» (104). Es decir, el crítico reconoce tácitamente
que su enjuiciamiento final de la Avellaneda es al margen del valor de su
poesía. Tula no pasa la ordalía como *cubana*; no como *poeta*. Pero lo que me
interesa subrayar ahora es eso creo sintomático de la oposición Heredia-
Gómez de Avellaneda. La cubanía cabal, asociada al destierro y, como con-
secuencia de esto, al apego a la isla, conduce a Martí. El viaje, el deseo o la
voluntad de exilio, la naturaleza «no especificada» de Tula inician el itine-
rario que desemboca en el Casal de «Nostalgias»: «Suspiro por las regiones

---

19   José María Heredia, Gabriel de la Concepción Valdés (*Plácido*), Juan Clemente Zenea y Luisa
      Pérez de Zambrana son (junto a Getrudis Gómez de Avellaneda y José Jacinto Milanés) las
      figuras más importantes del romanticismo literario cubano. Gastón Baquero (Banes, Cuba,
      1914 – Madrid, 1997), importante poeta cubano del siglo XX y una de las figuras del grupo
      Orígenes. Virgilio Piñera (Cárdenas, Matanzas, 1912 – La Habana, 1979). Una de las figuras
      más importantes de la literatura cubana del siglo XX. Perteneció también a Orígenes y fue
      uno de los fundadores de la revista *Ciclón*. Piñera fue narrador, poeta, dramaturgo y crítico
      literario.

/ donde vuelan los alciones / sobre el mar» (*Poesías*, 135), y en una naturaleza
de escenografía, de decorados de tienda por departamentos, y erotizada, como
la que nos entrega el poema irónicamente titulado «Idilio realista»: «saca el
lagarto su cabeza verde / agitando su lengua purpurina» [...] «las hojas de los
plátanos parecen / verdes banderas de crujiente raso» (*Poesías* 62).

Cuando llegamos a la octava lección, y con ella pudiéramos decir que al
centro del curso (pues este consta de diecisiete lecciones), todo está listo para
articular la oposición más radical: la de Martí vs. Casal. Lo mismo si volvemos
la vista atrás que hacia delante, esta es la enemistad que le da sentido a *Lo
cubano en la poesía*. Hay que aclarar, sin embargo, que él fue uno de los crí-
ticos que contribuyó sustancialmente a la revalorización de Casal. «Es muy
cómodo», alertaba Vitier en 1958 y en contradicción con lo que también en
ese año postulará Marinello sobre Casal, «hablar de evasión, de escapismo y
otros términos análogos que puso de moda la crítica marxista». Y añade: «La
impotencia de Casal para asumir la realidad y superarla en su propio terreno,
o bien obligarla a entrar en las leyes del espíritu, que es la suprema realidad,
como hizo Martí, *no* lo sitúa entre los frustrados y evadidos – si es que tales
adjetivos pueden aplicarse alguna vez a un *poeta verdadero*» (216-7). Vitier ex-
presa algo iluminador, entonces, y que casi todos los críticos subsiguientes (de
Casal y del modernismo) no escucharán: «Todo su *exotismo* es desde luego un
modo de *ocultarse* (y toda ocultación es de raíz *sagrada*), pero ocultarse *no* es
huir, sino replantear la batalla en *otro* terreno» (216-7) (todos los énfasis son
míos). No obstante, para Vitier el límite es Martí, porque Martí es la medida
de lo cubano. Por eso será el autor de *Ese sol del mundo moral* quien también
fije, como nadie lo había conseguido hasta entonces, ni tampoco después, la
paradójica posición (canónica y marginal) de Casal. Al cabo, lo que resulta re-
velador es que ese doble y contradictorio posicionamiento de Casal implica a
su vez su constante movilidad, que escape siempre. Por eso Vitier, simultá-
neamente, afirma la *impotencia* del poeta frente a la realidad (con relación a
Martí), mientras se niega a entregarlo al marxismo como *frustrado* o *evadido*.

Al oponer a Martí a Casal, Vitier lo opone a su vez, implícitamente, a He-
redia. Porque si este último fue, como dice, nuestro primer poeta cubano
cabal, Martí será la *culminación* de esa cubanidad. Y al igual que en Heredia
y la Avellaneda (como también en Plácido, Milánes y Zenea) la cubanía está
íntimamente ligada al paisaje insular y la emoción patriótica. Debe notarse
que en *Lo cubano* sólo hay tres poetas señoreando sus lecciones respectivas:
José Martí (lección séptima), José Lezama Lima (lección décimotercera) y
Samuel Feijóo (lección décimosexta).[20] Significativamente, al final de la
lección sobre Martí, Vitier hace una especie de resumen de los poetas estu-
diados hasta ese momento (con excepción de Casal, a quien le corresponde la
lectura siguiente) a partir de las reflexiones que le suscitan sus nombres:

El nombre heráldico de José María de Heredia, plantado en Costa

---

20   Podríamos añadir también la duodécima lección, dedicada *casi toda* a Nicolás Guillén. Decido,
     sin embargo, no hacerlo porque en ella el crítico se ocupa al principio, aunque muy breve-
     mente, de otros poetas como José Zacarías Tallet y Emilio Ballagas.

Firme desde la fundación de Cartagena de Indias, suavizado por el
aroma de los cafetales y el tumbo manso de las olas antillanas [...]; el
nombre, en fin, que se diría apócrifo y legendario de Julián del Casal,
personaje trunco de qué novela perdida; todos esos nombres vacilantes,
anhelantes, incompletos, temblando en la frontera indecisa de la neblina
y la luz, rematan de pronto, como un rayo solar que se descerrajara
entero, en el realísimo, encarnado y categórico nombre de José Martí
(206).

Ante el nombre *categórico* (viril), *realísimo*, de Martí, todos los demás
nombres se vuelven nada. Sobre los nombres *incompletos* y *vacilantes* de los
otros cae el rayo del de Martí, y nos queda la impresión de que su sol tremendo
ha salido para cegar y pulverizar todo lo que no sea él mismo. Y esto es lo
que a mi juicio resulta más inquietante acerca del culto a Martí: que sólo
pueda afirmarse, performativamente, en la anulación de otros escritores y
pensadores.[21] Mas el entusiasmo martiano traiciona la ideología patriarcal y
colonial que, paradójicamente, subyace en los desplantes éticos de Vitier. El
nombre de Heredia, si en lo que tiene de heráldico anuncia el nacimiento de
la cubanía cabal, esa misma condición, unida a la imagen del pie plantado en
tierra firme, no falla tampoco en evocar la figura del conquistador, la acción
colonizadora. Sobre todo porque la fascinación con los orígenes sólo puede
catapultar a Vitier a ese pasado colonial que de hecho celebra: la fundación
de Cartagena de Indias. A esto hay que agregar la zancadilla del inconsciente:
escribe mal el nombre del poeta cubano José María Heredia, y ese «de» que
le añade es la operación transformista que lo reemplaza nada menos que por
su primo, el poeta *cubano-francés* José María *de* Heredia.

Ahora bien, lo realmente iluminador es que la centralidad canónica de
Martí requiera la centralidad marginal de Casal. Esto se hace más evidente,
otra vez, por la estructura que Vitier le da al curso. A diferencia de la séptima
lección, que se centra exclusivamente en Martí, la octava no es sobre Casal,
sino sobre Casal *opuesto* a Martí. El contraste entre los comienzos de los tí-
tulos de las lecciones respectivas es señal inequívoca de lo que afirmo: «El
arribo a la plenitud del espíritu» (séptima lección) y «Casal como antítesis de
Martí» (octava lección). Que Vitier figure esa oposición en términos de la alie-
nación de Martí del modernismo representado por Casal no debe sorpren-
dernos. Citando extensamente del poema «Flores de éter» (dedicado «A la
memoria de Luis II de Baviera»), de Casal:

> Colas abiertas de pavos reales,
> róseos flamencos en la arboleda,
> fríos crepúsculos matinales,
> áureos dragones en roja seda,
> verdes luciérnagas en las lilas,
> plumas de cisnes alabastrinos,

---

21   Por ejemplo, la oposición radical que crea Fernández Retamar entre Martí y Sarmiento, así
     como la no menos radical entre Martí y el modernismo, Martí y Darío, y Martí y Casal pro-
     pugnada por Marinello.

sonidos vagos de las esquilas,
sobre hombros blancos encajes finos,
vapor de lago dormido en calma,
mirtos fragantes, nupciales tules,
nada más bello fue que tu alma
hecha de vagas nieblas azules,
y que a la mía sólo enamora
de las del siglo décimo nueve,
rey solitario como la aurora,
rey solitario como la nieve.

El crítico comenta:

> ¡Qué distintos esos flamencos absortos, decorativos, dominados por
> el lánguido sopor de su arboleda, de aquellos otros realísimos que vio
> Martí en libre y salvaje escuadra, sobre el mar! Verdadero inventario
> modernista, remotas colecciones de fosforescencia húmeda, de vago y
> penetrante erotismo, presididas por la nieve (o más bien por la palabra
> nieve), que es el símbolo casaliano del imposible (210).

Todo aquello que le había objetado a la Avellaneda (la naturaleza inde-
finida, y su condición cubano-española) adquiere para Vitier un relieve to-
davía mayor en el caso de Casal. En este sentido, lo que censura en éste no es
ni más ni menos que lo que la mayor parte de la crítica latinoamericana, in-
cluso hoy, no ha dejado de censurar en el modernismo. La naturaleza artifi-
ciosa de Casal (sus «flamencos absortos, decorativos) se opone a la naturaleza
real de Martí (sus flamencos realísimos), de modo semejante a cómo Pedro
Henríquez Ureña añoraba en 1905 «una legión soñada de poetas típicos en
quienes cante *toda* el alma de nuestra raza y de nuestra naturaleza.» Pero el
elemento novedoso, en el caso específico de Vitier, es que la crítica al gusto
por el artificio del modernismo está asociada (como lo vio Montero) a un ero-
tismo y sexualidad ambiguos, además de la implícita refutación del lugar
común de la exaltación de la naturaleza criolla. La rayuela entre Martí y Casal,
a no dudar, tiene que ver con la ansiedad de castración, con una represen-
tación intranquilizadora de la masculinidad. Por eso los flamencos martianos
vuelvan «en *libre* y *salvaje* escuadra sobre el mar,» mientras que los de Casal
permanecen *pasivos*, como meros pastiches *decorativos* y *dominados* (es decir,
esclavizados) por el sopor de la arboleda. La *unidad* de los flamencos mar-
tianos (que casi remeda la de una escuadra, una formación militar) contrasta
con esos flamencos *absortos*, ensimismados, del modernismo. Obsérvese que
realísimos funciona retóricamente como el aislante que debe fijar, con absoluta
precisión, la distancia de Martí de Casal. Agréguese la dedicatoria del poema
a Luis de Baviera, cuya homosexualidad era ya conocida,[22] la explícita «de-
claración de amor» de Casal, y el hecho de que, por tanto, este es un poema

que, además de afirmar los *amores raros*, declara un objeto de deseo que está fuera del ámbito nacional. No obstante, la obsesión de Vitier termina atando a los dos, puesto que la única manera de aprehender definitivamente al uno es oponiéndolo al otro. Es lo que vemos también en Juan Marinello quien, en su libro sobre Martí se entrega al mismo gesto cartográfico y a partir de premisas idénticas. «Martí,» comenta Marinello, «vive sus tormentas, pero siempre las señorea. Casal y Silva se les someten en oscura servidumbre» (*JMEA* 65). Casal y Silva (y con ellos todos los modernistas) son ellos mismos sujetos tan *dominados* (esclavizados) como los flamingos absortos de la estilizada escritura modernista. Al igual que Vitier, Marinello enfatiza las nociones de vasallaje, sensualidad, desnacionalización y desvirilización de los escritores modernistas. Menciona la «mantenida inclinación [de Casal] hacia el *desmayado encanto* del endecasílabo, la difícil prueba del terceto monorrimo y las *graciosas formas* reiterativas, de tan vieja y nueva *raíz francesa*» (129) (énfasis míos).

La oposición Martí-Casal llega a legitimarse con tal fuerza en la crítica cubana que en su introducción a la poesía de Emilio Ballagas[23] de 1984 Osvaldo Navarro hace de ella el eje de articulación para valorar a las figuras más importantes de la poesía cubana:

> [L]a tendencia representada por Casal predominaría durante las primeras décadas de este siglo, y aún se mantendría hasta nuestros días en el reclamo de su vigencia. Una buena parte de los modernistas cubanos escribieron bajo su influjo directo, e incluso muchos postmodernistas. [...] Del modernismo de Casal, al esteticismo de Boti y Poveda, al parnasianismo y simbolismo de [Ramón] Rubiera, [Enrique] Serpa y [Andrés] Núñez Olano, al intimismo de Dulce María Loynaz[24] y el joven Juan Marinello, existe una línea de continuidad que [...], no contribuyó a enfrentar las urgentes necesidades de nuestro pueblo («Ballagas» 8-9).

---

22   Véase, por ejemplo, el poema «Un padre nuestro por el alma del rey Luis de Baviera,» de Amado Nervo, quien exclama: «¡Pobre rey de los raros amores!» El poema de Nervo es una muestra de la inclinación del modernismo a la ambigüedad, a desdibujar la supuesta fijeza del significante. A cada una de las estrofas del poema las interrumpe la invocación de la oración cristiana («Padre nuestro, que estás en los cielos...»). El resultado es un juego de espejos en el que las estrofas, dichas en el mismo lugar donde Ludwig supuestamente se suicidó («Aquí fue donde el rey Luis Segundo», *OC* 2 1329) parecen una meditación del propio rey antes de arrojarse al agua, mientras que la oración (constantemente interrumpida) sugiere la voz del yo del poeta. A esto habría que añadir la posible ambigüedad de la oración misma. Ese «Padre nuestro» al que apostrofa ¿es Dios, o es el alma del rey? Ni siquiera la última estrofa, compuesta por las tres primeras líneas de la oración consigue del todo diluir la ambigüedad del texto.

23   Emilio Ballagas (Camagüey, 1908 – La Habana, 1954). Importante poema cubano.

24   Regino E. Boti (Guantánamo, 1878 – 1958). José Manuel Poveda (Santiago de Cuba, 1888 – Manzanillo, 1926). Boti y Poveda iniciaron la renovación de la poesía cubana en los primeros años de la República. Los dos fueron fuertemente influidos por Julián del Casal, poeta por el que tuvieron una devoción especial. Ramón Rubiera (La Habana, 1894 – 1973). Colaboró en la *Revista de Avance*. Enrique Serpa (La Habana, 1900 – 1968). Periodista y narrador. En 1938 obtuvo el Premio Nacional de Novela con su obra *Contrabando*. Andrés Núñez Olano (Matanzas, 1900 – La Habana, 1968). Formó parte del Grupo Minorista.

....

[José] Lezama [Lima], habría que decirlo siempre con respeto y comprensión, fue entre nosotros una suerte de nuevo Casal, mucho más culto y desarrollado, pero *padecedor de males muy parecidos* (11) (énfasis mío).

Curiosamente, a «[l]a tendencia realista que tendría en Martí su principal centro de irradiación,» apenas se le reconoce influjo en la poesía cubana, atribuyéndose este hecho a que la obra poética martiana «fue apenas divulgada durante los primeros años de este siglo.» Así, la «sencillez lírica» y la «preocupación cubana» de Agustín Acosta y de Felipe Pichardo Moya no pasan de ser desarrollos espontáneos, hechos

> seguramente por su propia cuenta, guiándose por lo que les indicaba la realidad y en la orientación de antecedentes menos trascendentes pero bien cercanos como Francisco Javier Pichardo y Bonifacio Byrne, quienes se habían mantenido algo alejados del centro modernista, y supieron llevar a su poesía preocupaciones sociales y patrióticas (11-12).

A los nombres ya mencionados, Navarro agrega otros en los que la influencia martiana tendría un peso definitivo: Rubén Martínez Villena, Regino Pedroso, Nicolás Guillén y Manuel Navarro Luna (12).[25]

Esta lista de poetas martianos y casalianos presenta una paradoja: los mejores poetas cubanos, habría que concluir (con la excepción de Nicolás Guillén) están más cerca de Casal, que de Martí. No es necesario explicar, entonces, por qué Casal tiene que ser incesantemente figurado en el margen: él es, en realidad, el *centro reprimido* del canon de la poesía cubana que *regresa*. Todos los esfuerzos de la crítica podría decirse que han estado encaminados a la preservación de *ese* secreto. Lezama Lima lo supo desde que fue arrastrado por la mirada verde de Casal, y se lo dijo (por él, y por nosotros): «Nuestro cariño escandaloso te persigue / y por eso sonríes entre los muertos» («Oda» 317).

---

25   Agustín Acosta (Matanzas, 1886 – Miami, 1979). Poeta de influencia modernista. Entre sus obras se destacan *Ala* (1915) y uno de sus poemas más famosos *La zafra* (1926), de aliento social. Felipe Pichardo Moya (Camagüey, 1892 – La Habana, 1957). Es considerado precursor de la poesía negrista en Cuba por sus poemas «La comparsa» y «Filosofía del bronce.» Francisco Javier Pichardo (Puerto Príncipe, Camagüey, 1873 – La Habana, 1941). Rubén Martínez Villena (La Habana, 1899 – La Habana, 1934). Uno de los poetas cubanos más importantes de la primera mitad del siglo XX. Su poesía se caracterizó por la ironía. Abandonó la creación poética para dedicarse a combatir la dictadura de Gerardo Machado. Sus poemas, recogidos en *La pupila insomne*, fueron publicados póstumamente, en 1936. Regino Pedroso (Matanzas, 1896 – La Habana, 1983). Poeta. Comenzó a escribir bajo los influjos del modernismo, lo que se aprecia en su poemario *La ruta de Bagdad* (1918 – 1923). Por su poema «Salutación fraterna al taller mecánico» se considera iniciador de la poesía proletaria en Cuba. Nicolás Guillén (Camagüey, 1902 – La Habana, 1989). Guillén creó una obra poética caracterizada por el sincretismo racial y un definitivo impulso antimperialista. Tras el triunfo de la Revolución Cubana y crearse la UNEAC en 1961, fue elegido su presidente, cargo que desempeñó hasta su muerte. Se convirtió en el poeta oficial del gobierno y fue considerado «Poeta Nacional». Manuel Navarro Luna (Matanzas, 1894 – La Habana, 1966). Poeta y periodista. En 1930 se unió al Partido Comunista. Colaboró en la revista manzanillera *Orto* y en el periódico marxista *Hoy*.

Ese escandaloso cariño que no cesa testimonia no sólo la oximorónica *centralidad* del *margen* de Casal, sino también, con él, la del modernismo en la modernidad de la poesía cubana. Por esto es importante una matización de lo que observa Marinello respecto a Casal que no aparece en otros críticos, y que nos fuerza a reconsiderar lo que se ha dicho sobre el modernismo cubano. ¿Cómo reconciliar, por ejemplo, la afirmación de que en Cuba no hubo modernismo, con la del marxista cubano para quien Casal «es uno de los modernistas más cabales del Continente» (*JMEA* 128)? Marinello lo llama incluso «modernista perfecto» (129) y «modernista cabal» (131). Más tarde, en el debate que sostuvo con Manuel Pedro González en torno al modernismo, afirma que Casal fue «uno de los modernistas más encarnizados» («Sobre el modernismo» 174). Uno tiene que preguntarse, entonces, si la resistencia misma que la estética modernista debió enfrentar en el medio intelectual cubano no fue acaso lo que le sirvió de acicate, y lo que explicaría, no sólo que una de las figuras más importantes del modernismo fuera un cubano, sino que este fuera también uno de los más *encarnizados* y *cabales* modernistas hispanoamericanos. Por idéntica razón, uno puede empezar a sospechar que hubo un modernismo cubano, y que los críticos hasta cierto punto se concertaron para ocultar su existencia. No cuesta mucho trabajo comprender por qué. Sin un desarrollo modernista en Cuba (y particularmente en La Habana), Casal sigue siendo un caso aislado, excepcional, *raro* (por más relevante que sea como poeta). Un Casal aislado, es, para decirlo en términos de Vitier, un «personaje trunco de qué novela perdida.» Trunco, perdido, *des*realizado, Casal sería la encarnación misma de lo estéril y lo infecundo. Sólo así Martí puede afirmarse como *pater*, como el origen y el destino del ser mismo de lo cubano, como eso que lo define y lo significa.

He desafiado antes la noción de que en Cuba no hubo modernismo al reclamar, primero, la obra y vida de Juana Borrero afirmándola no como una mera imitación de Casal, sino como modernista por derecho propio. Ese fue el propósito de la edición de su obra que preparé, también para Stockcero, y que con el título *La pasión del obstáculo. Poemas y cartas de Juana Borrero* fue publicada en 2005 por esta misma editorial. La editorial Verbum publicó en 2008 mi libro de ensayo *Julián del Casal o los pliegues del deseo* con el que afirmé el modernismo y la modernidad de Casal, su inmersión (no evasión, ni exotismo) en la vida urbana, y en él (en su vida y obra) la ética de la escritura modernista. Ahora le corresponde el turno a Bonifacio Byrne.

La recepción crítica de *Excéntricas* (1893)

A diferencia de Casal, Bonifacio Byrne fue un poeta de provincia.[26] Casal, por otra parte, publicó tres libros (*Hojas al viento*, 1890; *Nieve*, 1892; *Bustos y rimas*, 1893), y su reputación como poeta comenzó a cimentarse bien pronto hacia 1885, cuando encontramos las primeras referencias a su persona y obra en la prensa periódica habanera. Byrne, aunque era conocido en Matanzas y aún en La Habana,[27] no llama realmente la atención de la crítica hasta la aparición de sus *Excéntricas*. Al morir en 1936 (lo que de hecho lo convierte en uno de los poetas finiseculares más longevos de América Latina), ya había publicado cinco volúmenes de poesía: *Excéntricas* (1893), *Efigies. Sonetos patrióticos* (1897), *Lira y Espada* (1901), *Poemas* (1903) y *En medio del camino* (1914). Luego de su muerte se publicaron una sola antología de su obra durante la República (*Selección poética*, 1942), y otras dos después del triunfo de la revolución cubana: *Poesías* (1981) y *Poesía y Prosa* (1988). En el relato que él mismo hace de cómo escribió *Excéntricas*, nos dice que de ese libro sólo se imprimieron 500 ejemplares. «Como no soy de madera de héroes,» comenta, «no pasé prudentemente, de ese número.»[28] El comentario no deja de ser irónico si se recuerda que los poemas que lo hicieron famoso y lo definieron como poeta, además de ser textos mediocres, son también patrióticos: primero, el soneto dedicado a Domingo Mujica (fusilado por los españoles), que lo fuerza prácticamente a marchar al exilio, y, segundo, el poema «A mi bandera» que, escrito a su regreso a Cuba tras el fin de la dominación española, se hace eco de la frustración nacional ante el intervencionismo norteamericano. El poema se popularizó rápidamente y le valió a su autor el título de «el poeta de la bandera».

Pero si Byrne aceptó hasta cierto punto las exigencias del nacionalismo cubano, y en consecuencia pareció renunciar (o así nos lo hicieron creer) al modernismo, una valoración de su obra como un todo (y a partir del libro negado, *Excéntricas*) no puede sino iluminar definitivamente su condición de poeta modernista. En lo tocante al poeta matancero, ya es hora de poner a un lado la bandera nacional y enarbolar (para decirlo en términos de Rubén Darío) «los colores del estandarte» del modernismo. Ahora bien, lo que me interesa no es meramente el hecho de agregar un nombre más a la nómina del modernismo hispanoamericano. Como expresé antes, la recuperación del poeta matancero (como antes la de Juana Borrero) está encaminada a afirmar el tan negado modernismo cubano. Por otra parte, en lo que respecta a Byrne en particular, se trata también de mostrar tanto aquello que lo une a sus co-

---

26   Nació en 1861 en la provincia de Matanzas. En lo adelante, le ahorraré al lector la información biográfica más elemental, puesto que la encontrará (a veces repetida) en varios de los artículos incluidos en el «Apéndice» de esta edición.

27   Sabemos que Byrne comienza a publicar desde fines de los 1870s, y que colaboró en las siguientes publicaciones periódicas de Matanzas: *El Ateneo*, *El Pensamiento*, *La Primavera*, *El Porvenir*, *El Pueblo*, *El Imparcial*, *Diario de Matanzas*, *El Álbum*, *La Mañana* y *La Juventud Liberal*. También colaboró en las revistas modernistas más importantes de La Habana, como *El Fígaro* y *La Habana Elegante*.

28   Véase «Como surgieron las *Excéntricas*», en la sección de «Prosas» de esta edición.

legas modernistas hispanoamericanos como lo que lo *singulariza*. Quiero demostrar que Byrne es un poeta suficientemente atractivo y *original* como para merecer una atención particularizada por parte de la crítica.

Tenemos que comenzar por repasar, siquiera someramente, la recepción crítica del poemario *Excéntricas* (1893). Se trata de otro de los títulos importantes del modernismo cubano y que, hasta ahora, no había vuelto a ser editado. Esto significa que todo lo que sabemos, no sabemos, o hemos llegado a creer sobre Byrne está inextricablemente ligado al prácticamente absoluto desconocimiento (y habría que agregar censura) de este libro. El lector no debe perder esto de vista mientras repasamos las polémicas, la ansiedad y la condena que el poemario suscitó en muchos críticos, así como el entusiasmo que tampoco falló en provocar en Casal.

El debate lo inicia nada menos que el prólogo de *Excéntricas*, cuyo autor, Nicolás Heredia, traza una divisoria entre los versos de *Mariposas* y los de *Excéntricas*.[29] En la poesía de Byrne había antes, nos dice Heredia en referencia al primer título, una «especie de timidez casi femenina,» y una «delicadeza en la expresión de sus estados pasionales,» de modo que «más que verso formado con palabras era [el suyo] un verso suspirado con blandura y envuelto en perfumes tenues.» Se trataba de una inspiración que «nunca levantaba la voz.» Ahora, en cambio, las *Excéntricas* desmienten esa imagen que el crítico había percibido en *Mariposas*. Hay que notar entonces que el primer giro del que toma nota es, justamente, el que sugiere una reorientación estética en dirección hacia el modernismo: «muchas de mis apreciaciones quedan desmentidas por la reciente manera del cantor sencillo y fácil que quisiera escribir en un idioma 'en que cada palabra fuera azul, / cada sílaba música y aroma, y cada frase un manantial de luz...'.» En realidad, la caracterización del verso de *Mariposas* no está en absoluta contradicción con el de *Excéntricas*. Por ejemplo, en ambos casos se sugiere un énfasis en las sensaciones. Pero Heredia sí ve una importante diferencia en el sentido del protagonismo del lenguaje que, en *Excéntricas* gana en autonomía, y de lo cual da cuenta el deslizamiento hacia la experiencia sinestésica, y una escritura que, al levantar la voz, busca atraer la atención sobre sí. Es a partir de ese desarreglo de los sentidos, y de la voz levantisca que el crítico perturbado cede su silla al alienista de turno, al positivista:

> algo se ha movido dentro del poeta, algo que desequilibra, no sé si en bien o en mal, sus viejas aptitudes. La alta fiebre de lo bello que antes le era completamente desconocida, la horrible neurosis del artista que crea con el trastorno de la madre en el período laborioso de la gestación, invade también su alma serena.

Aparecen la fiebre, la neurosis y el desvío junto a la figura del artista y, por supuesto, de la madre. Ahora Byrne crea como una mujer encinta, y la

---

29   Como nota curiosa hay que decir que, mientras los críticos al hablar de *Mariposas* crean la impresión de que se trata de un libro de Byrne cuya publicación precede a *Excéntricas*, es en la contraportada de este último donde se anuncia la publicación del primero.

creación poética es figurada en esa extrañeza que él mismo ha engendrado y que, hasta cierto punto, también lo engendra a él. No hay que darle muchas vueltas al asunto para comprender que *Excéntricas*, su engendro, es el fruto del comercio de Byrne con el diablo. «Byrne, que jamás ha tenido comercio lírico con el diablo, anda ahora en compañía de tan extraño personaje y de otros muchos que en nada se parecen a las lindas *Mariposas* de otros tiempos,» comenta Nicolás Heredia. Esto, a su vez, se traduce en una alienación de la Nación: «Genios de otros climas le arrebatan su matojito de silvestres florecillas para brindarle un bouquet de exóticos matices.» Queda al descubierto la relación causa-efecto entre el apellido irlandés, extranjero (Byrne) y el libro ex—*céntrico*, descentrado: *Excéntricas*. El comentario tiene todos los visos de la requisa en un armario: «Tal vez obedezca a una ley improvista de atavismo, evidenciada en su nombre extranjero y en algunas gotas de sangre sajona que circulan por sus venas.» El crítico Manuel Sanguily citará más tarde estas «especulaciones» calificándolas de «indicios graves.»[30]

Llaman la atención la ambigüedad con que se caracteriza la masculinidad de Byrne, e igualmente las propias vacilaciones de Nicolás Heredia respecto a *esa* masculinidad y, por consiguiente, respecto a *lo* masculino. Como se habrá notado, la feminización inicial de Byrne (con relación a *Mariposas*) no sólo no implica ninguna objeción o sospecha de desviación sexual por parte del crítico, sino que, al contrastarla éste ventajosamente con relación al desvío implicado en *Excéntricas*, parece incluso celebrarla. Esto puede explicarse porque tal afeminamiento estaría más vinculado a la figura del andrógino, de amplia circulación en el discurso literario (aunque no exclusivamente) de la época. Era una femineidad que, en tanto desexualizada, no representaba un verdadero peligro.

Pero en *Excéntricas* lo femenino-desexualizado, parece intuir Heredia, ha cedido su lugar a una poesía más inquietante por *sexualizada*. El erotismo que, en verdad, levanta en *Excéntricas* algo más que la voz se trasluce precisamente en la agitación del texto crítico que busca explicar el cambio.

Desde luego, en el Byrne de *Mariposas* que nos presenta Heredia hay sensualidad, incluso erotismo. Pero ese erotismo aparece como difuminado por la misma retórica que lo figura. No hay más que ver los nombres y adjetivos que se van acumulando para describir esos primeros poemas: «blandura,» «perfumes tenues,» «rimas suaves,» «murmurar dulce y discreto,» «melodías insinuantes y lejanas,» «dejadez encantadora.» Hay erotismo, pero siempre en estado de evaporación. Se le permite *insinuarse*, pero a condición de que se *aleje*. Todo es blando. Demasiado blando, quizás. La clave está en la manida oposición *cerebro-corazón*. «La impresión recibida, el movimiento engendrado por un fenómeno cualquiera, parece que nunca llega al cerebro y siempre se dirige al corazón, que es la lira del poeta,» afirma Heredia. En el prólogo a *Excéntricas*, esta oposición se fundamenta en otra: *alzar el vuelo-volar entre*

---

30   En «Las *excéntricas* de Byrne».

las florestas. Lo primero lleva al extravío (el águila, comenta Heredia, «se pierde entre las nubes»), mientras que lo segundo, lo ideal, es ese poeta que, «como el insecto de alas de oro que sólo levanta el vuelo en las florestas.» Se trata de eso: de no levantar mucho la voz, ni el vuelo. A Nicolás Heredia lo alarma, al parecer, todo aquello que se levanta, eso que, como un resorte, puede alzarse de repente, con demasiada energía, con una excesiva dureza. En este contexto, el cerebro no se opone tanto al corazón como el pensamiento a la emoción, sino más bien como el órgano que resiste a su desrealización biológica, corporal. El corazón ha sido más domesticado por dibujos y pinturas que lo representan fuera de toda relación con el cuerpo. El cerebro, en cambio, parece retener más su condición orgánica. Incluso la más trivial de sus representaciones no podría prescindir de sus estrías, de sus irregularidades. Por eso lo que complica las cosas es la idea de que en *Excéntricas* se leen impulsos, excitaciones cerebrales; que atrás ha quedado la floresta, y ahora, en efecto, algo (pero, ¿qué?) «se ha movido dentro del poeta» y lo ha *desequilibrado.* Véase, entonces, como cambia a su vez la retórica del texto crítico. «Nervios en plena rebeldía,» «alta fiebre,» «horrible neurosis,» «trastorno,» «turbia poesía del septrión,» reemplazan a los nombres y adjetivos tranquilizadores. Y ahora Byrne sí es más explícitamente sexualizado. Hay una serie de imágenes que lo presentan bajo la excitación y la fiebre, y en proceso de disolución orgásmica: «el poeta se descompone y el instrumento emite sonidos más ingratos y profundos,» comenta Heredia.

Al comparar *Mariposas* con *Excéntricas*, el crítico nos dice que en las primeras

> El trabajo psíquico que precede a la explotación poética es tranquilo y fácil, como son fáciles y tranquilas nuestras impresiones cuando los nervios disciplinados las trasmiten sin desorden. Allí el poeta se expresa arrullando o suspirando, siempre en su tono y siempre en su lenguaje. La palabra se le doblega como el lomo del can doméstico al contacto de la mano que lo acaricia, y el ritmo surge como la nota de un violín bien afinado.

Lo perturbador, podemos verlo otra vez, es que aquellos «nervios disciplinados» parecen haberse descompuesto en *Excéntricas*; y que el violín antes afinado ahora «emite sonidos más ingratos y profundos.» Es el *instrumento* que levanta la voz, que alza el vuelo, y que se ha descontrolado, lo que le quita el sueño a Nicolás Heredia. Ya resulta revelador que, de todas las «excentricidades» del poemario sobre las que pudo fijarse su atención, esta recayera casi exclusivamente sobre el *diablo* y el *violín* (el instrumento). De hecho, la imagen de la melodía constituye el núcleo de producción metafórica de todo el Prólogo, núcleo que tiene como referente reprimido al diablo-violín-falo. Primero, la «figura intelectual» de Byrne «se retrataba» en ese «murmurar dulce y discreto de su inspiración que nunca levantaba la voz, ni tampoco las ideas, para acariciar el espíritu con melodías insinuantes y lejanas.» El poeta de *Mariposas* ni levantaba mucho la *voz*, ni tampoco agitaba demasiado el *arco*; a lo sumo acariciaba las cuerdas del violín produciendo *melodías insinuantes y lejanas*. Era el «cantor sencillo y fácil» que luego, «sugestionado por sus nervios en plena rebeldía,» afirma Heredia, «ha querido romper con su misma naturaleza,» y es invadido por la «alta fiebre de lo bello.» Si antes el ritmo surgía «como la nota de un violín bien afinado,» ahora «el instrumento emite sonidos más ingratos y profundos.» Como la melodía no era disonante y se alejaba, ese violín no inquietaba. Pero esa música que se vuelve *ex*–céntrica, y que es el resultado del «comercio lírico» con el diablo tiene otras connotaciones. Esta nueva afición sugiere un deseo extraño, y esa extrañeza la registra otra línea discursiva: la oposición naturaleza-anti natural. Nicolás Heredia no puede explicarse un libro como *Excéntricas* a menos que se trate de un desvío de Byrne de su verdadera naturaleza. El libro, expresa, «se sustrae a la ley de gravitación propia de su habitual temperamento,» y nos dice que «sugestionado por sus nervios en plena rebeldía» Byrne «ha querido romper con su misma naturaleza.» Más adelante agrega: «Diríase que el señor Byrne ha renunciado a sus gustos nativos para inmergirse en la hermosa, pero turbia poesía del septentrión.» El desvío apuntado es si se quiere doble: desvío de lo nacional (de la naturaleza cubana), pero también desvío de sí mismo (de su propia naturaleza). Según lo veo, este segundo desvío refiere oblicuamente a un (posible, sospechado) desvío sexual. ¿Por qué la inspiración que acariciaba al espíritu «con melodías insinuantes y lejanas» y el verso «suspirado con blandura y envuelto en perfumes tenues» no implican para Nicolás Heredia un apartamiento de lo específicamente nacional, de lo cubano, mientras que las «concepciones actuales» de Byrne (los poemas de *Excéntricas*) le recuerdan las «brumas del Norte»? Lo curioso es que para sugerir la cubanía del Byrne de *Mariposas* bastaba con enchufarlo a alguno de los nombres del canon: «Byrne recuerda en esa colección a Milanés y a Juan Clemente. Es un temperamento en el cual predominan las sensaciones lánguidas que apenas se resuelven en ideas.» Pero se trata de otra cosa. Byrne es cubano simplemente porque no inquieta. Y al revés: es extranjero, no porque, como afirma Heredia, sus nuevos poemas recuerden las «brumas del norte,» sino por el efecto poético de esas brumas, es decir, por eso que el crítico llama «la poética indecisión de los crepúsculos.» En efecto, lo que Heredia echa de menos es el «lirismo *moderado* que cantaba los afectos comunes con formas simples y armoniosas» (énfasis nuestro).

Similarmente, Manuel Sanguily arremete contra *Excéntricas* en lo que tiene, dice, «de artificial, voluntario y estudiado,» de «tradición verbal.» Como antes Heredia – a quien cita en extenso – asocia la *artificialidad* del poemario con el ensimismamiento en el lenguaje, e, insisto, con el trabajo del estilo. Y si

lo sexual aparece un tanto oblicuamente en la crítica de Heredia, las directas
alusiones de Sanguily al «espectáculo de las aberraciones, de los caprichos y
extravagancias pensadas,» así como al «vaho helado y enervante que como
emanaciones de un pantano despiden las obras de los Richepín y los Baude-
laire» que, continúa, «si producen la fiebre, también, pasando el mar, originan
desequilibrios artificiales, fantasmas extraños, apenas delineados, evocaciones
raras y voluntarias, incoherencias rebuscadas, un aquelarre de contradic-
ciones,» implícitamente arrastran la nueva poesía de Byrne al discurso de lo
anti-natural o de lo *contra-natura*, de lo *monstruoso* y la *anomalía*. No se trata
sólo, pues, de un desvío de lo cubano, de la naturaleza insular, sino de la *caída*
en las *aberraciones*, en el *pantano*, en el *desequilibrio*, en las evocaciones *raras*.
El juicio, más que estético, es moralizante, y articula, si bien tropológicamente,
una sexualidad extraña, de contornos difusos.[31] Lo que se está construyendo
aquí es el cuadro de la *degeneración*. En lugar de «la gran poesía,» comenta
Sanguily, encontramos «la poesía anémica, amarilla, flaca, visionaria, como
un chino depauperado que se va entre acres bocanadas de opio.» En el caso
de la Cuba de *fin-de-siècle*, el chino es una de las figuras en que cristaliza el
discurso positivista de la degeneración asociada, explícitamente o no, a la pe-
derastia, o a una sexualidad de contornos borrosos. En su libro *La prostitución
en la ciudad de la Habana*, de 1888, Benjamín de Céspedes pinta un cuadro de
los chinos en Cuba que Sanguily parece copiar. Los chinos, al inclinarse «pe-
rezosamente» en «las aguas dormidas de los pantanos y de los puertos cu-
banos» verán reproducirse, comenta Céspedes, «[el] mismo clima enervante
[de China] que provoca a aniquilar la voluntad, durmiendo el opio, vida fácil.»
En Cuba, continúa, «[v]iven libremente y pueden entregarse, en rincones
ocultos, a sus nefandos vicios» (196). Sanguily insinúa el *nefando vicio* en la
poesía de Byrne al corporeizarla en el cuerpo depauperado, anémico, amarillo,
flaco y visionario del chino.[32] El cuerpo *disoluto* del asiático lleva esa *disolución*
a los versos del poeta matancero que, como el primero, *se va* (y *se viene*; habría
que agregar) entre bocanadas de opio. Lo curioso es que la comparación que
introduce Sanguily demuestra que lo que inquieta a los críticos de la época
no son los versos nórdicos o septentrionales de Byrne, sino el decadentismo y

---

31   Foucault ha trazado el recorrido discursivo y jurídico que conduce del monstruo al anormal.
     Hacia los años 1845-1850, expresa Foucault, «se abre a la psiquiatría ese ámbito de control,
     análisis e intervención que se puede denominar lo anormal.» El campo de la anomalía, añade,
     «va a verse muy pronto, casi desde el principio, atravesado por el problema de la sexualidad.»
     Esto se debe, en primer lugar, a que el anormal está conectado con la herencia y la degene-
     ración, de modo que «todo el análisis médico y psiquiátrico de las funciones de reproducción
     van a participar en los métodos de análisis de la anomalía.» Lo segundo es que «hacia 1880-
     1890, [la anomalía sexual] aparecerá como la raíz, el fundamento, el principio etiológico ge-
     neral de la mayoría de las otras formas de anomalía» (*Los anormales* 157-8).
32   La conexión (explícita o sugerida) entre los chinos y la pederastia es un lugar común en
     muchos de los textos de la época. Luis Montané en su ponencia «La pederastia en Cuba,»
     leída en el Primer Congreso Médico en La Habana en 1890, aún cuando no incluye ningún
     caso de pederasta chino entre los que presenta, no vacila en declarar: «Los chinos
     no figuran en nuestro cuadro; pero sabemos que esta raza industrial y económica tiene par-
     ticular tendencia hacia la pederastia. ¿Quién no conoce los detalles de su vida íntima en
     nuestros ingenios?» (*La pederastia* 123).

la sexualidad transgresora que perciben en ellos, y que sólo atinan a simbo-
lizar o a expresar oblicuamente. Dicha transgresión podría convocar la figura
del onanista –el placer solitario practicado en *rincones ocultos*, y la imagen eya-
culativa de ese *irse* «entre acres bocanadas de opio– y/o la del pederasta.[33]

Enrique Hernández Miyares, director del periódico *La Habana Elegante*
y, dicho sea de paso, el amigo más íntimo de Julián del Casal, al terciar en el
debate desatado por *Excéntricas*, se desmarca de la postura crítica y condena-
toria de Nicolás Heredia y de Manuel Sanguily. Hernández Miyares, por
ejemplo, no encuentra en el poemario de Byrne la brusquedad del cambio que
había sorprendido a Heredia. En primer lugar (y esto es, sin dudas, irónico)
Hernández Miyares sugiere que no le ha sido tan fácil encontrar en los pe-
riódicos de aquellos años las dichosas *Mariposas*, habiendo conseguido «apri-
sionar» sólo cuatro de ellas.[34] Y una de esas *mariposas*, observa, Byrne las in-
cluyó en *Excéntricas* con el título de «Los buitres.» Así, pues, podría decirse
que esas celebradas *mariposas* no eran sino los *buitres* de *Excéntricas* en estado
larvario. Lo segundo es que, en un intento por defender a Byrne (y por ex-
tensión a Casal), Hernández Miyares aparta al primero de los decadentistas y
lo incluye (como al segundo) entre los parnasianos. Este gesto, otra vez, revela
una intención purificadora, por decirlo de alguna manera, puesto que en esta
lectura el parnasianismo es, «la escuela de los depurados, de los más artistas,»
mientras que los decadentistas «presumen ser los últimos romanos, sin más
coturnos que sus botas llenas del negro barro del boulevard.» La identificación
romanos-decadentes reinscribe, por supuesto, la alusión a la *degeneración*.

El único comentario crítico que definitivamente rompe con y desafía las
lecturas que hemos comentado hasta aquí fue el de Julián del Casal, es decir,
ese de quien puede decirse que fue entre nosotros un cumplido decadente.
Para que pueda apreciarse mejor el contexto de lo que decimos, hay que re-
cordar que fue precisamente en 1893 que Ciriaco Sos Sosa, bajo el pseudónimo
de «César de Guanabacoa», publicó su ataque contra Casal. Allí se alude, no
muy sutilmente por cierto, a la posible inversión sexual de Casal. «Estoy por
creer lo que se dice: que Virginia Chrisantheme, revistera de Modas de *La
Caricatura*, y Julián del Casal, son una misma persona» (*Un falsario* 25). Es

---

33   P. J. C. Debreyne se refiere al onanismo en los niños haciendo uso de una tropología muy si-
     milar a la que usa Sanguily para caracterizar la poesía de Byrne y, metonímicamente pudié-
     ramos decir, al matancero mismo: «existe por desgracia otra causa frecuente de estas aberra-
     ciones sensitivas locales: tales son los tocamientos extraños ejercidos por las manos criminales
     de seres apasionados» (*Ensayo sobre la teología moral considerada en sus relaciones con la Fisio-
     logía y la Medicina*, 44). El título del tratado, que es de 1882, corrobora lo apuntado por Fou-
     cault acerca de la figuración de lo anómalo en una trama de hilos discursivos (la moral, la fi-
     siología, la medicina) atados a la sexualidad. Las pasiones (signadas por el descontrol) se
     traducen en aberraciones que remiten inequívocamente a trastornos de lo sexual. A esto hay
     que agregar que los escritores y artistas se convierten en la época en blanco de las sospechas
     de estos discursos. En *Psychopathia Sexualis* (1886) Richard von Krafft-Ebing afirma que la
     influencia sexual tiene la potencia para «despertar el sentimiento estético.» Y añade: «¿Qué
     otra fundación existe para la escultura o la poesía? Del amor (sensual) se levanta ese calor de
     la imaginación que basta para inspirar la mente creativa» (6) (Mi traducción; también las
     que sigan, a menos que se indique lo contrario).
34   Ver nota 29.

obvio que Virginia Chrisantheme es un pseudónimo, pero la ambigüedad del comentario (y por tanto la insinuación que hace «César de Guanabacoa») se manifiesta en la sugerencia de que Julián del Casal sea, en efecto, Virginia Chrisantheme, es decir, que se trate de *la misma persona*. No es casual, entonces, que llame a Casal «chino por el estómago» y «decadente *enragé*» (31).

Quizá la nota más característica de la reseña crítica de Casal (y que extrañamente los críticos posteriores fallaron en notar) es su inusitada agresividad. Se sabe que Casal se defendió frecuentemente con la ironía, pero en su comentario sobre Byrne llega más lejos: su respuesta es abiertamente confrontacional y desafiante. Casal comenta *Excéntricas* no sólo para hacer una defensa legítima de Byrne, sino también para ripostar directamente a quienes, como ahora al matancero, lo habían criticado, condenado a él. Por eso Casal también se dirige a Byrne y le advierte lo que esas críticas adversas anuncian y habían puesto en marcha: una presión encaminada a disciplinarlo, a obligarlo a abandonar lo *ex*-céntrico. De lo que se trata es de reintegrar a Byrne al grupo, al redil de «lo cubano», traerlo de vuelta a su «verdadera» naturaleza, corregir sus desvíos.

La crítica posterior sólo vio en el comentario de Casal sobre Bonifacio Byrne aquello que le convenía porque confirmaba una de las ideas sobre el modernismo más firmemente enraizadas: la hostilidad hacia el periodismo. El resto se ignoró, y con ese resto se ignoró también el contexto en que se inscribe dicha hostilidad. Porque si Casal carga contra el periodismo por despojar al periodista-escritor de «su propia personalidad» («Bonifacio Byrne», 94), lo que celebra en el autor de *Excéntricas* (también periodista) es que haya logrado «conservar íntegra su personalidad». Esta aseveración demuestra que, para Casal, la autonomía era posible si se contaba con las reservas de energía y con la voluntad de resistencia necesarias. Eso que se dirime en el texto sobre Byrne es, justamente, la defensa de la autonomía del escritor. Para los verdaderos artistas, advierte Casal, conservar íntegra la personalidad «supone una fuerza incontrastable, resistente al medio» (96). Partiendo de esta premisa, lanza la primera estocada a la crítica que había formulado Sanguily. Astutamente, sin embargo, no se refiere directamente al comentario crítico de este último, sino que lo hace de manera oblicua al comentar una conversación que habían sostenido: «Sanguily, hojeando el tomo, por diversas partes, me decía una tarde: —estos versos no parecen escritos por un cubano, sino por un escandinavo. Tenía razón el ilustre crítico, pero hacía, al mismo tiempo, según mi criterio, *el mayor elogio* que se puede hacer de un *poeta*» (énfasis mío). Para Casal, los poetas «[s]ólo creerían encontrarse bien si se encontraran, como gime uno de ellos, *en el sitio en que no están*» (97) (énfasis mío). Recordemos que en su bello ensayo «Presencia y ausencia de Julián del Casal» Dulce María Loynaz responde a la supuesta evasión de Casal (y por tanto a su también supuesta falta de cubanía) al afirmar que el poeta cubano «no era ausente por poeta, sino más bien poeta por ausente» («Presencia» 88), haciéndose eco así de lo que este había dicho casi un siglo antes. En ningún caso se trata de evasión (recuérdese lo que había dicho Vitier), sino de que un destino poético, un ser y estar en la poesía necesariamente requiere la reconciliación de presencia y ausencia, de afirmación y fuga. A esto se debe mi insistencia de que Casal no sólo habla de Byrne y se dirige a él tanto como a sus críticos, sino que igualmente habla de sí mismo y a quienes, como a Byrne, lo consideraban un escritor exótico, afrancesado y fuera de *lo cubano*. Ya resulta elocuente que, a pesar de esa intemperie y de esa exterioridad, Casal sea también un poeta *entrañablemente* cubano.

De todos los críticos de Byrne, Casal es el único cuyas objeciones son específicamente de carácter literario. Dice, lo cual es cierto, que se encuentran «algunos prosaísmos en sus poemas.» No obstante, advierte, «son de esos que se hallan en las mismas obras de algunos maestros» (96-7). La crítica, si bien hecha muy de prisa, va a eso que en verdad lastra no pocos de los poemas de Byrne. Casal, sin embargo, abunda más en lo que considera son los méritos de *Excéntricas*, ofreciendo así una contra-mirada a los ataques que, incluso comenzando por el prólogo de Heredia, había recibido el poemario. En lo que constituía un verdadero desafío a los juicios de Heredia y Sanguily, no se sorprende de que Byrne, a quien tiene por «verdadero poeta,» prescindiera «en absoluto de cantar las decantadas bellezas tropicales;» tampoco el «cambio de manera» del matancero, y, como si quisiera derramar vinagre en la herida de los críticos, llega a afirmar que en todo caso lo sorprendente es que, pese a todo, Byrne conservara todavía «su antigua manera.» Casal, pues, no sólo no objeta el giro estilístico, sino que va más lejos al sugerir que lo que habría que reprocharle a Byrne es que no hubiera dejado atrás completamente sus *mariposas* (98). Rechaza, además, la idea de que Byrne estaba simplemente imitando a Baudelaire o a Richepin (que era precisamente lo mismo que se decía del propio Casal), y explica el interés del poeta en lo tenebroso porque «porque cansado de invocar al Bien acude a arrojarse entre los brazos del Mal.» Casal continúa lanzándose a fondo al presumir que anticipando la recepción crítica que tendría *Excéntricas*, Byrne (en un gesto que obviamente tendría que ser calculado) decidió dedicarle el libro a Luzbel (98-9).

Cuando Casal critica al periodismo en las páginas que le dedica a Byrne, lo hace sobre la base de que la práctica periodística le exige al escritor despojarse «de su propia personalidad.» Quienes no han ido más allá de la crítica al periodismo, han fallado en ver que el comentario de Casal refleja, como un espejo, las exigencias que no sólo el periodismo, sino también el nacionalismo, el positivismo, y el incipiente latinoamericanismo le planteaban igualmente al artista. En todos los casos se trataba de lo mismo: de moldearlo a determinadas exigencias. Irónicamente, Casal representa estas demandas a través de operaciones cosméticas, de artificios que se auto-erigen como naturaleza correctora de otros artificios: «Hay que blanquearse los cabellos, si son negros, o ennegrecérselos, si son blancos; enrojecerse las mejillas, si son pálidas, o empalidecérselas, si son rosadas» («Bonifacio Byrne» 94). Byrne merece su aplauso, no porque haya expresado su auténtica naturaleza, sino porque se atrevió a cantar, «en admirables versos, lo que aquí no se puede apreciar, porque no se acierta a comprender, sin temor a la indiferencia del público, a las censuras de los críticos o a las burlas de los critiquillos.» Para Casal, *Excéntricas* interrumpió «el tono monótono de la poesía cubana, lanzando en ella una nota nueva, extraña y original.» Entrevé en Byrne a un «maldito» o a un «saturniano,» y lo cree un mártir «que sufre el triple martirio de su destino, de sus aspiraciones y de su medio social» (102).

Hasta cierto punto, Casal anticipa (con su extraña habilidad para vislumbrar el futuro) el giro que habría de tomar la poesía de Byrne. En su biografía sobre el poeta, Urbano Martínez Carmenate refiere que Manuel Serafín Pichardo le ofreció a Byrne publicar en la revista modernista *El Fígaro* y que, a pesar de alternar en ella con Rubén Darío, Manuel Gutiérrez Nájera y Amado Nervo, entre otros, «[n]ada de asomo modernista se descubre en sus versos de esa primera mitad de 1895.» En los mismos lo que más bien se manifiesta, según el biógrafo, son «los vaivenes de una aguda crisis espiritual, nada extraña en él, por cierto,» y son reflejo de «una actitud indefinible» (*Bonifacio Byrne* 112-3).

El 24 de febrero de 1895 estalla la segunda guerra de independencia contra el poder colonial español, y en agosto las autoridades fusilan al patriota matancero Domingo Mujica, quien se había unido a la insurrección. Consternado por la noticia e indignado, Byrne escribe un soneto con el que, según Martínez Carmenate, sin que el propio autor lo supiera, «en esos instantes su poesía levantaba el vuelo para devenir himno de la manigua redentora» (117-8). El soneto, de factura mediocre, pasa de mano en mano y se populariza entre los simpatizantes de la causa cubana.

No pasa mucho tiempo antes de que (según su propio testimonio) Byrne reciba una advertencia de las autoridades coloniales para que abandone la isla. El 30 de enero de 1896 se embarca en el vapor Olivette hacia Tampa. En Matanzas quedan su esposa Rosalía y sus hijos. También, aparentemente, queda el modernismo.

LA «EVOLUCIÓN» LITERARIA DE BONIFACIO BYRNE

Byrne permaneció en Tampa desde 1896 hasta el 3 de enero de 1899 cuando parte de regreso a La Habana con su familia. En ese período de tiempo consiguió reunirse con toda su familia (la esposa y sus nueve hijos), tuvo otro hijo y vio morir al mayor (*Plácido*). Fue una época de privaciones y sacrificios, y hasta enfermó de fiebres palúdicas. Para subsistir y mantener su numerosa familia trabajó como lector de tabaquería, colaboró en diferentes periódicos (*El Expedicionario*, *La doctrina de Martí*) y en la revista *Cuba y América*, que dirigía Raimundo Cabrera. Wenceslao Gálvez, de quien se había hecho íntimo amigo, tras escucharle algunos poemas patrióticos le sugiere que escriba un libro de sonetos, y hasta le sugiere el título: *Efigies*. El libro se publicó en 1897. Arturo Arango afirma que «más que un buen libro de poemas, es un libro de servicio» (28). En él «[e]l poeta modernista dejará lugar al hombre comprometido con las contradicciones esenciales del país.» Arango añade que «[n]o hay que hablar aquí de torcedura o desviación de su rumbo poético, sino de la más alta comprensión del deber del artista cuando la patria exige sus servicios.» Y para legitimar esa «alta comprensión» echa mano, por supuesto, al arsenal de citas de Martí: ««Todo al fuego», había escrito Martí y Byrne echó en él diablos y sepultureros, momias y joyas, y dispuso su verso a brillar en la fragua de la Revolución» (27).

Puede verse que la metáfora (si tal puede llamársele) que preside, pudiéramos decir, toda la valoración crítica de Byrne desde la aparición de *Excéntricas* en 1893, es la de la *desviación*. El problema es siempre el mismo: si hay o no *desviación*. Lo que media entre *Excéntricas* y *Efigies* es la desviación, la pérdida del camino y el descubrimiento del verdadero rumbo del poeta: lo que Arango considera su «más alta comprensión del deber», deber que consiste, como puede verse, en el auto-sacrificio. De modo que el poeta que mejor cumple con su deber es el que le da la espalda a la poesía. Lo que se espera de él no es que escriba «un buen libro de poemas,» sino uno de «servicio.»

Pero cuando Byrne publica *Lira y Espada* en 1901 (tal y como parece anunciarlo su título, no obstante, o quizá por la fuerza de tracción de la conjunción *y*), algo se traba. Nicolás Heredia, autor de su prólogo como antes del de *Excéntricas*, empieza por separar este último título (lo llama «paréntesis de un alma sin rumbo ni timón») del soneto a Mujica y la emigración, cuando el poeta «halló entonces su camino» y, afirma Heredia, «fue, desde esa hora, el poeta de la guerra.» Enfrentado ahora a las composiciones de *Lira y Espada*, Heredia no oculta su malestar: «Byrne, a mi juicio, demuestra cierta flojedad e inconsistencia, algo así como cansancio que procede de la pronunciada languidez de su natural temperamento,» expresa en el Prólogo. Resulta curioso escucharle al propio Heredia que la reincidencia de Byrne, esa «pronunciada languidez» que observa en él sea, no obstante, una expresión de «su natural temperamento.» El problema parecer ser en este punto que no sólo se ha vuelto difícil determinar si Byrne se desvía o no de *su temperamento* (entiéndase *su camino*), sino incluso *cuál* es su verdadero temperamento y cuál es su verdadero camino. La figura del *poeta de la guerra* (figura que el título *Lira y Espada* traduce admirablemente) se desenfoca, como si este, en lugar de llevar al campo de batalla el grito bélico, hubiese acudido con todos los peligrosos objetos del atelier del estilo. Byrne, comenta Heredia, «[n]unca atina a ser vehemente y aun en sus versos de carácter guerrero, se advierte este fenómeno, que al responder a su organismo ha pasado fácilmente a sus poesías.» Obsérvese como se insiste en que el desvío apuntado es, en verdad, el reencuentro del poeta con «su temperamento» y con «su organismo.» El desvío resulta, paradójicamente, expresión de una fidelidad a sí mismo. Ahora bien, esto no quiere decir que, así y todo, desde la perspectiva de Heredia esa fidelidad no constituya, en efecto, un desvío. Este se insinúa, advirtámoslo, tanto en la postura estética a la que parece regresar Byrne como en la desvirilización que ello implica. El poeta, se nos dice, «suspira cuando debe rugir y pone agua de rosas en lugares que piden sangre roja y humeante.» De un lado tenemos *flojedad, inconsistencia, languidez, suspiro, agua de rosas*; del otro, la *vehemencia* (en falta), el *rugido* y la *sangre roja y humeante*. Desde luego, la vehemencia y el rugido que exige Heredia no constituyen menos un acto de posar que la languidez fluyendo en el agua de rosas que denuncia. Pero Heredia no está dispuesto a ceder a Byrne y concluye afirmando nada menos que este había dejado «la cruz de la poesía por la cruz del socialismo.»

Byrne y Yo o los entretelones de la bio-grafía

Puesto que Bonifacio Byrne ha sido llamado el «Poeta de la Guerra», el «Poeta de la bandera» y «Poeta Nacional», cualquier relectura de su obra poética tiene que lidiar, necesariamente, con la mitologización patriótica, política y nacionalista que se ha hecho de su obra tanto como de su vida. Por más extraño que parezca, dicha mitologización ha ido de la mano con una casi absoluta falta de atención crítica y con una no menos falta de disponibilidad de su propia obra poética. Como ya hemos dicho, su libro más importante (*Excéntricas*, 1893), y sin el cual resulta imposible comprender a cabalidad el camino que tomó su poesía posterior (si es que puede hablarse de *un* camino), no había vuelto a editarse hasta ahora. La omisión es importante porque *Excéntricas* y *Bustos y rimas*, de Casal, ambos de 1893, constituyen los dos últimos títulos importantes del modernismo cubano (al menos antes de 1900).

El libro que mejor ha articulado la mitología de Byrne es la biografía del poeta que Urbano Martínez Carmenate publicó en 1999 y que tituló *Bonifacio Byrne*.[35] El autor nos dice que terminó su redacción en 1983, pero que «por razones coyunturales que ahora no vienen al caso, [permaneció] inédito durante dieciséis años, a pesar de haber recibido dos reconocimientos nacionales.» Por tratarse, además, del primer libro que escribió, ruega al lector «que se sienta insatisfecho» que le conceda «un ápice de indulgencia» (3). El *misterio* en torno a las razones que demoraron su publicación se inserta de maravillas en un libro en el que abundan las lagunas, los misterios, las pistas

---

35   Con el propósito de incurrir en complicaciones innecesarias, a partir de este momento todas las referencias al libro *Bonifacio Byrne* serán indicadas por las siglas del autor, seguidas del número (o de los números) de la(s) página(s) correspondiente(s). Por ejemplo: (UMC 45).

que se pierden y el no sabemos. En este sentido, la imagen de la cubierta sugiere la imposibilidad de fijar a Byrne, de cortarle un patrón al que pueda sujetársele. Dos imágenes del poeta, de perfil, se miran una a la otra, con lo que se crea una suerte de espejo, puesto que cada perfil es una imagen exacta del otro. Pero como el espejo no está ahí, podríamos decir igualmente que estamos ante dos Bonifacio Byrne. El carácter siniestro de esta repetición de *lo mismo* en la *diferencia* gana peso por el hecho de que los perfiles, casi traslúcidos por la palidez del color, resultan un tanto fantasmales. Finalmente, si miramos justo entre ambos vemos ensancharse un río que haciendo meandros se aleja hacia el horizonte y es parcialmente cubierto por el ramaje de un árbol. En la cubierta, pues, vemos fluidez, desvío, repetición, lo mismo, lo otro. Y como si esto no fuera aún suficiente la inicial del nombre y del apellido del poeta parecieran a su vez reflejarse una en la otra: *BB*. No obstante reconocer en diferentes momentos de la biografía los vaivenes políticos de Byrne, la última imagen suya que nos deja Martínez Carmenate la cifra en dos poemas: uno en que el poeta rinde homenaje a Rafael Trejo, víctima de la dictadura machadista, y en otro titulado «El Rey se divierte» que satiriza precisamente al régimen de Gerardo Machado. Estos poemas nos regresan al Byrne de *Efigies* (cantor de héroes y mártires revolucionarios) en lo que constituye un cierre político perfecto de la obra poética en armonía con la vida: «Sus versos volvían a inspirarse en los héroes de la contienda, nacía de nuevo el soneto encrespado y violento, con sudor y pólvora, como vuelo infinito de pasión y violencia. Su patriotismo se desbordaba» (UMC 244). Al afirmar el supuesto regreso al supuesto origen, Martínez Carmenate carga la mano en la acción y la violencia dejándonos ver que en esa vuelta atrás está en juego algo más que el patriotismo: se trata de, una vez más, pulir la masculinidad del poeta. El soneto no puede ser simplemente patriótico, sino que tiene también que *encresparse* y cargarse de *violencia*, tiene que *sudar* a chorros, rodearse de *pólvora*. Su misma teatralidad lo revela como lo que es: *pose*. Deberíamos recordarlo a menudo: los héroes posan. No hay más que mirar las estatuas y los monumentos.

El cierre de la biografía de Bonifacio Byrne no es sino la culminación de la narrativa teleológica de su patriotismo que Martínez Carmenate rastrea, al comienzo del libro, en los ancestros irlandeses del poeta. El abuelo, Martyn Byrne, nació en Irlanda a fines del siglo XVIII, y tanto él como sus hermanos, asegura Martínez Carmenate, sufrieron «la amargura constante de la bota colonialista» y escucharon «a cada momento hablar de la independencia.» Es decir que ya desde sus orígenes hay una especie de predestinación revolucionaria. Irlanda prefigura a Cuba. O mejor; Irlanda *es* Cuba (nunca al revés). Hay un hecho histórico, sin embargo, que parece confirmar aún más el *pedigree* revolucionario de Byrne. Martyn y sus dos hermanos participan en la Batalla del Vinagre (*Battle of Vinagre Hill*) contra los ingleses en 1798. Mueren sus dos hermanos, pero Martyn «se ha salvado milagrosamente.» Al verse perdido se arroja al mar y es rescatado por un buque y llega a Canadá, donde se inscribe en las milicias locales. Empiezan entonces los «parece,» los «de seguro,» los «no obstante,» los «nos perdemos», el «misterio,» para, finalmente, en 1818, reencontrar a Martyn «inmerso en los trajines de la sociedad cubana» (UMC 8-9). «Más de un misterio,» nos advierte Martínez Carmenate, «hurgaremos en la trayectoria de este hombre,» el cual «*debe* haber llegado a Matanzas *no después* de 1817» (11) (énfasis míos). «No sabemos a qué se dedicaba,» continúa el autor, pero sí que se casó en 1818 con María Camila Sardiñas, «una criolla de quien no conocemos mucho,» y el que el apellido O'Byrne empieza a españolizarse al perder la «O» y el apóstrofo. Martyn, quien tuvo nueve hijos, muere el 18 de marzo de 1863. De uno de sus hijos –Bonifacio– nació el poeta Bonifacio Byrne en 1861. Este fue, por tanto, nieto (y por implicación heredero del espíritu revolucionario y viril, puesto que ambas cosas marchan juntas) de Martyn, el sobreviviente de la Batalla del Vinagre. Y ahora viene lo mejor. Martínez Carmenate nos dice que será el poeta Byrne quien,

> con más orgullo que nadie, contaría las grandiosas aventuras de su abuelo, sereno navegante del Caribe y del Atlántico; y relataría, henchido de emoción, eso que linda entre la verdad y la leyenda –realmente lo cierto no se sabe hasta ahora–, que en el fondo turbio del río San Juan yace, caído por desliz accidental, el fusil con que Martyn Byrne hizo fuego durante la Batalla del Vinagre, en defensa de Irlanda y en lucha contra el colonialismo inglés (UMC 15-6).

Como este es, por así decirlo, el origen de la mitificación patriótica de Byrne, creo necesario hacer un alto aquí y examinar sus premisas más importantes. Llama la atención, en primer lugar, la falta casi absoluta de fuentes para la narración de esta historia. Sabemos que Martínez Carmenate tuvo que hablar con el hijo menor de Byrne (y el único que le sobrevive) porque expresa que éste –Bonifacio Byrne Lamar– puso a su disposición «el archivo familiar, sin reservas» («Agradecimientos»). Mas esto no basta para que se nos presente esta historia sin ninguna cita o referencia concreta a fuentes, aunque sólo fuesen orales.

Lo que más me interesa aquí es eso que, a mi juicio, contiene la almendra simbólica de la saga: el rifle que cae accidentalmente y se pierde en las aguas del San Juan y la supuesta obsesión de Byrne con el suceso. ¿Cómo sabemos que Byrne, *con más orgullo que nadie*, contó repetidas veces la anécdota? ¿A quién o a quiénes se la contó? ¿Quiénes más –aún si con «menos» orgullo– la refirieron a su vez? ¿Por qué no se menciona una sola fuente, un solo testimonio que confirme esto? No sólo no puede confirmarse el hecho mismo, sino que tampoco se nos ofrece la más mínima prueba de que haya sido contado por

Byrne o por nadie más. Y en lo que respecta al rifle con el que Martyn peleó contra los igleses, ¿cómo pudo nadar con él y alcanzar el barco que le salvó la vida? ¿No tenía por fuerza el arma que ser un obstáculo en esos momentos?[36]

Ahora bien, lo que acabo de comentar no significa que tengamos que desechar la historia y su relato como productos de la imaginación, o hasta de la invención del biógrafo. Después de todo, la repetición de las «grandiosas aventuras» del abuelo y la caída accidental del rifle armonizan simbólicamente tan bien, que de ser cierto, no el suceso, sino su relato, ello podría tener que ver con la compleja psicología del poeta matancero. Si el relato de las aventuras re-escenifican la virilidad del abuelo, la caída del rifle «por desliz accidental,» sugiere la ansiedad de castración. Esa ansiedad encuentra su refuerzo simbólico en el «fondo turbio» del río en el que definitivamente se pierde y se silencia. Esto tiene otra implicación no menos importante: es en *Cuba*, en el fondo turbio de sus aguas, donde se pierde el impulso revolucionario, viril, *irlandés*. Tenemos que agregar, finalmente, la ironía de que el mismo rifle irlandés que *se desviriliza* por un desliz accidental en Cuba, *se aplatana* (cubaniza) al desaparecer definitivamente en el «fondo turbio» del San Juan.

La fascinación de Byrne con las historias del abuelo tiene sentido como ambas cosas; de un lado, como compensación psicológica por su propia masculinidad descentrada y proyección de una masculinidad ideal y prescrita; del otro, como estratagema para reescenificar la muerte del padre, por vía de su castración implícita en la historia que él, el nieto, «con más orgullo que nadie,» no se cansará de *repetir*. Es a través del abuelo glorificado y desbancado que Byrne habría conseguido sonorizar la relación con su propio padre, y por donde sale también su conflictiva posición respecto a la guerra y la violencia. Si nos atenemos a la relación entre Bonifacio Byrne (padre) y Bonifacio Byrne (hijo) tal como la presenta Martínez Carmenate, hay que decir que el primero tuvo un efecto castrante sobre el segundo, lo que habría ocasionado una identificación con la madre y el distanciamiento del padre.

En la biografía leemos que el padre tenía un carácter «algo seco» (UMC 21), y que el hijo se acostumbró a verlo «a cierta distancia, con una buena dosis de admiración y una mezcla de respeto y miedo» (23). Esto último se hace evidente en una anécdota que refiere el propio Byrne en unos manuscritos autobiográficos, y que le confirmó el doctor Américo Alvarado a Martínez Carmenate.[37]

---

36   Por la manera en que lo narra Martínez Carmenate, uno tiene la impresión de que la Batalla del Vinagre tuvo lugar junto al mar. Y no es cierto. La batalla tuvo lugar en Vinegar Hill, y cuando los rebeldes irlandeses tuvieron que retirarse ante la superioridad militar de los ingleses, escaparon (con muchas dificultades) junto a la orilla oriental del río Slaney, que está en el sudeste de Irlanda. El río corre hacia occidente, y luego hacia el sur, pasando por los condados de Wicklow, Carlow y Wexford antes de desembocar en el Canal de San Jorge en el Mar de Irlanda. El Canal de San Jorge conecta al Mar Irlandés con el Atlántico por el sur. Esto significa que para poder llegar incluso al Canal de San Jorge, Martyn tuvo que recorrer un buen tramo, lo cual hace aún más inverosímil si se quiere la historia del rifle. Por lo mismo, la historia como tal tiene más valor como evento simbólico que como evento real, dados los imaginarios asociados a la masculinidad, y más tarde a las nociones de extranjería y enraizamiento que desencadena.

37   Raras veces el biógrafo cita directamente de las fuentes cuando se trata de hechos específicamente biográficos. Este detalle es importante porque la vaga referencia a «manuscritos auto

Con apenas diez años, Bonifacio Byrne inicia su trabajo como monaguillo en la Iglesia de San Juan Bautista de Pueblo Nuevo. Antes de oficiar por primera vez, el padre lo sentó en sus rodillas y le explicó la trascendencia del acto que estaba a punto de realizar. «El muchacho siempre había sentido gran emoción y respeto ante la presencia del progenitor,» comenta Martínez Carmenate, pero ahora don Bonifacio enfatizaba que se trataba «de estar, en lo adelante, cerca del Señor Todopoderoso,» y por tanto «su padre debía quedar relegado a un lugar ínfimo.» Las advertencias del padre le «martilleaban los oídos,» y entre los rostros de los asistentes a la misa «descubría, de cuando en cuando, el rostro recio y severo de su padre, expectante, sin perder un detalle del oficio.» Para contrarrestar «el efecto fulminante de aquellas pupilas,» buscaba los ojos de la madre (35-6). El recuerdo tiene todos los visos de una castración simbólica, que comienza nada menos que bajo la advocación del nombre de San Juan Bautista. Debe tenerse en cuenta que la imagen del padre está persistentemente asociada al miedo. Significativamente, el relato vuelve intercambiables la autoridad paterna y la divina. El hijo comparece *ante* la presencia del *padre* con la misma emoción y respeto con que comparecería *ante* la de *Dios*. De aquí que la retirada del padre, dejándole su lugar al Señor Todopoderoso, resulta engañosa. La sustitución ocurre como en un cuarto de espejos en el que se gesta la figura del doble. La «desaparición» física del Padre que deja su lugar a «Dios» da lugar a su inmediata introyección en Byrne como super-yo o conciencia moral. Sus palabras *martillean* los oídos del niño, y su mirada escrutadora —como la del ojo divino— lo *acosa* y lo *persigue*. Esa mirada castrante se manifiesta en el *efecto fulminante* que tiene sobre él. Como consecuencia, en mi opinión, Bonifacio Byrne desarrollará un irrefrenable deseo de transgresión y, consecuentemente, de culpa, puesto que en el fondo se trata de una hostilidad inconsciente dirigida contra su doble: el otro Bonifacio Byrne (su padre). Martínez Carmenate, comentando esa primera misa, nos dice que ese también «primer acercamiento a Dios le había costado muchos sufrimientos.» Agrega, entonces, que durante la celebración «de una de las tantas misas en que ofició como monaguillo, Byrne sintió, de súbito e inexplicablemente, unos deseos inauditos de probar la hostia del copón.» Al deseo le sigue el remordimiento «ante el posible sacrilegio,» y al remordimiento la consumación del pecado (36). El deseo que asalta al niño, y que el biógrafo encubre con el verbo *probar*, no es otro que el de *comer*, el de *devorar* el cuerpo sagrado del padre. Es un deseo canibalista, de manifiesta hostilidad, dirigido contra el Padre.

Despertado una noche de junio de 1871 por los gritos de su hermano Ricardo que «padecía de frecuentes ataques nerviosos,» Bonifacio Byrne se da cuenta de que en la casa hay un ajetreo general cuya causa no comprende. Todos están reunidos en el cuarto del padre y «reina un gran misterio.» En-

---

biográficos, conservados en el Archivo Provincial de Matanzas,» quiérase o no, le insufla tanto a lo que se dice como a lo que se calla un aire de secreto. Hay que tener en cuenta al respecto la afirmación de Raimundo Lazo de que Byrne dejó «un diario que el autor dispuso que permaneciera no sólo inédito sino desconocido hasta cierto número de años después de su muerte.» En esta edición reproducimos el artículo de Lazo.

tonces le permiten pasar. El padre, moribundo, yace en su lecho. «Nunca ol-vidará el muchacho el gesto agonizante del viejo; quien haciendo un gran esfuerzo lo abrazó contra su pecho y dijo: 'a éste habrá que perdonarle al-gunas majaderías'» (UMC 38). El abrazo apretado del padre agonizante y su gesto se imprimen para siempre en la memoria de Byrne. Es, en cierta medida, el abrazo de su otro yo, que es también el de la muerte, y que podría ser el origen de la fijación homoerótica con el doble: ese otro, el fantasma que lo reclama y lo observa desde el otro lado, y en el que se reconoce a sí mismo como castrado y, por la misma razón, dominado por la apetencia fálica. Así, la inmensa mayoría de las figuras masculinas con las que más intensamente se relaciona Byrne cumplen una especie de función parental y/o sirven de pan-talla al deseo homoerótico. Quizá sea difícil encontrar ejemplos más cabales en este sentido que los del escritor y crítico Nicolás Heredia, el poeta y gue-rrero Carlos Pío Uhrbach y el mulato Antonio.

No podemos sobreestimar el papel desempeñado por Heredia como mentor literario de Byrne, y en tanto tal, fue, podemos decir una también una especie de figura paterna.

La sociedad cultural «El Ateneo» se fundó en Matanzas en 1874. Cuando en 1879 se crea el «Círculo de Escritores», Nicolás Heredia es elegido como miembro de su directiva. Es por esta época que, afirma Martínez Carmenate, se fortalece la amistad con Heredia (UMC 67). A esto contribuye la publi-cación de *El Ateneo*, periódico de la organización del mismo nombre, y en torno al cual se crea un colectivo de trabajo que incluye, entre otros, a Miguel Garmendía, Dionisio Font y Nicolás Heredia. Será *El Ateneo* una de las pu-blicaciones en que Byrne empieza a dar a conocer su obra (64). Otros perió-dicos en los que publicará alrededor de la misma época son *La Primavera* (1878), y *El Pensamiento* (1879). El director del segundo fue el Nicanor Arís-tides González.[38] Gracias a la gestión de Benjamín Giberga, secretario general

---

38   González enseñó en la escuela El Porvenir, donde fue maestro de Byrne, y quien lo guió en sus primeros tanteos en la poesía. Antonio Luis Moreno era el director de El Porvenir. Él y González fueron, después del padre, las primeras figuras masculinas de importancia en la vida de Byrne. Según Martínez Carmenate, El Porvenir fue «una excelente fragua de pa-triotismo» (26) y el amor «que siempre rodeó a Bonifacio dentro del hogar, se prolongaba después en la escuela,» añadiendo que el «niño sensible no demoró mucho en sentirse cau-tivado por la fuerte personalidad del director.» (28). La extensión de la institución familiar en la educativa sugiere por lo mismo la relocalización simbólica de la figura del padre en la del director. Obsérvese que, a semejanza de lo que vimos antes en el padre, a Moreno se le atribuye una «personalidad fuerte,» y, como aquél, cautiva al niño. Aquí conviene recordar la ambigüedad de que están investidos los términos cautivar/cautivo (hechizar/aprisionar y hechizado/aprisionado –lo mismo como el efecto del influjo ejercido por algo o por alguien, que como resultado de un aprisionamiento institucionalizado en la cárcel, la prisión). En este sentido cautivar equivale también a una castración. Byrne mismo (a quien cita Martínez Carmenate) expresa que Moreno llegó a quererlo «como si fuera un familiar suyo» (29). Al referirse al maestro Nicanor, Martínez Carmenate nos dice que para Byrne «era algo muy grande aquel maestro que cautivaba con la magia de la palabra» (30). En su artículo «Rara coincidencia,» sobre los poetas matanceros, Byrne expresa que Nicanor lo quiso «entraña-blemente, guiándo[le] en los primeros pininos que hi[zo] en el camino de las letras, siendo para [él] lo que la sombra de Virgilio para el Dante en su travesía por los abismos infernales.» No hay que pasar por alto la extraña comparación, puesto que incluye el descenso a los in-fiernos, lo cual a su vez evoca la recurrente figura del diablo en la poesía de Byrne. La compa

del Círculo, Byrne obtiene el puesto de escribiente en la secretaría del mismo, lo cual, por supuesto, le permite estrechar relaciones con figuras de la literatura y la intelectualidad matancera como Idelfonso Estrada y Zenea y, por supuesto, con Heredia (UMC 67). Muy temprano, pues, Byrne desarrolla una amistad íntima y estrecha con Nicolás Heredia que sólo terminará con la muerte de éste. Pero, como ya he dicho, esa amistad reproduce a su vez, casi como un espejo, la relación traumática de Byrne con su padre.

Heredia es una figura paternal en un triple sentido: es el censor literario de Byrne y, por lo mismo, una especie de *super-yo* vigilante que, sospecho, no dejó de gravitar nunca sobre su escritura. Esto es evidente, por ejemplo, en los prólogos que escribe para *Excéntricas* y *Lira y Espada*. En ellos, por cierto, contrastan las críticas y / o la censura (particularmente en *Excéntricas*) con la obvia transgresión literaria de Byrne, que es precisamente lo que la crítica y la censura traen a la luz. En segundo lugar, Heredia fue también su progenitor simbólico. Lo bautiza y lo nombra por segunda vez al llamarlo «poeta de la guerra», epíteto, por cierto, que Martínez Carmenate no deja usar a través de todo el libro. Heredia también titula (en un gesto igualmente parental) *Lira y Espada*.[39] Llama la atención que Byrne mismo, al aludir a este hecho, se autofigure, simbólicamente, en la falta, en la castración: «yo puedo hacer una obra, pero me juzgo incapaz de bautizarla,» dice en el artículo en que evoca su amistad con el autor de *Leonela*. Byrne admite *fallar* justo donde se dilucida socialmente la paternidad: en lo simbólico. El acto de nombrar es una toma de posesión y, por lo mismo la afirmación de la *autoridad-autoría*. Finalmente, a lo anterior hay que agregar el deseo homoerótico.

En sus recuerdos de Nicolás Heredia, Byrne comenta que aquél llego a cobrarle «un verdadero afecto,» y que él a su vez lo quiso y lo admiró mucho «por la brillantez de su talento y la excelsitud de su carácter.» Agrega que los dos vivieron «compenetrados,» y que «Él conoció mi vida y yo la suya.» Esta compenetración de los dos se registra en el plano legal cuando Heredia funge como testigo del primer matrimonio de Byrne, y luego como padrino de su hija Adoración. En la boda el testigo (si consideramos, por supuesto la relación estrecha e íntima de los amigos) ocupa el *entremedio* entre los desposados. Llama la atención que las protestas de intimidad —«Él conoció mi vida y yo la suya,» «Vivíamos compenetrados»— estén precedidas y seguidas por comentarios sobre la, no obstante, distancia afectiva del amigo. Primero se nos dice que Heredia «no era muy amigo de prodigar su afecto, ni las manifestaciones íntimas con que se demuestra cariño por personas que se estiman

---

ración proyecta el lugar de la autoridad paternal en los infiernos del inconsciente como ambas cosas: la sombra del deseo prohibido, la interiorización de la culpa y la amenaza del castigo que, a manera de deíctico, el maestro-guía-guardián de la Ley, le muestra en las almas condenadas.

39   Resulta significativo el hecho de que, con excepción de *En medio del camino*, en los restantes poemarios, la función autorial (progenitora) no le corresponda, en rigor, a Byrne. Según su propio testimonio, fue Francisco Hermida quien le sugirió escribir un libro de poemas similares en su forma a ese que le había mostrado —«Los náufragos»—, y hasta le dio el título del volumen (*Excéntricas*). Esto vuelve a repetirse cuando Wenceslao Gálvez le sugiere escribir *Efigies*.

y se quieren.» Esa *distancia* no falla en recordarnos, por un lado, la *sequedad* del padre, y, por el otro, que esas *manifestaciones íntimas* de que habla Byrne (también como en el caso del padre) son, ante todo, manifestaciones de intimidad *física*. Así, Byrne recuerda cuando Heredia, al regreso de un «viaje de placer,» entró en la redacción del *Diario de Matanzas*, y él se levantó de su silla «para recibirlo con los brazos abiertos.» Pero Heredia, continúa Byrne, «se adelantó con la frialdad de un témpano polar, extendiéndome la mano, como si me hubiera dejado de ver la víspera o como si hubiese pasado inadvertido mi abrazo, que quedó limitado a la categoría de un simple conato y nada más.» El deseo de Byrne se deja entrever no tanto en su propio avance afectivo como en la masiva frialdad de témpano polar que se le opone, sobre todo si se tiene en cuenta que Heredia acababa de regresar de un *viaje de placer*. Veamos lo que añade Byrne:

> No olvidé la lección y en lo adelante, aunque seguí siendo el mismo para él, puse freno a mis vehemencias, dique a mis ímpetus, y me limité a ser su amigo, sin extralimitaciones en las que se transparentara una ternura demasiado familiar. Me costó algún trabajo dar contravapor para que retrocediera el tren vertiginoso de mi carácter espontáneo, afable y solícito.

Freno, dique y *límite* hacen visible los empujes del deseo homoerótico al igual que la interdicción que se le opone. Las «extralimitaciones» de la «ternura demasiado familiar» figuran la vecindad (si es que no la convivencia) de/con un deseo más francamente homosexual. Resulta casi imposible no percibir un arranque de celos en la frustración de Byrne. Es por esto mismo quizá, porque se lo rechaza, que insiste en romper el dique, en burlar el freno, en afirmar sus derechos exclusivos sobre los deseos del otro: «A pesar de lo expuesto, continuó dispensándome atenciones y teniendo conmigo deferencias que no empleaba con sus demás amigos.»

Resulta significativo que en el artículo de referencia, Byrne se posicione consistentemente como *castrato* frente a Heredia, a quien, por el contrario, presenta como un sujeto pleno, y por lo mismo, como poseedor del significante trascendental: el falo. Heredia, afirma, *«me defendió* en aquella causa que se me siguió por supuestas injurias al ministro de ultramar» (énfasis mío). Más tarde, cuando se produce la intervención norteamericana, es Heredia quien escribe la carta de recomendación que le posibilita obtener un puesto en el gobierno civil de Matanzas. En el recuento de la anécdota, Byrne no falla en ocupar el lugar marginal y dependiente. Cuando lo visita en su casa en el Cerro, Heredia estaba cenando y «parece,» comenta Byrne, que «la criada que salió a recibirme no supo decirle bien mi apellido, y tuve que esperarlo más de una hora.» Mientras lo esperaba, dice Byrne que «le oía reír con aquella su risa sonora, de hombre feliz y afortunado.» Véase el contraste entre la posición oscura y necesitada de Byrne, por un lado, y la imagen satisfecha, la *risa sonora*, del amigo que lo hace esperar. Así y todo, al igual que antes, Byrne encuentra la manera de reafirmarse a sí mismo como objeto de amor del amigo: «Cuando acabó de comer, al darse cuenta de que era yo quien le había aguardado, el disgusto por la tardanza a que me había sometido, sin querer, se reflejó en su semblante de rasgos apolíneos. Le vi sincero y se lo agradecí.» El comentario «le vi sincero» sugiere la *duda* que precede a esa *certeza*. Notemos, sin embargo, que la mirada de Byrne fija en los *rasgos apolíneos* del semblante de Heredia reinscribe el deseo homoerótico, y por tanto transgresor. Esos *rasgos apolíneos*, además de la serenidad y el elegante equilibrio atribuidos a Apolo (por oposición a lo dionisíaco), nos traen de vuelta, con la imagen estatuaria del Dios, la frialdad y la blancura del *témpano de hielo*, la interdicción del deseo y en consecuencia, como ya dije, sus embates en la mirada cautivada y cazadora.

El caso del poeta Carlos Pío Uhrbach resulta singular porque no podemos decir que sea, en rigor, una instancia parental simbólica. Su interés estriba en la ligazón homoerótica que tiene con Byrne. Carlos Pío es el autor del soneto que, a manera de introducción y dedicatoria, abre *Efigies*, y en cuyos versos, dice Byrne que le demostró «su cariño y la excelsitud de sus sentimientos amistosos.»

Según Byrne, en 1896 Carlos Pío fue huésped en su casa los tres días que pasó en Tampa. Pero éste, aclara el poeta de *Excéntricas*, se iba a dormir por la noche al hotel «por ser mi vivienda muy pequeña y carecer de una habitación adecuada para que mi amigo la ocupase» («El hijo del héroe).[40] Del testimonio de Byrne se infiere que esos tres días debieron ser los del 23 al, posiblemente, 25 de diciembre de 1896, dado que hace referencia a la cena de Nochebuena en casa de Raúl Miranda, un amigo emigrado, también de Matanzas. Las fechas, sin embargo, no concuerdan, puesto que Carlos Pío fue el padrino de Hamlet, el hijo de Byrne que nació el 31 de enero de 1897 (UMC 150). De modo que si los dos amigos cenaron juntos el 24 de diciembre y Carlos Pío estuvo presente en el bautizo de Hamlet, aquél debió haber permanecido en Tampa no menos de un mes. Y en cuanto a la Nochebuena que pasó junto a Byrne, no puede haber sido otra que la de 1896, puesto que exactamente el día de Nochebuena del siguiente año, murió en combate.[41]

El hecho de que en la memoria de Byrne sólo cuenten los tres días que menciona y, más específicamente, los eventos con ellos relacionados es lo que les confiere a estos un valor netamente simbólico por encima del factual que puedan tener.

Byrne nos dice que Carlos Pío llegó a Tampa para cumplir con una misión que le había asignado Antonio Maceo. Agrega que su amigo hizo dos visitas, y que en ambas ocasiones él fue «su compañero.» La primera de ellas fue a las hermanas del general Lacret Morlot.[42] «Se habló del general Lacret con

---

40   Véase el artículo completo en la sección «Prosas» de la presente edición.

41   No es por cierto ésta la única ocasión en que Byrne se equivoca respecto a las fechas. Por ejemplo, nos dice que conoció a Heredia en 1882. Pero según Martínez Carmenate tienen que haberse conocido en 1879.

42   José Lacret Morlot, apodado «el héroe de Jicarita». Hijo de padres franceses, éstos lo enviaron

cariño y unción,» recuerda Byrne, «saliendo a relucir su famoso lema: *¡Todo por Cuba!*» Añade que les parecía «que rondaba la querida y simpática visión del ausente caudillo de la Revolución,» y hablaban «de los hombres que estaban luchando en la manigua.» Entre los presentes se encontraba el pequeño hijo de Lacret, quien, comenta Byrne, «volviéndose rápidamente y fijando en mí sus ojos penetrantes, [...] me lanzó, como un pistoletazo a boca de jarro, esta pregunta: —Y tú, ¿no has ido a la guerra?» La pregunta que lo desafía aparece como un asalto, una acción de combate que lo sorprende indefenso, sin *la espada*. De ahí que al recordar lo sucedido, acuden imágenes de penetración violenta, comenzando por la mirada. Los ojos *penetrantes* del niño tienen el mismo efecto *fulminante* y castrante sobre él que los de su padre. La agresividad no cede, puesto que el niño no acepta las razones de Byrne para no ir a la guerra. «Pues yo hubiera ido a pelear aunque tuviera como tú muchos niños. Primero es la patria,» le responde implacable. De nada sirvió que Carlos Pío y las tías acudieran «con el capote para impedir que el hijo del héroe siguiera asaeteándome con su curiosidad infantil,» recuerda Byrne.

En la agresividad que implica la acusación moral del hijo de Lacret, le llega a Byrne la de otra instancia paternal no menos intolerante que la del padre biológico, puesto que de lo que se trata siempre es de la introyección (como *super-yo*) del autoritarismo del padre simbólico. Recordemos que Freud concibió al *super yo* como la autoridad internalizada que vigila y juzga implacablemente las intenciones y las acciones del *yo*. Un aspecto importante es la relación entre la represión de los instintos y los sentimientos de culpa. A la pregunta de «cómo explicar la extraordinaria intensidad de la conciencia en los seres mejores y más dóciles,» Freud responde: «toda renuncia instintual se convierte en una fuente dinámica de la conciencia moral; toda nueva renuncia a la satisfacción aumenta su severidad y su intolerancia.» Nos enfrentamos entonces a una paradoja: «la conciencia moral es la consecuencia de la renuncia instintual» («El malestar» 3056-57). También las comunidades desarrollan un *super-yo*. Ambos son análogos en que tienen su origen en la autoridad internalizada y en que están regidos por «rígidos ideales cuya violación es castigada con 'la angustia de conciencia'.» En el caso del *super-yo* cultural se trata de la introyección de la autoridad de los «conductores», de «los hombres de abrumadora fuerza espiritual,» y de quienes Jesucristo sería su ejemplo «más cabal». Porque, como él, aquéllos son con frecuencia vilipendiados, calumniados, humillados y aún matados por sus semejantes, corriendo una suerte parecida «a la del protopadre, que sólo mucho tiempo después de su violenta muerte asciende a la categoría de divinidad.» El super-yo cultural impone sus ideales y sus normas, la ética entre ellas. Para Freud, los sistemas éticos son una «tentativa terapéutica» que, tratando de regular las relaciones entre los hombres, buscan lograr aquello en que ha fracasado la

---

a estudiar a Francia. Participó en la llamada Guerra de los Diez Años (1868-1878) y luego en el segundo levantamiento en 1895. En 1896 lo nombraron jefe de la primera división del quinto cuerpo de Matanzas que él mismo había organizado. sólo en Matanzas libró 183 acciones combativas, siendo la más célebre la de Hato de Jicarita. Tras la intervención norteamericana fue electo representante a la Asamblea Constituyente, donde se opuso a la Enmienda Platt.

cultura: eliminar los instintos de agresión entre los hombres (3065). Pero se trata de un mandamiento de cumplimiento imposible. Por esto Freud lanza dos importantes acusaciones contra el *super-yo* en sus dos formas: 1) sus prohibiciones y rigidez lo llevan a despreocuparse de la felicidad del *yo*; 2) instituye sus preceptos sin tener en cuenta si será posible cumplirlos, ni las resistencias procedentes de los instintos, ni las que encontramos en el mundo real (3066).

A nivel del mundo íntimo, familiar, el hijo del héroe –él mismo abandonado por su padre– muestra la fijación del mandato paterno definitivamente traspolado al status de *super-yo*. Pero de lo que se trata es de que tanto la hostilidad o el resentimiento que las exigencias del *super-yo* debía suscitar en él, y el consecuente sentimiento de culpa, parecen reagruparse y recombinarse en la agresión verbal contra Byrne. Al echarle en cara que sus acciones no se correspondan con sus ideales, lo humilla. La violencia que quisiera ejercer contra su propio padre encuentra un blanco perfecto en su sustituto: Byrne. Vuelve a girar la rueda del acatamiento de la ley del Padre, seguido por la animadversación, su asesinato simbólico y el sentimiento de culpa. No está de más recordar la (re)producción de esta economía de ley, culpa y castigo en el propio Lacret. Según cuenta Alejo Pinilla, tras estallar la Guerra de los Diez Años, en 1868, Lacret hizo arrestar a su padre por los hombres de su guardia por haber intentado impedirle unirse a la revolución (Pinilla 3). Lo curioso de este caso es que, como vemos, la autoridad del *super-yo* ha calado tan hondo que el hijo asume sus prerrogativas para volverlas contra el padre, como si se hubieran trastocado los términos: el hijo se auto-inviste con los atributos de la instancia de dominación paterna, y castra al padre que, por lo mismo, se convierte en su hijo. Podemos comprender por qué el artículo de Byrne, que no sólo narra lo sucedido en casa de Lacret, sino que es mayormente sobre la visita de Carlos Pío, lleve por título «El hijo del héroe,» puesto que es la escena narrada (la escena de otra castración) lo que se erige como marcador simbólico en la memoria.

Ahora bien, sólo es posible medir el impacto psicológico que tuvo que tener en Byrne lo sucedido si nos volvemos a la otra figura del drama: Carlos Pío Uhrbach. Éste era hasta cierto punto, podríamos decir, el doble invertido de Byrne. Ambos eran poetas matanceros, y de orientación modernista. Y si la familia de Byrne era de origen irlandés, la de Carlos Pío era de origen alemán. Los dos se comprometieron con la causa independentista. La diferencia está en que lo que sella el compromiso de Byrne es el gran gesto, la leyenda –todo lo que se teje y tejió el mismo en torno al soneto de Mujica, y los artículos revolucionarios, primero; luego, con el poema «Mi bandera» y una abundante colección de poesías patrióticas–, mientras que Carlos Pío apenas se hace notar y lo deja *todo* atrás, incluso las exigencias de la pasión de Juana Borrero. Su poesía, además, si bien de logros modestísimos (a diferencia de la de Byrne) no cedió a la fiebre patriotera[43] como sí lo hizo, mientras pudo,

---

43   Lo cual, desde luego, no significa que no haya escrito poemas de los llamados «patrióticos.»

el autor de *En medio del camino*. La presencia de Carlos Pío en la refriega que sufre Byrne tiene que haber acrecentado su vergüenza, incluso (o sobre todo) por el gesto protector del amigo. Byrne tenía entonces treinta y cinco años, y Carlos Pío apenas veinticuatro. Los reproches del hijo de Lacret tenían por fuerza que agigantarse en el ejemplo vivo, de cuerpo presente, de Carlos Pío. Byrne recuerda que luego de abandonar el lugar, fueron a buscar la parada del tranvía para dirigirse a Ybor City y que su amigo le preguntó si todavía estaba preocupado por lo que le había dicho el hijo de Lacret. «Me dijo la verdad,» admitió, y añade que Carlos Pío «se sonrió como él lo hacía, demostrando la bondad de su alma y la ternura de su corazón.» Byrne también se sonríe, mientras piensa que «los niños y los locos son temibles muchas veces.»[44]

Pero hay otro detalle importante que no podemos pasar por alto. Como se recordará, Carlos Pío fue el padrino de Hamlet, el hijo de Byrne que nació en Tampa en enero de 1897. Resulta significativo que de todos los posibles nombres shakesperianos, Byrne eligiera el de Hamlet, puesto que se trata de un nombre que suscita el fantasma de la ley paterna, atado, por la bisagra del nombre, al hijo que carga con la responsabilidad de cumplirla. El nombre Hamlet es el muerto que regresa, investido con toda la autoridad del *super-yo*, pero en el que, por lo mismo, se refleja a su vez el hijo como fantasma. Si el padre había muerto víctima de una traición en que se usa el veneno, el hijo morirá en similares circunstancias tratando de cumplir su mandato. Así, pues, la tragedia de Shakespeare pone en escena la esencia homicida de las demandas de la conciencia moral. En el bautizo del hijo, presidido por el mandato patriótico que implica la presencia y la participación de Carlos Pío en el ritual, Byrne convoca el dedo acusador del hijo de los Lacret, pero también el de su propio padre, cuyos deseos de que se hiciera ingeniero se estrellaron contra la oposición de la madre, y aún contra la dedicación de Byrne a la poesía.[45] El detalle es sumamente importante dada la obsesión con el doble, el fantasma y la muerte que recurre en la poesía de Byrne, dándole un carácter particular, distintivo, que no permite se la confunda con la de los otros modernistas, por más que vasos comunicantes que tenga con la de todos ellos.

Pero volvamos al relato de la relación de Byrne con Carlos Pío. Los habíamos dejado esperando el tranvía para dirigirse a Ybor City. Luego del breve intercambio sobre lo sucedido en casa de Lacret, que ya mencioné, Byrne nos dice que comieron juntos:

---

44   El comentario es interesante por dos razones; primero, porque a lo sucedido con el hijo de Lacret pudo añadir los recuerdos de su propia infancia; y segundo, porque ese comentario se hace eco del tratamiento ambivalente de la figura del niño en su propia poesía: ser diabólico y objeto de deseo. Así, el niño que roba la hostia parece reaparecer en las brujas que profanan el templo: «Las imágenes vuelcan y alborotan / [...] y se embriagan de amor en los altares,» mientras al mismo tiempo sus acciones remedan las de las travesuras infantiles, tanto como las de los fantasmas: «y a veces con estrépito sonoro / hacen rodar los bancos y las sillas» («Las brujas»). El niño puede a su vez transformarse en golosina, lo cual justificaría el temor que le inspiran a Byrne: las brujas «devorarán, como el manjar más tierno, / las entrañas de un niño, palpitantes» («Las brujas»). Del diablo dirá que «juega con los niños y los besa / por más que a todos les inspira horror» («El diablo»).

45   Ver «En vez de ingeniero fui poeta» en la sección de «Prosas».

recuerdo que en el acto de lavarnos las manos en el lavabo al ir a secár-
melas con la toalla que sostenía en las suyas Carlos Pío, éste me la en-
tregó diciéndome en el acto:

Cuéntase que es malo secarse las manos a la vez dos personas, con
la misma toalla.

—Una superstición –le contesté.

¿Dónde y cuándo comen? ¿Al regreso de Ybor City? ¿En Ybor City?
¿En un restaurant? ¿En el hotel donde duerme Carlos Pío? ¿En casa de
Byrne? ¿Ha habido un salto en el tiempo? El asunto se complica por la ab-
soluta falta de referencias a la familia (la esposa, los hijos) en el relato del poeta
de *Efigies*. La toalla que comparten, lo íntimo del intercambio, me llevan a
pensar que esto sucede, o en el baño del hotel de Carlos Pío, o en el de la «vi-
vienda muy pequeña» de Byrne. Pero, puesto que es Carlos Pío quien le
ofrece la toalla húmeda, me inclino a pensar que pudo ocurrir en el hotel
donde éste pernoctaba. ¿Por qué Carlos Pío, me pregunto, le entrega a Byrne
la toalla con que se ha secado las manos *al mismo tiempo* que lo hace consciente
de o le recuerda la creencia de que si *dos personas* se secan con ella, puede tra-
erles mala suerte? Para mí, la importancia de la pregunta es que los hace cons-
cientes a ambos que están secándose las manos con la misma toalla. Esto,
pienso, más incluso que la acción, es lo que electrifica eróticamente la
anécdota. El hecho mismo de que Carlos Pío use el ambiguo *personas*, nos re-
cuerda que se trata de dos *hombres*, y que están posiblemente solos.

Pero es la narración de la cena de Nochebuena lo que sí se quiere le in-
sufla una mayor energía homoerótica a la relación de los amigos. Según
Byrne, el 24 de diciembre de 1896 cenaron juntos en la casa de Raúl Miranda.
Miranda y su madre (y en esto Byrne es preciso) fueron los anfitriones. Ce-
naron arroz blanco, frijoles negros, y comieron dulce de guayaba. No hay, sin
embargo, ni una sola palabra de que nadie más de la familia de Byrne –la
esposa o alguno(s) de sus hijos) los hubiese acompañado–. Byrne sólo men-
ciona a los amigos anfitriones y a Carlos Pío. En la cena no hay esposas, ni
novias; sólo una madre, su hijo, y dos amigos. ¿Cómo nos explicamos que
en la celebración en que acostumbra a reunirse la familia cubana, en la No-
chebuena, Byrne se haya ido a cenar con Carlos Pío y dejara atrás a su familia?
Esa ausencia, hay que decirlo, se echa de menos casi absolutamente en las
prosas suyas que he recopilado, y también siente en los pocos poemas que
«dedicó» a las mujeres con que tuvo alguna relación amorosa (legalmente re-
conocida o no) son absolutamente prescindibles y, en algunos casos, podríamos
en rigor decir que no son tales.[46]

Dado que Byrne y Carlos Pío se van a cenar solos, no hay que descartar

---

[46] En el artículo sobre Heredia, como sabemos, menciona su primer matrimonio para decir que
el amigo fungió de testigo. Similarmente, la mención de su hija Adoración es para indicar
que Heredia fue su padrino en el bautizo. El poema que publicó en *El Ateneo* con el vago título
de «En su muerte» (5 de septiembre de 1880), según Martínez Carmenate está dedicado a la
mulata Eusebia Soriano, con la que tuvo relaciones –y un hijo que no reconoció– con motivo
de su muerte (UMC 60). En cuanto a su esposa Rosalía Lamar, fallecida en 1903, Byrne le
dedicó un poema titulado «¿Cuál sería?» que no lleva dedicatoria alguna (UMC 188). Nótese
que los poemas «dedicados» a Eusebia y a Rosalía son, los dos, con motivo de haber fallecido.

la posibilidad de que en aquellos momentos Byrne estuviera viviendo solo. Había llegado solo a Matanzas en enero de 1896, y Martínez Carmenate comenta sobre su subsiguiente «nostálgica evocación de la patria y la familia,» de su espera diaria de las cartas de Rosalía, y de «su confirmación por escrito del anuncio de la partida [de Cuba].» El cartero, pues, «se convierte en una obsesión para él.» No sabemos cuánto dura la espera, pero se sugiere que debió ser larga, prolongándose por varios meses –UMC nos dice que fue «uno de los períodos más tormentosos» de la vida de Byrne en el exilio (UMC 130), cuando vivió con Duarte, el emigrado que lo recibió en su casa cuando salió de Cuba.

Luego de la cena, continúa Byrne, como era la media noche y ya había pasado el último tranvía, tuvieron que quedarse a «descansar» en casa de Miranda. Y agrega: «creo que Carlos Pío y yo dormimos en la misma cama.» Luego expresa que no se olvidaría, mientras viviera, de aquella cena, ni tampoco «del guerrero y del poeta» que fue su «compañero en letras,» su «amigo del alma,» y el padrino de Hamlet. Al día siguiente, concluye, se dieron «un estrecho abrazo muy apretado... Fue el último, porque ya no volvimos a vernos más.» Si fue el día de Navidad, según se sugiere, cuando se vieron por última vez, ¿cómo explicar lo del bautizo a fines de enero o principios de febrero? ¿Por qué no puede recordar con seguridad si durmió o no en la misma cama con Carlos Pío? ¿Por qué lo menciona? En ese abrazo *muy apretado* que se dieron –y en la elipsis añadida– ¿no se habrán desbordado los ímpetus del poeta de *Excéntricas*, y aún los de Carlos Pío? ¿No cabe la posibilidad –lo menciono sólo como *posibilidad*– de que, en efecto, hubieran dormido en la misma cama. En el abrazo *muy apretado* –tal y como lo sugiere la puntuación– algo queda en suspenso; algo que resiste a hacerse público y que, no obstante, parece al mismo tiempo buscar la puerta de escape para casos de incendio. No es importante saber lo que pasó; menos aún que algo pasara.

Se trata de otra cosa. Coincido con Michel Foucault cuando afirma que «el desarrollo hacia el que tiende el problema de la homosexualidad es el de la amistad.» Foucault nos dice que, en lo que recuerda, para él «desear hombres [garçons] significaba tener relaciones con hombres.» Él rechaza la imagen más socorrida y nítida de la relación homosexual en la que dos hombres se encuentran en la calle, se seducen y van a la cama. Esta caracterización reduccionista de la relación homosexual, en su opinión «cancela cuanto puede haber de inquietante en el afecto, la ternura, la amistad, la fidelidad, la camaradería y la compañía, cosas a las que nuestra aséptica sociedad no puede permitirles un lugar sin temer la formación de nuevas alianzas y el anudamiento de imprevistas líneas de fuerza» («Friendship» 136). Imaginar el acto sexual que se aparta de la norma, insiste, «no es lo que inquieta,» sino que «los inviduos empiecen a amarse unos a otros.» De esta manera, «la institución queda atrapada en una contradicción; las intensidades afectivas la atraviesan, lo cual al mismo tiempo que le permite funcionar, la estremece» (136-7).

Foucault se detiene, como puede verse, allí donde la identificación, esa comunión de almas en que se basa la amistad, al intensificarse da lugar a esas líneas de intensidad cuyos itinerarios, meandros, desvíos, ramificaciones resultan absolutamente imprevisibles para las instituciones. Se trata del punto donde la barrera que supuestamente separa a la *identificación* del *deseo*, ya no puede asumirse como segura.[47] No es que la amistad pueda convertirse en homosexualidad, que lleve al acto homosexual, sino de que al intensificarse, se convierta en amor (haya o no una sexualidad genital de por medio), en un mutuo necesitarse, en compartir la misma cama, en el abrazo muy estrecho que ninguno de nosotros osaría interrumpir. Sería muy fácil darle un nombre a esa ternura, deshacer las sábanas de la cama, contar una historia con un final que no puede ser sino previsible. Prefiero, en cambio, contener el aliento, dejar todo en suspenso, para que todo siga haciéndose y deshaciéndose, fluyendo. A Carlos Pío se lo lleva la guerra, pero no sin que antes lo veamos demorarse un poco «al pie de la fotografía de Bonifacio Byrne»: «Orlan azabachados sus cabellos, / oscura nube, la marmórea frente / donde arroja como astro refulgente / la Quimera lumínicos destellos» («Bonifacio Byrne»).

La última figura en que me detendré será la del mulato Antonio, y de quien Martínez Carmenate dice que Byrne «no hizo la más mínima alusión» en sus memorias autobiográficas, así como que lo que sabe al respecto se lo debe al doctor Américo Alvarado (53), amigo y confidente de Byrne al final de su vida.

Byrne conoció a Antonio, un mulato tabaquero «que vivía sin familia en un cuarto de uno de los solares de Pueblo Nuevo.» Era «parrandero, jugador, bohemio, tenía su guitarra como fiel compañera.» Martínez Carmenate añade

---

47   Como expresa Eve Kosofsky Sedgwick, «la senda masculina a través de la heterosexualidad conducente a la satisfacción homosocial es una senda resbaladiza y amenazada –aunque para la mayor parte de los hombres, en al menos la mayor parte de las culturas, es obligatoria. Para las mujeres, en adición, el rodeo heterosexual del deseo homosocial masculino es potencialmente dañino, lo mismo si tiene éxito o no, aunque quizá dañino en varias maneras dependiendo de su 'éxito'» (*Between Men* 50). Hay que añadir que en la época no era infrecuente que dos hombres durmieran juntos, y que incluso compartieran la misma cama. En su *Diario* el teniente coronel Eduardo Rosell y Malpica –íntimo amigo de Casal, hasta el punto de desear que se los enterrase juntos– en la entrada del 6 de septiembre de 1895, comenta que él y otros expedicionarios que se preparaban para desembarcar en Cuba y que fueron apresados, juzgados y dejados en libertad en Wilmington (Delaware), tuvieron que hospedarse en «un fonducho de última clase, y donde la noche del 31 al 1ro.,» expresa, «por primera vez en mi vida dormí con otra persona en la misma cama,» que «felizmente» fue el doctor Pedro Betancourt (*Diario* 27). Por otra parte, no está de más traer a colación aquí lo expresado por Jonathan Ned Katz a propósito de Abraham Lincoln. En referencia a la manera casual en que Joshua Fry Speed menciona la cama que compartió con Lincoln, Ned Katz nos dice que esto sugiere que en el siglo XIX «dos hombres compartiendo una cama no era entonces frecuentemente entendido como conducente a experimentos sexuales prohibidos.» No obstante, añade, «la costumbre de compartir la cama proveyó un lugar importante (el mayor quizás) para oportunidades eróticas.» Por otra parte, a comienzos del siglo XX, observa el autor, «podría ser incluso más difícil imaginar a un hombre, especialmente a un soltero, ofreciéndole a otro un lugar en su cama sin algún miedo o deseo consciente de que la proposición pudiera entenderse como una invitación» (*Love Stories* 6). Sólo resta recordar que los tres –Byrne, Uhrbach y Rosell y Malpica– están en un momento coyuntural, es decir, entre siglos, cuando precisamente la normativización de las relaciones masculinas comenzaba a endurecerse.

que Antonio «no sabía nada de música, pero tenía el instinto musical y tocaba de oído.» Cantaba una tonada, que él mismo compuso, y lo hacía «con gran sentido malicioso y gran movimiento rítmico» (52). Resulta significativo, en primer lugar, que Martínez Carmenate nos diga que Antonio era «una especie de 'diablo' con quien nunca el muchacho se había topado en su órbita vital,» puesto que la caracterización que se hace del personaje parece coincidir con la imagen del diablo en el poema homónimo de *Excéntricas*: «El diablo.» Sólo que en lugar de la *guitarra* de Antonio, el diablo toca el *violín*. Martínez Carmenate nos dice que el mulato fue «otro gran maestro» para Byrne, pero —aclara de inmediato— no al estilo de sus maestros, quienes «le inculcaron» la poesía, «e hicieron de él un amante de la libertad;» ni como el viejo Bonifacio, quien siempre promovió en el hogar «un alto sentido del honor y la vergüenza» y fue siempre «un recio templo de honradez» donde «se respiraron los más sanos principios morales» (51). Es decir, con Antonio, Byrne transgrede las barreras de raza, de clase, y, por supuesto, las de la sexualidad. No obstante, de lo que dice se infiere que, si bien de otro tipo, Antonio fue también una especie de figura paterna y de mentor. Con él, comenta, «transitaría por otros rumbos y conocería otra realidad» (54). Dos de esos rumbos están entrelazados por el deseo homoerótico.

Primero tenemos la iniciación en la fuma de tabaco. Un día el mulato, de improviso, le ofrece un tabaco sin darle tiempo a rechazar la oferta. Tienes que «aprender a fumar tabaco como todos nosotros [los hombres],» le espetó a Byrne. Pero como éste no había fumado nunca, «[h]ubo que explicarle con lujo de detalles cómo había que proceder en estas circunstancias» (54). El ritual de consolidación del lazo homosocial[48] gira en torno al obsequio y detallada explicación de cómo manipular y consumir el símbolo fálico. El «lujo de detalles» demora la experiencia, la prolonga. Las miradas se prenden al tabaco, a las manos que lo manipulan, lo acercan al fuego; y luego a la boca, a la larga chupada. Por lo mismo, no era difícil pasar de la lección tabacalera a la confesión sexual, y eso es lo que hace Byrne. Un día, mientras conversaban en la intimidad, le confiesa a Antonio que «aún él no ha constatado la experiencia física del amor de una mujer.» Su amigo no puede concebir esto en un joven que ya tiene diecisiete años. Byrne le dice que su religión «con-

---

48   Sigo la tesis de Eve Sedgwick Kosofsky quien observa que el término *homosocial* «describe lazos sociales entre personas de un mismo sexo» y que suele usarse en oposición a *homosexual*. En efecto, añade, el término homosocial se usa como «vinculación afectiva entre hombres,» lo que puede llegar a caracterizarse, en nuestra sociedad, por una intensa homofobia, miedo y odio a la homosexualidad. «Es por esto, concluye, que traer de vuelta al 'homosocial' a la órbita del 'deseo,' del potencialmente erótico es, entonces, hipostasiar lo ininterrumpido de un continuum entre homosocial y homosexual —un continuum cuya visibilidad, para los hombres, en nuestra sociedad, está radicalmente perturbada.» También me adhiero a la manera en que Sedgwick Kosofsky enfoca el «deseo,» que es de manera análoga al uso psicoanalítico de «libido» —no «para particular estado afectivo o emoción, sino para la fuerza social o afectiva, del pegamento, incluso cuando sus manifestaciones sean la hostilidad o el odio, o algo menos emotivamente cargado que modela una relación importante. Hasta qué punto esta fuerza es propiamente sexual (lo que, históricamente, significa que algo sea 'sexual') será una pregunta activa» (*Between Men* 1-2) (esta y las traducciones que sigan son mías, a menos que se indique lo contrario). La tesis sobre el homosocial de Sedgwick Kosofsky parece coincidir con la problemática relación entre homosexualidad y amistad.

sidera pecado fornicar,» y el mulato le pide que le explique lo de *fornicar*. El mulato comprende que su amigo «está *falto de habilidades* y es preciso encaminarlo» (énfasis mío). Tanto el obsequio ritualizado del tabaco como la lección con «lujo de detalles» que lo acompaña, primero, y la conclusión, luego, de que su amigo está falto de habilidades, señalan una falta, el lugar de la castración. Cuando intenta convencerlo para que lo acompañara a casa de una mulata «vecina suya,» Byrne se niega, pero, dice Martínez Carmenate, «sus ojos despedían un brillo extraño, una excitación que denunciaba la pugna interior de sus instintos» (57). Resulta, sin embargo, que Blanquita –así se llamaba la mulata–, de ser «vecina» de Antonio pasa a ser su «amiga.» La mujer se convierte, pues, en objeto de transacción que consolida el lazo homosocial. «Desde que estuvo en contacto con el mulato,» comenta Martínez Carmenate, Byrne «comenzó a sentir otra consideración hacia las personas más sencillas,» e insiste en que la «atolondrada pasión del poeta» por Eusebia Soriano –la mulata con la que llegó a tener un hijo, Plácido– coincide con «los momentos decisivos de su amistad con Antonio y el muchacho vive con intensidad uno de los períodos más vertiginosos de su existencia.» Es, pues en y a través de la relación (homoerotizada) con Antonio, que Byrne, paradójicamente se viriliza. Eve Sedgwick Kosofsy comenta que una contribución del psicoanálisis lacaniano que considera importante «es la sutileza con que articula la resbaladiza relación –ya esbozada por Freud– entre deseo e identificación.» Esto puede resumirse en el potencial de feminización [subyacente] en el desear una mujer, y en el potencial de masculinización en la subordinación a un hombre» (*Between Men* 24). Byrne tiene primero que subordinarse a otro hombre (Antonio) quien, inicialmente, sólo reconoce en él a un sujeto castrado, signado por la *falta*. Esa subordinación es precisamente lo que viriliza a Byrne. Al mismo tiempo, debido a la posición objetal que ocupa Blanquita entre Antonio y Byrne, el lazo homosocial no puede sino consolidarse a sus expensas. Mas si –como muy bien pudiera ser el caso– Blanquita ya había tenido relaciones sexuales con su *amigo* Antonio antes que con Byrne, en su cuerpo el comercio entre el deseo homosocial y la heterosexualidad se convierte en campo minado.

Pero el impacto de Antonio en la vida de Byrne hay que medirlo no sólo porque aquél fue también una especie de figura parental ligada a él por el deseo, sino también porque, como ya vimos, a partir de aquí se desenvuelve la complicada –como ya veremos– instancia paterna del propio Byrne.

Aunque, dice Martínez Carmenate, «se supone que tras el fallecimiento de la mestiza en 1880 el niño pase a vivir con su padre,» esto no pasa de las conjeturas «porque no hemos podido comprobarlo» (UMC 67). Nos preguntamos, entonces, si este dato no entró en las confidencias que Byrne le hizo al doctor Alvarado y por qué. El silencio en torno a Plácido contrasta con la afirmación –fundamentada ¿en qué?– de que es el hijo que Byrne «ha de adorar por encima de todo» (67). Pero hay algo más significativo aún: el itinerario parental de Byrne parece repetir y emular con el de su propio padre.

Cuando Bonifacio Byrne fue bautizado en 1861, se hizo constar en la partida de bautismo que era hijo natural de María Gertrudis Puñales y Bonifacio Byrne. No es hasta 1866, es decir, casi cinco años más tarde, que los padres formalizan el matrimonio y se agrega la correspondiente enmienda en la partida de bautismo. Hay que tener en cuenta que Bonifacio tenía entonces tres hijos de un matrimonio anterior. Regresamos ahora al hijo. Casi inmediatamente después de la muerte de Eusebia, entre 1880 y 1881, Byrne establece relaciones con Rosalía Lamar y Casado, pero el matrimonio oficial no se efectúa hasta 1895, cuando ya habían nacido «muchos de sus hijos.» Martínez Carmenate comenta que aunque en su vejez Byrne «escribió las memorias sobre los acontecimientos más notables de su existencia no abordó en sus papeles el oscuro aspecto de las relaciones amorosas» En lo que respecta a Eusebia y Rosalía, agrega, «nunca habló» (UMC 68). ¿Cómo, entonces, puede sostener el autor que Byrne «llegó a querer entrañablemente» a Eusebia, y esto, a pesar de que «los pormenores del romance se pierden»? El padre de Byrne llegó a tener nueve hijos, y Byrne mismo, entre 1878 y 1895 tiene nueve hijos, ocho de ellos con Rosalía.

Recordemos, sin embargo, que Byrne y Rosalía no estaban casados legalmente, por lo que sus hijos todos eran considerados *naturales*. En 1895, cuando crece la fama de Byrne tras escribir el soneto con motivo de la ejecución del patriota Mujica, aconsejado por los amigos –uno de ellos español, el cual hasta le pasa un mensaje personal del gobernador de Matanzas con la amenaza de encarcelarlo si continúa escribiendo artículos como los que venía publicando en el *Diario de Matanzas*– el poeta decide exiliarse.[49] En noviembre, dos meses antes de embarcar para Tampa, Byrne legaliza su matrimonio con Rosalía, quien hacía apenas tres meses había tenido una hija: Fedora.

¿Por qué Byrne se involucra cada vez más en actividades revolucionarias[50] mientras sigue teniendo hijos? ¿No ponía en peligro, innecesariamente, a su propia familia? ¿Y por qué decide legalizar su matrimonio justo ante de marcharse a la emigración, después de casi quince años de vivir con su mujer y de ocho hijos con ella? ¿No se habría casado para poder reclamar legalmente a la familia desde Tampa? Cualquiera que sea la respuesta que se le den a estas preguntas, su actuación como padre fue irresponsable. De haber dejado a la familia en Cuba, esto habría significado su abandono. Pero arrastrarla

---

49   El asunto reviste cierta extrañeza. Byrne escribe el soneto el 20 de agosto de 1895, y, supuestamente, el soneto se divulgó rápidamente. «Hasta en la Plaza del Mercado se comentaba que era Byrne el autor de aquellos versos,» dice Martínez Carmenate, añadiendo que las autoridades coloniales «arribaron a esa conclusión algo más tarde» (119-20). ¿Cuán tarde?, pregunto. Pues, según Byrne, fue en diciembre que recibe el aviso del mismo gobernador, según el cual «tiene entendido» que él es el autor del soneto, «aunque no tiene prueba material» (123). Aún así, todavía pasan casi dos meses más antes de que salga de Cuba. En mi opinión, la supuesta magnitud del peligro que corría no guarda relación con su aparente negligencia, además de que sorprenden los escrúpulos legales de las autoridades coloniales dadas la reputación de separatista que ya se había ganado Byrne y la *vox populi* de que él era el autor del soneto.

50   En realidad estas se limitaron a la publicación de artículos separatistas (de los cuales no ha podido recuperarse casi nada) y el poema a Mujica.

también a un país extranjero, y sin contar con los medios económicos indis-
pensables, significaba ponerla en peligro: exponerla (como la expuso) a la po-
breza, a las enfermedades y el frío. Él, en cambio, se benefició (aún si in-
conscinetemente) arrastrando a la familia consigo, puesto que ésta le ofreció
la excusa perfecta para no ir a la guerra. Ese –el de la familia numerosa de
que era responsable– fue uno de los argumentos con que trató de defenderse
cuando fue emplazado por el hijo de Lacret. Es cierto que muchos patriotas
habían dejado atrás las suyas, pero es de dudar que hubieran abandonado una
familia tan numerosa como la que se había hecho Byrne. Y el hecho mismo
de que todavía en la emigración continuó trayendo hijos al mundo, no parece
sino confirmar esta sospecha. En 1897, como sabemos, nació Hamlet, quien
murió ese mismo año, y en 1898 muere Plácido.[51]

Antes de pasar a la poesía de Byrne falta todavía confrontarlo con el traje
de patriota que le cosieron en la bandera y que él mismo se encargó de cuidar,
lavar, planchar y mantener impecablemente almidonado. Como se recordará,
el segundo argumento con que buscó contrarrestar la acometida del hijo de
Lacret fue el de que, en sus propias palabras, su caso «era excepcional,» y que
«hombres con el acero de la pluma también luchaban por la independencia de
la tierra en que nacimos» («El hijo del héroe»). Byrne –hay que decirlo– utilizó
a su familia y sus poemas patrióticos, no sólo para no tener que ir a la guerra,
sino para asegurarse el futuro. Y aclaro que no le estoy pasando un juicio moral
o político. Para mí, se trató de un trueque no declarado. Él también tuvo que
hacer sacrificios: enmascararse, renunciar al diablo, hacerse una espada aunque
fuese de palo, y escribir puntualmente sobre héroes y mártires. Usó el patrio-
tismo que lo usó a él y se hizo pagar por la causa mientras pudo.

Byrne secundó la idea de Carlos Trelles[52] de formar un club revolucio-
nario, mayormente con emigrados matanceros «llegados a Tampa después
del 24 de febrero de 1895.» Nombraron al club Pedro Betancourt.[53] Trelles,

---

51 El lector se extrañará de la reaparición de Plácido en Tampa. Como se sabe, le perdemos el
    rastro apenas nace. No sabemos nada más de él hasta que reaparece en Tampa, y esto para
    que sepamos que, por ser el mayor, era el único de los hijos al que «le era posible contribuir
    a la subsistencia del hogar» (UMC 138). En 1900, los Byrne tienen otra hija que no vive más
    de tres días. Y en 1903 nace Bonifacio. Rosalía muere en 1903. En 1912 Byrne se casa con
    Marina Argenter.

52 Carlos Trelles (Matanzas, 1866 – 1951). En 1888 comenzó los estudios de medicina, pero los
    abandonó cuatro años más tarde para estudiar comercio. Hacia 1887 ya era conocido como
    periodista. Fue uno de los contribuidores al número que la *Revista Cubana* dedicó en 1892 a
    los Estados Unidos como poder intelectual. En 1895 publicó el panfleto *Cuba y América* en
    que reveló sus ideas separatistas. Al estallar la guerra en 1895 Trelles comenzó «a trabajar
    para inflamar el espíritu patriótico en Matanzas.» Tuvo tanto éxito que Tomás Estrada Palma
    lo designó para formar el Comité Revolucionario de Matanzas. No obstante estar vigilado
    consiguió escapar a Tampa en 1896, donde continuó sus actividades revolucionarias. Regresó
    a Cuba en 1898 y organizó la biblioteca pública de Matanzas, de la que fue el primer biblio-
    tecario. Al regreso de la Exposición de París (1900) fue elegido miembro del Consejo de Ma-
    tanzas «pero descubrió pronto que no tenía vocación para la política y a los tres meses re-
    nunció disgustado.» En 1900 comenzó a trabajar en la Bibliografía Cubana, que le llevó
    dieciséis años. Comenzó a publicarla en 1907 y el último volumen apareció en 1917.» «Ac-
    tualmente trabaja en una nueva edición de su obra *America as an Intellectual Power*.» (*Cubans
    of to-day* 203-207).

53 Pedro Betancourt (Matanzas, 1858 – 1933). Estudió medicina graduándose en Madrid en
    1881. Se incorporó a la guerra de independencia en 1895. Se le asignó la tarea de seleccionar

el presidente, le sugirió a Byrne –refiere Martínez Carmenate– «que aceptara el cargo de secretario del club, pues esa responsabilidad –opinaba– podría proporcionarle relaciones con personas influyentes que le facilitarían, en determinado momento, resolver algunas situaciones escabrosas de índole personal» (UMC 141). No puede estar más claro que la fundación del club incluía la obtención en el futuro, tras la independencia, de beneficios personales, específicamente de *influencias*. Eso podría explicar que el club acogiera mayormente a los emigrados llegados después del 24 de febrero de 1895, puesto que con esto se limitaría a su vez el acceso a las ganancias. No puede olvidarse que Pedro Betancourt –justo el nombre con que se bautiza al club– fue apresado en esa misma fecha. Se crea así un círculo que une en torno a la figura revolucionaria de Betancourt, a Trelles y a Byrne. No niego que se hubieran propuesto trabajar para Cuba, pero creo que también es posible sospechar que, como dije, hubieran puesto sus miras en lo que podrían sacarle a las actividades revolucionarias.

Cuando Byrne parte de Tampa en enero de 1899, de regreso a Cuba, al llegar escribe el célebre poema «Mi bandera,» y en el que, expresa Martínez Carmenate, el verso se vuelve «un martillo para golpear duro en la entraña del extranjero ocupante,» con lo que el poema viene a ser «un arma en el combate, un machete que se empinaba en el puño de todo un pueblo» (UMC 169). «Mi bandera» se publica por primera vez el 5 de mayo de 1899 en el periódico *Cuba*, de Matanzas. La lectura del poema como un texto patriótico, anti-intervencionista y anti-imperialista que hace el biógrafo, es la que se ha impuesto unánimemente en la crítica literaria cubana y la que ha determinado su recepción. Es el único poema de Byrne que no sólo el pueblo cubano, sino incluso la mayor parte de los críticos podrían recordar si se les preguntara de improviso por el poeta y no se les diera tiempo de acudir a las historias o a los diccionarios de la literatura cubana. Absolutamente descontextualizado, separado de la propia actuación política del autor tras su regreso a Cuba, e incluso de su libro más importante –*Excéntricas*– «Mi bandera» es posiblemente también un poema poco conocido, adaptado a la zarzuela del patriotismo cubensis con que buscó paliarse la frustración nacional.

Para empezar, la reproducción del poema sistemáticamente omite la dedicatoria: «Al general Pedro Betancourt.» ¿Por qué Byrne le dedica el poema a una figura revolucionaria que –aparte de ser matancero como él– hasta donde sabemos por la biografía, nunca había conocido personalmente? ¿No era más de esperar que se lo hubiese dedicado al poeta y mártir Carlos Al-

---

y organizar las fuerzas revolucionarias en Matanzas, y participó en el alzamiento revolucionario de esta provincia el 24 de febrero de 1895. Derrotada la insurrección, fue capturado, aprisionado en el Castillo de San Severino por algún tiempo, luego en La Habana, y desterrado a España. Allí se encontró con el General Calixto García, quien lo ayudó a escapar a Francia. En Nueva York se unió al Comité Revolucionario. Se alistó en la expedición organizada por el general Francisco Carrillo, la cual fue interceptada en Wilmington (Delaware) por las autoridades norteamericanas. Los expedicionarios fueron juzgados y dejados en libertad. La misma historia se repite con las tres expediciones subsiguientes en que participó. En la cuarta fueron apresados por el crucero británico Partridge y encarcelados en Nassau, donde fueron juzgados y absueltos. Regresa a Nueva York y el nuevo intento de desembarco en Cuba resulta exitoso. Combatió en Matanzas bajo las órdenes del general Lacret, y al terminar la guerra era Mayor General.

berto Boissier (*Bolito*), también matancero, y amigo suyo además; o, por idénticas razones, a Carlos Pío Uhrbach? ¿Fue una mera casualidad que se lo dedicara a un sobreviviente que, al concluir la guerra, ostentaba el grado de Mayor General? ¿No habrá recordado quizá el comentario de Trelles cuando le propuso la secretaría del club revolucionario Pedro Betancourt?

No puedo ir más allá de la mera especulación, pero creo que lo que sabemos hace plausible, cuando menos, lo que he sugerido: que la dedicatoria pudo ser interesada, motivada por lo que ello podría beneficiarle. Baste recordar que Pedro Betancourt fue nombrado gobernador civil de Matanzas por el mismo gobierno intervencionista que tan valiente y aguerridamente «Mi bandera» había denunciado. Debe tomarse en cuenta, además, que Trelles, según Martínez Carmenate, «por iniciativa propia, *no tardó mucho* en hablar con la nueva autoridad sobre Byrne. Era necesario conseguirle un empleo al pobre Poeta de la Guerra [...] cargado de hijos y siempre con el fardo de la miseria a cuestas» (énfasis mío). Así las cosas, el 30 de abril de 1899 el gobierno de la ciudad le otorgó a Byrne la plaza de oficial segundo (UMC 172). Menos de una semana más tarde, Byrne publicaba «Mi bandera» (supongo que con la correspondiente dedicatoria). Martínez Carmenate explica que el poeta aceptara el puesto a pesar de la ocupación norteamericana, porque, «[s]in duda, él compartía el criterio de los que consideraban que ayudando a los norteamericanos se saldría más pronto de ellos» (173). No se nos da, por supuesto, ni una evidencia que sustancie ese *sin duda*. Mas el hecho mismo de que haya que *explicar* el proceder de Byrne resulta significativo. Y esto por la sencilla razón de que entonces Byrne no estaba desempleado. Trabajaba como redactor de *La Discusión* y renunció a esa posición para aceptar el puesto oficial en el gobierno y trabajar junto a Betancourt.

Louis A. Pérez comenta que los emigrados cubanos «usaron sus habilidades lingüísticas para mediar en el encuentro entre Cuba y Estados Unidos,» agregando que, en efecto, «ellos fueron uno de los principales medios por los cuales las normas norteamericanas fueron trasmitidas al orden moral postcolonial.» Pérez cita el comentario del General Wilson sobre Pedro Betancourt: «habla buen inglés y tiene todas las cualidades de un caballero americano» (*On becoming* 149-50).

Al arriarse la bandera norteamericana en Matanzas con motivo del fin de la intervención en 1902, Byrne participó en la ceremonia como secretario del gobierno civil —esta vez a cargo de Domingo Lecuona Madan, excoronel del Ejército Libertador, y por tanto el nuevo gobernador.[54] El volumen que recoge las leyes, los acuerdos, las ceremonias que tuvieron lugar entonces, narra el evento en que Byrne estuvo presente. Comparemos algunas de las estrofas más conocidas del poema «Mi bandera» con lo que leemos en el mencionado relato:

---

54   Continúa, pues, el tráfico de influencias. «Betancourt influye,» expresa Martínez Carmenate, «en que la nueva autoridad lo ratifique como secretario del gobierno, y prosigue así su experiencia de empleado público. Pero en aquellos tiempos se inicia su gran amistad con Lecuona, identificación que influirá en lo adelante en el quehacer político del poeta» (184).

¿No la veis? Mi bandera es aquella
que no ha sido jamás mercenaria,
y en la cual resplandece una estrella,
con más luz, cuanto más solitaria.

....

Si deshecha en menudos pedazos
llega a ser mi bandera algún día...
¡nuestros muertos alzando los brazos
la sabrán defender todavía!...

«El Sr. Lecuona, alcalde de la ciudad, bajó la bandera [americana],
mientras dos niñitas arrojaban sobre ella una lluvia de flores, siendo
finalmente recibida en una bandeja de plata, completamente cubierta
de flores, mientras la inmensa multitud irrumpió en cheers por los Es-
tados Unidos, y la banda del benemérito cuerpo de bomberos interpretó
el himno nacional americano.

«La bandera mencionada fue llevada con todos los signos de respeto
hasta la cámara del municipio de la ciudad y colocada sobre la mesa
del oficial que presidía, donde fue entregada por el alcalde de la ciudad
al Sr. Juan Carbo, recolector de la aduana de Matanzas y capitán de ese
puerto, acompañándose la entrega con expresiones de sentimientos de
gratitud y afecto por el pueblo americano y de cálidas congratulaciones
al Presidente Roosevelt, con el encargo especial de que las mencionadas
expresiones fueran del conocimiento de todos a quienes corresponde
saberlo» (*Papers* 351).

A continuación sigue la declaración de amnistía para los norteamericanos
que cometieron crímenes durante el período de la intervención y la orden de
exclusión de los chinos de Cuba.

Hay que ver como bracea Martínez Carmenate al dar cuenta del itine-
rario político de Byrne. Afirma que su vida fue limpia, pero con contradic-
ciones (174). Y más adelante: «De futuras manchas o invectivas sólo se salvan
los que tienen el privilegio de morir en la contienda» (184). Añade entonces
que el apoyo al partido conservador es el resultado de «la influencia de afectos
personales sobre Byrne, pero no porque milite en esa agrupación política. Sin
embargo, el gobernador Lecuona y el general Pedro Betancourt sí son con-
servadores confesos y mantienen lazos estrechos con Byrne, quien utiliza su
diario [*Yucayo*], en alguna medida, como portavoz de una facción politiquera
en la que, como individuo, ya no cree; no obstante, considera un deber —en el
plano social— apoyar la prédica de ese grupo electoral que *aclama* y *ayuda* al
autor de *Efigies* en su constante gestión de abrirse paso por la vida» (204 – 208)
(énfasis míos).[55] De eso se trata, de enarbolar otras banderas (aunque no crea

---

55   El biógrafo pierde a Byrne de vista en 1915, cuando este pasa alrededor de dos meses en los
     Estados Unidos a donde fue para someterse a una operación quirúrgica. En *Cubans of to-
     day*, William Belmont Parker incluye una semblanza de Byrne en la que expresa: «En 1915,
     durante una segunda visita a la Gran República del Norte, Byrne escribió un libro de versos
     titulado *La Nación Maravillosa*, un tributo de admiración a la patria de Washington. El libro
     no se ha publicado todavía» (Cubans 458) (el título del libro aparece en español). Hay que

en ellas) si median la aclamación y la ayuda a eso que, anfibológicamente, Martínez Carmenate llama *abrirse paso por la vida*. Lo llamaron «Poeta de la Guerra», «Poeta de la Bandera»; fue proclamado «Hijo Eminente» de Matanzas y, por decreto presidencial, en 1920, «Poeta Nacional».

Hay que empezar, pues, por ahí, por arrancarle la bandera nacional y dejar al descubierto los manejos politiqueros a los que se prestó. Lo segundo es devolverle la única dignidad que en rigor puede reclamar suya y le habían arrebatado: la de poeta.

La valoración más certera de Byrne la hizo Cintio Vitier en *Cincuenta años de poesía cubana* (1952):

> No creemos, por eso, que en el Byrne posterior a la República, el de *Analogías* y *Los muebles*, hubiera un modernista frustrado por los imperativos políticos del país, ni que «su mejor y único lugar» (como apuntan los antólogos de *La poesía moderna en Cuba*, pág. 123) fuera el de «*poeta de la guerra*». Al contrario, la principal virtud del autor de *¿Cuál sería...?* parece residir en lo aislado e irreductible a escuela de su acento, cuya singularidad, en medio de una obra profusa y poco depurada, lo señala como el poeta más importante del período que va de Casal a Boti, y al que más bien llamaríamos, por la delicadeza de sus penumbrosas asociaciones, *poeta de la intimidad*.

Bonifacio Byrne: *apuntes para una valoración de su obra poética*

Bonifacio Byrne no es el poeta de la guerra, ni es el poeta de la bandera cubana. Es un poeta importante, y una de las voces más singulares de la poesía cubana y del modernismo hispanoamericano. Vitier tiene razón en afirmar que *su acento* no se deja reducir a una escuela, pero eso tampoco significa que no haya sido, como pienso que lo fue, un poeta modernista.

La centralidad del cuerpo, la subjetividad descentrada, el homoerotismo, la importancia de lo urbano, el protagonismo del estilo y el gusto por el artificio, que considero los puntos de aplicación de fuerza en el modernismo, se destacan en la poesía de Byrne. Byrne es importante por otra razón. Cuando se lo coloca junto a Casal y a Juana Borrero, se hace más evidente eso que

---

tener en cuenta que hay muchos manuscritos de Byrne que no se han hecho públicos. Una simple ojeada a los poemas aparecidos tras el triunfo revolucionario de 1959 –véase la Bibliografía que se incluye en esta edición– da más que suficientes motivos para sospechar que lo que ha «aparecido» ha sido lo que convenía que apareciese. No veo por qué Belmont Parker inventaría el libro que menciona. ¿Se habrá quedado, pues, entre los manuscritos que no llegaron a publicarse? Esto, pienso, es lo más probable. En la *Selección Poética* compilada y prologada por Andrés de Piedra-Bueno (1945), muy poco después de la muerte de Byrne (1936) hay una sección titulada «De algunos libros inéditos». Es obvio, pues, que Piedra-Bueno pudo ver y repasar –y quizá fuera el último que pudiera hacerlo– no sólo todo lo que dejó inédito Byrne, sino también cómo *habría quedado exactamente* todo ese material tras su muerte antes de que nadie hiciera nada con él y, de hecho, en las selecciones subsiguientes pudiera vislumbrarse alguna censura. De lo que sí no cabe duda, entonces, es de que Byrne dejó libros inéditos, y no sería extraño que uno de ellos fuera *La Nación Maravillosa*.

distinguió, que singularizó al modernismo cubano: la fuerza gravitacional de sus obsesiones. Me explico. Uno no demora mucho en notar que en Casal resulta imposible eludir la fascinación con lo sucio, con el pantano. En Casal todo pasa por el pantano: él mismo se lanza al fondo del pantano «para extraer un átomo de oro,» y se deleita tanto en la ciudad del matadero como en la de la tienda por departamentos. Por todas partes encontramos «fétido,» «miasmas,» «abyecto,» «cenagoso.» Los cuerpos, mientras más erotizados, más pútridos. En Juana Borrero está la pasión homicida y suicida (sobre todo en su correspondencia, que es lo más significativo de su obra), y la obsesión con lo imposible: el beso sin fiebre. En Byrne tenemos la obsesión con la muerte, con el muerto, que es inequívocamente la obsesión con el doble, de raíz homoerótica. Todas las figuras que se repiten en la poesía de Byrne, y que uno llega a reconocer y aprende a ver antes, incluso, de que aparezcan —el diablo, el esqueleto, el enterrador, la bruja, el niño, las islas, el náufrago— son proyecciones obsesivas del doble.

No estoy diciendo que no puedan reconocerse obsesiones similares en otros poetas hispanoamericanos, pero dudo que muestren la misma concentración de los mejores modernistas cubanos.[56] Creo que esto podría explicarse como el resultado de la combinación de varios factores. Por ejemplo, el hecho de que no viajan, no salen de la isla. El viaje de Casal a España y el de Juana a Estados Unidos son tan breves que difícilmente ningún viajero que se respete los incluiría en su *curriculum*. Fueron visitas; sólo eso. El único que viaja y permanece tres años en Estados Unidos es Byrne.[57] Pero Byrne escribe *Excéntricas* —su libro decisivo— en Cuba. Los excelentes poemas que todavía se encuentran en diferente medida en *Lira y Espada* y *En medio del camino* pertenecen a *Excéntricas* todos, si no la mayoría. Esto nos lleva a otro rasgo común: son autores de obra escasa. Juana publicó un solo libro (*Rimas*, 1895); Casal, tres (*Hojas al viento*, 1890; *Nieve*, 1892; *Bustos y rimas*, 1893[58]) y Byrne, estrictamente hablando, sólo *Excéntricas* (1893). Como puede verse, todos ellos hacen lo que tienen que hacer entre 1890 y 1895. Ni Juana Borrero, ni Julián del Casal ni Bonifacio Byrne pueden mirar en otra dirección que esa a la que los arrastran sus visiones. Y fueron grandes, cada uno a su manera, no porque tuvieran *esas* visiones, sino por lo que fueron capaces de *hacer* con ellas.

Ahora bien, aún dentro de este grupo con cierta homogeneidad —e insisto en lo de *dentro*— la poesía de Byrne es diferente. Y eso, nada menos que eso, es lo que tiene para ofrecer: un modernismo diferente, *otro* modernismo; no sólo con respecto a Cuba, sino también en el contexto hispanoamericano.

Dentro, en el interior mismo del modernismo de Byrne, descubrimos algo extraño: la frecuencia de giros coloquiales, los prosaismos, la abundancia de

---

56   Otro poeta modernista que en este sentido podría formar grupo con sus colegas cubanos es el uruguayo Julio Herrera y Reissig (1875 – 1913).

57   Por supuesto que José Martí es un caso aparte. sólo estoy concentrándome en el modernismo *en* Cuba. Por otra parte, ya he comentado la relación conflictiva de Martí tanto con el modernismo como con la modernidad.

58   Estrictamente hablando sólo dos, puesto que *Bustos y rimas* se publicó póstumamente.

núcleos narrativos, cierto desaliño en el estilo. El modernismo a que estamos acostumbrados se desfamiliariza en la poesía de Byrne. No es que algunos de estos elementos no aparezcan, por ejemplo, en Casal. Pero no llegan a ser la nota distintiva que hace de *Excéntricas*, bueno, eso mismo, una producción *excéntrica*, incluso dentro de ese agrupamiento de raros que fueron los modernistas.

Intentaré explicar brevemente en qué consiste el trabajo estilístico de Byrne, eso que diferencia sus máscaras en el *interior* de la guardarropía (tan variada y ricamente surtida) del modernismo.

Algunos de los poemas de *Excéntricas* son, para decirlo de algún modo, fácilmente identificables como modernistas en el sentido de que no defraudan nuestras expectativas: la plasticidad, la imagen sinestésica, incluso la tendencia al manifiesto esteticista. Es el caso de «Mi anhelo,» dedicado a Casal:

> Yo quisiera escribir en un idioma
> en que cada palabra fuera azul,
> cada sílaba música y aroma,
> y cada frase un manantial de luz.

Pero esta no es la composición típica de *Excéntricas*. Si se le quiere tomar el pulso al libro, es mejor detenerse en un poema como «Mi sepulturero»

> Inútiles muebles, odres ya vacíos,
> él se ha imaginado que los muertos son:
> y aburrido a veces de hallarlos tan fríos,
> con mano sacrílega les da un bofetón.

He aquí una escritura que parece eludir, agresivamente, el impulso esteticista. Si lo buscáramos, el poeta, aburrido de hallaranos tan *fríos*, nos daría un *bofetón*. Esto no quiere decir que no esté en Byrne –como en efecto lo está– el trabajo de orfebrería con el que se ha identificado al modernismo. Lo que sucede es que Byrne se impone la obsesión por sobre el trabajo estilizador. O mejor dicho; sus obsesiones se nos imponen con tal fuerza que corremos el riesgo de no ver el arduo trabajo del estilo. Los poemas son poemas-espejo y el libro es un salón de espejos que crea un efecto inquietante en el lector. Uno puede tener la impresión de no avanzar cuando realmente se trata de ambas cosas: de un continuo desplazarse dentro de lo mismo. Esto se debe a que todas las obsesiones del poeta podrían resumirlas estas dos: *la muerte* y el *doble*. Y cada una de ellas se desdobla en la otra, en la figura del otro, que es la del muerto que regresa. El yo está continuamente atrapado, inmovilizado en el ojo del muerto, mientras éste es, a su vez, el espejo de su deseo. El callejón sin salida de la poesía de Byrne conduce — quizá como en ningún otro poeta modernista, Casal incluido — al deseo homoerótico.

Un poema ejemplar en este sentido es «El diablo.» Martínez Carmenate cita el testimonio de Andrés de Piedra-Bueno, un amigo de Byrne, que afirma que la gestación de *Excéntricas* provocó en Byrne ataques nerviosos. Según De Piedra-Bueno, Byrne temía «morir en un teatro, caer en plena calle, rodar desde una acera,» y que «sufría la fobia del espacio» (UMC 104). El biógrafo afirma que un poema como «El diablo,» «sobre todo, provoca graves trastornos en su ser. Presiente, mientras [lo] escribe, que a sus espaldas se mueve la satánica figura» (104). Si bien el poema expresa de manera bastante directa esta persecución homoerótica, no tiene, sin embargo, el tinte de horror que menciona Carmenate. La mirada del texto gravita hacia los calzones rojos del diablo y hacia el violín «diminuto y encarnado» que sólo toca de noche. Los aplausos del yo estimulan la ejecución del diablo, hasta el punto de que la escritura misma llega a vibrar, como un violín tocado por un virtuoso. Es casi imposible no reconocer en ese diablo una de las figuras más temidas y vigiladas de la época: la del masturbador empedernido.

Esto resulta todavía más significativo por la manera en que lo biográfico –como en Casal– se anuda a la ficción. Byrne mismo, al contar cómo fue que escribió *Excéntricas*, se detiene en este poema y comenta lo siguiente:

> Miré en torno mío aterrorizado, como si detrás de mí hubiese alguna persona. Un escalofrío me recorrió la médula espinal y levantándome de pronto, me dirigí a mi habitación, caminando no de frente, sino de espaldas, señal ésta del pánico que habíase apoderado de mí. Metíme en el lecho, costándome trabajo conciliar el sueño.

Compárese este testimonio con los siguientes fragmentos de varios de los poemas de *Excéntricas*:

«El fantasma»

¡Oh, fantasma! A mi pesar
a menudo pienso en ti;
si te acuerdas de mi hogar,
no sé qué será de mí.

«El esqueleto»

Parece que me mira, y me figuro
que se agita con ciego frenesí;
¡ya no puedo dudar! Su pie inseguro
  él dirige hacia mí.

«El insomnio»

Clavando en mí sus ojos penetrantes,
parece que me quiere examinar:
¡cuán largos me parecen los instantes
  mientras él me contempla sin cesar.

Byrne se ve, pues, a sí mismo reflejado en el espejo de la escritura, como su propio doble: uno que lo seduce y lo horroriza.

Si se quiere otra muestra ahí tenemos el poema «La alcoba,» de claro sabor borgeano. En sus versos el yo se muestra acosado por el fluido de otro que, antes que él, se acostó y durmió en su cama. Esa presencia es tan fuerte que cree que sería inútil mudarse a otra habitación, puesto que, afirma, «donde quiera que me encuentre / el otro ha de saber en dónde estoy.» El espacio interior de la casa se abre y laberintiza en compartimientos secretos, donde el yo lírico permanece fascinado y horrorizado por la mirada deseante del muerto. En «Los muebles,» estos son persistentemente representados como recipientes del secreto. «Cada mueble,» afirma el yo, «puede hacernos alguna confidencia.» Y así como la cama emblematiza la persecución del otro en «La alcoba,» aquí son los espejos los que descubren «pavorosos perfiles / de rostros demacrados.» Byrne llama a los muebles «servidores amables y discretos» que guardan sus secretos. Esos secretos, no hay que decirlo, permanecen encerrados en el armario, en el lecho, en los espejos, en las gavetas que la escritura, a modo de hábil cerrajero, asegura contra la invasión de los intrusos, pero a los que, perversamente, invita al mismo tiempo a sacar la ganzúa, a cebarla en el ojo resistente de la cerradura.

Byrne parece un eco anticipado de la característica obsesión borgeana con el doble. El lector familiarizado con el Jorge Luis Borges de «Borges y yo,» con el Julio Cortázar de «Continuidad de los parques,» de «No culpen a nadie,» o incluso con el Virgilio Piñera de «El que vino a salvarme,» no fallará en advertir una secreta afinidad de estos con muchos de los mejores poemas de Byrne, que no son pocos. Estilísticamente, la *repetición* (tan importante en la poesía de Byrne) se constituye en una actualización de la pesadilla, de la persecución. Por esta vía, la poesía se acerca a la narración, al relato breve y conecta a su vez con las más cercanas obsesiones de Horacio Quiroga, específicamente en lo que respecta a la muerte. Podría especularse sobre la posible influencia de Edgar Allan Poe en Byrne. Pero no he encontrado nada que sugiera que lo leyó o que estuviera familiarizado con su obra. Esto, por supuesto, no prueba nada. No obstante, cualesquiera que hayan sido las influencias recibidas, es también imposible no descubrir que hay un estilo Byrne, que su escritura se nos impone con una fuerza de «verdad» sobrecogedora.

Poco a poco el lector comienza a reconocer los rasgos que definen ese estilo, siendo el predominio del oído, a mi juicio el que mejor lo define. La orquesta, el «fantástico vals,» el «viento sonoro,» el «extraño compás,» las voces, los acentos, el oído atento, la risa, en fin, el estrépito, hacen que leer a Byrne se convierta en la experiencia de asistir a una *audición*. Ciertamente, no a la de un sujeto concertante, sino por el contrario, a la de un sujeto *des*-concertado y *excéntrico*, como si todo lo que se requiriera de nosotros fuera regresar a Comala.

Sergio Pitol nos dice que «[l]as preocupaciones del excéntrico son diferentes a las de los demás, sus gestos tienden a la diferenciación, a la autonomía hasta donde sea posible de un entorno pesadamente gregario. Su mundo real es el interior.» Añade que los excéntricos pueden ser «trágicos o bufonescos, demoniacos o angelicales, geniales o bobos,» siendo «el común denominador en ellos es el triunfo de la manía sobre la propia voluntad, al grado de que entre ambas no hubiese frontera visible» (*El viaje* 32-33). Este es exactamente el caso de Byrne. No deja de ser asombroso — incluso una hazaña — que contra las exigencias de vivir hacia fuera, y que él mismo acató, Byrne se nos revele como el poeta maníaco, el de la manía irreductible, el del *tic*, ese que tiembla sin poder sostener la bandera. ¡Cómo tiembla! ¡Cómo tiembla!

Por mi parte prefiero no extenderme *aquí* puesto que esta es una edición crítica y comentada. Espero que este trabajo despierte la curiosidad y el interés en un poeta que merece algo más que un puñado de lectores. Quizá hasta a alguno llegue a ocurrirle lo que a mí, que a veces me parece que Byrne me mira, «y me figuro

> que se agita con ciego frenesí;
> ¡ya no puedo dudar! Su pie inseguro
> *él* dirige hacia mí.»

FRANCISCO MORÁN
Dallas, Texas, 15 de enero de 2011

Esta Edición

Presentamos al lector la edición crítica y comentada de una selección de la poesía y la prosa del poeta modernista cubano Bonifacio Byrne. Aquí se incluye, por primera vez desde su edición en 1893, y de manera íntegra, *Excéntricas*, que es no sólo el libro más importante de Byrne, sino uno de los grandes títulos del modernismo cubano junto a los de Casal. *Excéntricas* es también, como se reconocerá a su debido tiempo, un libro singular, raro, incluso en el contexto del modernismo hispanoamericano.

Junto con *Excéntricas*, incluimos selecciones de los libros más importantes de Byrne: *Lira y Espada* (1901) y *En medio del camino* (1914). De la *Selección poética* publicada en 1942, y que estuvo a cargo de Andrés de Biedra-Bueno, se seleccionaron sólo poemas que entonces aparecieron como pertenecientes a «libros inéditos». Se procedió de igual manera respecto a la antología *Poesía y Prosa*, compilada por Arturo Arango en 1988. Es decir, también en este caso se eligieron poemas de Byrne que se publicaron entonces por primera vez. La sección de poesía se completa, entonces, con otro grupo de poemas «inéditos», es decir, que no aparecen ninguna de las mencionadas antologías y que hemos rescatado de revistas y periódicos en que colaboró Byrne.

A las poesías sigue una selección de prosas que, con excepción de «Rara coinciencia» (rescatada para esta edición) fueron tomadas de la edición de *Poesía y Prosa*.

Completan esta edición una bibliografía actualizada y la reproducción más completa de textos críticos sobre Byrne que se haya publicado nunca, al punto de que se rescatan aquí verdaderas rarezas bibliográficas.

El lector tiene en sus manos, por tanto, la primera edición de la obra de Byrne que se haya hecho fuera de Cuba, y la más completa y mejor de todas (que no son muchas) de las editadas en Cuba.

OBRAS CITADAS

(en el Prólogo y en los comentarios de la poesía y prosa de Byrne)

Arango, Arturo. «Bonifacio Byrne»: la poesía necesaria» en *Bonifacio Byrne. Poesía y Prosa*. La Habana: Letras Cubanas, 1988.

Barcia, Roque. *Diccionario etimológico de la lengua española* 1. Primera Parte. Edición corregida y aumentada considerablemente por don Eduardo de Echegaray. Madrid: Álvarez hermanos, Impresores, 1887.

_____. *Diccionario etimológico de la lengua española* 2. Primera Parte. Edición corregida y aumentada considerablemente por don Eduardo de Echegaray. Madrid: Álvarez hermanos, Impresores, 1881.

_____. *Diccionario etimológico de la lengua española* 2. Edición corregida y aumentada considerablemente por don Eduardo de Echegaray. Madrid: Álvarez hermanos, Impresores, 1887.

Bejel, Emilio. *Gay Cuban Nation*. Chicago and London: The University of Chicago Press, 2001.

Belmont Parker, William. «Bonifacio Byrne.» *Cubans of to-day*. New York and London: The Hispanic Society of America, 1919.

Byrne, Bonifacio. *Excéntricas*. Matanzas: Imp. Galería Literaria, 1893.

_____. *Lira y Espada*. La Habana: Tipografía «El Fígaro,» 1901.

_____. *En medio del camino*. Matanzas: Imp. Tomás González, 1914.

Cabrera, Lydia. *El Monte*. Miami: Ediciones Universal, 2006.

Camacho, Jorge. «La virilidad (amenazada) del apóstol Martí: una polémica pospuesta». *Dissidences. Hispanic Journal of Theory and Criticism* 2.1 (2006).

_____. «Los límites de la transgresión: la masculinización de la mujer y la feminización del poeta en José Martí.» *Revista Iberoamericana*. LXVII 194-195 (2001).

Casal, Julián del. «Bonifacio Byrne». *Bustos y rimas*. Edic. facsimilar. Prólogo, cronología y bibliografía, de Julio E. Hernández-Miyares. Miami: Editorial Cubana, 1993.

Castillo Zapata, Rafael. *Fenomenología del bolero*. Caracas: Monte Ávila, 1993.

Corneille Debreyne, Pierre Jean. *Ensayo sobre la Teología Moral considerada en sus relaciones con la Fisiología y la Medicina*. Barcelona: Pons y Ca, Editores Católicos, 1882.

De Céspedes, Benjamín. *La prostitución en la ciudad de la Habana*. La Habana: Est. Tipográgico O'Reilly 9, 1888.

De Guanabacoa, César. *Julián del Casal, o un falsario de la rima*. La Habana: Imp. y Papelería «La Prensa», 1893.

Díaz, Josefa y su Espíritu Protector. *Flores del espiritismo*. La Habana: Imp. «La Propaganda Literaria,» 1874.

Ellis, Havelock and John A. Symonds. *Sexual Inversion*. New Hampshire: Ayer Company Publishers, Inc., 1994.

Fernández Retamar, Roberto. «Modernismo, Noventiocho, Subdesarrollo». *Para una teoría de la literatura hispanoamericana y otras aproximaciones*. La Habana: Casa de las Américas, 1975.

Foucault, Michel. *Los anormales*. Argentina: FCE, 2001.

—————. «Friendship as a Way of Life.» *Ethics. Subjectivity and Truth*. New York: New York Press, 1997.

Freud, Sigmund. «El malestar de la cultura.» *Obras Completas 3*. Buenos Aires: Editorial El Ateneo, 2003.

Henríquez Ureña, Max. *Panorama histórico de la literatura cubana* II. Puerto Rico: Ediciones Mirador, 1963.

Heredia, Nicolás. «Prólogo». Bonifacio Byrne. *Excéntricas*. Imprenta La Galería Literaria: Matanzas, 1893.

—————. «Prólogo». Bonifacio Byrne. *Lira y Espada*. La Habana: Tipografía El Fígaro, 1901.

Henríquez Ureña, Max. *Breve historia del modernismo*. México: FCE, 1978.

Henríquez Ureña, Pedro. «El modernismo en la poesía cubana». *Ensayos críticos*. La Habana: Imp. Esteban Fernández, 1905. 33-42.

—————. *Las corrientes literarias en la América hispánica*. La Habana: Ediciones R, 1971.

Instituto de Literatura y Lingüística. *Perfil histórico de las letras cubanas*. La Habana: Letras Cubanas, 1983.

Krafft-Ebing, Richard von. *Psychopathia Sexualis*. New York: Arcade Publishing, 1998.

Kosofsky Sedgwick, *Eve. Between Men. English Literature and Male Homosocial Desire*. New York: Columbia University Press, 1985.

Lezama Lima, José. «Oda a Julián del Casal». *Poesía*. Ed. Emilio de Armas. Madrid: Cátedra, 1992.

Loynaz del Castillo, Dulce María. «Presencia y ausencia de Julián del Casal». *Ensayos literarios*. Salamanca: Ediciones de la Universidad de Salamanca, 1993.

Marinello, Juan. «Martí y Lenin.» *Repertorio Americano*, Año XVI- 716, 26 de enero, 1935.

_____. «José Martí, escritor americano. Martí y el modernismo». *Obras martianas*. Selección y prólogo de Ramón Losada Aldana. Caracas: Ayacucho, 1987.

_____. «Españolidad literaria de José Martí». *18 ensayos martianos*. La Habana: Ediciones Unión /CEM, 1998.

_____. «Sobre el modernismo. Polémica y definición». *18 ensayos martianos*.

Martí, José. «Alfredo Torroella». *Obras Completas* 1. La Habana: Editorial Lex, 1946.

_____. «Carta a José Joaquín Palma». *Obras Completas* 1.

_____. «Nuestra América». Obras escogidas. La Habana:

_____. «El Poema del Niágara». *Obras Completas* 7. La Habana: Editorial de Ciencias Sociales, 1975.

_____. «El carácter de la *Revista Venezolana*». *Obras Completas* 7.

_____. *Obra poética*. Miami: La Moderna Poesía, 1983.

Martínez Carmenate, Urbano. *Bonifacio Byrne*. La Habana: Editora Política, 1999.

Menéndez Pelayo, Marcelino. *Historia de los heterodoxos españoles*, vol. 3. Madrid: Imp. F. Maroto e Hijos, 1881.

Monlau, Pedro Felipe. *Diccionario etimológico de la lengua castellana*. Madrid: Imp. y Estereotipia de Rivadeneyra, 1856.

Montané, Luis. «La pederastia en Cuba». *Primer Congreso Médico Regional de la Isla de Cuba*. La Habana, Imprenta de A. Álvarez y Cía., 1890.

Montero, Oscar. *Erotismo y representación en Julián del Casal*. Rodopi: Amsterdam, Atlanta, 1993.

Morales, Luis. Selección e introd. *Poesía afroantillana y negrista. Puerto Rico, República dominicana y Cuba*. San Juan: Editorial de la Universidad de Puerto Rico, 2004.

Morán, Francisco. «'Sueño con claustros de mármol': homoheroísmo o la veta en el mármol de la escritura martiana». *Mandorla* 10. 2007.

_____. *Julián del Casal o los pliegues del deseo*. Madrid: Verbum, 2008.

Navarro, Osvaldo. «Prólogo. Ballagas, ni más ni menos». Emilio Ballagas. *Obra poética*. La Habana: Letras Cubanas, 1984.

Ned Katz, Jonathan. *Love Stories. Sex between Men before Homosexuality*. Chicago and London: The University of Chicago Press, 2001.

Nervo, Amado. *Obras Completas* II. Madrid: Aguilar, 1972.

Pérez Jr., Louis A. *On Becoming Cuba. Identity, Nationality and Culture*. North Carolina: North Caroline University Press, 1999.

Pinilla, Alejo. *Bocetos biográficos de los generales José Lacret Morlot y Quintin Banderas*. Habana: Imp. El Crisol, 1910.

Pitol, Sergio. *El viaje*. México: Era, 2000.

Ramos, Julio. *Desencuentros de la modernidad en América Latina*. Chile: Editorial Cuarto Propio / Ediciones Callejón, 2003.

Rosell y Malpica, Eduardo. *Diario del Teniente Coronel Eduardo Rosell y Malpica. I. En camino (1895-1897)*. La Habana: Academia de la historia de Cuba, 1949.

Sanguily, Manuel. «Las Excéntricas de Byrne». Sección «Variedades». *Hojas Literarias*, 30 de abril de 1893.

Sarlo, Beatriz. *El imperio de los sentimientos*. Argentina: Grupo Editorial Norma, 2000.

Schrenck-Notzing von, A. *Therapeutic Suggestion in Psychopathia Sexualis*. Philadelphia, New York, Chicago: F. A. Davis Company, Publishers, 1901.

Schulman, Iván A. *Génesis del modernismo*. México: El Colegio de México / Washington University Press, 1966.

Sontag, Susan. *La enfermedad y sus metáforas y El sida y sus metáforas*. Argentina: Taurus, 1996.

State Department. *Papers Relating to the Foreign Relations of the United States*. Washington: Government Printing Office, 1903.

Veciana, Dr. «El espiritismo.» Revista de Cuba, Tomo VI, 1879.

Zavala, Iris M. *El bolero. Historia de un amor*. Madrid: Celeste Ediciones, 2000.

I. Poesías

I.1. Excéntricas

Imp. Galería Literaria, Matanzas, 1893

LOS NÁUFRAGOS

En el mar las olas,
    de noche y en coro,
parece que bailan
    fantástico vals,
la orquesta escuchando
    del viento sonoro:
¡Diabólica orquesta
    de extraño compás!

En el aire entonces
    hay voces que llaman,
y ojos dilatados
    sin luz ni expresión;
manos que tantean,
    acentos que claman,
y lívidos rostros
    que inspiran horror.

Los náufragos surgen
    entonces livianos,
húmedo el cabello,
    marmórea la faz,
abiertos los ojos,
    cerradas las manos,
cual si sujetaran
    con ellas el mar.

Y su vista fijan
    allá en la ribera,
y en vano cabalgan
    sobre el anca[59] azul
del agua, que huyendo
    jamás se aligera,
de aquellos jinetes
    ávidos de luz...

Las algas marinas,

---

59 *Anca*: cada una de las dos mitades laterales de la parte posterior de los caballos y otros animales. Grupa de las caballerías. Cadera de una persona. Ant. Muslo de una persona

atento el oído,
    escuchan sus quejas
      con hondo placer,
y solo a sus voces
      responde el aullido
del mar, que les lame
      la lívida piel.

Cuando, momentánea,
      su rúbrica[60] imprime
veloz el relámpago
      en la inmensidad,
y pálido el mundo
      se estremece y gime,
al sentir los golpes
      del fiero huracán;

Los náufragos tristes
      se estrechan y abrazan,
mientras que las olas
      con ciego furor,
los bajan y suben
      y los despedazan...
¡después de morderlos
      en el corazón!

A veces el viento,
      que escucha sus cuitas,[61]
historias les cuenta
      del mundo infeliz;
historias de amores
      que no están escritas,
y que el viento solo
      puede repetir.

Y en su hogar alegre
      nadie los recuerda,
a no ser acaso
      el viejo lebrel[62]
que pasa la vida
      atado a una cuerda,
pensando en el dueño

---

60   *Rúbrica*: sello
61   *Cuitas*: penas, preocupaciones
62   *Lebrel*: perro

que no ha de volver.

Y mientras los rayos
        del Sol, amortajan
de las densas sombras
        la muerta legión,
a su helada tumba
        los náufragos bajan,
sin poder sus miembros
        calentar al Sol...

En el mar las olas,
        de noche y en coro,
parece que bailan
        fantástico vals,
la orquesta escuchando
        del viento sonoro:
¡diabólica orquesta
        De extraño compás![63]

---

63 Según el testimonio de Byrne con este poema comienza a trabajar en la escritura de *Excéntricas*. Francisco Hermida (de la redacción de *La Discusión*), según Byrne, le sugirió escribir «treinta composiciones de esa índole,» «formar un volumen y publicarlo,» y hasta el título del mismo: *Excéntricas*. Byrne, literalmente, se encierra a escribir el libro, que llegó a tener más de las treinta composiciones sugeridas por Hermida. En «Los náufragos» aparecen ya todos los rasgos que definen el trabajo estilizador de *Excéntricas* y, por extensión, de Byrne. Los náufragos no están ni vivos, ni muertos, sino que sugieren una suspensión, un paréntesis entre la vida y la muerte. Aparece la obsesión con la figura del doble. Para el lector que lee este primer poema, quizá no resulte tan obvio. Pero si, por ejemplo, a continuación de él lee «El buque fantasma,» verá que sus marinos son el espejo de los náufragos. Otro rasgo es la preeminencia del oído. No es fácil afirmar esto cuando, como sucede con Byrne, las percepciones visuales (piénsese en la mirada fija, perseguidora –que tanto nos recuerda a Casal) contribuyen a articular los trabajos de subjetivización. No obstante, a nadie se le puede escapar la importancia del oído en la poesía de Byrne. Si el ojo es el punto de confrontación del yo con el otro, eso donde el yo mismo se desdobla; el oído registra su inmediatez, su cercanía, sus pasos, su presencia, adelantándose al ojo y, en muchos casos, actuando como especie de tercer ojo. No es que en el mar haya una «¡diabólica orquesta / de extraño compás!,» sino que eso es precisamente el mar: una orquesta integrada por instrumentos desafinados y subjetividades descentradas: el coro de las olas, el viento sonoro, las voces que llaman, los acentos que claman, el oído atento de las algas marinas. El balanceo mismo del poema reproduce, magistralmente, el *extraño compás* de la diabólica orquesta que, otra vez, no es otra que la de la escritura. Finalmente, hay que agregar las alusiones a lo secreto y a la energía sexual de que están cargados los náufragos vivos-muertos. «Los náufragos tristes / se estrechan y abrazan, / mientras que las olas / con ciego furor, / los bajan y suben / y los despedazan...» Véase que la intensidad de la libido que estrecha a los ahogados es proporcional a la violencia que los despedaza. Por otra parte, aún con los escasos indicios que ofrece el poema podemos aventurar que los náufragos son sujetos masculinos. De ellos se dice que «son jinetes ávidos de luz,» o son «el dueño» quizá recordado por su perro. Pero lo que en última instancia los homoerotiza es el mar que se echa sobre ellos en oleadas de deseo. Las algas escuchan sus quejas «con hondo placer,» las olas los muerden «en el corazón,» el mar les lame la piel –en obvia expresión de deseo necrofílico. A esto hay que añadir las historias de amores «que no están escritas» que les cuenta el viento. Esas historias, pues, desaparecen mientras son narradas. No sólo no pueden escribirse. Tampoco pueden ser escuchadas. Al mismo tiempo, la narración repetida

Las brujas

I

Allí, en la vieja selva, acurrucadas
debajo de los árboles sombríos,
hunden en el espacio sus miradas
como puñales ásperos y fríos.

Aguardan ellas que la noche extienda
su fúnebre ropaje en el misterio,
para después, en procesión horrenda,
internarse en el vasto cementerio.

Llegan, y con sus dedos infernales
escarban en las fosas ignoradas,
como escarban de noche los chacales
cerca de las ciudades infestadas.

Después, en conciliábulos secretos,
despliegan sus feroces energías,
y, en brazos de lascivos esqueletos,
celebran en la tumba sus orgías.

La risa no conocen. En su boca
solo vibran terribles maldiciones:
son sus miembros fragmentos de una roca,
y rugen en su voz los aquilones.[64]

---

de esas historias, invitan al oído, buscan un oyente, la complicidad de *una* audiencia. Pudiera decirse que «Los náufragos» es una reelaboración de la figura mitológica de la sirena. Los náufragos de Byrne son, en efecto, sirenas que nos requiebran con sus deseos eróticos y de muerte, y que quieren empiezan a balbucear una historia secreta que, a través de *Excéntricas* no cejará de buscar, ni de encontrar, su definitiva expresión en la figura de un secreto que en lugar se (auto)revelarse, no cesará de preguntarnos: «¿entiendes?».

64 *Aquilones*: vientos del norte. En la mitología griega los *anemoi* (vientos) eran los dioses del viento, y a cada uno de los cuales se le adscribía una dirección cardinal, de la que venían los vientos respectivos, y estaban asociados con las diferentes estaciones y los cambios de tiempo. A veces eran representados como meras ráfagas de viento, y otras veces eran personificados como hombres alados, e incluso a veces eran representados como caballos mantenidos en los establos de Eolo, el dios de la tormenta. De los cuatro vientos principales, *Boreas* era el viento del Norte y el que traía el aire frío del invierno. Notus era el viento del Sur y traía las tormentas de fines del verano y del otoño. Por su parte, *Zéfiro* soplaba desde Occidente y traía la luz de la primavera y las primeras brisas del verano. *Eurus* era el viento del Oriente y no estaba asociado con ninguna de las tres estaciones griegas. El nombre romano equivalente de *Boreas* fue *Aquilo*. Un nombre alternativo para este viento fue Septentrio, palabra derivada de *septem triones* (siete bueyes). Las alusiones a lo helado y el frío en la poesía de Byrne (así

Les dio la tempestad su impulso fiero,
su repulsiva máscara el delito,
y su dureza el implacable acero
en consorcio infernal con el granito.

Ellas han hecho con la muerte un pacto,
con todo lo que es pérfido y nos hiere,
y por eso a su rápido contacto
se enferma el corazón y luego muere.

II
Ellas, a media luna, la campana
hacen vibrar en la desierta torre;
convierten en licor la sangre humana
y ese licor en sus festines corre.

Del silencioso templo en la cornisa
el demonio las manda que se agrupen,
y cuando pasa el sacristán de prisa,
lo persiguen, lo arañan y lo escupen.

Las imágenes vuelcan, y alborotan
lo mismo que las olas en los mares,
el aceite en las lámparas agotan
y se embriagan de amor en los altares.

Ya en la torre se ocultan y en el coro,
ya recorren la iglesia de puntillas,
y a veces con estrépito sonoro
hacen rodar los bancos y las sillas.

III
Sus manos, como látigos enormes,
el ancho espacio en derredor azotan,
y de sus ojos verdes y deformes
juntos el odio y las maldades brotan.

---

como a las brujas, por ejemplo) evocan en la crítica de la época, inevitablemente, el origen ir-
landés (no nacional) del poeta, y por consiguiente su desnacionalización. En este sentido, no
deja de ser sorprendente eso que pudiéramos llamar *filiación sanguínea* (específicamente ir-
landesa) de Byrne con Casal, y que sitúa a ambos en una posición *ex*-céntrica con relación a
la cubanía. La madre de Casal (leemos en la biografía del poeta escrita por Emilio de Armas)
«podía nombrar entre sus antepasados a una histérica nacida en Irlanda, mujer que llegó a
ser célebre por sus exaltaciones de vidente» (*Casal* 8).

Lívidas amazonas, sus corceles[65]
palos de escoba son. Por donde pasan
seguidas de fantásticos lebreles,
nada dejan en pie: ¡todo lo arrasan!

Frenéticas galopan. Su carrera
en vértigo sin fin las precipita,
y la que va delante, la primera,
mientras galopa se retuerce y grita.

Se dirigen veloces al Infierno,
a su atroz madriguera, do[66] jadeantes
devorarán, como el manjar más tierno,
las entrañas de un niño, palpitantes.

IV

¡Y empiezan el festín! ¿Veis? La más vieja
entre todas las brujas se adelanta;
el placer en su rostro se refleja...
¿Su acento no escucháis? ¡La bruja canta!

Canta, sí, la canción de los amores,
con la que domestica las serpientes
que en aquel antro funeral de horrores
se arrastran como siervas indolentes.

La canción es monótona y extraña,
y su música, fúnebre y sombría
como el grillo, el murciélago y la araña
que el aquelarre[67] en el Infierno cría.

Mientras la bruja canta, las panteras
se arrastran a sus pies con la hermosura
pérfida y misteriosa de las fieras
que el alma llenan de mortal pavura.[68]

Y cuando el canto expira, en raudo[69] vuelo
las brujas en el aire se abalanzan,
amenazando con el puño al cielo...

---

65   *Corceles*: caballos
66   *Do*: donde
67   Aquelarre: reunión de brujas
68   *Pavura*: horror
69   *Raudo*: veloz

¡y nunca al cielo con el puño alcanzan!
Dura su vuelo hasta que el Sol empieza
a verter[70] luz y amor y regocijos:
ellas bajan entonces la cabeza
y corren a buscar sus escondrijos.

Allí están, silenciosas y en cuclillas,
allí, en la vieja selva acurrucadas,
zurciendo con sus manos amarillas
sus negras vestiduras desgarradas...[71]

---

70   *Verter*: derramar
71   El asunto de «Las brujas» y ciertos recurrentes motivos en la poesía de Byrne –las referencias
     al viento helado del norte, al diablo, a los niños rubios, a la niebla– ejemplifican la zona te-
     mática que la crítica de su tiempo adscribió a la ascendencia nórdica de Byrne, y que por lo
     mismo señalaría la desnacionalización de su poesía. Así, en el prólogo a *Excéntricas*, ya Ni-
     colás Heredia comenta: «Diríase que el señor Byrne ha renunciado a sus gustos nativos para
     inmergirse en la hermosa, pero turbia poesía del septentrión. Tal vez obedezca a una ley im-
     provista de atavismo, evidenciada en su nombre extranjero y en algunas gotas de sangre sajona
     que circulan por sus venas. El hecho es que sus concepciones actuales recuerdan las brumas
     del norte y aquellos cantos extraños en que la sensibilidad y la fantasía, lejos de pugnar, se
     suman y confunden, como los resplandores del día y las sombras de la noche se disuelven en
     la poética indecisión de los crepúsculos.» De este modo, se elige un acercamiento crítico más
     desde la antropología, la etnografía y el nacionalismo, que desde la poesía. Lo que ninguno
     de sus críticos se pregunta es cómo puede explicarse esa súbita y tardía explosión de «sangre
     sajona.» Porque, a diferencia de Casal, nada hacía sospechar en Byrne (que había comenzado
     a publicar entre 1878 y 1879) la poesía de *Excéntricas* (1893) que, en efecto, da la impresión de
     haber salido de la nada. Lo que no tuvieron en cuenta los críticos fue, en primer lugar, el
     ambiente literario de la época reflejado sobre todo en la obra de Casal. Lo segundo es que jus-
     tamente la lectura antropológica, etnográfica y nacionalista lleva a la crítica a leer los mo-
     tivos y figuras mencionados en la poesía de Byrne como figuras y motivos folclóricos o ex-
     tranjeros, y no como lo que eran: expresión de la impronta del simbolismo en la poesía de
     Byrne. Para comprender esto no hay más que repasar las críticas de que fue objeto Casal y
     que, persistentemente, apostaron a su desnacionalización. Esto, además, les ocurrió a otros
     modernistas hispanoamericanos. En «Las brujas,» como antes en «Los náufragos,» asistimos
     a una violenta y gráfica sexualización de la muerte y lo macabro. Nótese que, para conse-
     guirlo, Byrne no duda en usar imágenes vulgares, o que simplemente el «buen gusto» re-
     chazaría, como las de las brujas «en cuclillas,» es decir, abiertas, instigando la mirada esco-
     pofílica hacia la vagina –visible e invisible al mismo tiempo a través de las «vestiduras
     desgarradas.» La imagen pone en juego una serie de posibilidades que se entrecruzan: vio-
     lación, defecación, deseo voyeurista. Obsérvese también que, como los náufragos, las brujas
     no habitan un lugar, sino que se las imagina en los intersticios y en las fronteras: se mueven
     fuera y dentro de las tumbas, y en las que no duermen, sino celebran orgías, los lascivos es-
     queletos. En las brujas halla un escape el inconsciente, presto a la profanación, a corroer los
     límites y las interdicciones de la ley: «Las imágenes vuelcan, y alborotan / lo mismo que las
     olas en los mares, / el aceite en las lámparas agotan / y se embriagan de amor en los altares.»
     Las brujas parecen niños traviesos, pero eso es precisamente lo que les insufla un aspecto si-
     niestro. Recuérdese el comentario de Byrne de que «los niños y los locos son temibles muchas
     veces» («El hijo del héroe»).

Las joyas

A Miguel Garmendía

I

Viéndolas[72] en sus cofres, encerradas
    por un genio traidor,
me parecen princesas encantadas,
ausentes de la luz y del amor.

Las joyas se sonríen y nos miran
    con misterioso afán,[73]
y en nuestras manos tiemblan y suspiran
como las ilusiones que se van.

Ellas quisieran ser como las violetas
    que aroman el jardín,
y acariciar el alma a los poetas
en un ensueño mágico y sin fin.

Del lapidario entre las manos lloran,
    y del duro cincel
que las hiere en el alma, se enamoran
con amor tan intenso como fiel.

En cascadas de luz al cielo envían
    toda su adoración:
las mujeres al verlas se extasían,[74]
    y se llevan la mano al corazón.

El oro por doquier las acompaña,
    las mima sin cesar,
y en sus cambiantes fúlgidos se baña
y no las deja nunca de adorar.

De la hermosura espléndida en el cuello
    mórbido[75] y tentador,

---

72   *Viéndolas*: Al verlas
73   *Afán*: deseo, ansiedad (obsérvese la ambigüedad del significado del término). Véase la in-
      tuición psicoanalítica de Byrne que siente que las joyas le devuelven la mirada, es decir,
      que él mismo está *dentro* de esa mirada
74   Puesto que el yo del poema da testimonio de su propia fascinación con las joyas, el supuesto
      extasío de las mujeres resulta engañoso. De este modo el estilo enjoyado frustra cualquier
      intento de separación nítida entre lo masculino y lo femenino.

en los dedos, la frente y el cabello,
ellas dejan sus ósculos[76] de amor.

II

Las turquesas son hijas del rocío
  y de un ensueño azul:
nacieron una noche en el vacío,
besadas por el ángel de la luz.

Los brillantes son átomos de estrellas,
  y desde que lo son,
hay en el cielo intrigas y querellas
y codicia en la tierra y ambición.

Las perlas, el encanto de los mares,
  ¿A quién deben el ser?
A una ondina[77] gentil, que en sus pesares[78]
el llanto por su faz[79] dejó correr.

El rubí, desde el centro de una nube,
  al suelo descendió;
es la gota de sangre de un querube
a quien Luzbel el corazón hirió.

Tejió la primavera su guirnalda,
  y del verde tapiz
hizo una flor extraña: ¡la esmeralda!
¡La favorita del amor feliz!

De la unión de una estrella y un suspiro,
  ¿qué fue lo que surgió?
Con su mirada azul, surgió el zafiro,
y el éter asombrado lo miró.

El ópalo nació lánguidamente
  con dulce palidez,
de la afanosa sed de un labio ardiente
y una copa de vino de Jerez.

---

75 *Mórbido*: que padece enfermedad o la ocasiona; blando, delicado, suave. Es en estos despla-
  zamientos (lo enfermo como tentador) donde el modernismo está más a sus anchas
76 *Ósculos*: besos
77 *Ondina*: de onda. Ninfa acuática
78 *Pesares*: tristezas
79 *Faz*: rostro

III
Tal vez ha de sufrir el alma mía
        un desengaño atroz;
pero yo de las joyas algún día
pienso escuchar la misteriosa voz.[80]

¿Por qué no confesarlo si lo siento?
        Y ¿por qué no ha de ser?
¡Las joyas tienen alma y sentimiento
y saben adorar y aborrecer!

---

80   Recuérdese el verso «las mujeres al verlas se extasían» y lo que dijimos al respecto. Ahora el
     yo concluye diciendo que ¿él? «de las joyas algún día / piens[a] escuchar la misteriosa voz.»
     En realidad todo el poema podría leerse como la confesión – y la sonorización – de la es-
     cucha de *esa voz*.

LAS ISLAS PÁLIDAS

Son unas islas en donde
existe la sangre apenas,
pues parece que se esconde
fugitiva entre las venas.

En esas islas hermosas
que yo he visto en mis delirios,
desaparecen las rosas
bajo una lluvia de lirios.

Sus mujeres son delgadas,
dulces, puras, ideales,
cual lo son las alboradas
o las tardes otoñales.

De sus ojos el fulgor
es una caricia leve,
y su boca es una flor
que sembró Dios en la nieve.

A mí, que he podido verlas,
no me es posible dudar
que, en su semblante las perlas
se han querido refugiar.

II
En esas islas, la luna
se refleja a todas horas,
y en ellas mecen su cuna
las quimeras[81] soñadoras;
Y, descender el rocío
se vé en extraño derroche,
de los ojos que el vacío
abre en la faz de la noche.

Los que a esas islas arriban,

---

81 *Las quimeras*: los trabajos de la imaginación

parecen en tal momento
columnas que se derriban
maltratadas por el viento.

III
    Islas pálidas y bellas,
melancólica región
do flores, aves y estrellas,
viven en estrecha unión;

    Vuestras encantadas brisas
al acariciar mi tez,[82]
dejaron en mis sonrisas
una eterna languidez.

    Y me han dado esta indolencia
que me enerva a mi pesar,
como venenosa esencia
que consume sin matar.

    Yo en vuestro seno nací,
y en vuestro seno también
hice brotar para mí
de los sueños el Edén.

    Y por eso os he mirado
en mi amargura infernal,
como mira el desterrado
al caro[83] suelo natal.

IV
    En esas islas hermosas
que yo he visto en mis delirios,
desaparecen las rosas
bajo una lluvia de lirios...[84]

---

82   *Tez*: rostro
83   *Caro*: muy querido, amado
84   En su artículo sobre Byrne, Casal cita este poema. Es uno de los más provocativos de todo el libro, puesto que invita numerosas reflexiones. Aquí sólo intento bosquejar algunas de ellas. Al la voz lírica declarar «yo en vuestro suelo nací,» resulta casi imposible eludir el comentario biográfico. A través del poema no se establece exactamente de y a *cuántas* islas habla el

EL DIABLO

¡Sí! ¡Yo lo he visto! Entre las manos mías
las suyas oprimí más de una vez,[85]
y mi cómplice ha sido en las orgías
donde embriaga el amor más que el Jerez.[86]

Yo conozco el rumor de sus pisadas,[87]
sé del modo que mira, y sin temblar,
de sus francas y alegres carcajadas
oigo los cascabeles resonar.

Él mis cabellos con amor alisa[88]

---

poeta, pero ese «en vuestro suelo nací» evoca, por supuesto, Irlanda (donde nació el abuelo de Byrne) y Cuba. Implícitamente, se borra la diferencia entre una y otra. El poeta nació en ambas. Como si quisiera adelantarse a los reproches y sospechas de sus críticos, el poema parece declarar desafiante: Cuba tiene la palidez irlandesa; Irlanda, la palidez del trópico. Si pensamos que dos años más tarde, en 1895, va estallar la segunda guerra de independencia, y toda la sangre que corrió en ella (además de la que se había derramado en la de los Diez Años, 1868-1878), así como la sangre derramada también en Irlanda, hay que decir que el poema parece contener una almendra visionaria y particular de la violencia que sugiere una especie de deseo vampiresco. Las islas donde la sangre «existe apenas» han sido chupadas tanto por el acto depredador de la violencia, como por el no menos depredador del deseo. Hasta pareciera haber un guiño irónico en estas islas en cuyos semblantes «las perlas / se han querido refugiar» si consideramos la tradicional asociación Cuba-perla. En un gesto que remeda al de Casal, Byrne desaparece al sol y lo reemplaza por el símbolo, asociado con lo femenino, de la luna. Al mismo tiempo, en otro gesto no exento de ironía revalida, regodeándose en ella, una de las imágenes más estereotipadas del trópico: «Y me han dado esta indolencia / que me enerva a mi pesar, / como venenosa esencia / que consume sin matar.» Estas islas son, pues, inequívocamente, tan *tropicales* como *septentrionales*. Su geografía es, pues, *excéntrica*. Sin embargo, el gesto más desafiante es ese en el que hacia el final las islas todas (o las dos) son contempladas desde el destierro, desde la extranjería: «Y por eso os he mirado / en mi amargura infernal, / como mira el desterrado / al caro suelo natal.» Esa extranjería, no obstante, anuda *ex*trañamiento y *en*trañamiento. Es un poema hermosísimo al que este breve comentario no puede hacerle justicia.

85   Sobre el homoerotismo en particular en este poema, véase el estudio que sirve de introducción a la presente edición de la poesía de Byrne.

86   El poema comienza declarando no sólo la intimidad física del yo con el diablo, sino exigiéndole además al lector que le crea. Las manos que oprimen las del diablo despiden un calor sulfuroso que difícilmente podríamos ignorar.

87   Recuérdese lo que comenté antes acerca del oído en la poesía de Byrne. «El diablo,» sugiero, debía leerse junto con el texto de Byrne sobre la escritura de *Excéntricas* y con lo que comento acerca de la amistad del poeta con el mulato Antonio en el estudio introductorio. En la figura del diablo se sonoriza, quizá como en ninguna otra, la proyección homoerótica del doble. A mi juicio, la constante reaparición del diablo en la poesía de Byrne expresa, vocaliza ese deseo. Las manos del yo que oprimen las del diablo (no al revés) oprimen a su vez las del deseo «diabólico.» En la intimidad de ese apretón, las manos de uno y de otro se confunden. El yo ha descendido al infierno de su deseo y es espejo del diablo; mientras que el diablo está atrapado en la mirada deseante, infernal del yo.

88   *Alisa*: pone lisos, los arregla pasando ligeramente un peine o los dedos

lo mismo que si fuera una mujer,
y delicados versos improvisa
cuando alegre y feliz me quiere ver.

Yo lo digo: de todas las canciones,
la más dulce es su voz! Con sólo hablar
él deja en los humanos corazones
una huella profunda como el mar.

Él juega con los niños y los besa,[89]
por más que a todos les inspira horror,
y son sus blancas manos de duquesa
mucho más delicadas que una flor.

Cautivan sus brillantes serenatas
y tiene fama de valiente: es él
quien domina en las grandes cabalgatas
con un hilo de seda su corcel.

El diablo es rubio. En sus azules ojos
sus estrellitas encendió el amor:
¡con su corbata y sus calzones rojos,[90]
el diablo me parece encantador!

El diablo es un Tenorio. Las mujeres,
muriéndose de amor, caen a sus pies;
pero él desprecia a esos hermosos seres,
¡un mes los ama y los olvida al mes![91]

---

89 No podemos ignorar la homoerotización de la figura del niño (particularmente del niño rubio) que ocurre con bastante frecuencia, por cierto, en la poesía de Byrne. Por cierto, en el poema «Bonifacio Byrne, Al pie de su retrato,» de Carlos Pío Urbach, leemos que el alma «pálida virgen» del autor de *Excéntricas* «a los bellos / niños rubios acoge sonriente, / y perfuma los sueños de su mente / el hada blonda con que sueñan ellos.» Lo significativo, desde luego, es que a Carlos Pío no se le haya escapado el interés, sugestivamente erótico, de Byrne por los «bellos niños rubios.» El poema forma parte de la colección *Camafeos*, que fue incluida a su vez en *Gemelas* (1894).

90 *Calzones*: pantalones que cubrían desde la cintura hasta la rodilla. El diablo «es rubio,» dice el yo. Recuérdese lo que dije antes acerca de la erotización del niño rubio en la poesía byrneniana. También hay que tener presente que para Byrne los locos y los niños podían resultar temibles. En la estrofa que nos ocupa, la vista del lector es dirigida de la corbata a los calzones rojos del diablo. El itinerario fálico invita y casi exige la mirada voyeurista, cómplice y transgresora: una mirada que desea al diablo, y que se detiene justo en el centro de gravedad del deseo. ¿De qué tela están hechos los calzones? ¿De seda, de satín? No desestimemos la vecindad espacial, semántica y fonológica *calzones-calzon*cillos (la ropa interior, íntima, del diablo, y directamente en contacto con los genitales). Véase: *Diccionario etimológico de la lengua española* 2, 59. De este modo el verso parece una invitación a desnudar el diablo, a gozarlo. Y sugiere, además, el gozo del propio yo ante lo que puede haber (*entre*)visto: «el diablo me parece encantador.»

91 Se repite la ambigüedad que vimos en «Las joyas,» por cuanto si el diablo es un Tenorio que

El diablo es un gran músico. Inspirado
sólo toca de noche su violín,[92]
un violín diminuto y encarnado
que se encontró en las márgenes del Rhin.

Cuando lo toca, salta y gesticula,
sin perder el más mínimo compás;
y lo aplaudo, y mi aplauso lo estimula,
y salta y toca entonces mucho más.

El arco por sus dedos impulsado
se mueve con nerviosa prontitud,
se mueve como un pájaro asustado
que ve desde su jaula el cielo azul.[93]

Su música produce escalofríos,
y a su son misterioso y singular,
los átomos dispersos y sombríos
en el aire comienzan a bailar.

El diablo es bello como el Sol y el día,
bello como una hermosa tentación,
como la juventud y la alegría,
como el amor, la dicha y la ilusión.

Los que me miren, cuando a solas hablo,
que estoy demente pensarán al fin,
y es que charlo, que charlo con el diablo,
mientras él acaricia su violín...[94]

---

seduce a las mujeres, el yo ya ha sido seducido por aquél. Más aún; se nos dice explícitamente que el diablo «desprecia a esos seres» (las mujeres), mientras el yo, por otra parte, se solaza con su compañía.

92 Obsérvese la imagen masturbatoria: el diablo solo, tocando su violín, por la noche. Al mismo tiempo, ese violín «diminuto y encarnado,» que aparece como objeto del deseo –el diablo absorto en su ejecución, el instrumento enrojecido– está ligado a la ansiedad de castración: en tanto símbolo fálico no se lo posee. Si un diablo lo ha encontrado; otro lo ha perdido. Y el que lo «posee» ahora ya lo ha perdido. Razón de más para obsesionarse con sus «solos.»

93 El poema mismo, hasta cierto punto, se vuelve casi un texto masturbatorio. La escritura, literalmente, *estimula* la ejecución del diablo, se fija al arco, lo frota, y entonces el diablo «toca mucho más.»

94 La estrofa final es extraordinaria, todo un derroche de virtuosismo (y esto en más de un sentido). El yo se dirige a nosotros, si bien indirectamente, puesto que de lo que se trata es de espolear nuestro deseo («Los que me miren cuando hablo a solas»). En el yo hablando a solas (¿no es esto lo que, hasta cierto punto, hacen los poetas?) se refleja el diablo, también a solas, tocando su violín. Hablar/tocar el violín son la misma cosa. De ahí que la charla con el diablo ocurra precisamente *mientras* (la bisagra retórica) este acaricia su violín. Es así que el *placer solitario* al que se entrega la escritura (charlar) coincide puntualmente con el del diablo (tocar su violín). Y ni la una ni la otra concluye.

95   Ramón J. de Palacio y José Alfonso Forn eran directores propietarios de *La Revista Matancera*
      –subtitulada «Semanario de Literatura, Ciencias, Bellas Artes, Modas y Actualidades»–, en
      la que colaboró Byrne. El primer número apareció el domingo 9 de septiembre de 1883.
96   *Frugal*: escaso, no abundante
97   *Zumba*: de zumbar (producir ruido o sonido continuado y bronco)
98   *Lidian*: batallan, combaten

MI SEPULTURERO

A Alfonso Forn[95]

Mi sepulturero, ágil y liviano,
fosas y más fosas no cesa de abrir;
tregua ni descanso concede a su mano,
y sobre las tumbas se acuesta a dormir.

Su fúnebre oficio defiende y adora;
para él en el mundo no hay otro mejor:
mi sepulturero no es hombre que llora,
y, al verlo, las penas se mueren de horror!

A veces, al borde de las sepulturas,
él mismo prepara su almuerzo frugal;[96]
miedo no le inspiran las noches oscuras,
y un cuento le place, si es cuento infernal.

Cuando es la cosecha más larga y sombría,
cuando los cadáveres llegan en montón,
mi sepulturero canta de alegría,
y acaba despacio su horrible misión.

¡Y nadie lo ignora! Nació en una tumba,
lo engendró su padre cerca de una cruz;
y tiembla de dicha cuando el viento zumba,[97]
o cuando las sombras lidian[98] con la luz.

Inútiles muebles, odres ya vacíos,
él se ha imaginado que los muertos son:
y aburrido a veces de hallarlos tan fríos,
con mano sacrílega les da un bofetón.

Cuando en torno suyo los pobres dolientes
se agrupan llorando con hondo pesar,
mi sepulturero, crujiendo los dientes,
horribles blasfemias principia a rumiar.

Silbando de gozo, forma con los huesos

---

99   *Mermando*: disminuyendo
100   *Rendido*: cansado
101   *La jornada*: el final de la existencia

pirámides blancas que calcina el Sol;
y sólo a su vaso le da amantes besos...
¡cómo que en su fondo ríe el alcohol!

Su misión es esa, y ese es su destino,
vivir entre sombras cual fiero chacal;
hasta que la muerte como un asesino,
le entierre en el pecho su negro puñal.

Desde niño él sabe su fúnebre historia:
de todo lo triste camina él en pos:
su hogar es la tumba, los muertos su gloria,
su templo el osario, y el diablo su Dios!

Son las calaveras su entretenimiento,
las mima y las cuida con intenso afán,
y a veces, mermando[99] su escaso alimento,
les hunde en la boca cortezas de pan.

Y luego que a todas las pone en hileras,
les hace un saludo, galante y cortés;
y a charlar se pone con las calaveras,
¡y todas lo escuchan con vivo interés!

Mi sepulturero, si acaso rendido[100]
caigo en la jornada[101] primero que tú,
deja que el fantasma que se llama olvido,
duerma acurrucado sobre mi ataúd!

102　*Voltea*: tañe (de tañer: tocar)
103　*Maese*: maestro
104　*Yerto*: inmóvil, sin vida
105　Obsérvese la sutileza a que da lugar la obsesión con la muerte en la poesía de Byrne. Sabemos con absoluta certeza que fue el sacristán quien «ayer tocó la campana» sólo después que leemos el verso final: «¡y al tocarla cayó muerto!» Entre un verso y otro parpadea, si bien brevemente, la ambigüedad, puesto que el punto y coma al final del tercer verso de la última estrofa crea una separación suficiente entre el «cuerpo rígido y muerto» y la campana que parece tocar sola. Incluso la diferencia de los tiempos verbales – «Mañana, caerá» el sacristán / «ayer tocó» ¿la campana? – así como la organización gramatical, contribuyen a crear la confusión apuntada. Por otra parte, lo siniestro se anuncia agoreramente, desde el principio, en la campana que toca *sola*. Considerado esto último, pareciera que, intencionalmente, el poema busca crear un espacio intermedio, intersticial, entre la campana que toca sola y el sacristán (tétrico; es decir, siniestro) que sabiendo la prohibición toca la campana buscando su propia muerte. En su aparente simplicidad, el poema es una joya de engarce perfecto que parece anticipar la narrativa de Horacio Quiroga, esa repetición de lo siniestro que recicla la muerte en muchos de sus cuentos.

LA CAMPANA

—La campana de la aldea,
rápida y sola voltea[102]
al toque de la oración,
y si alguno la golpea,
le lanza una maldición. —

Eso dice maese[103] Juan,
el tétrico sacristán
en cuya débil cabeza,
sus canas hilando van
los años y la tristeza.

¡Pobre maese Juan! Mañana,
caerá en la fosa inhumana
su cuerpo rígido y yerto;[104]
ayer tocó[105] la campana...
¡y al tocarla cayó muerto!

106 Francisco Hermida, redactor de *La Discusión*. Como se recordará, fue a Hermida a quien Byrne le dio a leer el poema «Los náufragos.» Impresionado por lo pensó que era un poema novedoso, diferente de lo producido hasta ese momento por Byrne, Hermida le aconseja escribir otros poemas como el que le había mostrado y titular *Excéntricas* la colección. Hay que decir que el título resultó ser perfecto.

107 *en pos*: detrás

108 Horacio fue el principal poeta lírico y satírico en lengua latina. Los principales temas que trata en su poesía son el elogio de una vida retirada («beatus ille») y la invitación de gozar de la juventud («carpe diem»). Anacreonte fue un poeta griego. Su lírica, de tono hedonista, refinado y decadente, canta los placeres del amor (tanto de hombres como de mujeres) y el vino, y rechaza la guerra y el tormento de la vejez. George Gordon Byron (más conocido como Lord Byron) fue un poeta inglés, considerado uno de los escritores más versátiles e importantes del Romanticismo. Noé, según la *Biblia*, fue el elegido por Dios para sobrevivir al Diluvio universal.

109 *Garbo*: gallardía, gentileza, buen aire y disposición de cuerpo

110 *Albión*: Inglaterra

El vino

A Francisco Hermida[106]

Ídolo de los pueblos y los reyes,
todos de su influencia van en pos:[107]
él sabe a su capricho dictar leyes
y en Grecia fue adorado como un Dios.

Es el emperador de las orgías,
es un corcho su cetro, y al hablar,
como abejas las locas alegrías
en el alma comienzan a zumbar.

Coronado de flores lo vio Roma;
cantado por Horacio el vino fue,
y se embriagaron con su dulce aroma,
Anacreonte, Byron y Noé.[108]

Es agrio y fino en la voluble Francia;
en Italia, locuaz y tentador;
en España cautiva su arrogancia
y seducen su garbo[109] y su valor.

En la rubia Alemania es pensativo,
grosero en Rusia y en Albión[110] brutal,
¡infatigable siempre y siempre activo,
rueda de bacanal en bacanal!

Él logra despertar de su nirvana[111]
al indolente y lánguido *brahmín*,[112]
y la embriaguez en aumentar se afana
de la musa fantástica del Rhin.

---

111   *Nirvana*: En algunas regiones de la India, estado resultante de la liberación de los deseos, de la conciencia individual y de la reencarnación, que se alcanza mediante la meditación y la iluminación

112   *Brahmán*: miembro de la primera de las cuatro castas de la India

113   *Fanal*: farol grande que se coloca en las torres de los puertos para que su luz sirva de señal nocturna

114   *Doncel*: joven noble aún no armado caballero. Hombre que no ha conocido mujer. Usado como adjetivo, *doncel* significa *suave*, *dulce*

115   «El vino» es otro poema de connotación homoerótica. En primer lugar, tenemos la personificación masculina del vino y explícitamente ligado a la seducción. Pero de lo que se trata más bien es de su simultánea figuración fálica, andrógina, masculina y femenina. A lo primero apuntan su condición de ídolo y el ser objeto de adoración erótica: es «emperador de las orgías,» «coronado de flores,» y el corcho que es su centro constituye una proyección meto

Para cualquier mendigo es un tesoro;
es dicha y es placer, amor y luz;
y es bello y atrayente como el oro
que derrocha gentil la juventud.

A él le deben magníficos primores
la pluma, la paleta y el cincel:
¡para todas las almas tiene flores,
y para todo llanto, tiene miel!

Blanco, pálido, rojo o amarillo,
mil venturas promete su color;
tienen sus ojos siempre el mismo brillo,
la misma luz intensa, el mismo ardor.

En los festines lánguidos, reanima
con su presencia al tímido placer,
y a los sedientos labios se aproxima,
como al lecho nupcial de una mujer.

Cayendo en una copa, la hermosea;
sus besos acarician el cristal,
y su gota más mínima, chispea
brillando como espléndido fanal.[113]

Y llena de fulgores los sentidos,
y hermoso y seductor como un doncel,[114]
de quien lo escucha vierte en los oídos
frases que acaso le enseñó Luzbel.[115]

En el Olimpo[116] antiguo y el moderno,

---

nímica de la botella, la cual, por supuesto, remite al falo y a la eyaculación. No obstante, la volubilidad atribuida al vino lo feminiza al hacerlo entrar en uno de los estereotipos de la mujer más asentados. Este vaivén representacional es lo que justamente inscribe a la bebida en la androginia. Como puede verse, es *fino, tentador, cautivador*, pero también *pensativo, grosero y brutal*. Ahora bien, quizá la nota más importante la da la paulatina, pero segura erotización del cuerpo masculino. Su garbo seduce, es bello y atrayente, hermoso y seductor como un doncel, y las frases que «vierte en los oídos» pudo haberlas aprendido de Luzbel. Esto último resulta clave, puesto que si volvemos al poema «El diablo» no resulta difícil, ni exagerado, reconocer en él al vino. Finalmente, hay que decir que la metáfora del derrame que articula todo el poema se deja leer como la de una gozosa eyaculación. Esto es particularmente visible en los dos versos que nos dicen que la gota más mínima del vino «chispea brillando como espléndido fanal.» La exaltación de la imagen fálica (que no de otra cosa se trata) del *espléndido fanal* chispea (y gotea) persistentemente.

116 *Olimpo*: en la mitología griega, la morada de los dioses
117 *Disipad*: imperativo de *disipar*: desvanecer, poner fin
118 *Áureas*: de oro, o parecido al oro o dorado
119 *Escanciado*: vertido, servido

de las ciencias y el arte en la región,
siempre se ha de notar su paso eterno
y su avasalladora seducción.

¡Oh, disipad[117] vuestras extrañas dudas!
El vino, en áureas[118] copas, debe ser
escanciado[119] por vírgenes desnudas,
en el festín del beso y del placer.

120   *Vérsele*: que se le vea

121   *Cárabo*: Byrne parece referirse al uso antiguo de cárabo (del ár. *ḳalb*, perro), que designaba a
       cierto perro de caza. La imagen, si este fuera el caso, resulta monstruosa al mezclar la figura
       del perro con la emisión de un sonido asociado por lo general con las aves.

122   *¡Vive Cristo!*: interjección que, aquí, expresa un juramento.

EL FANTASMA

Él, apenas muere el día,
hace las casas cerrar,
y no hay nadie que se ría
el fantasma al recordar.

Si con ira el viento toca
su diabólico tambor,
si contra los muros choca
redoblando su furor;

Si alguno llama a la puerta
sin vérsele[120] luego entrar,
si por la ventana abierta
se vio una sombra cruzar;

Si del cárabo[121] el graznido
llegan algunos a oír,
si viene un extraño ruido
el silencio a interrumpir;

Si alguien se queja en la sombra,
si aullar se escucha un lebrel,
al fantasma nadie nombra,
mas todos piensan en él.

Y el pánico los estrecha
quitándoles el valor,
y en la oscuridad acecha
la pantera del horror.

No es mentira ¡vive Cristo![122]
¡Si lo saben más de cien!
El campanero lo ha visto,
y el cura lo vio también.

El fantasma no camina:
lo que hace es volar, ¡volar!

con su mirada extermina,
¡y no hace más que mirar!

Es negro, muy negro el manto
en que envuelto se le ve,
y solo en el camposanto
deja huellas de su pie.

Anoche, a una pobre anciana
le ciñó al cuello un cordel
y la convirtió en campana...
¿será o no será cruel?

De una desposada, un día
en el lecho penetró,

123   Escritor matancero, autor del poemario *Las voces de la noche*, que incluía el retrato del autor y un prólogo de Nicolás Heredia. También publicó *Leyenda de la carne. Colección de poemitas*. I. *Mundano* (Matanzas, 1895). Imprenta, Librería y Papelería El Escritorio, 1895. Se trata, en verdad, de un solo poema («Mundano / Poemita») y relativamente breve, pero intensamente erótico. Su lectura no falla en evocar la letra de los boleros, cuyo origen, como sabemos, se remonta a los inicios del modernismo (se dice que el primero, «Tristezas,» lo compuso Pepe Sánchez en 1883). El poema también nos recuerda los versos de «Dormida,» de José Martí. En ambos casos hay una especie de regodeo voyeurista del cuerpo de la mujer, tras lo cual el yo decide no actuar para no manchar su templo. La diferencia, sin embargo, reside en que en el poema de Martí la mujer permanece dormida, es decir, alienada como sujeto; mientras que en el poema de Carballo, esta incita y excita al yo. En Carballo el erotismo es también más violento y franco. Esto se debe a que, aunque brevemente, hay un contacto físico entre el yo y la amante, tras lo cual, por supuesto, esta es rechazada. Pero curiosamente, es en el rechazo mismo que la posesión sexual se muestra más violentamente: «Así, su pecho con mi pecho unido, / de sus ojos creciendo el centelleo, / sentí que por su cuerpo estremecido / pasó el hierro candente del deseo» (*Leyenda* 12). Lo curioso, una vez más, es la ambigüedad que homoerotiza la experiencia heterosexual (llámesele simbólica), puesto que si los ojos de ella centellean, es el yo, en definitivas, quien *siente* (experimenta) la penetración del *hierro candente del deseo*, y, por lo mismo, su cuerpo es ocupado por el de la mujer, o se vuelve uno con el de ella. Este único texto de Carballo que pude encontrar confirma mi sospecha de que aún queda mucho por buscar y por descubrir en el modernismo cubano. Sólo hay que recordar que, como afirma Martínez Carmenate, Juana Borrero dormía con *Las voces de la noche* bajo la almohada. Carballo también fundó, en 1894, la revista *Artes y Letras*, y en la cual, además del propio Byrne, colaboraron los hermanos Carlos Pío y Federico Uhrbach y Enrique José Varona, entre otros.

124   La primera estrofa del poema parece hacer un guiño irónico a las comparaciones con *Mariposas* en que, tras la publicación de *Excéntricas*, se enredarían los críticos de Byrne. Como ya se sabe, estos se refieren al primer título como si se tratase de un poemario ya publicado y superior (y opuesto) a la colección de 1893. Sin embargo, en esta primera estrofa de «Los sauces» las «sutiles mariposas [...] surgen de los túmulos helados / cual almas misteriosas.» Son mariposas que provienen (surgen) del frío de la muerte, de los túmulos helados. Estas mariposas son también el sepulturero («mi sepulturero,» diría Byrne) que sale a nuestro encuentro, en un eterno retorno, a nuestro encuentro.

125   «Los sauces» es un ejemplo, de los muchos que podríamos mencionar aquí, de que el oído (como en Casal) es de importancia crucial en la poesía de Byrne. *Referir, conversar, cuchichear* sugieren un discurso descentrado del *logos*, del cual no quedan más que trazos, huellas marcadas por la indecidibilidad. Este hablar excéntrico es otra de las maneras de reescenificar la aparición fantasmática y el deseo inconsciente a que va aparejada.

126   Obsérvese como regresa, una vez más, la figura del niño asociada con el deseo y la violencia,

y, mientras ella dormía,
al marido estranguló.

No puede a los niños ver
alegremente jugar,
y solo al amanecer
los deja de horrorizar.

Y, al notar que son tan bellos,
los mira con acritud,
y se lleva alguno de ellos
dormido en un ataúd.

¡Oh, fantasma! A mi pesar
a menudo pienso en ti;
si te acuerdas de mi hogar,
no sé qué será de mí.

---

incluso cuando nada parece justificar esa recurrencia. El viento, al agitar sobre los sauces «su látigo restallante,» no los maltrata, «pues los quiere como a un niño un gigante.» ¿Cómo quiere un gigante a un niño? ¿No se hospeda en esta desproporción (recuérdense de paso los cuentos infantiles en que aparecen gigantes) una violencia latente al menos? Y si los latigazos que hace restallar el viento son el reflejo especular del cariño del gigante, ¿no confirma lo que decimos sobre un amor por los niños, un resguardarlos de una violencia sólo para entregarlos a otra?

127 El «huésped» vuelve hospitalario al cementerio, que incluso, por el giro metafórico, es también un hotel (lugar de citas furtivas, de romance, de descanso – institución urbana por excelencia ligada a los imaginarios del sexo, el viaje, el tránsito y el delito).

128 En la casa de espejos de la poesía de Byrne casi todo (si es que no todo) conduce al fantasma, al doble que es el muerto, y del que el poeta apenas puede apartarse. Nótese también la imagen decadente, bien casaliana por cierto, de la «macilenta luna.» Es una luna enferma, descarnada y, por tanto, espejo de la muerte. Nos recuerda la caracterización del chino de los antropólogos y comentadores sociales de turno. Recuérdese que Manuel Sanguily expresó, a propósito de *Excéntricas*. En lugar de «la gran poesía,» comenta Sanguily, encontramos «la poesía anémica, amarilla, flaca, visionaria, como un chino depauperado que se va entre acres bocanadas de opio.» La *luna macilenta* refleja como una *luna de espejo*, la poesía excéntrica, pero también, en efecto, *visionaria*, de Byrne.

129 Los «besos escondidos» que los «labios descarnados» de los muertos dejan en las raíces de los sauces ligan eróticamente a los árboles y a los cadáveres, a lo que está sobre la superficie de la tierra y a lo que está bajo ella. Los sauces, espejos de la muerte, son por lo mismo objeto del deseo implacable que los homoerotiza, puesto que los besos, escondidos (particularmente para el ego) de los muertos buscan ansiosamente a esos «fantasmas» que «en la sombra inclinan la rodilla.» *Escondidos* y *en la sombra* simultáneamente velan y revelan el deseo in

Los sauces

A Manuel S. Carballo[123]

Crecen en los lugares apartados
y aman a las sutiles mariposas,
que surgen de los túmulos helados
    cual almas misteriosas.[124]

El viento sus congojas les refiere,[125]
y, al agitar su látigo restallante,
no los maltrata nunca, pues los quiere
    como a un niño un gigante.[126]

Ellos conversan un extraño idioma
con las flores, la luna y las estrellas,
y aspiran de las brisas el aroma,
    y suspiran por ellas.

Cuando un huésped recibe el cementerio,[127]
los sauces, inclinando su ramaje,
en medio de la sombra y del misterio,
    le mandan un mensaje...

Del camposanto en la menuda alfombra,
cuando la luna macilenta brilla,
me parecen fantasmas que en la sombra
    doblegan la rodilla.[128]

Con ellos los insectos cuchichean,
y en su copa, fatídicas y graves,
como sobre un sepulcro se pasean
    las agoreras aves.

Los sauces por los muertos son queridos,
mucho más que queridos, son mimados;
y en su raíz hay besos escondidos
    por labios descarnados.[129]

---

consciente por el fantasma y del fantasma. Deseo transitivo, excéntrico, raro, *queer*, homoe-
rótico y cada vez más indistinguible (en virtud del molino de la repetición) de un deseo más
explícitamente homosexual.

130   Alfredo de Musset (1810 – 1857). Poeta y dramaturgo francés y una de las figuras más im-
        portantes del romanticismo

Sus ramas en las lápidas imprimen
como invisible y misterioso dedo,
diciendo a los cadáveres que gimen;
— ¡Dormid! ¡No tengáis miedo!

¡Ay! Junto al Sena, aunque sus hojas pierda
a impulsos de la ráfaga traidora,
un triste sauce de Musset[130] se acuerda;
y, al recordarlo, llora!

---

131 *Saetas*: flechas
132 *La bóveda*: la bóveda del cielo, el firmamento
133 *Enervantes*: que debilitan o quitan fuerzas
134 Una vez más regresamos a la escena original: la (*re*)producción del doble como fantasma. El
poema anuda la recurrente figura de Luzbel, las joyas y el deseo. En la figura de Margarita,
por otra parte, espejea la del yo de «Las joyas,» y el «gozoso Luzbel,» por supuesto, nos lleva
de regreso al gozo también del yo con el violín del diablo en el poema homónimo. Por otra
parte, la rima «enervantes,» «deslumbrantes» liga la seducción de y por las joyas con la fas-
cinación por (¿la «fiebre intensa»?) de la muerte. Vemos, pues, como al progresar en la lectura
de *Excéntricas*, el libro no sólo afirma lo descentrado, sino que esto es precisamente lo que le
da unidad y, por lo mismo, lo orienta hacia una centralidad animada por las (*re*)apariciones
del fantasma del inconsciente.

LA SEDUCCIÓN

¡Fuiste dichoso, Fausto! Tus saetas[131]
hirieron en el alma a Margarita,
y hoy, de tus pasos al rumor, se agita
como al beso del aura las violetas.

Sus miradas de ayer, aves inquietas,
ya no cruzan la bóveda[132] infinita,
y cayó su inocencia, flor marchita,
de tu infernal espíritu en las grietas.

Inícuo y miserable, la rendiste
con tu collar de fúlgidos diamantes,
y gozoso Luzbel vio lo que hiciste;

Y es que encierra placeres enervantes[133]
la fiebre intensa, misteriosa y triste,
que producen las joyas deslumbrantes.[134]

---

135   Lo que distingue a «El cofre» es la explícita representación del secreto, o de lo secreto. El cofre es lo velado, lo oculto, eso que el yo pone a nuestra vista sólo para negarnos su acceso: la llave, se nos advierte, está fuera de nuestro alcance. Así, el texto (re)orienta el deseo del lector por la figura misma del cofre (lo cerrado, lo femenino) hacia aquello que puede abrirlo: la llave (la figuración fálica). El poema es pues, en sí mismo, una exposición del cofre del inconsciente, cerrado por la represión, pero también animado por el deseo de abrirse (en lo simbólico). Eso explica la fuga de lo reprimido que sonoriza la primera estrofa. El yo es supuestamente masculino, pues su cofre guarda las cartas de la mujer que adora. No obstante, esa mujer es... «[su] dueño,» lo cual traviste al yo, a su vez, en mujer de ese *dueño*. Esto es incluso enfatizado por la auto-figuración del yo como *poseído*. El cofre resulta, entonces, no estar tan cerrado como pareciera, y hasta podríamos decir que el juego de Byrne consiste en jugar con la llave (no en ocultarla). Por otra parte, el *cofre*, para no variar, es también *sepulcro*. De ahí que *asomarse al cofre* implica a su vez *asomarse al sepulcro*. El cofre de «Las joyas,» el ataúd de «Mi sepulturero,» la fosa de «La campana,» la copa de «El vino» y los túmulos helados de «Los sauces,» son imágenes especulares unos de otros que ponen en escena, incansablemente, el aria del doble y del fantasma (del inconsciente). «El cofre» es un poema maravillosamente escrito en su aparente simplicidad. Ese es *su* secreto; y en eso consiste *lo secreto*: no en la *revelación*, sino en hablar de él, en decir eso, que hay un secreto. Por eso la relación abierto-cerrado resulta resbaladiza y, en virtud de esto, crucial. La primera estrofa presenta el cofre *semi-cerrado*: sabemos que guarda unas cartas, pero *no aparecen* a la vista. La segunda estrofa desafía la posibilidad misma de nuestra intrusión, pero obsérvese que provoca nuestro deseo de violar el cierre: «hiriendo mi corazón / podrá encontrarse la llave.» Herir, violar, penetrar por la fuerza del corazón y, de paso, darle placer. La tercera estrofa y última deja «entreabierto» el sepulcro/cofre, y nos deja a solas con el yo (ya hemos entrado, herido su corazón) que tiene las cartas en la mano. Esas cartas nos enfrentan definitivamente a la escritura como secreto que no se deja leer, y que, por lo mismo, convoca nuestra curiosidad y nuestro deseo. .

EL COFRE

Mi cofre será pequeño;
pero en él guardo un tesoro
con el que despierto sueño:
¡son las cartas de mi dueño!
de la mujer que yo adoro.

Si alguien tiene la intención
de robarlo, no se alabe,
porque tan solo Dios sabe
que, hiriendo mi corazón,
podrá encontrarse la llave.

Mañana, cuando esté muerto,
si se asoma un rostro humano
a mi sepulcro entreabierto,
me ha de ver, pálido y yerto,
¡con las cartas en la mano![135]

El monarca

A Nicolás Heredia

Enfermo de alma y cuerpo, a mí la vida
me azota con su látigo crüel:
la humana desventura es mi querida;
¡la única que en el mundo no es infiel!

Si veis mi frente desolada y triste,
es porque en este mundo engañador
solo una cosa verdadera existe:
¡un rey sangriento y pálido! ¡El Dolor!

La sonrisa, a sus labios asomada,
se asemeja a una víbora sutil,
y un agudo puñal es su mirada,
que hunde en las almas, depravado y vil.

Cuando él se mueve, la esperanza llora,
las venturas apagan su fanal,
y de la dicha la canción sonora
se extingue como un eco funeral.

¡Ah no lo sabéis! Vuestro presente es bello,
y seductor halláis el porvenir;
los brazos el placer os echó al cuello
y no sabéis llorar, sino reír;

¡Estáis contentos! La sonrisa asoma
a vuestros labios, y aspiráis en paz
del bosque en flor el penetrante aroma
que, por ser un placer, es tan fugaz;

Lleváis llena de sueños la cabeza,
y un tesoro tenéis ¡la juventud!
No sabéis de qué modo la pobreza
nos abre lentamente el ataúd;

¡Pues bien, apresuraos! Que el hastío,

136　*En tropel*: en aceleramiento confuso o desordenado
137　*No dan cuartel*: no dan tregua, es decir, sin descanso

como un viejo y fatídico león,
hambriento, mudo, inmóvil y sombrío,
no hace más que acechar al corazón!

Bebed, si en vuestro vaso alguna gota
de néctar os quedó, porque en tropel[136]
ahí viene la legión que nos azota;
vienen las penas, y no dan cuartel![137]

¡Ah! No digáis que su poder no aterra,
y que nada os importa su furor,
que el único monarca de la tierra,
¡el único monarca es el Dolor!

---

138 José Luis Prado, poeta matancero. En 1882 aparece como miembro de la Sección de Decla-
mación del Liceo. Es el autor de *Versos* (Matanzas, 1895). Como dato curioso, en *Versos* en-
contramos dos poemas dedicados respectivamente a Carlos Pío Urbach y a Bonifacio Byrne.
El dedicado al autor de *Excéntricas* se titula «¡Tierra!» Dividido en dos estrofas-secciones, el
yo alude en la primera a su partida hacia Europa, mientras en la segunda expresa su entu-
siasmo por el regreso a la patria. Puesto que no descubrimos nada en el poema que sugiera
por qué está dedicado a Byrne, hay que concluir que pudo habérselo dedicado a cualquier
otro amigo (esto, por otra parte, no era infrecuente en la época). Sin embargo, es el poema
dedicado a Carlos Pío el que parece sido escrito para Byrne. Ese poema es, en este sentido,
otro ejemplo de las presiones políticas sobre la poesía a fines del siglo XIX cubano. Titulado
«Orgullo de poeta,» exhorta al poeta (o le exige; no es fácil distinguir lo uno de lo otro) a no
arrastrarse «por mármoles y alfombras / Para besar los pies a las duquesas,» porque quien,
como él, tiene «robustas alas,» no pulsa «para exóticas beldades / La lira de marfil y cuerdas
de oro.» Y añade: «Si buscas de bellezas un tesoro, / De tu patria no salves el confín.» Debe
brindarle su acento «a la gentil cubana,» mas no «a las gélidas vírgenes del Rhin» (117). De
manera similar la robustez forma una extraña pareja con alas, término que particularmente
en Cuba llegó con el tiempo a designar metonímicamente al maricón y a la mariconería. Hacia
el final lo invita a dejar que «[s]u alma enardecida estalle / en sentidas canciones patrióticas,»
porque entonces «[s]u misión de poeta [habrá] cumplido» (118). La demanda que le hace a
Carlos Pío es la de no (des)centrarse del espacio nacional, lo cual se traduce simple y llana-
mente en cantar sólo lo que fuese *cubano* y *patriótico*. El poema es un rechazo de la estética
modernista como escapista, desnacionalizada y desvirilizada (el poeta debe conservar las «ro-
bustas alas»). Publicado dos años después que *Excéntricas*, uno puede preguntarse si «Orgullo
de poeta» no estaba más bien dirigido a Byrne, y si es en ese contexto que «¡Tierra!» sí, en
efecto, se dirige a Byrne presentándolo como deseoso de partir al extranjero, pero feliz de re-
gresar a la patria. Sobre todo porque la también referencia «a las gélidas vírgenes del Rhin»
nos recuerda *Excéntricas*. No obstante, aquí uno sólo puede especular. Dado que Carlos Pío
comenzó a escribir bajo la órbita modernista, «Orgullo de poeta» pudo ser también un consejo
correctivo al propio Carlos Pío. Si fue así, ¿tuvo esta (y quizá otras presiones similares) algún
impacto en su decisión de unirse a la insurrección en Cuba?

INCOHERENCIAS

A José L. Prado[138]

Un cielo gris sobre un abismo oscuro,
del claro Sol los últimos fulgores;
un nombre escrito en el antiguo muro,
un paisaje sin pájaros ni flores.

Las ruinas de fantástica abadía,
vistas a media noche y a distancia;
el interior de una mansión vacía
donde esparce el recuerdo su fragancia;

El lecho que ocupaba el ser querido
que nos abandonó para ir al cielo;
el viento cuando pasa por un nido
y rápido lo arroja contra el suelo;

Un niño enfermo que se muere aprisa
para vivir después en otro mundo;
la serena expresión que una sonrisa
deja sobre la faz de un moribundo;

El Hospital, la Iglesia, el Camposanto,
producen impresiones dolorosas;
pero es más triste contemplar el llanto
de las mujeres pálidas y hermosas.

EL ARPA

Ella tocaba el arpa con destreza
y era maravillosa su belleza;
el rey al verla suspiró de amor;
— Toca el arpa, le dijo. Su sonido
pienso que habrá de acariciar mi oído
cual si fuera de un ósculo el rumor.

— Sólo vibra, Señor, para mi amante.
— Tócala, dijo el rey amenazante;
tócala presto.[139] ¡Mi capricho es ley! –
Mas ella, ante la corte congregada,
rompiendo el arpa, la arrojó indignada
con gesto altivo ante los pies del rey.

---

139   *Presto*: pronto

Mi anhelo

A Julián del Casal

Yo quisiera escribir en un idioma
en que cada palabra fuera azul,
cada sílaba música y aroma,
y cada frase un manantial de luz.[140]

Versos hiciera entonces, tan suaves,
cual pétalos de lirio, y mi canción
alas podría tener como las aves,
volando en derechura al corazón.

Con un idioma así, la poesía
alcanzara en dulzura a superar,
a la vaga y flotante melodía
que se escucha de noche sobre el mar.

Y así pudiera solo el verso mío
despedir el perfume de una flor,
brillar como las gotas de rocío
y tierno ser como el naciente amor.

Con palabras azules... ¡cuán hermosas
se pueden las imágenes hacer!
y... ¡qué rimas tan dulces, con las rosas
que ostenta sobre el seno una mujer!

Siempre fue en este mundo mi delirio
un poema fantástico escribir,
sobre el nevado pétalo de un lirio
que acabaran los céfiros de abrir.

Con un rayo de luz en cada letra
fulguraran los versos como un sol,
fueran hermosos como un vals de Metra[141]
o bellos como el plácido arrebol.

---

140 El poema, de obvio aliento modernista, se reafirma como tal justo en la dedicatoria a Casal. No es uno de los mejores poemas del libro, ciertamente, pero tampoco hay que negarle su modesto logro en lo que respecta a la plasticidad y musicalidad de los versos. Captura perfectamente las fugas, el estilo rizomático, vegetal y erótico del *art nouveau*.

141 Esta alusión a Olivier Metra, compositor francés (1830 – 1889) es lo que más llamó mi atención en el poema. En la página web de Naxos leemos que «a Metra se lo describió alguna vez como

¡Anhelo inútil! El idioma humano
a la expresión se habrá de resistir,
cual se resiste un noble soberano
entre las turbias ebrias a vivir...

Y... ¡quién sabe! Tal vez este profundo
anhelo que aliento soñador,
yo pueda realizarlo en otro mundo,
al lado de una estrella y de una flor.

---

manteniendo una 'tranquila apariencia soñadora... completamente distante de la divertida
alegría que dejaba suelta con la punta del arco de su violín.' Metra fue primero actor, y más
tarde tocó el violín, el cello y el contrabajo, hasta que en 1849 fue admitido en el Conserva-
torio, donde ganó el primer premio de violín en 1854. Metra llegó a ser compositor de danzas
y conductor de orquestas de danza. Fue director de orquesta en el Folies-Bergere, para el que
compuso numerosos ballets y operetas. Su grand ballet *Yedda* fue producido por la Ópera,
donde dirigió bailes de máscaras por muchos años hasta su muerte en 1889. Algunos de sus
valses más famosos fueron: *Les Roses, La Vague, La Serenade* y *Esperance!* Lo que encuentro
de más fascinante en la alusión de Byrne a los valses de Metra es la *reaparición* (y no pretendo
afirmar, por supuesto, que esto fuera intencional; sólo anoto la *coincidencia*) de la figura ho-
moerótica del diablo con su violín, puesto que eso es lo que evoca en mí la deliciosa descripción
de Metra tocando su violín. Para más información ir a: http://www.naxos.com/person
/Olivier_Metra/24629.htm

La lira huérfana

He visto la lira,
    la lira de un bardo[142]
que no existe ya,
    y al verla, de pronto
sentí que oprimía
    mi pecho el pesar,
y pálido y triste
    la lira mirando,
me puse a llorar.

Pensé conmovido
    que de aquellas cuerdas
no más brotarán,
    celestes arpegios,
cual brota de un lirio
    la esencia fugaz,
esencia que acaso
    será una plegaria
que al cielo se va.

Si alguno, mañana,
    la huérfana lira
se atreve a tocar,
    y logra arrancarle
de dulces cadencias
    brillante raudal...
no sé; pero pienso
    que el bardo en su tumba
tal vez gemirá![143]

---

142   *Bardo*: poeta
143   Obsérvese que Byrne no puede alejarse de la muerte.

JUDAS

Cuando él nació, las víboras silbaron
fatídicas irguiendo su cabeza,
y en la inculta y selvática maleza
las panteras de júbilo bailaron;

Los cielos de improviso se cuartearon,
cayó sobre las almas la tristeza:
los mares con indómita fiereza
sobre la tierra atónita avanzaron;

Después, cuando se ahorcó, fúlgido el día
surgió con su mirada centelleante
y hubo un desbordamiento de alegría;

Pero el que ya no exista, no es bastante,
porque de muchos hombres todavía
vive en el corazón y en el semblante.[144]

---

144 A mi juicio, otro de los poemas que podríamos considerar prescindibles. La «inculta y sel-
vática maleza» es una imagen desafortunada, de dudoso valor poético. Sin embargo, puede
verse que tanto «Judas» como el poema que lo precede —«La lira huérfana»— se incriben en
el obsesivo retorno del muerto, y por tanto en (re)producción de la figura del doble. En «La
lira» es este retorno lo que crea la circularidad del poema. El yo (obviamente un *bardo*) ve la
lira abandonada por la muerte de su dueño (el bardo de que hablan los versos) y vislumbra a
otro bardo que tañerá la lira en el futuro, lo cual, a su vez, hará llorar *en* la tumba al dueño
original del arpa, y en tanto que lo conmoverá, lo devolverá a la vida sin arrancárselo a la
muerte. La lira es *huérfana*, pues, no sólo por la muerte del padre, sino también porque parece
ser eso que lo mata. El instrumento (re)produce su propia orfandad al (re)producir también
bardos-padres para la muerte. Es la lira que deja uno sólo para ser recogida por el otro lo que
constituye, en última instancia, el deseo homosocial que anuda a esta sociedad de poetas
muertos-por morir, y masculinos. Una lógica similar anima al poema «Judas,» en el que el
traidor sólo muere para renacer, *ad ifnitum*, en otros traidores. Desde luego, la idea de «Judas»
no es para nada original. Su interés estriba en que contribuye a la unidad del libro en la
medida es que manifiesta las obsesiones dominantes del poeta.

EL BUQUE FANTASMA

A Enrique T. Valderrama[145]

Su velamen fantástico despliega
al mirarse la noche con el mar,
     y en silencio navega
como si lo impulsara algún pesar.

Sus rápidos y extraños movimientos
desde la orilla los marinos ven,
     y ni el mar ni los vientos
al buque imprimen el menor vaivén.

Siempre que un marinero lo divisa
al extender la noche su capuz,[146]
     pasa, pasa de prisa,
haciendo con los dedos una cruz.

Cuando sus flancos iracundo[147] azota
con su látigo inmenso el huracán,
     es cuando más se nota
que tiene el buque un bravo capitán,

Se ven aparecer sobre cubierta
lívidos marineros, y a su voz,
     en el alma despierta
como un déspota, el pánico feroz.

Y se les ve, mientras el viento zumba,
sobre el oscuro puente ir y venir,
     como sobre una tumba
que deja sus cadáveres salir.

Cuando la calma, igual a una sonrisa,
de súbito aparece sobre el mar,
     y plácida la brisa
su barcarola[148] empieza a preludiar;

---

145   Escritor matancero. Perteneció a la Sección de Literatura del Liceo
146   *Capuz*: capucha
147   *Iracundo*: colérico, lleno de ira
148   *Barcarola* (del italiano *barcarola*): canción folclórica cantada por los gondoleros venecianos, o
      una obra musical escrita en ese estilo. En la música clásica se destaca la barcarola de la ópera
      Los cuentos de Hoffmann, de Jacques Offenbach

Sobre el buque desciende, misteriosa,
una especie de fúnebre quietud,
    como baja a la fosa
fatídico y callado el ataúd.

Y vuela el buque, silencioso vuela,
como negro y fantástico corcel,
    que una acerada espuela
hundida sienta en la espumosa piel.

¿Dónde ese buque va por los desiertos
insondables abismos de la mar?
    ¡Qué contesten los muertos!
¡Los únicos que pueden contestar![149]

---

149 El poema parece una reescritura del que abre *Excéntricas*: «Los náufragos.» De este modo, además de las obsesiones que recorren y le confieren un centro de intensidad al poemario, tenemos también poemas que nos remiten a otros en una especie de elaboración metapoética. El doble que regresa obsesivamente en su proyección fantasmática alcanza así su más perfecta elaboración estilística. Esto nos permite afirmar que Byrne consigue en *Excéntricas* una densidad sólo comparable a la de Casal. Si en «Los náufragos,» estos, los náufragos-ahogados «cabalgan sobre el anca azul del agua,» en el poema que nos ocupa aquí el buque fantasma es comparado con un «negro y fantástico corcel, / que una espuela acerada / hundida sienta en la espumosa piel.» Uno de los logros formales de este poema es, por supuesto, su ritmo, ese balanceo (ciertamente de barcarola) que produce una sensación de letargo casi hipnótico. «El buque fantasma» lleva consigo la carga de los náufragos del poema homónimo. Un texto parece mirarse en el espejo del otro, lo cual no falla en suscitar el sentimiento de lo siniestro y, me atrevo a decir, parece también una nota anticipada de ese excelente cuento de Horacio Quiroga que es «Los buques suicidantes» (no estoy pensando tanto en la historia como en la importancia del doble y de lo fantasmal en el cuento). Por otra parte, la nota homoerótica se afirma particularmente en la erotización del barco cuyos «lívidos marineros» están a merced del capitán sádico. Asímismo, el símil que compara al barco con un caballo torturado por la espuela se resuelve a su vez en espejo del huracán que con su látigo inmenso azota los flancos del barco. Debe notarse que la espuela y el huracán se ceban en los flancos del barco-corcel, y que a su vez la voz del capitán-déspota (que despierta en los marinos un «pánico feroz») tiene su correlato simbólico en la espuela y el látigo que azotan al barco. Así, pues, tenemos las imágenes especulares buque-lívidos marinos azotados, clavados, penetrados, por las también imágenes especulares del huracán-"acerada espuela," y la voz de déspota del capitán. Finalmente, la asociación del barco con una tumba (los marineros van y vienen sobre el puente «como sobre una tumba / que deja sus cadáveres salir»), es otro ejemplo de subjetivación descentrada por la (re)producción constante de los cuerpos como restos, y la no menos constante rearticulación de esos restos en cuerpos. Astutamente, podría decir, el texto se mueve del yo que reporta lo que ve (o eso nos parece), al reporte de lo que los marineros ven, para, entonces, a través del uso del reflexivo, forzar al lector a *ver* también: «Se ven aparecer,» «Y se les ve.» Por esto el desafío final («¡Qué contesten los muertos!») resulta engañoso y a la vez amenazador. En el espejo del texto, todos los que han visto a los «lívidos marineros» se han visto también a sí mismos. Y todos, por tanto (forzados a mantener un precario equilibrio entre los vivos y los muertos) podemos *contestar*. Es decir, podemos estar muertos y al mismo tiempo vivos para *contestar* como aquellos y en su nombre.

El trovador

A Manuel S. Pichardo[150]

I

El castellano,[151] celoso
del apuesto trovador,
su ancha y formidable espada
en el pecho le enterró.[152]
Desde entonces el castellano,
si tiembla, tiembla de horror,
pues cuando llega la noche
entra en la feudal mansión,
por no se sabe qué puertas
el gallardo trovador,
de ojos acariciadores
y melancólica voz.

II

Al verle, los escuderos
siguen todos de él en pos,
y aunque intentan alcanzarle
es en vano. El trovador
como una pantera es ágil,
y como el viento, veloz.
Las paredes le abren paso
como las nubes al Sol,
y del castillo conoce
el más oscuro rincón.
Temblando los escuderos
y encomendándose a Dios,
la palidez en el rostro
y el miedo en el corazón,
en desorden retroceden
pensando en el trovador,
de ojos acariciadores
y melancólica voz.

---

150   Manuel Serafín Pichardo (1865-1937), escritor y director de *El Fígaro*, que fundó con Ramón A. Catalá. *La Habana Elegante* y *El Fígaro* fueron las dos publicaciones más prestigiosas del modernismo cubano.

151   *Castellano*: el señor de un castillo

152   *Enterró*: clavó

III
    Cuando el sueño se apodera
de la señorial mansión,
y en su lecho el castellano
se agita lleno de horror;
la campana del castilio
resuena con triste son,
sin que nadie saber pueda
la mano que la tocó...
Y enseguida rasga el aire,
lenta, muy lenta una voz,
que nombra a la castellana
y habla de un secreto amor,
excecrado[153] por los hombres
y bendecido por Dios...

IV
    La castellana, llorando
oye la triste canción,
en su lecho incorporada,
hasta que aparece el Sol.
¡Ella olvidar no ha podido
al gallardo trovador,
de ojos acariciadores
y melancólica voz...[154]

---

153   *Excecrado*: repudiado
154   Uno de los poemas más fascinantes e intrigantes de *Excéntricas*. Es otra muestra de la asombrosa rapidez con que Byrne parece sacarse todo un estilo de debajo del sombrero. El gusto por lo macabro y lo siniestro está ligado, como ya he dicho, a un deseo inconsciente que, en cuanto tal, sólo podemos intuir o recapturar a partir de sus rodeos, oblicuidades y, sobre todo, de su incesante retorno en la figura fantasmal del doble. «El trovador» nos podría, entonces, llevar de vuelta a «El fantasma» y «El diablo» (para no mencionar sino los dos ejemplos que más perfectamente engarzan con él). El núcleo de elaboración simbólica es, desde luego, el triángulo (*castellano-trovador-castellana*), pero sólo en apariencia, puesto que el mismo se desplaza a otra relación triangular que resulta al cabo la fuente de significación (aunque sin cancelar el primer triángulo, como es lógico): *castellano-trovador-fastasma-yo lírico*. En otras palabras, el pegamento pasional es entre el yo del texto y el trovador-fantasma. La articulación del fantasma sirve de bisagra y de puerta de acceso y de escape al deseo homoerótico del yo (y confieso que me resulta difícil sustraerme a la tentación de decir homosexual) por el trovador. Todo lo demás (el castellano y la castellana) no son sino la utilería de la representación. Incluso los escuderos cumplen excelentemente su función escuderil, puesto que tras ellos se escuda (aunque habla) el deseo del yo. El poema (que es también una joya narrativa) se inicia con un asesinato que está sospechosamente enmarcado por la erotización del trovador. La «ancha y formidable espada» se entierra en el pecho del trovador gallardo (apuesto, de noble figura) que, desde entonces, nadie sabe por *qué puertas*, entra a la mansión todas las noches. Pero no hay que ser muy perspicaz para comprender que eso que le franquea las puertas (todas las puertas) es eso que se repite por todo el texto. El trovador-fantasma tiene «ojos acariciadores y melancólica voz.» Supuestamente los escuderos viven espantados (es así como cumplen su función de escuderos o pantalla del deseo), pero es imposible no ver que si están «temblando» y «encomendándose a Dios,» y que si tienen «la palidez en el rostro / y el miedo

El esqueleto

A Manuel Serrat[155]

Allí está, descarnadas las encías,
hueco como una tumba el corazón,
viendo pasar las horas y los días
    en su oscuro rincón...

Parece que me mira, y me figuro
que se agita con ciego frenesí;
¡ya no puedo dudar! Su pie inseguro
    él dirige hacia mí.

¡Ven a mi lado, ven! Sobre mi pecho
tu mustia frente encontrará calor:
¡quiero contigo compartir mi lecho!
    ¡no me inspiras horror!

Trátame como a un viejo camarada,
ansioso de charlar y de reír;
mira que no está lejos la alborada,
    y es preciso dormir.

---

en el corazón / « y «en desorden retroceden,» también, simultáneamente, siguen «pensando
en el trovador / de ojos acariciadores / y melancólica voz.» No hay que extrañarse de la im-
punidad de que goza el fantasma: sus ojos acariciadores y su voz melancólica no tienen que
abrir las puertas, porque son las puertas las que se abren para dejarle libre el paso. Si bien el
poema da inicio con una escena violenta, el miedo que suscita el fantasma no se debe (esto es
importante) a que constituya una amenaza de muerte, sino más bien a eso, a que, como fan-
tasma, se aparece. Es la *aparición* de su figura erotizada (ojos acariciadores / melancólica voz)
en lo que se cifra su poder: poder de seducción sobre todas las figuras masculinas (el caste-
llano, los escuderos, y el propio Byrne que es quien, en primer lugar, se encargó de *dotarlo*
bien). La castellana (aunque viva) resulta absolutamente relegada a un lugar marginal. Sa-
bemos que la voz que «nombra a la castellana» no puede ser sino la del trovador, quien, re-
cordemos, tiene voz melancólica; y la voz que nombra, se nos dice, es «lenta, muy lenta.» No
obstante, es obvio que existe la voluntad por parte de la voz lírica de mantener indeterminada,
secreta, esa voz (es «una voz») que, significativamente, «habla de un *secreto amor*, / excecrado
por los hombres / y bendecido por Dios.» Al secreto se añade más secreto. ¿Y *qué amor* puede
ser ese que es «execrado por los hombres / y bendecido por Dios»? ¿El adulterio? Si este es
el caso, ¿cómo podría Dios bendecir el adulterio? La declaración, sin dudas, nos fuerza a in-
terrogar su sentido sin que (y esto es lo importante) nos sea posible dilucidarlo con absoluta
certeza. Por lo mismo, en el centro de esa declaración existe un *secreto*. Al regresar a la pre-
gunta de *qué amor* defiende el texto, la otra posibilidad es la de que se tratara de *ese amor* que
entonces no podía decir su nombre porque, más que no carecer de él, tenía demasiados: pe-
derastia, sodomía, inversión, ¿excentricidad?

155   Manuel Serrat y José Russinyol eran los propietarios de La Emperatriz. Según Byrne, empezó
a escribir los poemas que integrarían el volumen de *Excéntricas* «en unos cuartos altos que se
hallaban al fondo del establecimiento» (Ver: «Cómo surgieron las *Excéntricas*,» que incluimos
en la presente edición).

Mírame con tus órbitas vacías
mientras caliento tus helados pies;
cuéntame tus pesares y alegrías;
    ¡ya te escucho! ¡Habla pues!

II

Del esqueleto el apagado acento[156]
en medio de la noche resonó:
sin dejar de mirarme ni un momento,
    de este modo me habló:

— Yo quise a una mujer que fue mi gloria,
ella fue el ángel de mi sueño azul:
aún hoy es su recuerdo en mi memoria
    como un rayo de luz.

Quise a un amigo yo, por el que hubiera
dado toda mi sangre y mi caudal...[157]
(aquí la voz del esqueleto, fiera
    me hirió como un puñal.)

Una noche, al entrar en mi morada,[158]
no sé lo que pasó, ni como fue...
a él lo tendí a mis pies de una estocada
    y a ella... ¡no sé! ¡no sé!

Como un león que vence en el combate
levanté la cabeza y me reí;
pero mi triste corazón no late
    desde entonces... ¡ay de mí...

III

El esqueleto enmudeció. Sombrío
se volvió lentamente a su rincón,
y allí se encuentra solo, solo y frío...
    ¡como mi corazón!

Mas cuando ve de una mujer la cara,
abre y cierra los brazos sin cesar,

---

156   *Acento*: sonido que se emite al hablar o cantar
157   *Caudal*: riqueza
158   *Morada*: hogar

pareciéndose a un loco, que intentara
al aire estrangular! [159]

---

159   «El esqueleto» reescribe «El trovador.» En ambos figura un doble que retorna en la aparición
      fantasmática, ligado al deseo homoerótico, y que, como ya he venido insistiendo, se acerca a
      veces a la representación de un deseo por el mismo sexo. Por eso vale la pena llamar la atención
      sobre el más activo involucramiento del deseo de la voz lírica en lo que respecta a «El es-
      queleto.» La conocida expresión «tener un esqueleto en el closet» para aludir a lo secreto
      (muchas veces al secreto homosexual), parece encontrar en este poema su más cabal funda-
      mento. Volvemos al escenario del yo asediado por la presencia (y la mirada) del otro fantasmal
      que, por lo mismo, evoca la aparición en el espejo (recuérdese lo que dije acerca de cómo los
      poemas de *Excéntricas* ofrecen una nota anticipada de la obsesión borgeana con los espejos y
      el doble). Desde el primer verso, el deíctico «Allí está» nos fuerza a reconocer y a ver la rea-
      lidad parentética de ese otro. Al igual que antes con el fantasma del trovador, el horror que
      inspira el esqueleto (otro fantasma, al cabo) permanece ligado al deseo homoerótico, e incluso,
      insisto, homosexual. El «pie inseguro» del esqueleto que el yo ve avanzar sobre sí es el co-
      mienzo de una relación *carnal* con el muerto, y ese avance es de índole fálica. La inseguridad
      del pie sugiere la incapacidad del esqueleto de deslindar el deseo del miedo del lado del yo.
      Véase, sin embargo, como esa duda se disipa de inmediato con la invitación que la voz lírica
      le hace al esqueleto de subirse a su cama: «¡quiero compartir contigo mi lecho! / ¡no me ins-
      piras horror!,» le dice apasionado. Los contemporáneos de Byrne probablemente sólo verían
      el deseo necrofílico del poema, pero no el deseo homosexual que dejaba traslucir. No obs-
      tante, la reseña de Manuel Sanguily de *Excéntricas* sugiere que sí, que los críticos vieron quizá
      algo más inquietante, pero inconscientemente, de manera que sólo es posible recuperar esa
      percepción a través de los comentarios oblicuos que suscitó el poemario. También habría que
      preguntarse si el entusiasmo de Casal no fue también la respuesta natural de un poeta que,
      además de intuir la novedad y la contribución que representaba la poesía de Byrne, descubre
      también que no está solo (con sus deseos). Volviendo a «El esqueleto,» hay que tener presente
      que a través de casi todo el texto escuchamos a un yo que comparte su lecho (y que *desea* ha-
      cerlo) con un esqueleto-muerto-fantasma masculino, y que el lector no puede evitar asistir
      (en ese mismo lecho) a esa conversación. Si pensamos en aquellos poemas en que Casal se
      acerca más a la sonorización de este deseo («Flores de éter» o «Enrique Gómez Carrillo»),
      hay que concluir que no llega a la audacia de Byrne. «El esqueleto» (metido ya en el lecho
      con el yo) cuenta la historia de un crimen pasional en casi idénticos términos a la del trovador:
      se sugiere que una noche, al entrar en su cuarto, encontró a su amada con su mejor amigo, y
      lanzándose sobre este lo mata de una estocada. Este relato (contado, insisto, en un lecho que
      comparten dos hombres) es el de hombre saltando sobre otro hombre, también en un lecho
      y aunque sólo sea para matarlo, mientras la mujer, otra vez, es puesta de lado: «a él lo tendí
      a mis pies de una estocada / y a ella… ¡no sé! ¡no sé!» Pero la insistente (*re*)producción del
      doble, hay que notar, es todavía más compleja, puesto que es necesario que se desdoble dentro
      de sí misma. Al esqueleto mencionar a su amigo (y antes de referir lo sucedido luego con éste
      y la mujer), leemos: «Quise a un amigo yo, por el que hubiera / dado toda mi sangre y mi
      caudal… / (aquí la voz del esqueleto, fiera / me hirió como un puñal.» El aparte del yo (entre
      paréntesis; de modo que permanece secreto para el esqueleto, pero no para nosotros) sugiere
      que la mención de ese amigo evoca en él un recuerdo doloroso («me hirió como un puñal»),
      pero ¿cuál?, ¿por qué? Nótese, además, que la herida y la sangre («hubiera dado toda mi
      sangre» / «me hirió como un puñal») hacen inevitable el carácter transitivo, espejeante, del
      yo en el esqueleto y viceversa. Ambos comparten el lecho, la herida y el amigo. Uno es el
      fantasma, el espejo y el reflejo del otro. Esa especularidad, trabada como está al deseo, se
      deja leer como un deseo homosexual enmascarado, mas no tanto como para que no pueda
      asomar las orejas.

LOS MONOS

I

En los espesos bosques donde moran[160]
cual repugnantes sátiros[161] desnudos,
unas veces se ríen, y otras lloran
dando gritos agudos.
El hurto malicioso les divierte,
y son terribles en su fiero encono;[162]
¡ningún mono a la hora de su muerte,
perdonará a otro mono!
Su cola cuidan ellos
con un esmero tal que les abona:
como cuida una hermosa sus cabellos,
como un rey ambicioso su corona.
Lascivos como viejos crapulosos,[163]
su ardor es el verdugo que los mata,
haciendo que en sus pechos cavernosos
el atrofiado corazón no lata.
Odian al infeliz titiritero[164]
que a bailar en las plazas les enseña,
y le roban y ocultan el dinero
mientras el pobre con su patria sueña.
Los monos cuando están enamorados,
son astutos, soberbios y ladinos,[165]
y al ser por una mona rechazados
se convierten de pronto en asesinos.
Su agilidad asombra
cuando en la erguida rama se pasean,
y, admirables acróbatas, voltean,
como de un circo en la mullida[166] alfombra.

II

Con un Hércules cuentan: el gorila,
que en sus abrazos a la muerte oculta,

---

160 *Moran*: habitan
161 *Sátiro*: en la mitología grecorromana, divinidad campestre y lasciva, con figura de hombre barbado, patas y orejas cabrunas y cola de caballo o de chivo
162 *Encono*: rencor
163 *Crapulosos*: dados a la crápula (embriaguez, disipación, libertinaje, vida licenciosa)
164 *Titiritero*: el que maneja los títeres
165 *Ladino*: astuto, sagaz
166 *Mullida*: suave

y al fijar en el hombre la pupila,
parece que le reta y que le insulta.
Como un esclavo fiel y consecuente
el chimpancé se arrastra ante su dueño,
y dobla melancólico la frente
al no verlo risueño.
Y hay otro mono astuto,
más ligero que el viento y que la brisa:
el tití,[167] cuyo aspecto diminuto
hace asomar al labio una sonrisa.

III

Para hacer que los monos se alborocen,[168]
del gran Darwin les hablo:
¡es el único sabio que conocen
esos hijos del diablo!
Desde que él expiró, los monos todos
con la vista en el suelo,
rascándose frenéticos los codos
no quieren ver ni por asomo el cielo.
Y viven con las colas enroscadas,
nutriéndose tal vez con sus querellas,[169]
mientras el odio crece en sus miradas
y se desborda en ellas.

IV

Si los monos hablaran, ¿qué sería
de la risible vanidad humana?
¿Qué de nuestra osadía?
¿Qué de nuestra arrogancia soberana?
¡Tal vez los monos hablarán un día!
¡Tal vez los monos hablarán mañana![170]

---

167 *Tití*: mono pequeño, de 15 a 30 centímetros de largo
168 *Se alborocen*: de alborozar (causar un extraordinario desorden / placer)
169 *Querellas*: riñas, disputas
170 Tanto el asunto del poema, como el tono festivo con que está tratado, y hasta su prosaísmo y
     expresiones francamente coloquiales («¡ningún mono a la hora de su muerte / perdonará a
     otro mono!,» / «como viejos crapulosos,» / «rascándose frenéticos los codos») parecieran
     desviar al poema de la órbita modernista. Pero los monos son, desde luego, los dobles de los
     hombres. Por otra parte, desde el principio del texto es obvio que la figura del mono está fuer-
     temente (homo)erotizada: sus desnudeces emiten «gritos agudos.» Doblados sobre su cola y
     obsesionados con ella, estos monos traen a la mente una de las figuras que mayor ansiedad
     causó en los alienistas y sexólogos de la época: la del masturbador. Son, además, monos de-
     cadentes, comidos por el ardor que les paraliza el corazón en los «pechos cavernosos.» Este
     era el pecho de los tuberculosos (el de Casal, por supuesto) en los que se sospechaba una se-
     xualidad desmesurada. «Se pensaba y se piensa hoy,» comenta Susan Sontag, «que la tuber

EL CARRO DE LOS MUERTOS

A Ramón Palacio[171]

I

Cuando de sus ruedas oigo
el áspero y triste son,
sin quererlo, se me oprime,
se me oprime el corazón.
En el carro de los muertos
la virgen que me adoró,
fue a dormir al camposanto,
y eso no lo olvido yo.

II

Es triste como una tumba,
y es igual su lentitud,
a la del hijo que carga
de su madre el ataúd.
Sobre ese carro parece
que ha extendido su capuz
una noche silenciosa,
y sin término ni luz.

III

Ese carro es como el mundo:
lo mismo caben en él
los ancianos y los niños,
que la virgen y el doncel.
¡Ay! Del hombre que le guía
he reparado una vez,
que es espantosa, espantosa
la infinita palidez.

---

culosis produce rachas de euforia, aumento del apetito, un deseo sexual exacerbado» (*La enfermedad* 20). La tuberculosis ligada al deseo sexual crean la perfecta imagen del sujeto consumido por y a causa del deseo. Esta es la imagen de los monos (frenéticos, lascivos, asesinos, rascándose los codos, torturados por el ardor, con «las colas enroscadas,» soberbios y ladinos) que nos entrega el poema. «Si los monos hablaran,» insiste la voz lírica al final, ¿qué sería de nuestra arrogancia y de nuestra vanidad? Los monos no hablan, están «fuera» del lenguaje, pero el poema forzosamente los coloca dentro, los hace dar «gritos agudos» (los gritos de un lenguaje que pugna por encontrar su punto de articulación, y que lo consigue, aunque oblicuamente: basta con escuchar con atención, y con fijar la vista).

171 Probablemente se trata de Ramón J. Palacio, uno de los directores propietarios de la *Revista Matancera*.

IV

Por donde ese carro cruza
no nace una sola flor;
por la senda[172] que recorre
parece que anda el horror.
Y sus huellas son tan hondas,
tan hondas sus huellas son,
que, al verlas, el alma tiembla
y suspira el corazón.

V

Ese carro silencioso
nunca se cansa de andar:
ni de noche ni de día
ha dejado de rodar.
Cuando el conductor, rendido,
se entrega al sueño quizás,
las riendas empuña[173] entonces,
tarareando,[174] Satanás![175]

---

172 *La senda*: el camino
173 *Empuña*: toma, agarra
174 *Tararear*: cantar entre dientes y sin articular palabras
175 No hay que dejarse engañar por la aparente simplicidad del poema. Si repásaramos otra vez
«Los náufragos» y «El buque fantasma,» y leyéramos a continuación «El carro de los
muertos» notaríamos de inmediato que tratándose de poemas con asunto propio, no obstante,
cada uno contiene a los otros como si se tratase de una especie de caja china. Es así que, in-
sisto, el retorno del doble en la figura fantasmal, completa su círculo siniestro al crearse una
confabulación de espejos dentro de cada texto, y de cada uno de ellos con los demás. Para no
poner más que un ejemplo, al reparar (inevitablemente, hay que decirlo) en la «infinita pa-
lidez» del conductor del carro de los muertos, la voz lírica revisita, por así decirlo, los «lívidos
rostros» de los náufragos; o las islas donde «existe la sangre apenas» («Las islas pálidas»), y
los «lívidos marineros» («El buque fantasma»). Similarmente, el mar, el buque, las islas pá-
lidas y, por supuesto, el carro de los muertos, son todos carruajes que transportan muertos, y
a los que impulsa, como un inacabable combustible, la muerte. Pero como ya advertí, no hay
que creer, no obstante, que estamos ante la cansona y monótona repetición de lo mismo. Hay
mucho de esto, sin dudas, en *Excéntricas*. Pero el genio de Byrne está precisamente, en su
rara habilidad para dar con un nuevo ángulo, con una mirada original, mientras se repite.
«El carro de los muertos» ofrece una excelente oportunidad para apreciar esto. Desde el
primer verso, Byrne nos lleva a lo que a mi juicio condensa la originalidad del texto: las *ruedas*
del carro. Tanto onomatopéyica como semánticamente ellas escenifican el estancamiento (el
incesante rodar, la repetición circular) y el movimiento de avance del texto (no sólo del carro,
lo cual es obvio). Observemos que el yo, más que ver, *oye* las ruedas. En efecto, la belleza del
texto, y su eficacia poética, consiste en hacernos ver y escuchar esas ruedas, insistentemente:
«Por donde ese carro cruza / no nace una sola flor; / por la senda que recorre / parece que
anda el horror. / Y sus huellas son tan hondas, / tan hondas sus huellas son, / que, al verlas, el
alma tiembla / y suspira el corazón.» *Donde, senda, recorre, anda* crean, al *rodar*, por el *rodar*,
huellas que re-pasadas por las ruedas, no pueden sino ahondarse. El poema busca desespe-
radamente dar cuenta del rodar que avanza hacia un no-futuro, porque sólo existe el pre-
sente creado y consumido por la muerte. Esa sensación se crea, magistralmente, a través de
un efecto del estilo que asombra por su sencillez y su efectividad: pasamos de un verso a otro,
sin acabar de pasar: «Y sus huellas son tan hondas, / tan hondas sus huellas son.» El carro de

LA SANGRE

En los campos de batalla
el terreno colorea
mientras la pólvora estalla,
mientras ruge la metralla[176]
y el sable relampaguea.

La sangre que corre hirviente
como inflamada corriente
por la desierta llanura,
parece un vasto torrente
que nace en la noche oscura.

Las tierras ensangrentadas
son las que dan a millares[177]
unas flores encarnadas,[178]
tristes como los pesares
de las madres angustiadas.

La noble sangre que vierte
el intrépido soldado
cuyo cuerpo cayó inerte,
es mirada por la Muerte
cual depósito sagrado.

---

los muertos rueda por ese tan honda que, mientras se ahonda, no acaba de rodar. Obsérvese el efecto sobre el corazón de esas ruedas: «Cuando de sus ruedas oigo / el áspero y triste son, / sin quererlo, se me oprime, / se me oprime el corazón.» Byrne echa mano al mismo recurso, porque es el *rodar* lo que oprime al corazón. De aquí que esa opresión rueda también, sin moverse de su sitio (el corazón): «se me oprime,» / «se me oprime.» Finalmente, podemos ver que de los sujetos mencionados en el poema – «la virgen» que «adoró» al yo, el hijo «que carga / de su madre el ataúd,» el «conductor» del carro, y Satanás – es hacia estos dos últimos que gravita la obsesión de la voz lírica. De esta manera, el poema deviene una especie de reescritura de las famosas «danza de la Muerte» de la Edad Media. En Florencia, en 1559, se celebraba el *Trionfo della Muerte* durante las celebraciones del carnaval. En el *Trionfo*, un gran carro, cubierto de negro y tirado por bueyes, camina por las calles de la ciudad. En el techo del carro estaba una gran figura de la Muerte llevando su guadaña. Estos rituales tenían un carácter satírico, moralizante y religioso, además de, por supuesto, carnavalesco. Pero el poema de Byrne (aunque retoma ideas de esa tradición – como el carácter democrático de la Muerte) se inscribe más en una idea de la Muerte omnipresente a la que no puede adscribírsele otro sentido (político, religioso, moral, filosófico) que no sea el incesante rodar de su carro.

176   *Metralla*: munición menuda con que se cargaban las piezas de artillería, proyectiles y bombas, y actualmente otros explosivos.

177   *A millares*: por miles

178   *Encarnadas*: rojas

Y aquella que se evapora,
al sol que todo lo dora,
le salpica los cabellos,
y por eso él atesora
la púrpura que hay en ellos.

Afluyendo al corazón
apresura su latido
con diabólica intención,
y es ella quien ha teñido
las manos de la ambición.

¡Oh! No existe otro placer
como el de mirar correr
la sangre de los tiranos;
¡la sangre que Lucifer
bebe luego en los pantanos![179]

---

179   «La sangre,» pero también todos los otros poemas que muestran la obsesión de Bonifacio
Byrne con la muerte, sugieren que quizá no sea casual la especie de *cementerio heroico* que en-
contramos en sus llamados poemas patrióticos (poblados como están mayormente de héroes
muertos). Agradezco a Pedro Marqués de Armas esta observación que considero válida y
merece una consideración crítica más detenida. Hasta cierto punto, muchos de los héroes de,
por ejemplo, *Efigies* (1897), o el mismo patriota Mujica en el soneto que le dio celebridad a
Byrne, se apilan también en «El carro de los muertos,» y son la ocupación del sepulturero.
Significativamente, en «La sangre» confluyen la sangre de los soldados en los campos de ba-
talla, la que bombea el corazón de los ambiciosos, y la de los tiranos ajusticiados que, expresa
la voz lírica, Lucifer bebe con placer en los pantanos. El placer de Lucifer, no obstante re-
fleja como en un espejo, el deseo del yo que, por otra parte, presupone el de los lectores: «¡Oh!
No existe otro placer / como el de mirar correr / la sangre de los tiranos.» Así, el *placer de
mirar correr* se vuelve indistinguible del *placer de beber*, como el yo de Lucifer. Hay un correr
orgiástico de la sangre que desemboca, pudiéramos decir, en la mirada deseante que la bebe
ansiosa.

LOS BUITRES

¡Te he vuelto a ver! Tu belleza
ha ido el tiempo marchitando,
y ya sobre tu cabeza
he notado con tristeza
que están los buitres volando...

Las horas

Ahí van: ¡y van ligeras!
Las unas tan sombrías
como el último rayo
de luz crepuscular;
    Las otras van abriendo
tesoros de alegrías,
delante de las almas
cansadas de llorar.

    El tiempo las impulsa
con su rugosa[180] mano,
lo mismo que a las hojas
la ráfaga[181] veloz.
    ¡Ah! Si imitar pudiesen
al pobre acento humano,
entristecieran ellas
el aire con su voz.

    Las horas no descansan
y andar es su destino:
¡solo al dolor dio el cielo
mayor velocidad!
    Y hoy, como ayer, recorren
idéntico camino,
cual su prisión los faltos
de luz y libertad.

    A un tiempo dado vibran,
y todas de esa suerte
hacen bajar la copa
alzada en el festín;
    Y a cada resonancia,
el alma nos advierte
que estamos de la vida
más próximos al fin.

    Dejando atrás van ellas

---

180   *Rugosa*: que tiene arrugas
181   *Ráfaga*: viento fuerte y repentino, de corta duración

al crimen satisfecho,
gimiendo a las virtudes
en triste soledad;
Las flores sin perfume,
las penas en mi pecho:
¡sólo el amor fulgura
en esta oscuridad!

Horas! Ante vosotras
mirad mis ilusiones,
volar apresuradas
a incógnita región;
Llevando todas ellas
la muerte en las facciones,[182]
los párpados cerrados
y yerto el corazón.

Y cuando en este mundo,
al labio del sediento
aplica alguien la copa
que esperan los demás;
Las horas van volando
y las de mi contento
llevan sangrando el ala...
¡por eso van detrás![183]

---

182 *Facciones*: cada una de las partes del rostro
183 El poema nos recuerda otro de idéntico título, de Casal (*Bustos y Rimas*, 1893). Muy cerca de
su muerte (*Bustos y Rimas* se publicó póstumamente), Casal, de no ver llegar la hora de su
muerte desconfía y, expresa, «más me tarda cuanto más la ansío / y más la ansío cuanto más
me tarda» (*Bustos* 190). Aunque los dos poemas son, hasta cierto punto, prescindibles, todavía
descubrimos en ella imágenes poco frecuentes en muchos de sus colegas modernistas y que
constituyen verdaderos hallazgos poéticos además de anticipar la poética de la vanguardia.
En el poema de Casal, por ejemplo, tenemos «un cielo color de estaño,» y en Byrne la «rugosa
mano» del tiempo.

El insomnio

Ahí está con sus ojos encendidos;
oigo su desigual respiración;
llega con los cabellos esparcidos
de no sé qué satánica región.

Clavando en mí sus ojos penetrantes,
parece que me quiere exterminar:
¡cuán largos me parecen los instantes
mientras él me contempla sin cesar!

Si ve que el sueño junto a mí pasea
queriendo adormecerme con su voz,
frenético las sienes me golpea,
con rabia ciega y corazón feroz.

Sentándose en el borde de mi lecho,
dilata mis pupilas, ¡ay de mí!
y cuánta vieja herida hay en mi pecho
abre de nuevo, y se complace así.

Brillan, como carbones encendidos,
sus ojos de satánica expresión;
si ha de mirarme siempre, tus latidos
también por siempre acalla, corazón![184]

---

[184]   Regresamos a «El esqueleto.» Este es rearticulado figurativamente en el insomnio. En ambos casos, como también sucede con «el sueño» paseándose junto al yo, asistimos al deseo homoerótico sugerido en la obsesión de la voz lírica con sujetos masculinos con los cuales comparte su lecho. Se trata, pues, de un yo desdoblado entre su deseo inconsciente y la aparición fantasmal de este en las figuras del insomnio y del sueño. El punto de engarce de ese desdoblamiento es la mirada que *clava* (la del insomnio) y (co)incide con la del que *se siente clavado*, poseído (en el lecho, no lo olvidemos) por el insomnio (el yo). Una vez más, el deseo (proyectado en el retorno del doble, del fantasma) procede, dice el yo, de no sabe «qué satánica región.» El diablo, Luzbel, Satán son, pues, emisarios del deseo reprimido (de la *satánica* región del inconsciente). La indudable energía libidinal de que están investidas sus figuras es precisamente lo que les imprime gravitación homoerótica e incluso, como he expresado antes, homosexual. Todo el poema gira en torno a la mirada penetrante, de la que el yo, recluido en su cuarto, no puede escapar. Esa mirada («ojos encendidos,» «ojos penetrantes») acecha, acosa, penetra, se clava, brilla «como carbones encendidos.» Lo que uno tiene que preguntarse es por qué la escritura insiste en revisitar y habitar la pesadilla.

LAS TUMBAS

I

¡Algo pasa debajo de las tumbas!
A sus entrañas descendí una vez,
  y lo que pasa en ellas
  entonces pude ver.

Vi a los muertos hablar en voz muy baja
como si conspiraran, y después
  vi que se levantaron
  ¡vi a los muertos de pie!

Cuando se enderezaron, de su albergue
a golpear comenzaron la pared,
  mientras el sudor bañaba
  su carcomida tez.

II

Era su intento contemplar el cielo,
ver los floridos campos, y correr
  del vértigo infinito
  en el raudo corcel.

Al ángel querían ver de sus amores
y al suelo hermoso que les vio nacer;
  al hijo idolatrado,
  y al amigo también.

Como indómitas[185] fieras se agitaban
en confuso y fantástico tropel:
  era su afán — ¡el único —
  a la tierra volver.

Levantando los féretros, herían
las tumbas con horrible insensatez,

---

185 *Indómitas*: no domadas, no sometidas

transformando sus huesos
en martillo y cincel.

Unos, con la cabeza desgreñada,[186]
y con las uñas otros, y los pies,
    de las tumbas seguían
    golpeando la pared.

Desgarradas las manos y jadeantes,
sintiendo los horrores de la sed,
    al fin se acurrucaron
    exclamando: — ¡Está bien!

III

Pero, de pronto, al divisarme[187] todos,
a mí se dirigieron en tropel,
    mirándome sombríos,
    como al culpable, el juez.

Cual si fuera un salvaje del desierto,
mi rostro examinaron y mi piel:
    — quién era yo, querían
    al instante saber. —

Estoy vivo — les dije. — En mis alforjas
por toda provisión[188] os traigo fe,
    y si queréis ser libres
    muy pronto lo seréis.

Pero sabed que ya el amor no existe,
ya no existe en el mundo una mujer,
    que el labio nos endulce
    con sus besos de miel.

Silenciosos los muertos me escucharon,
y en su faz se aumentó la palidez,
    cuando en sus lechos tristes
    volvieron a caer.

---

186   *Desgreñada*: con los cabellos en desorden
187   *Divisarme*: de *divisar* (ver, aunque confusamente, algo o a alguien)
188   *Provisión*: alimento

IV

Yo he descendido al fondo de las tumbas,
he hablado con los muertos una vez:
¿Preguntáis cómo ha sido?
¡Ni yo mismo lo sé![189]

---

189   Muerte y vida se vuelven reversibles. El yo desciende a las entrañas de las tumbas y es testigo de lo que pasa en ellas. Está, pues, vivo y muerto; o mejor, existe parentéticamente como *medium* entre los dos mundos. Los muertos luchan por regresar al mundo de los vivos: golpean las paredes de las tumbas mientras los baña el sudor, se agitan «en confuso y fantástico tropel,» levantan los féretros, hieren las tumbas «con horrible insensatez,» y transforman sus propios huesos «en martillo y cincel.» Los muertos están llenos de vida: sudan, se agitan, golpean. La tumba está más cerca del *penal* que del *cementerio*. Los muertos son almas en pena. Pero en este flujo constante (los huesos que se vuelven cinceles regresan el brazo, el músculo, y el yo nos habla, trasmite, desde el fondo de las tumbas) también existen, paradójicamente, brechas. Los muertos no ven al yo, sino que lo divisan (lo ven confusamente), y aún cuando se acerca a ellos, estos no lo reconocen: lo ven como un intruso. Lo examinan como a un *extraño* y le preguntan quién es. «Estoy vivo,» les dice el yo. La declaración, pronunciada en la intimidad de la muerte, nos fuerza a cuestionar su verdad y, por lo mismo, la supuesta *intrusión*. Esto implica a su vez al lector, puesto que la pregunta que se nos hace, ¿dónde nos fija si no en el mismo precario intersticio que habita el yo? El interés de este poema, que podemos (y debemos) leer también como enmarcado en la continua reelaboración del doble en su proyección fantasmática, se hace eco, por supuesto, de otros célebres descensos como el de Dante, pero también de tradiciones culturales como la celebración del Día de los muertos en México, o de las célebres calaveras de Guadalupe Posada. También, hasta cierto punto, nos recuerda el poema «La ronda,» del habanero Francisco de Zequeira, donde la separación entre los vivos y los muertos simplemente se desdibuja.

UN AÑO MÁS

¡Un año más! Y sigue mi agonía,
mi afán estéril y mi amarga queja,
en tanto que la duda me aconseja
con su voz dulce y su mirada impía.

Como la tarde cuando muere el día,
o como un prisionero tras su reja,
mi corazón de suspirar no deja
rimando al mismo tiempo su elegía.

Cada vez el camino más estrecho,
el fin de la jornada más distante,
el vendaval más áspero y deshecho...

¡Y un año más! Por eso vacilante,
se parece el latido de mi pecho
a un pálido guerrero agonizante.

LA CUNA VACÍA

Las blancas colgaduras
    no agita el pequeñuelo,
pues voló a otras alturas
    queriendo ver el cielo.

La cuna está vacía;
    pero, cuando anochece,
una mujer sombría
    se acerca a ella, y la mece.

La mece con cuidado
    y en su tristeza canta,
y es un suspiro ahogado
    la voz en su garganta.

Su acento lastimero[190]
    es como una elegía,
como el adiós postrero[191]
    ante la tumba fría.

Y persigue anhelosa
    cantando en su extravío[192]
esta frase amorosa:
    — ¡Duerme, duerme, hijo mío!

La pobre está demente,
    y pálida y sombría,
y está la cuna enfrente,
    inmóvil y vacía.

Su voz ya no importuna,
    y, al entreabrir la puerta,
delante de la cuna
    podemos verla... ¡muerta![193]

---

190 *Lastimero*: doloroso
191 *Postrero*: final
192 *Extravío*: locura
193 La cuna, desde luego, es otro de los depósitos de la muerte. En la poesía de Byrne, como hemos venido viendo, absolutamente todo hospeda, transporta, trasmite la muerte. La muerte viaja y tripula el buque fantasma, comparte con el sepulturero, ronda con los buitres. «La cuna vacía» es otro poema, reconozcámoslo, bastante kitsch y simplista. La primera estrofa, por ejemplo, la esperaríamos en cualquier poema sobre el mismo asunto de los que publicaban

LA MUERTE

En su curso veloz no se detiene,
nadie su rabia ni su encono evita;
ella, como una euménide[194] maldita,
a visitarnos en la dicha viene.

No hay hogar que de lágrimas no llene,
y está probado que el amor le irrita;
su furia destructora es infinita
y no hay un corazón que no condene.

Allí donde vislumbra el regocijo,
lívida y silenciosa se adelanta,
aunque gima una madre o llore un hijo:

Su simple nombre al criminal espanta
como al réprobo[195] espanta el crucifijo:
¡sólo el poeta en su presencia canta!

---

las revistas dirigidas a la familia: «Las blancas colgaduras / no agita el pequeñuelo, / pues voló a otras alturas / queriendo ver el cielo.» Pero tomado en su conjunto, dado el tono tenebroso que Byrne le insufla a la anécdota, el poema probablemente no habría encontrado una fácil acogida en las mencionadas revistas. La cuna vacía es, en efecto, una tumba fría. Notemos, por cierto, que la asonancia *cuna/tumba* y la consonancia *vacía/*fría acentúan la itercambiabilidad semántica de vida/nacimiento y muerte. De este modo, la cuna es ya a priori una tumba, y, por lo tanto su doble. Así nos explicamos que la madre que mece la cuna parece no ser sino una proyección de la muerte misma: «una mujer sombría / se acerca a ella, y la mece.» Claro, la madre podría ser *sombría* (estar *ensombrecida*) por el dolor, pero esto sólo sería más evidente si se tratara, explícitamente, de un estado. Como este no es el caso, el verso sugiere la posibilidad de que la madre *sea* una figura sombría y, por tanto, siniestra. Obsérvese que cuando casi al final, lo sombrío si es representado como estado («La pobre está demente, / y pálida y sombría»), la palidez añadida sigue tirando de la madre hacia una figuración de la muerte. Y lo que canta ¿no será acaso la brecha por la que la represión, nunca absoluta, deja escapar al inconsciente?: «Y persigue anhelosa / cantando en su extravío / esta frase amorosa: —¡Duerme, duerme, hijo mío!» Justo porque canta su extravío, esa frase amorosa ¿no encubrirá el reverso del amor? *Duerme*, notémoslo, encuentra una perfecta asonancia en *Muere*, que, por supuesto, es lo que no llega a sonorizarse. En este sentido, la conclusión del poema resulta original. Mientras leemos, creemos *ver* lo que *escuchamos*. En realidad, podemos decir que lo *vemos*. Pero en la estrofa final, la voz lírica descorre la cortina (la puerta), lo cual implica estuvimos todo el tiempo fuera de la habitación, y que era imposible que *viésemos* lo que *vimos*, porque la puerta estaba cerrada. La puerta, entonces, sólo se entreabre para nosotros, y el yo dicta *qué* podemos ver. Nosotros no vemos morir a la mujer, sino que la encontramos muerta. En ese espacio cerrado, apenas entrevisto, la muerte ha hecho un círculo completo en el que ha quedado atrapada, como un parpadeo, nuestra mirada.

194 *Euménide*: En la mitología griega se las conoce como las Erinnias (literalmente, las Furias) o Euménides (literalmente, las Gentiles o las de buen corazón). Eran deidades de la venganza que habitaban en el mundo subterráneo, o personificaciones sobrenaturales del Angel de la Muerte. Las cabezas de las Euménides estaban coronadas de serpientes (como Medusa), y de sus ojos manaba sangre, por lo que tenían una apariencia bastante horripilante.

195 *Réprobo*: malvado

EL VIAJERO ASESINADO

(De W. C. Bryant)[196]

Cuando la primavera devolvía
las bellas flores al ameno[197] prado,
se encontraron los huesos del viajero
en el fondo del valle, asesinado.

El álamo fragante con sus ramas
daba sombra a sus míseros despojos,[198]
y sobre él sus cálices abrían
hermosas flores de matices rojos.

Lanzaba el cardenal[199] sus dulces trinos
mientras su nido en el ramaje hacía,
y la perdiz[200] incauta[201] sus polluelos
junto al lugar fatídico traía.

Y lejos ¡oh! muy lejos, lo lloraban;
lo lloraban sus hijos y su esposa,
repitiendo su nombre idolatrado
como si fuera una oración piadosa.

Se vio indefenso y demandó socorro;
pero a poco en el suelo cayó inerte:
los que le amaban, en aquel instante
no sospecharon su terrible muerte.

No sospecharon, no, que cuando al valle
el hielo borëal[202] hubo cubierto,
abandonando el lobo su guarida,
encarnizado se cebó[203] en el muerto.

---

196 William Cullen Bryant (1794-1878). Poeta romántico y periodista norteamericano. Por mucho tiempo fue el editor del *New York Evening Post*. Su más famoso poema es «Thanatopsis» («Meditación sobre la muerte»).
197 *Ameno*: grato, placentero
198 *Míseros despojos*: miserables restos
199 *Cardenal*: pájaro de color rojo
200 *Perdiz*: ave gallinácea
201 *Incauta*: ingenua, cándida, que no tiene cautela
202 *Boreal*: relativo al viento del Norte
203 *Cebó*: encarnizó, ensañó

No sospecharon, no, que los pastores
del viajero los restos encontraron,
y un ataúd le hicieron, y su fosa
con una cruz sin nombre señalaron.

Mas en su hogar distante, no han querido
dejarlo de aguardar, y todavía
esperan que muy pronto entre sus brazos
estrecharlo podrán con alegría.

Empero, no le han visto venir nunca,
y su muerte a saber aún no han llegado:
¡No supieron jamás que fue una noche,
en el fondo del valle, asesinado!

MAR ADENTRO

En esa barca, alma mía,
ligera puedes entrar:
¿Si zozobra?[204] ¡Bobería!
¡Lancémonos a la mar!

Te lo digo serio y grave:[205]
esa barca has de ver tú
surcar el mar, como un ave
surca el firmamento azul.

Y como naufrague acaso
y nos ahoguemos... ¡verás!
La muerte es sólo el ocaso
de la vida... ¡y nada más!

Abrazados, a la playa
arribaremos los dos,
a la hora en que desmaya
el Sol, y se piensa en Dios.

La gente, con gran misterio,
como tan curiosa es,
nos llevará al cementerio,
enterrándonos después.

Y por mucho que te asombre,
sólo así pudiera ser
que no amases a otro hombre...
ni yo ¡es claro! a otra mujer.

En esa barca, alma mía,
ligera puedes entrar:
¿Si zozobra? ¡Bobería!
¡Mi amor no cabe en el mar![206]

---

204 *Zozobra*: naufraga
205 *Grave*: circunspecto
206 La ligereza del tono y el coloquialismo del poema lo vuelven más siniestro, dado que se trata de una obvia invitación a la amada a suicidarse los dos. Tanto la fragilidad de la embarcación como la invitación hecha a la mujer a adentrarse juntos en el mar («Mar adentro») sugieren no ya la posibilidad de morir, sino, una muerte segura. La pregunta que escuchamos – «¿Si zozobra?» – la hace, por supuesto, la mujer. Es a ella a quien asalta la idea (y el temor) de que podría/va a morir. Lo importante, entonces, no es que el yo mismo, inequívocamente mas

La conocí

Era hermosa, y la seguía
una turba[207] de amadores,
a los cuales repartía
ósculos, joyas y flores.

___

culino, sepa que puede, o incluso que va a morir, y no le importe. Lo importante, insisto, es su absoluta *indiferencia* hacia la preocupación y el miedo de su mujer o de su amada: «Y como naufrague acaso / y nos ahoguemos… ¡verás! / La muerte es sólo el ocaso / de la vida… ¡y nada más!» Esta indiferencia, por lo tanto, podemos considerarla (sin necesidad de exagerar mucho las cosas) como expresión de un deseo homicida que deja traslucir cierta misoginia. El yo masculino es quien habla y decide rápidamente por los dos. Lo que la mujer dice nos llega indirectamente a través de él, que a su vez rechaza o le resta importancia a lo que dice ella. Observemos que el poema hace un chiste que Freud llamaría tendencioso: «Abrazados, a la playa / arribaremos los dos, / a la hora en que desmaya / el Sol, y se piensa en Dios.» La brutalidad del chiste consiste en el ambiguo posicionamiento de la estrofa, y por tanto aquél ocurre a través de una sofisticada elaboración intelectual. En la estrofa anterior se contempla la posibilidad real de morir ahogados («Y como naufrague acaso / y nos ahoguemos…»). Insisto en que aunque esa posibilidad se dé como *real*, también se habla de la muerte como un resultado *posible*. El uso del subjuntivo y del «acaso» desplazan la realidad de la muerte, si bien la afirman. De modo que la estrofa que comienza «Abrazados, a la playa…» pareciera encaminada a exorcizar el horror suscitado por la que le precede, puesto que el verbo en plural y en voz activa que los une («arribaremos los dos») puede aludir al feliz desembarco de la pareja tras su aventura marina. Pero es esto, justamente, lo que da lugar al chiste y revela su carácter tendenciosamente siniestro. Para comprenderlo, tenemos que ver como se mueve ese «abrazados» a la estrofa siguiente: «La gente, con gran misterio, / como tan curiosa es, / nos llevará al cementerio, / enterrándonos después.» Los que arrivaron a la playa, arrivaron muertos. El final (al igual que todo el poema) lo resuelve la perspectiva del yo que nos presenta uno de los lugares comunes de las escenas de celos: «Y por mucho que te asombre, / sólo así pudiera ser / que no amases a otro hombre… / ni yo ¡es claro! a otra mujer.» El chiste, sugiero, podría tener un oculto sentido homoerótico, aunque no sea posible demostrarlo. Sólo estando muertos los dos ella no amaría «a otro hombre,» ni él, «¡es claro! a otra mujer.» ¿Por qué *no* hace falta aclarar que ella no podría sino amar a otro hombre, pero *sí* que él, en caso de amar otra vez, amaría ¡claro! *a otra mujer*? La elaboración de chiste tendencioso, agresivo, manifiesta hostilidad hacia la mujer. El lector que ría con este chiste, con el poema «Mar adentro,» se hace cómplice de la agresión sexual a la mujer. Para mí, la posibilidad de hacer una lectura misógina y homoerótica del poema gana en fuerza a la vista de lo que hemos comentado en la mayor parte de los textos de *Excéntricas*. En este sentido, conviene advertir ahora que «Mar adentro» y los dos poemas que le siguen, son los únicos de *Excéntricas* que tienen como asunto a la mujer como objeto de deseo, o de interés romántico. Pero, como acabamos de ver, en «Mar adentro,» se incita a la mujer al suicidio (aunque el yo se incluye también). En el siguiente – «La conocí» –, cuando el yo corteja a la mujer, ésta le da la espalda. Y en el tercero – «Muerta – la amada muere antes de que la voz lírica pueda llegar a tiempo para darle un beso y despedirse de ella. Agréguese, al mismo tiempo, el no obstante manifiesto desinterés sexual y/o romántico en la mujer por el tono que va de lo cómico, a lo irónico y hasta el sarcasmo sin pasar nunca por la *pasión*. Aquí no encontramos la intensidad de los lazos psíquicos con la figura masculina que hemos visto antes, quizá porque, a diferencia de lo que ocurre con los hombres, la mujer no llega a subjetivarse como doble o fantasma, es decir, como *deseo*.

207   *Turba*: muchedumbre (en este caso de hombres) confusa y desordenada

Y al contemplar de ella en pos
tanto amoroso adalid,[208]
a muchos les dijo: — ¡ A Dios!
y a otros les dijo: — ¡Venid!

Creyendo la hora oportuna
llegué y le besé la falda:
¡Ay! Conocí a la Fortuna,[209]
porque me volvió la espalda.

---

208 *Adalid*: guía o cabeza (entre los hombres que la persiguen)
209 Véase como emerge el inconciente en esta declaración. El yo, obviamente, equipara la *Fortuna* a la *Indiferencia* de la *Mujer* (excepto en lo que respecta a Fortuna el uso de las otras mayúsculas es, por supuesto, intencional de mi parte). Podríamos inferir (y posiblemente esta sea la intención consciente del yo) que *Fortuna* significa aquí *Infortunio*, puesto que este es uno de los significados del término. Pero *Fortuna* significa igualmente suerte favorable, es decir, literalmente *FORTUNA*. Es, pudiéramos decir, un chiste inconsciente por el cual Fortuna se convierte en *juego de palabra*. Así, la relación con la mujer como objeto del deseo sigue afirmándose como ambigua, si es que no se nos aclara definitivamente.

Muerta

Mi último beso sobre su frente
no me fue dado depositar,
mas su recuerdo flota en mi mente
como el incienso sobre el altar.

En los momentos de su agonía
he presentido que me llamó;
tal vez la mano me extendería
allí, creyendo que estaba yo.[210]

De mi tardanza ¿qué pensaría?[211]
¡Ay! Si a su lado yo no corrí,
es que ignoraba que el alma mía
muriendo estaba lejos de mí.

Porque, a saberlo, volado hubiera
junto a su lecho con hondo afán,
para decirle que no muriera.
¿No era yo acaso su talismán?[212]

Con ella injustos fueron los hados,[213]
porque impidieron ¡triste de mí!
que, con mis besos y mis cuidados,
la retuviera más tiempo aquí.

A su cabeza, de blanda almohada
servido hubiera mi corazón,
y la influencia de mi mirada
hubiera sido su salvación.

---

210   Cuando la mujer le extiende la mano a ¿Byrne?, no sólo ya ella está agonizando, sino que él
       no está presente.

211   ¿Y qué pensará a su vez el lector?

212   Similarmente a lo que vimos en «Mar adentro,» Byrne se permite hacer un chiste que aúna
       ingenio y crueldad: «Porque, a saberlo, volado hubiera / junto a su lecho con hondo afán, /
       para decirle que no muriera. / ¿No era yo acaso su talismán?» Por un lado, parece tratarse
       solo de un comentario sarcástico sobre lo que sería una idea supersticiosa de «su adorada»
       Pero estos versos en realidad están más ligados a la ausencia del poeta. Su ausencia es lo que
       mata a su «adorada,» puesto que, en tanto que *talismán*, la vida de ella dependía de la pre-
       sencia de él. Estoy lejos de atribuirle a Byrne un desprecio a la mujer. Pero tampoco hay que
       restarle importancia psicológica a la repetición de un chiste asociado o al deseo de que la mujer
       muera, o a causarle la muerte.

213   *Hados*: fuerzas desconocidas que, según algunos, obran irresistiblemente sobre los hombres,
       los dioses y los sucesos

Adivinándole los antojos
y acariciándola sin cesar,
besando amante sus grandes ojos
que no me han vuelto nunca a mirar.

Siempre he creído, lo que es tan cierto
como que existen el Cielo y Dios,
que mi adorada no hubiera muerto,
de verse sola, con fiebre y tos.

Todas las almas enamoradas
como la mía piensas quizás,
¡Ay! Las mujeres que son amadas
no se debieran morir jamás.[214]

---

214   Por lo tanto, si las mujeres «amadas» mueren, quizá mueren porque «[no] son amadas.»

Por los que sufren

Como tienen los céfiros rumores
y los floridos cármenes[215] perfumes,
el cielo estrella y los mares perlas,
yo tengo compasión por los que sufren.

Yo tengo compasión por las mujeres
que la pendiente de la vida suben
muertas para el amor, mientras risueñas
el palpitante seno se descubren.

Y tengo compasión por los que lloran
al pie de toscas y enlutadas cruces,
volviendo tristes la mirada al cielo
como buscando a Dios tras de las nubes.

Los huérfanos que vagan desvalidos
causan mi pena y mi dolor producen.
¡No hay cariñoso hogar que los cobije,
ni melodiosa voz que los arrulle![216]

Ellos van por el mundo pensativos,
mirando a todos con sus ojos dulces,
y lleno el labio de sonrisas tristes
cual las primeras ráfagas de octubre.

Con el ajeno llanto corre el mío:
¡no hay extraño pesar que no me angustie!
¡Mi herido corazón es el primero
que al llamamiento del dolor acude!

Quien me quiera encontrar en este mundo,
que entre las sombras lóbregas[217] me busque:
quien mi voz quiera oír, podrá escucharla
bajo los sauces de ramaje fúnebre.

Ya en mi ulcerado[218] espíritu no cantan
las ilusiones, — ¡pájaros azules! —

---

215   *Cármenes*: En Granada, quintas con huerto o jardín
216   *Arrulle*: cante o haga algún sonido o ruido (para hacerlos dormir)
217   *Lóbregas*: tenebrosas, tristes, oscuras
218   *Ulcerado*: lleno de úlceras

y dentro de mi pecho tal parece
que hay hojas secas que doliente cubren.

El ángel de las penas me acompaña
y, con sus alas lívidas, me cubre...
¿Por qué? Porque yo tengo el alma abierta,
y siento compasión por los que sufren.

La momia rubia

Cuando el sol, ya moribundo,
en su lecho de oro y púrpura
tristemente se reclina
como un rey sobre una tumba,
las momias en las pirámides
dejando sus sepulturas,
se levantan presurosas
y, avanzando en la penumbra,
trémulas y enamoradas
con honda ansiedad se buscan.

Y se abrazan al hallarse;
palabras de amor murmuran,
y su acento apasionado
resuena como una música
que desciende desde el cielo
en un rayo de luna.
Ágiles las momias saltan
de una en otra sepultura,
y, de las manos asidas,[219]
suelen dar vueltas innúmeras,[220]
en tanto que su algazara[221]
el hondo silencio turba.[222]
Después, con manos febriles,
se despojan de sus túnicas,
y mientras a un lado arrojan
sus antiguas vestiduras,
y sus tiaras orientales
y sus coronas caducas,
sus ramos de flor de loto
y su abanico de plumas;
atentas oyen al Nilo
cuando en sus ondas preludia[223]
el diablo, como en un arpa,
una excitante mazurca,[224]

---

219   *Asidas*: tomadas (con fuerza)
220   *Innúmeras*: incontables
221   *Algazara*: ruido, gritería
222   *Turba*: interrumpe, perturba
223   *Preludia*: (mús.) de preludiar: ensayar un instrumento o la voz por medio de escalas, arpegios, antes de comenzar la pieza principal
224   *Mazurca*: danza de origen polaco. He aquí otra asociación del diablo con la ejecución de un

que sus cuerpos estremece
de placer y de lujuria.

Y la bacanal comienza,
y en ella una momia rubia
de ojos aterciopelados[225]
y de caderas que ondulan
como las flores, al beso
del aura[226] que las columpia,
una momia que el ambiente
con sus ósculos perfuma,
y que en sus ojos dormidos
un fuego abrasante oculta,
es proclamada la reina
entre las momias impuras,
que la cercan y la oprimen
y en torno suyo se agrupan,
mientras pálida la envidia
en sus pupilas fulgura.
Y la orgía se prolonga
hasta el momento en que fúlgidas
las luces de la alborada
en el cielo se dibujan,
lentamente iluminando
a las egipcias llanuras.

Esta escena en las pirámides,
por más que parezca absurda,
por las noches se repite
sin que nadie la interrumpa.
Refiérenla[227] en el Infierno
los duendes, trasgos[228] y brujas,
y que es verdadera en todo
Satanás me lo asegura:
¡Satanás, que enamorado
está de la momia rubia![229]

---

    instrumento musical (de cuerda, para no variar). Esa ejecución es virtuosa, por supuesto, por lujuriosa.

225   *Aterciopelados*: de terciopelo, o de suavidad de terciopelo

226   *Aura*: viento suave y apacible

227   *Refiérenla*: La refieren, La narran, La cuentan

228   El trasgo es una criatura mitológica presente en la tradición de muchas culturas del norte de España, como pueden ser la asturiana o la cántabra, y presente en general en la cultura española. En otros lugares de Europa también es conocido como gnomo, silfo, kobold. El origen de este mito es céltico-romano y proviene del norte de Europa

229   «La momia rubia» se refleja especularmente en un poema anterior: «Las tumbas.» Pero, mientras en «Las tumbas» el yo explícitamente afirma haber descendido a la mansión de la muerte, en «La momia rubia,» las bacanales nocturnas que tienen lugar en las pirámides les

DESEO

Volar quisiera y fabricar mi nido
en la región más lúgubre y lejana,
donde jamás llegase hasta mi oído
el eco ingrato de la voz humana.

Vivir quisiera yo lejos del mundo,
para cifrar mis únicos empeños
en anudar con interés profundo
la escala azul de mis alegres sueños.

Lejos del mundo vano, mis amores
los más puros y cándidos serían:
los pájaros, los astros y las flores,
que nunca — estoy seguro — me odiarían.

Viéndome solitario y de los vanos
anhelos mundanales al abrigo,
jamás tuviera que estrechar las manos
de la mujer falaz y el torpe amigo.[230]

---

son referidas por el diablo. Esto, desde luego, no debe asombrarnos, puesto que una de las constantes de *Excéntricas* son los *íntimos intercambios* del autor con el diablo. No obstante, al igual que en «Las tumbas,» encontramos también aquí el mismo frenesí y la misma excitación, la vida desbordante de los muertos. En el poema que nos ocupa ahora, esa excitación es la de la lujuria, la sexualidad desenfrenada. Las momias, «trémulas y enamoradas,» se buscan con «honda ansiedad,» se asen de las manos, dan vueltas incontables (nos recuerdan también las brujas que ya hemos visto en el camino de este libro), se desnudan, tienen las manos «febriles.» En principio, cuando se habla de las momias, hay que asumir que estas, en cuanto tales, no tienen un género sexual definido. No es hasta que aparece la momia rubia y esta es proclamada «la reina / entre las momias impuras,» que se marca la identidad de género, pero, insisto, esta sólo le corresponde en rigor a la momia rubia. Ahora bien, obsérvese que la figuración de las momias y su sexualidad lujuriosa la hace el diablo, pero a través de la voz lírica que le sirve de vocero o; mejor aún, de gacetillero. La narración del diablo enardece los sentidos de su gacetillero, quien tiene que ocupar el lugar del primero, para repetir el relato recibido. La excitación del lenguaje es, pues, en primer lugar, una excitación diabólica resultado de la manipulación (de la fricción manual) del estilo. Satanás podrá estar enamorado de la momia rubia, pero recordemos que Byrne vio una vez los «calzones rojos» del diablo, le pareció «encantador,» y nos dijo lo que no sabíamos: el diablo es rubio.

230   Obsérvese la extraña caracterización de la mujer y el amigo. Si la primera es *falaz* (embustera, falsa), el segundo es *torpe*. La contraposición es significativa porque mientras falaz da cuenta con bastante precisión del motivo de repudio de la mujer, no puede decirse exactamente lo mismo en lo que respecta al amigo. En el diccionario etimológico de 1888 (vol. 2, parte 1), Roque Barcia explica que «Para ser falaz se necesita más ingenio que para ser engañoso. Es engañoso el que da noticias falsas; es falaz el que aparenta cualidades que no posee» (401). Nótese que aunque Roque Barcia no puede deslindar de manera absoluto lo engañoso de lo falaz, lo uno y lo otro pertenecen al campo semántico del engaño o de la mentira. Pero torpe

Porque fueran entonces mis placeres
pasar horas enteras pensativo,
sin recordar los nombres de los seres
que se acuerdan de mí, porque estoy vivo;

Saludar conmovido al Sol naciente
y despedirlo al fenecer el día,
como al único amigo consecuente
que no me ha abandonado todavía.

No hay dicha superior a la que espera
mi pobre corazón atormentado!
¡Tener la soledad por compañera,
y al silencio por único aliado!

Sólo vivir en paz es lo que quiero,
y que no logre nadie las señales
descubrir del incógnito sendero
que me ha de separar de los mortales.

Y cuando el ángel de la muerte, casto,
mi helado cuerpo con su brazo ciña,[231]
podrá mi corazón servir de pasto
a las voraces aves de rapiña.

---

es un término más complejo. En una de sus acepciones significa ignominioso, indecoroso, infame, deshonesto. También significa feo, tosco, y rudo, tardo en comprender. Finalmente, *torpe* también se usa para significar impúdico y lascivo (como impúdicas y lascivas son las momias). Lo que me parece curioso es que, a pesar de que ambos términos – falaz y torpe – tengan sólo connotaciones negativas, sólo el segundo es semánticamente más rico y está ligado a la sexualidad *excéntrica*: la impudicia, la lascivia. Torpe proviene del latín *turpis*: feo o deshonroso (fealdad física o moral). Por esta misma razón, su significación moral lo hace susceptible de ser absorbido por la sexualidad.

231 ¿Por qué el ángel de la muerte ha de ser casto? Esa castidad, de hecho, ¿no lo sexualiza? El cuerpo casto, puro, honesto, y opuesto a la sensualidad, ¿no es por lo mismo proclive a la seducción o de irresistible atracción para el disoluto? Quizá justo porque el yo imagina al ángel de la muerte como masculino, y ciñéndolo con su brazo (imagen de la posesión erótica) se ve forzado a su vez a incluir esa aclaración (como aparte dirigido al lector curioso o inquisidor) sobre la castidad del ángel.

I. 2. Lira y Espada

(SELECCIONES)

La Habana: Tipografía *El Fígaro*, 1901

FRANCISCO MORÁN

BALA PERDIDA*

Cual eco persistente de la guerra
en un rincón abandonada yace;
hoy habrá con el pie quien la rechace,
porque hoy la muerte en su interior no encierra.

Lanzada en el espacio, cayó en tierra
cual gigantesco alud que se deshace;
¡ya no será posible que amenace
al llano extenso y la empinada sierra!

Ahí la tenéis, inmóvil y olvidada:
delante de mis ojos permanece
como un recuerdo de la lid pasada.

Mas cuando ruge el trueno, tal parece
que a la luz del relámpago, indignada
se acuerda de la altura y se estremece!......[232]

---

* Esta composición fue inspirada por la vista de una bala de cañón recogida en La Cumbre, siendo disparada por los cañoneros norteamericanos que bloqueaban a Matanzas, en la guerra hispano-americana. (*Nota del Autor*).

232 El interés del poema estriba en sus numerosas líneas de fuga que hacen de él un texto ambiguo en más de un sentido. Empecemos por su significación política. La imagen de esta bala perdida que, al recuerdo de «la altura» podría despertar «indignada,» en modo alguno sugiere una condena de la intervención norteamericana. Por el contrario, «la altura» recordada es la guerra, el momento intervencionista. Llama la atención, por cierto, el silencio que rodea a la posición de Byrne, cuando todavía se encontraba en Tampa, tras la intervención norteamericana. Urbano Martínez Carmenate nos dice que «se sintió muy contento cuando supo que el 12 de diciembre de 1898, al fin, las tropas mambisas entraban en Matanzas» (165), pero no nos dice absolutamente *nada* respecto de cómo se sintió el poeta con la intervención norteamericana. Lo segundo es la extrañeza del poema mismo dentro de *Lira y Espada*, y sobre todo en lo que se refiere a la espada. La bala que Byrne nos muestra, insistiendo en que la veamos –«Ahí la tenéis»–, y ante la que él mismo permanece absorto, extrañamente fascinado –«delante de mis ojos permanece»– dramatiza una escena de castración. Por supuesto, la fascinación de Byrne con esa castración se explica porque le permite fantasear con el potencial viril de la bala, con una súbita y desmesurada *erección* anunciada en el *estremecimiento* que, no por azar, está en *presente*. Por eso en el terceto final, Byrne rodea la bala, la mima, la frota (quiere verla *despertar*) al conjurar el trueno, la luz del relámpago, el recuerdo de la altura. A propósito de *Lira y Espada*, Carbonell dijo que no, que Byrne no era el «poeta de la guerra». Quizá no fuera el «poeta de la guerra», pero desafío a quien pueda arrancarlo de la vista de esa bala.

Sobre el escudo

A Manuel Sobrado[233]

Ahí vienen, los que ufanos[234] y contentos
volaron al combate
al sentir de sus nobles pensamientos
el agudo y patriótico acicate,[235]
dando la espalda a la ciudad querida
y con la frente erguida;
buscando otro horizonte.
como el cóndor la cúspide atrevida,
fueron al agrio, impenetrable monte,
a dar la muerte o a perder la vida!

Ahí vienen, sí, los que en su afán creciente
mostrando el pecho a la legión contraria,[236]
sintieron, como un ósculo en su frente,
el fulgor de la «estrella solitaria,»
ese fulgor que baja hasta la huesa[237]
donde yacen los héroes ignorados,
y parece que besa
tantos despojos yertos y olvidados;
sobre los cuales de extender no cesa
¡la tosca cruz de pino!
sus brazos adorados,
— quizás en busca de invisibles cuellos; —
como si allí, con ellos,
y en mitad del selvático camino,
quisiera proteger a los soldados,
mártires del deber y del destino!......

---

233   En 1899, bajo el gobierno interventor norteamericano, Manuel Sobrado fue nombrado se-
cretario del gobierno civil de Matanzas. Y en 1902 fue elegido Representante por Matanzas
al Senado de la República de Cuba. Como dato curioso, en julio de 1905 Manuel Sobrado par-
ticipó, junto con otras importantes figuras de la sociedad habanera, en una reunión con el
curandero Juan Manso Estévez, y a quien se le acreditaban curas asombrosas. En esa reunión
participó «gente de notoriedad como el editor de *El Mundo*, Próspero Pichardo; Manuel So-
brado, un representante a la Cámara de Delegados; María González, una reconocida teoso-
fista, y el Dr. Laime, un médico de renombre» (*Governing Spirits* 44).

234   *Ufanos*: orgullosos

235   *Acicate*: «Masculino. Espuela de que se usa para montar a la jineta, que sólo tiene una punta
de hierro para picar al caballo y en ella un botón a distancia proporcionada para impedir que
entre mucho la punta. // Metáfora. Incitativo» (Roque Barcia I, 59).

236   *Legión contraria*: ejército enemigo

237   *Huesa*: fosa

Ahí vienen, sí, pero causando asombros
como templo magnífico hecho escombros!
Al buscarlos ansiosas las miradas
ven que llegan en hombros
de los que eran ayer sus camaradas.
¡Venid, venid a confortar mi pecho
antiguas sensaciones delicadas
de una amistad que alimentó el cariño
en cordiales, en íntimas veladas!......
En aquel ataúd, como en su lecho,
yace un joven patriota...... Cuando niño
se sentó en mis rodillas,
y hoy lo miro pasar, tras breve plazo,
húmedas por el llanto mis mejillas,
mientras la caja que lo encierra ciño
con un mental, interminable abrazo!
Su muerte supe en extranjero suelo,
y al enterarme allí de la noticia,
fijé la vista en el azul del cielo,
feliz de hallar en mi ferviente anhelo
para el amigo esa postrer caricia......[238]

---

[238] No es el tema de la guerra *per se*, sino el deseo expreso de darle la espalda a la ciudad lo que podría darle a este poema un aire antimodernista. Leído con detenimiento, sin embargo, «Sobre el escudo» no se aparta casi ni un ápice del Byrne de *Excéntricas*. Damos otra vez con la representación del deseo homoerótico y la característica obsesión con la muerte. Desde su título mismo, la alusión al valor espartano evoca la práctica de la pederastia en Grecia (particularmente en Esparta), incluso con relación al entrenamiento militar, asunto que fue ampliamente debatido en la época. Véanse, por ejemplo: Havelock Ellis and John A. Symonds. *Sexual Inversion* (1897) y A. von Schrenck-Notzing. *Therapeutic Suggestion in Psychopathia Sexualis* (1901), entre otros. Por otra parte, el poema presenta la guerra como consolidación del pacto homosocial, y su potencial para desbarrancarse en el deseo homoerótico. Un ejército marcha deseoso (mostrando el pecho) contra el otro. Los héroes que regresan muertos «en hombros de los que ayer eran sus camaradas» son «como un templo magnífico hecho escombros.» La mirada de texto gravita hacia la fusión de los camaradas entre sí, y con los cuerpos de los héroes muertos. *Templos magníficos* son esos cuerpos porque el sacrificio los sacraliza y les confiere autoridad moral-religiosa. Pero el cuerpo, su materialidad, no desaparece en la metáfora, sino que por el contrario se afirma en la belleza que queda ligada a la grandeza (*magníficos, magnificentes*). El texto se mueve, entonces, de la imagen de los cuerpos que regresan «sobre el escudo,» a las miradas que los buscan «ansiosas,» y finalmente al cuerpo del propio Byrne, con el que (por vía de la memoria) se reencuentran aquellos: «¡Venid, venid a confortar mi pecho / antiguas sensaciones delicadas / de una amistad que alimentó el cariño / en cordiales, en íntimas veladas!......» El impulso épico cede a lo íntimo: «antiguas sensaciones delicadas,» «cordiales, íntimas veladas.» Por un instante el cuerpo le es arrebatado a la multitud y a los camaradas, para una última caricia no exenta de sabor necrofílico: «En aquel ataúd, como en su lecho, / yace un joven patriota...... Cuando niño / se sentó en mis rodillas, / y hoy lo miro pasar, tras breve plazo, / húmedas por el llanto mis mejillas, / mientras la caja que lo encierra ciño / con un mental, interminable abrazo!» El interminable abrazo con que ciñe al héroe refleja, como un espejo el abrazo del ángel de la muerte con que el propio poeta sueña en «Deseo.» Si aquel abrazo tenía que ser *casto*; este es *mental*. Aunque por distintas razones, en ambos casos se esquiva el contacto físico con el cuerpo, y también se lo afirma en la intensidad del abrazo marcado por el verbo *ceñir*. El poema termina con la «postrer caricia» que comparten el niño en las rodillas y el cadáver.

A MARTÍ

Con sarcástica ironía
le llamaban soñador,
porque en el alma tenía
sembrada la poesía
a manera de una flor.
     ¡Era un soñador! ¿Por qué?
Porque tuvo mucha fe,
y a su pueblo infortunado
logró ponerlo de pie
cuando estaba arrodillado!
Soñador, porque en la cima
tuvo fija la mirada,
y porque en extraño clima,
ya la prosa, ya la rima,
esgrimió como una espada!
     Soñador, porque su mano
fue quien sembró la semilla
que es hoy un árbol lozano:
porque vislumbró la orilla
en mitad del océano.
     ¡Muchas fueron sus quimeras![239]
Soñaba con las palmeras,
en donde quiera que estaba,
y al verlas imaginaba
que eran novias hechiceras.[240]

---

239   *Quimera*: monstruo imaginario que, según la fábula, vomitaba llamas y tenía cabeza de león, vientre de cabra y cabeza de león // Aquello que se propone a la imaginación como posible o verdadero, no siéndolo (*RAE*)

240   El poeta rechaza, y reproduce al mismo tiempo, una de las percepciones tempranas de Martí (y que incluso aparece cuando todavía este estaba vivo): que era un soñador, un idealista; a veces, hasta que era un loco. Por ejemplo, Juan Marinello, en su artículo «Martí y Lenin» publicado en *Repertorio Americano* (Costa Rica, 1935) llama a Martí «idealista impenitente,» y «un gran fracasado» porque «su sermón idealista y democrático no ha podido tener vigencia» (57-8). Debemos recordar que estos juicios no provienen de un enemigo de Martí, pero sí de uno de los miembros del Partido Comunista de Cuba de la época, y de quien llegaría a ser considerado el mejor conocedor de la obra martiana. En cuanto a Byrne, mientras defiende al Martí soñador – en términos idealistas que pudieron haberle servido muy bien a Marinello muchos años después, parafrasea una de las citas más conocidas del autor de *Ismaelillo* – «las palmas son novias que esperan,» y que aludía metonímicamente a Cuba, como una doncella (la palma-novia) que esperaba la llegada de la independencia para desposarse con la libertad y la justicia. Pero Byrne transforma esas palmas en «novias hechiceras,» con lo cual crea una imagen bolerística, pudiéramos decir, muy a lo Agustín Lara, de las palmas martianas. Además, al usar *quimeras* como otra figura para nombrar los sueños de Martí, el término escogido, en su segunda acepción según el diccionario de la RAE, lleva a Byrne a legitimar los mismos cargos de *soñador* de que, insisto quiere defender a Martí y en Martí; es decir, no como soñador de meras ideas justas y bellas, sino *irrealizables*.

Para dejar en la vida
un surco extenso y profundo
y una memoria querida,
hay que atravesar el mundo
llevando abierta una herida.....
　　Desde que estoy desterrado[241]
oigo como se le nombra
con un respeto sagrado,
y a veces miro su sombra
deslizarse por mi lado.
　　Por eso se le venera;
porque tuvo un ideal,
y desde tierra extranjera
fue a morir por su bandera
allá en el muelo natal.
De esos pobres soñadores
el mundo se encuentra lleno
como el sol de resplandores,
y el valle, fértil y ameno,
de pájaros y de flores.
　　Pobre de la tierra aquella
en donde algún ser no mire
allá en el cielo una estrella;
en donde nadie suspire
al ir detrás de una huella......
　　Pobre de aquella nación
donde la cabeza priva[242]
a costa[243] del corazón.
¡Dios no quiere que se viva
sin tener una ilusión!
　　No sé si estaré en lo cierto;
mas si de gloria cubierto
él no dobla la cabeza,
¡Quién sabe si hubiera muerto
de dolor y de tristeza!

1898

241　Byrne nunca fue *desterrado*, sino que se exilió él mismo. No negamos que tuviera que hacerlo presionado por circunstancias políticas, pero aún así no puede decirse que fuera estrictamente hablando un desterrado. Al asumir su exilio como destierro, Byrne está de hecho usando el patriotismo. Esto es aún más evidente en los versos subsiguientes en los que dice haber visto a veces la sombra de Martí «deslizarse por [su] lado.» Ese pase del héroe cubano le da un espaldarazo al patriotismo de Byrne. Curiosamente, Martí *aparece* aquí (literalmente hablando) como un *fantasma*, es decir, en la figura de una de las obsesiones de *Excéntricas*. Este Byrne que *pasa muertos* está más cerca de la presidencia de una sesión espiritista que del discurso patriótico. Martí aparece tan *excéntrico* como el medium que lo invoca.

242　*Priva*: prevalece

243　*A costa*: a expensas

Los Jóvenes

(Del griego)

    Bello es el hombre que empuñó la espada
caer de la lid en las primeras filas,
defendiendo su tierra idolatrada
y clavando en el cielo sus pupilas.

    Mas no hay dolor más grande ni profundo
que abandonar la patria, y por castigo
los pavorosos ámbitos del mundo
tener que atravesar como un mendigo;

conduciendo pendientes de la mano,
y con el alma trémula y ansiosa,
una madre infeliz, un padre anciano,
hijos pequeños y una amante esposa.

    Se hizo para los jóvenes la espada:
¡la espada que fulgura y centellea,
trasmitiendo su cólera sagrada
a quien tiene razón en la pelea!......

    De vuestra sangre ¡oh, jóvenes guerreros!
no os mostréis económicos ni avaros:
¡si enmohecer dejáis vuestros aceros,[244]
la vergüenza tendrá que atormentaros!

    Dejemos descansar nuestros mayores:
es la vejez cual árbol vacilante,
que ha dado mucha sombra y muchas flores
a más de un extraviado caminante.

    Y es una acción de las que más humillan
delante de hombres fuertes y livianos;
ver como las heridas acribillan[245]
a los viejos y heroicos veteranos!

A la legión intrépida[246] y gloriosa

---

244   *Aceros*: espadas
245   *Acribillan*: de *acribillar*: hacer muchas heridas o picaduras a hombre o animal
246   *Intrépida*: que no teme al peligro

que adiós dijo a las épicas hazañas,
conteniendo con mano generosa
como un jirón[247] purpúreo, sus entrañas!

  Mientra el guerrero es joven, nadie quiere
que su mirada el pánico delate......
¡y es más bello y más noble, cuando muere
en las primeras filas del combate![248]

---

247 *Jirón*: pedazo desgarrado del vestido o de otra ropa (aquí, desde luego, refiere figurativamente al cuerpo: sus entrañas)

248 El poema por momentos resulta casi ininteligible, particularmente a partir de la estrofa que comienza «Dejemos descansar nuestros mayores.» Creo que esto se debe a la posición ambivalente y conflictiva del yo ante el teatro de la guerra. Las primeras cuatro estrofas están en la tercera persona: el yo se refiere a un él-ellos que son el joven que se sacrifica en la acción y los ancianos que se ven obligados a emigrar y a afrontar las privaciones del exilio. Indirectamente, Byrne se auto-representa en las dos estrofas que dicen: «Mas no hay dolor más grande ni profundo / que abandonar la patria, y por castigo / los pavorosos ámbitos del mundo / tener que atravesar como un mendigo; / conduciendo pendientes de la mano, / y con el alma trémula y ansiosa, / una madre infeliz, un padre anciano, / hijos pequeños y una amante esposa.» Como puede verse la inmolación del cuerpo es bello, pero el dolor «más grande» y más «profundo» es la carga del exiliado, o desterrado si se prefiere. El problema, por supuesto, es que la comparación implícita en la segunda de estas estrofas (si el dolor del destierro es más grande; tiene que haber otro dolor que lo sea menos) está disociada de la belleza de la caída en combate del jóven. Entonces, la estrofa siguiente («Se hizo para los jóvenes la espada»), y el apóstrofe a esos jóvenes («De vuestra sangre...») parecen ser el discurso de la persona mayor que (justificadamente) no puede empuñar la espada. Pero entonces, el «Dejemos descansar nuestros mayores» sólo puede ser dicho por la jueventud presta a sacrificarse. Estas oscilaciones del sentido, insisto, podrían reflejar la ansiedad de Byrne tratando de justificar el no haber participado en la guerra.

Angelus[249]

El lento son de la pausada esquila[250]
aumenta de las almas la tristeza:
es la hora dulce en que la noche empieza,
la oración triunfa y la impiedad vacila.

Véspero[251] abre en el éter[252] la pupila,
el corazón cristiano llora y reza,
en tanto que el horror se despereza[253]
y entre las sombras el puñal afila.

Cantando a media voz por los senderos,
regresan a su hogar los labradores
pensando en niños rubios y hechiceros;[254]

Y comienzan entonces los amores
en que los novios castos son luceros,
y las pálidas novias con las flores.

---

249   *Ángelus*: oración en honor del misterio de la Encarnación
250   *Esquila*: campana pequeña
251   *Véspero*: el atardecer, el crepúsculo
252   *Éter*: fluido sutil, imponderable y elástico que, según cierta hipótesis antigua, llena todo el
      espacio, y por su movimiento vibratorio trasmite la luz, el calor y otras formas de energía
253   *Se despereza*: de *desperezarse* (extender y estirar los miembros para sacudir la pereza o librarse
      del entumecimiento)
254   Obsérvese la (homo)erotización de la figura del niño. Los labradores que regresan son, al
      menos en su mayoría, sujetos masculinos. Lo que ocupa el pensamientos de estos hombres al
      retornar al hogar son los «niños rubios y hechiceros.» Lo significativo de estos versos es la
      incógnita que abren, puesto que la idea misma que ellos expresan resulta extraña. ¿No es
      también rubio el diablo?

VORREI MORIRE

Yo quisiera morir en pleno día
viendo llegar el sol hasta mi lecho,
como un amigo alegre y satisfecho
que viene a visitarme todavía.

Morir quisiera en paz, y en mi agonía
estrechar afanoso[255] contra el pecho
a la mujer que conquistó el derecho
de hacerme suyo por llamarse mía.[256]

Yo quisiera morirme dulcemente
como mueren los pálidos ancianos
de faz inmaculada y sonriente,

sintiendo como céfiros livianos
resbalar por mis ojos y mi frente
ósculos dulces y piadosas manos.[257]

1896.

---

255   *Afanoso*: anhelante

256   Véase la ambigüedad de estos versos. El yo masculino se (auto)representa como conquistado
      por la mujer. Todo cuanto sugiere acción e iniciativa corresponde a la mujer, mientras el
      hombre se mantiene pasivo. Es la mujer la que conquista el derecho de hacerlo *suyo*, y es ella
      la que, sólo por eso, puede llamarse a sí misma *suya*. Sospechosamente, el yo masculino no la
      llama *suya*, sino que es al revés: es ella, la mujer, la que se llama *suya*. Obsérvense de paso los
      pliegues de ese *llamarse* que no está muy lejos de *creerse*.

257   Urbano Martínez Carmenate ofrece un comentario biográfico de este soneto. En su biografía
      de Bonifacio Byrne se refiere a la reunificación del poeta con su esposa y sus hijos en Tampa
      en 1896. El poeta trabajaba como fileteador de cajas de tabaco. Martínez Carmenate califica
      este período de su vida como «tormentoso,» comentando que ello se refleja en sus versos «con
      el más hondo pesimismo.» «La aspiración a una tranquilidad postrera – precaución cristiana,
      en el fondo –,» expresa, «el anhelo de 'eterno descanso', flotará en sus composiciones de esa
      época.» El soneto que nos ocupa, y que Martínez Carmenate reproduce, es, en opinión de
      éste, un «ejemplo clásico» de ese pesimismo. Según el biógrafo, la muerte «aparece ahora en
      su poesía como abordaje existencial, como tema que presupone implicación filosófica. Con
      anterioridad había tratado el asunto, pero sólo como recurso aprehendido del candil ro-
      mántico, asociado al delirio amoroso» (*Bonifacio Byrne* 135-6). Hemos visto que si hay algo
      que se echa de menos en la poesía de Byrne es el «delirio amoroso» en la única forma, claro,
      en que se lo concibe: como delirio amoroso heterosexual. Por otra parte, Martínez Carmenate
      no se ve siquiera en la necesidad de dar cuenta, a través del comentario de la obra de Byrne,
      ni de la supuesta «precaución cristiana» (concepto difícil de desentrañar), ni de cómo se
      aprecia el «abordaje existencial.» Se trata, en verdad, de un ejemplo más de abordaje crítico
      (quiero decir, un acto de piratería crítica) que comenta una obra sin dedicarle mucho tiempo
      a *leerla*. «Vorrei Morire,» que no es un gran soneto, resulta de interés no tanto por la refe-
      rencia biográfica que pueda tener como por el diálogo implícito que establece con otros dos
      poemas modernistas: «Para entonces» (1887), de Manuel Gutiérrez Nájera, y «Vorrei Morire»

Los locos

¡Pobres de los dementes! La tristeza
invade la mansión en donde habitan,
donde acaso sus almas se marchitan
lo mismo que una flor en la maleza.

Como en roto desván,[258] en su cabeza,
los pensamientos bullen y se agitan,
y mientras unos cantan, otros gritan,
y mientras baila el uno, el otro reza.

Son ellos a su antojo soberanos,
astrólogos, guerreros y cautivos,
músicos, trovadores y tiranos;

Y, cual viejos soldados inactivos,
al sol calientan sus heladas manos,
tristes eternamente y pensativos.[259]

(1895), de Juana Borrero. Aunque se trata de tres poemas diferentes, si se los lee consecutivamente, resulta casi imposibles no ver en ellos variaciones de un mismo tema: «Quiero morir cuando decline el día, / en alta mar y con la cara al cielo» (Gutiérrez Nájera); «Quiero morir cuando al nacer la aurora / Su clara lumbre sobre el mundo vierte» (Juana Borrero); «Yo quisiera morir en pleno día / viendo llegar el sol hasta mi lecho» (Byrne). Es muy probable, además, que Byrne conociera el poema de Juana Borrero que volvió a publicarse justamente en abril de 1896 en el diario *Las Tres Américas* (Nueva York). Téngase en cuenta, además, que el poema de Byrne lleva el mismo título que el de Borrero y no «Verriet Morire,» como escribe Martínez Carmenate.

258   *Desván*: parte más alta de la casa, inmediatamente después del tejado, que suele destinarse a guardar objetos inútiles o en desuso.

259   En el desván de la locura se juntan (tome nota el lector) guerreros, tiranos y soldados inactivos. No es un detalle de menor importancia si consideramos que *Lira y Espada* aparece en el marco de la ocupación norteamericana y de la desactivación del ejército independentista.

LOS JUGUETES

¿Los juguetes tendrán alma?
      ¡Qué ironía!
A esa pregunta, con calma
se responderá algún día......

Mirad bien esa pastora
      desde aquí,
¡esa, sin duda, me adora,
muriéndose está por mí!

¡Ved aquel viejo! En verdad
      que muy bien
aparece, por su edad,
mayor que Matusalén.[260]

¿Y aquel gallardo tenor
      de opereta?
¡Ni más dulce, ni mejor,
otro existe en el planeta!

Sobre mi mesa, plantado
      vive un can,
debe estar desesperado,
¡sin un hueso, sin un pan!

¡Qué lindo aquel mosquetero!
      ¡Qué arrogante!
¡Con la mano en el acero
y la faz amenazante!

Un juguete me enajena
      mucho a mí:
¡es aquella Magdalena,
que está despeinada allí!

¡Un acróbata en mi casa!
      No lo aprecio,

---

260   *Matusalén*: patriarca bíblico. Es una alusión a la longevidad.

porque la vida se pasa
oscilando en el trapecio......

Aquella es una jauría:
        siempre allí
persiguiendo noche y día
a invisible jabalí......

Aquel otro es don Quijote:
        gallardea[261]
de su Rocinante al trote
y en busca de Dulcinea.

Ofelia y Hamlet — los dos —
        allí están:
¡parecen decirse adiós
mirándose con afán!

Hay otro en que estoy fijando
        mis miradas:
¡Lady Macbeth procurando
lavar sus manos manchadas!

¡Veo aquel espadachín!:
        no está mal,
porque a su contrario, al fin,
le abrió en el pecho un ojal.

Hay otro que está adornando
        un rincón:
es un loco, apuñaleando
de una ingrata el corazón!

A veces yo me figuro
        que respiran,
y que merced a un conjuro,
se me acercan y me miran......
Pero al que yo más respeto,
        es a aquel:
¡representa un esqueleto,
perseguido por Luzbel!

---

261 *Gallardea*: neologismo derivado de gallardo

De noche, si me desvelo,
— ¡cosa rara! —
le arrojo encima un pañuelo
¡tanto horror me da en cara!

¿Los juguetes, tendrán alma?
¡Qué ironía!
A esa pregunta, con calma
se responderá algún día.[262]

---

262   La juguetería da a la habitación poblada de fantasmas de Byrne. Todas sus obsesiones (incluyendo lo macabro) se dan cita en el mundo de los juguetes. La pregunta que abre y cierra el poema es, pues, retórica. Los «juguetes» que representan a la mujer no se constituyen en tracción del deseo del yo. La pastora lo adora, se muere por él; Lady Macbeth sólo lo atrae como figura del crimen y alegoría de la mancha. La única excepción parece ser la Magdalena, de la que dice que lo enajena, pero también que «está despeinada allí.» Es justamente lo opuesto de lo que sucede con los «juguetes» hombres. El tenor es «gallardo» y «dulce.» El mosquetero, «lindo,» tiene, por supuesto, «la mano en el acero.» Será «amenazante,» pero sigue siendo «lindo.» En cuanto al espadachín, «no está mal, / porque a su contrario, al fin, / le abrió en el pecho un ojal.» Se repite, pues, la escena del trovador y la narración del esqueleto, así como la obsesión masculina y homoerótica con el rival (y la correspondiente mediación fálica: el acero). Esto contrasta con el loco que apuñalea incesantemente el corazón de la ingrata. En este caso, desaparece la rivalidad masculina, y lo único que se nos presenta es la agresividad sin fin contra la mujer. La fijación explícita con el doble, una vez más, suscita la sensación de lo siniestro: «A veces yo me figuro / que respiran, / y que merced a un conjuro, / se me acercan y me miran......» Véase como reaparece el esqueleto en el espejo del yo, y con él, la persecución homoerótica de Luzbel: «Pero al que yo más respeto, / es a aquel: / ¡representa un esqueleto, / perseguido por Luzbel! / De noche, si me desvelo, / –¡cosa rara!– / le arrojo encima un pañuelo / ¡tanto horror me da en cara!»

Mi bandera

Al general Pedro B. Betancourt[263]

Al volver de distante ribera,
con el alma enlutada y sombría,
afanoso busqué mi bandera
y otra[264] he visto, además de la mía!
    ¿Dónde ente mi bandera cubana,
la bandera más bella que existe?
Desde el buque la vi esta mañana,
y no he visto una cosa más triste!......
    Con la fe de las almas austeras[265]
hoy sostengo con honda energía,
que no deben flotar dos banderas
donde basta con una: ¡la mía!
    En los campos que hoy son un osario
vio a los bravos batiéndose juntos,
y ella ha sido el honroso sudario
de los pobres guerreros difuntos.
    Orgullosa lució en la pelea,
sin pueril[266] y romántico alarde:
¡al cubano que en ella no crea
se le debe azotar por cobarde!
    En el fondo de oscuras prisiones
no escuchó ni la queja más leve
y sus huellas en otras regiones
son letreros de luz en la nieve......
    ¿No la veis? Mi bandera es aquella
que no ha sido jamás mercenaria,
y en la cual resplandece una estrella,
con más luz, cuanto más solitaria.
    Del destierro[267] en el alma la traje
entre tantos recuerdos dispersos,
y he sabido rendirle homenaje

---

263   Fue general del Ejército Libertador en la última guerra de independencia de Cuba contra el colonialismo español. En 1899, con el país ocupado por las fuerzas de intervención norteamericana, Betancourt es nombrado gobernador civil de la provincia de Matanzas. Sobre la relación de Byrne y Betancourt véase el estudio introductorio de la presente edición de la obra del poeta matancero.

264   *Otra*: otra bandera (la bandera norteamericana).

265   *Austeras*: sobrias, sencillas // rigurosamente ajustadas a las normal de la moral.

266   *Pueril*: fútil, trivial.

267   Como puede apreciarse, Byrne usó la poesía patriótica para auto-representarse como desterrado.

al hacerla flotar en mis versos.[268]
    Aunque lánguida y triste tremola,
mi ambición es que el Sol con su lumbre,
la ilumine a ella sola, — ¡a ella sola! —
en el llano, en el mar y en la cumbre!
    Si deshecha en menudos pedazos
llega a ser mi bandera algún día....
¡nuestros muertos alzando los brazos
la sabrán defender todavía!......[269]

---

[268] El poema no es un mero homenaje a la bandera nacional. Si ella flota en sus versos, el poema, de hecho se convierte no sólo en la bandera misma, sino sobre todo, en bandera de Byrne: «*Mi* bandera.»

[269] Significamente, aún en el poema que ha venido a definir a Byrne como poeta patriótico («Poeta de la bandera», «Poeta de la Guerra») emerge el poeta de *Excéntricas*, obsesionado con el retorno del muerto.

I. 3. En medio del camino (Selecciones)

Matanzas: Imp. Tomás González, 1914

Desde mi torre

En el alcázar[270] de mis sueños vivo,
cruzo por avenidas misteriosas,
y, para no asustar las mariposas,
mi cuerpo, al verlas, cuidadoso esquivo.

Los espontáneos versos que concibo
me los dictan los astros y las rosas,
las ramas que se agitan temblorosas,
y el cierzo,[271] vagabundo y fugitivo.

La noche impenetrable es mi delicia;
entre mi corazón y el firmamento,
no cesa de viajar una caricia.

Y amo la placidez del aislamiento,
como su casta celda la novicia
que tiene fijo en Dios su pensamiento.

---

270   *Alcázar*: recinto fortificado
271   Cierzo: viento septentrional más inclinado a levante o a poniente, según la situación geográfica
de la región en que sopla

El Maestro[272]

En la crápula y la orgía,
aquel bardo descendía
hacia el fondo de la fosa,
    con su cara macilenta,
su pupila soñolienta
y su cítara armoniosa.[273]

    Sus discípulos le amaban,
y las rimas recitaban
del rey de la saturnal...
    ¡Rey que alivió sus congojas,
dialogando con las hojas
y la ráfaga otoñal!

    Allá en el barrio *Latino*,
con el ajenjo asesino
deleitábase el cantor,
    muriéndose lentamente
como expira en el ambiente
de una antífona el rumor.

    El desprecio no le arredra:
sobre los bancos de piedra
en los jardines dormía;
    y, bajo el soplo del cierzo,
las migajas de su almuerzo
con las aves compartía.[274]

    Y en los públicos mesones,
con sus galantes canciones
encantaba a los viajeros,
    que miraban al artista
perderse luego de vista
por los floridos senderos.

    Del Jardín de Luxemburgo
fue siempre aquel taumaturgo[275]

---

272   El poeta francés Paul Verlaine.

273   La figuración cadavérica de Verlaine descendiendo a la fosa podría decirse que es un reflejo especular del descenso a la muerte del yo de Byrne en «Las tumbas.» Por otra parte, la «cítara armoniosa» de Verlaine trae a la mente el violín del diablo, su ejecución virtuosa.

274   La imagen nos recuerda la del sepulturero.

el visitante más fiel;
    y de sus ansias secretas,
las pudibundas violetas
hablaban quizás con él.[276]

    Fue satánico y sombrío:
se burló del poderío
del burgués calculador,
    y, en sus antros infernales,
mezclaba los madrigales
con sus gritos de dolor.

    Fue a morir a un hospital,
el rey de la saturnal,
aquel magnífico rey
    que amó del verso la forma,
y tuvo el vicio por norma
y el escándalo por ley.

    Pero, en sus últimos días,
ya con las manos muy frías,
fue de la liturgia en pos,
    encontrando en los altares
a sus genios tutelares
y la bendición de Dios.[277]

---

275   *Taumaturgo*: el que practica la magia

276   Tanto el artista que los viajeros «ven perderse de vista / por los floridos senderos,» como ese
      que *quizá* conversa de sus «ansias secretas» con las «pudibundas violetas» parecen codificar
      el deseo homosexual, ese que «tuvo el vicio por norma / y el escándalo por ley.»

277   La «conversión final» o la transformación de Verlaine, de la que también hablan Rubén Darío
      y Enrique Gómez Carrillo, sirve de sombrilla a los comentarios sobre su vicio.

Analogías

Existe un misterioso sacramento,
entre la mano, el bálsamo y la herida,
entre el lúgubre adiós de la partida
y las secretas ráfagas del viento.

Hay un lazo entre el sol y el firmamento;
e igual excelsitud, indefinida,
entre el ave, en el aire suspendida,
y el acto de nacer el pensamiento.

Hay un nexo entre el ósculo y el trino,
entre la copa, el labio y la fragancia
que se desprende de un licor divino.

Y hay una milagrosa consonancia,
entre el árbol y el surco del camino
y el mensaje de amor y la distancia.[278]

---

278   Al igual que «Desde mi torre,» y «El Maestro,» el soneto «Analogías» se inscribe, no en el
      regreso, sino en la continua aparición del modernismo en la poesía de Byrne. Los logros del
      primero y el último de los poemas mencionados son modestos, pero están a la vista: el carac-
      terísticamente afinado oído de Byrne se expresa admirablemente en ellos. En cuanto a «El
      Maestro,» baste decir que su lugar está, sin dudas, en *Excéntricas*. Lo mismo podría decirse
      de «Los locos» y de «Los juguetes» (*Arco y Lira*).

LOS CASERONES

Adoro esas viviendas
de elevados y lúgubres portales,
donde esparce invisible sus ofrendas
y recita sus tenues madrigales,
el genio evocador de las leyendas.

Contento viviría
en uno de esos viejos caserones,
donde la luz del día
penetra por los húmedos balcones
con profunda y letal melancolía.

A través de sus rejas,
de cuentos y consejas,[279]
la voz supersticiosa se desliza,
y, en la sombra, sus nítidas guedejas[280]
vemos que peina nuestra fiel nodriza.

Fosas anticipadas
parecen, cuando en ellos las miradas
en momentos solemnes hay quien hunda,
y en sus grandes alcobas desoladas
no tiene fin la soledad profunda.[281]

No les agrada el resplandor del día:
cabe en su seno el lodo,
la desesperación y la agonía,
la soledad y el rayo.... ¡todo, todo!
¡Sólo no cabe en ellos la alegría!

¿Qué corazón al verlos no se arredra,[282]
pidiéndoles de vida algún destello?
En su interior, desde la tosca piedra
hasta la humilde yedra,

---

279 *Conseja*: cuento, fábula, patraña ridículos y de sabor antiguo. // Junta para tratar de cosas ilícitas
280 *Guedeja*: cabellera larga, mechón de cabellos
281 No se trata sólo de que el caserón parezca una fosa anticipada, sino de que la mirada del yo, de hecho, cava en los caserones insistentemente, los vacía, los convierte en fosas y a sí mismo en sepulturero.
282 *Arredra*: amedrenta, atemoriza

tienen de la vejez grabado el sello.
De sus salas calladas y desiertas,
¿quién es el que de noche abre las puertas
haciendo que rechinen[283] y que crujan?
¿Qué manos melancólicas y yertas,
al penetrar en ellos nos empujan?[284]

¿Qué niño es el que juega en sus jardines
o se trepa a los árboles del huerto,
si saben estos castos serafines[285]
que cada caserón es un desierto,
sin luz, ni mariposas, ni jazmines?

En sus interminables aposentos,[286]
se oyen largos lamentos,
tristes suspiros, subterráneas voces;
y pálidos semblantes macilentos[287]
cruzan como una ráfaga, veloces.

¿Por qué, por qué mi espíritu se lanza
hacia los solitarios caserones?
Porque tienen perfecta semejanza
con los crucificados corazones,
en donde yace muerta la esperanza.[288]

---

283 *Rechinar*: hacer o causar un ruido, comúnmente desapacible, por el roce de una cosa con otra

284 En tanto que proyección anticipada de la fosa, el caserón da al espejo, a la aparición del fantasma, del otro que no sólo persigue, sino que es también perseguido.

285 *Serafín*: ángel, cada uno de los espíritus alados que forman el primer coro // persona de singular hermosura. Otro ejemplo de la fijación de Byrne con la figura del niño que, en tanto serafín, evoca no sólo la de un niño bello, sino también rubio. El adjetivo *casto*, debe notarse, lejos de expulsar lo erótico, lo invita por su implícita relación con la posibilidad de violación. Además, al traer a estos castos serafines a los jardines de los caserones asediados por la muerte y el fantasma homoerótico del otro, Byrne sigue él mismo rondando, (re)escenificando sus obsesiones, absorto en el caserón de su propio inconsciente.

286 *Aposentos*: habitaciones

287 *Macilentos*: huesudos y descoloridos

288 Este uno de los poemas de Byrne que más me conmueve. Aquí está el poeta provinciano que evoca los «viejos caserones,» sus rejas, las «salas calladas y desiertas.» Pero los pocos e inmerecidos críticos que ha tenido Byrne apenas van más allá de tomar nota de ese provincianismo. Para mí, en cambio, esta no es una nota nueva, algo que no estuviera ya presente en *Excéntricas*. Por el contrario, uno no falla en escuchar (a Byrne hay que escucharlo porque si no se lo pierde) las puertas que rechinan y crujen al paso fugaz, por supuesto, del fantasma. El poeta no visita los caserones, sino que desciende a ellos (son fosas en la que todavía persisten rasgosde la vida secreta de las cosas y de la gente). En cierta medida, este poema anticipa (modestamente, es cierto) las voces de Comala. Hay como un anuncio también del Jorge Luis Borges de *Fervor de Buenos Aires* (1923). Por cierto, sólo nueve años separan al poemario de Byrne del de Borges. Hagamos una pausa para escuchar al Borges de «Sala vacía:» «Los daguerrotipos / mienten su falsa cercanía / de tiempo detenido en un espejo / y ante nuestro examen se pierden / como fechas inútiles» Ahora Byrne: «A través de sus rejas, / de cuentos y consejas, / la voz supersticiosa se desliza.» ¿Quién nos había preparado para esta sorpresa? Pero no se trata sólo de Borges. Algo también del Eliseo Diego de *En la Calzada de Jesús del Monte* (1949) se anuncia en esta zona de la poesía de Byrne. No obstante, advertimos que a

IVETTE

Es una adolescente encantadora,
de breve talle y de turgente[289] seno:
el color de sus ojos es el mismo
que el del campo después de un aguacero.

Su voz es una cítara, que pulsan
desde el azul vestíbulo del cielo:
no hay ruiseñor que cante en su presencia,
porque de ser vencido tiene miedo.

Sus ojos enigmáticos despiden
más cálidos fulgores que un incendio,
y es mucho más flexible su cintura
que las bravas panteras del desierto.

Son sus dientes más blancos que la leche
que liba[290] el niño en el pezón materno,
y, para que el amor pueda ocultarse,
Dios hizo en sus mejillas un hoyuelo.

Su palabra es mimosa[291]; se diría
que brota de sus labios como un beso,
y es tan hondo su encanto, que se sabe
que les enseña música a los versos....

Si visita un jardín, entre las flores
hay riñas y polémicas y celos;
palidecen las rosas, y morirse
quisieran los claveles en su seno.

Su gracia es una red que nos envuelve,
y su púber belleza es un secreto
que cuando se divulgue, de rodillas
ha de hacer que se ponga el universo.

Cuando sus manos nítidas y breves
posa sobre la albura[292] de su pecho,
se pudiera pensar que son dos lirios,
y que por un milagro allí nacieron.

Su risa es como el agua cristalina,
cuyo glú glú melódico y eterno,
permite que la dicha se refleje

---

pesar de las mencionadas vecindades hay algo radicalmente byrneniano que nos sale al paso una y otra vez y hace imposible cualquier comparación reduccionista: la obsesiva aparición de lo macabro.

289 *Turgente*: abultado
290 *Libar*: chupar
291 *Mimosa*: melindrosa, aficionada a las caricias
292 *Albura*: blancura perfecta

en la ardorosa faz de los viajeros.
Es una adolescente encantadora:
la vez primera que la vi, recuerdo
que sentí la impresión desconocida
de algo muy raro, sorprendente y nuevo.

Me pareció que a mi existencia estéril
acababa de unírsele un lucero,
y que, pendiente de mi mano, estaba
el vívido raudal de sus destellos.

Me pareció que, loca mi alegría,
desde el sótano inmenso de sus duelos,
al aire daba su canción sonora,
ya sano al ver mi corazón enfermo.

Mas luego recordé que ya las aves
para cantar no vienen a mi alero,
y que, al decir adiós, la primavera,
es porque sabe que se va muy lejos...

Es una adolescente peligrosa
como cualquier mortífero veneno;
como son los abismos, cuyos bordes,
siempre de flores aparecen llenos.

De ella emana la fiebre del suicidio,
emana de sus ojos y sus besos.
¡No sé, no sé por qué, pienso al mirarla
en la Du Barry y en Ninón de Leclos.[293]

---

293   Jeanne Bécu, condesa de Du Barry (1743 – 1793). Fue la última amante de Luis XV y una de
      las víctimas del reino del terror durante la Revolución Francesa. Ninon de l'Enclos (1620-
      1705). Escritora francesa, cortesana y patrocinadora de las artes. Alentó a Moliere, y al morir
      dejó dinero para el hijo de su contador, quien sería conocido más tarde como Voltaire. Entre
      sus amantes ricos se cuentan el primo del rey y el duque de la Rochefoucauld. En *La coqueta
      vengada* (*La coquette vengée*, 1659) defendió la posibilidad de llevar una buena vida sin nece-
      sidad de religión. Fue amiga de Racine y de Madame de Maintenon. «Ivette» es el único
      poema específicamente centrado en la mujer como «objeto de deseo» del yo que encontramos
      en *En el medio del camino*. Sin embargo, a pesar de ciertas imágenes eróticas –el «turgente
      sento,» y la cintura más flexible «que las bravas panteras del desierto»– la distancia entre la
      «adolescente encantadora» y el yo de quien la primavera se despide, conduce inevitablemente
      al desencuentro erótico con la mujer quien, sorprendemente, hacia el final, se transforma en
      un peligro letal, en un flujo de deseos suicidas.

EL CORAZÓN DE LAS PIEDRAS

—¿Quién es el que te puso en mi camino?
¿Fue Dios o fue el Destino,
quién te condujo a estos lugares? ¡Di! —
Delante de la piedra solitaria,
dejé vagar mi mente visionaria,
y fútil y pequeño me sentí.

Al escucharme, dijo: — Caminante,
no sigas adelante....
¡ven conmigo a sentir y meditar!
El que te diga que no tengo entrañas,
no sabe las magníficas hazañas
que logro silenciosa realizar.

Los viejos, abatidos y encorvados,
con ojos resignados
se sientan por la tarde sobre mí,
y haciendo con su diestra una pantalla,
ven como el sol derrite su medalla
del firmamento en el azul turquí.[294]

Bajo mi base los insectos bregan;
sobre mi superficie se congregan
los niños de este rústico lugar
y repiten el juego que prefieren:
con un hacha me hieren,
no pudiéndome todos empujar.

También derramo lágrimas.... Anoche
un viejo carricoche[295]
al tropezar conmigo se estrelló....
Vi en su interior una mujer muy bella,
y al opaco reflejo de una estrella,
la contemplé después cuando murió.

La lluvia es buena y mis contornos moja:
hirviendo el sol, de su sandalia roja,

---

294   *Azul turquí*: el azul más oscuro. Es el sexto color del espectro solar
295   *Carricoche*: coche viejo o de aspecto desagradable

la quemadura oblígame a sentir;
        pero al llegar la noche me sonrío,
cuando sobre mi espalda, del rocío
empiezo las caricias a sentir.

        ¡Soy novia del fulgor de la mañana!
        De esta inmensa sabana
el más constante centinela soy,
        y admirando del cielo la belleza,
                me muero de tristeza
y átomos míos disgregando voy.

        Algunas veces de dolor me quejo,
                pensando en el espejo
donde nunca me habré de contemplar;
y por eso, si nadie me importuna,
le pregunto a la luna
si está muy lejos el profundo mar.

        A veces me figuro que me llama
                y que su panorama,
levantándome aquí, pudiera ver,
mas luego un pensamiento repentino
me dice que en la tierra es mi destino
en eterna quietud permanecer.[296]

---

296 En principio, la piedra –que rápidamente reemplaza la voz del caminante– parece ser un
     hallazgo casual del caminante. Pero no resulta difícil vislumbrar en ella un doble de la lápida
     funeraria: su espejo. Lápida deriva del latín *lapis*, correspondiente al g. *laas*, la piedra por ex-
     celencia» (Monlau 314). Los viejos «abatidos y encorvados» y con «ojos resignados» que se
     sientan sobre la piedra, justo al morir la tarde, no son sino una imagen anticipada de su propia
     muerte, y esa piedra, insisto, de su lápida. Y no se trata sólo de la piedra-lápida como un mero
     marcador de la muerte, sino también como sitio de (re)producción del morir-matar. El «viejo
     carricoche» –con la «mujer muy bella» que muere en su interior al estrellarse contra la
     piedra– es otra proyección del *carro de los muertos*. Nótese, además, como esto ofrece otra opor-
     tunidad de liquidación del «muy bello» sujeto femenino.

LOS RETRATOS

Cuelgan de las paredes los retratos
lo mismo que en el templo las ofrendas,
siendo en el interior de las viviendas
nuestros únicos jueces inmediatos.

Ellos evocan fugitivos datos:
citas, bajo los tilos, en las sendas;
cartas de amor, románticas leyendas,
furtivos besos y coloquios gratos.

Aquellos que en las vastas galerías
permanecen inmóviles... Aquellos
que en honda soledad pasan los días,

se me antojan más tristes y más bellos,
y no fueran mis horas tan sombrías
si su eterna quietud me diesen ellos.[297]

---

[297] He aquí otra instancia de reproducción del doble en los retratos-espejos. En cuanto representación del doble (del desdoblamiento del yo) dan lugar tanto a la simbolización del deseo como de la instancia moral (super-yo) que lo juzga. Por esto, los retratos son, primero que todo, «jueces inmediatos.» Dado el examen implacable, constante e imposible de eludir, de esos jueces, el deseo tiene que recurrir a «los furtivos datos,» a las citas «bajo los tilos, en las sendas,» en fin, a lo innombrable. De la inmediatez vigilante de los retratos, pasamos a su distanciamiento del yo, que se aleja sólo para acercarlos en su ausencia como muertos —«Aquellos que en las vastas galerías / *permanecen inmóviles*»— y espejos que todavía no lo reciben, pero en los que ansía verse reflejado: «y no fueran mis horas tan sombrías / si su eterna quietud me diesen ellos.»

Los muebles

A Francisco Cañellas[298]

¿Por qué no? Cada mueble
puede hacernos alguna confidencia:
en una alcoba triste un lecho endeble,
no es difícil que pueble
de trágicas visiones la conciencia.[299]
El armario de pino
que en el rincón aquel yace olvidado,
¿no es verdad que parece un peregrino,
rendido y fatigado,
entre las asperezas del camino?
El mullido sofá semeja un lecho
que al sueño y al deleite nos invita:
cómplice del amor, está en acecho,
atisbando[300] el latido con que el pecho
los éxtasis presiente de la cita.
¿Qué pretendéis, al sumergir la mano
en aquella recóndita[301] gaveta?
¡Buscáis, buscáis en vano,
la página de amor dulce y secreta,
que ella retiene, así como sujeta,
al náufrago infeliz el oceano!

Las sillas, con sus formas atrayentes,
surgiendo en la solemne ceremonia,
simulan magistrados imponentes
llenos de distinción y parsimonia.
¿Habéis visto los viejos escritorios?
Semejan, por su aspecto, emperadores
que yacen en sus vastos dormitorios,
pensando que la pompa y los honores,
son pálidos fantasmas ilusorios.

Son los cofres adictos camaradas

---

298   Escritor y periodista. En 1907 publicó un libro de crónicas titulado *Del camino*. En abril de 1911 Cañellas publicó un artículo en Bohemia titulado «Nuestro Poeta Nacional» con el objetivo de promover la idea de homenajear a Bonifacio Byrne.

299   Recuérdese en «El esqueleto,» la intimidad del yo con la osamenta del muerto, el lecho compartido.

300   *Atisbando*: observando con cuidado // *vislumbrando* (conjeturando o conociendo por indicios)

301   *Recóndita*: muy reservada y oculta

que con nosotros van en nuestros viajes;
duermen en nuestra alcoba en las posadas,
y en el andén les rinden homenajes,
como si fuesen testas[302] coronadas.

Melancólicos pasan por la vida:
con inmenso pesar escuchan ellos
el sollozo, el adiós de la partida,
y custodian el rizo de cabellos,
que ató, llorando, una mujer querida...

Amontonados en su seno yacen
versos de amor y cálices de rosas,
que silenciosamente se deshacen
debajo de las cartas amorosas,
que entre suspiros nacen,
para morir, dispersas y borrosas...

Cuando vierte la tarde los reflejos
que brotan de sus ojos entornados,[303]
dando un opaco tinte a los marfiles
de los misales[304] y los Cristos viejos...
Decidme: ¿no habéis visto en los espejos,
pavorosos perfiles
de rostros demacrados,
que acaso llegarán desde muy lejos,
tristemente impulsados
por ráfagas errantes y sutiles?

Si veis a media noche los estantes
en donde los infolios[305] permanecen;
notaréis que los libros se estremecen
en poder de unas manos vacilantes,
que en el aire se alargan, y parecen
lirios que van por el espacio errantes.

El lecho es un amigo
que nada exige de su afecto en pago;
con idéntico halago
recibe al poderoso que al mendigo;
él es quien oye el misterioso y vago
paso exterminador del enemigo,
que nos hace pasar por el postigo
que se abre y cierra en el postrer momento;
y él es quien, melancólico, soporta

---

302 *Testas*: cabezas
303 *Entornados*: no completamente cerrados
304 *Misales*: devocionarios
305 *Infolio*: libro en folio

la rigidez del cuerpo macilento,
cuando la Muerte con su soplo corta
la frágil hebra del vital aliento.
    Hay efigies muy bellas
en las paredes próximas pendientes,
que nos hablan de espíritus ausentes
cuando fijamos la mirada en ellas.
    Pero hay otras de ceño cejijunto...[306]
¡esas parecen que se están odiando,
y, al verlas, me pregunto
en qué estarán pensando!...
¡Tal vez en las pupilas de un difunto
que desde lejos las está mirando!
    Servidores amables y discretos
que sabéis mis secretos,
mis luchas y mis locos desvaríos;
que me habéis visto caminar a oscuras
en horas de funestos extravíos;
que en momentos de angustia y de quebranto,
contemplando un cadáver, de mi llanto
habéis visto correr las ondas puras;
que me habéis visto sollozar delante
de un libro fulgurante,
besar la firma del autor lejano,
y su inmóvil y pálido semblante,
lo mismo que si fuera el de un hermano;
que de memoria conocéis mis versos
que nacieron eufónicos[307] y tersos,
y que habéis presenciado la agonía
de mis sueños errantes y dispersos...
¡oh muebles, muebles míos,
trémulo de emoción y de alegría,
dejadme a todas horas contemplaros,
igual que los avaros
contemplan su tesoro cada día!
    Cuando Dios justiciero
me sentencie a morir, en ese instante

---

306   *Ceño cejijunto*: el *ceño* es una expresión amenazadora que hace el rostro, y *cecijunto* es una ceja muy poblada (se trata de crear una imagen amenazadora del rostro, para lo cual se añade el exceso de vello)

307   *Eufónicos*: que tienen eufonía (sonoridad agradable que resulta de la acertada combinación de los elementos acústicos de las palabras).

por la postrera vez miraros quiero,
como antes de expirar, el caminante
se fija agradecido en el lucero
que fue su misterioso acompañante.[308]

---

308 «Los muebles» pertenecen al ámbito de «Los caserones,» y, como con este poema, podría igualmente insertarse en la colección de *Excéntricas.* El paso de «Los caserones» a «Los muebles» es, por encima de otra cosa, el paso a una zona de intimidad más inequívocamente dentro de lo *secreto.* «Confidencia,» acechar, atisbar, la «recóndita gaveta,» la búsqueda de la página de amor «dulce y secreta,» los cofres que escuchan y custodian, el postigo que se abre y cierra, las efigies cuyos nombres permanecen innombrados; los muebles, en fin, que «amables y discretos,» dice el yo, «sabéis mis secretos;» desde cualquier ángulo que se los mire se cierran (y abren) sobre lo *secreto.* El muerto que sale de «El cofre» con las cartas (secretas) en la mano, reaparece para sorprendernos metiendo la mano en la «recóndita gaveta» y burlarse de nuestras artimañas: «¡Buscáis, buscáis en vano, / la página de amor dulce y secreta, / que ella retiene, así como sujeta, / al náufrago infeliz el oceano!» Este poema no resulta una excepción en lo que respecta a la carga homoerótica ligada a la aparición del doble en la figura del fantasma. Cierto que los cofres, por ejemplo, «custodian el rizo de cabellos, / que ató, llorando, una mujer querida…» Pero note el lector que la imagen del cofre es arrastrada al lecho como un camarada: «Son los cofres adictos camaradas / que con nosotros van en nuestros viajes; / duermen en nuestra alcoba en las posadas.» El hecho mismo de que se trate de adictos camaradas hace entrar a estos en la esfera de la adicción, del vicio. En cualquiera de sus dos acepciones principales, *adicto* nos lleva en esa dirección: 1) Dedicado, muy inclinado, apegado; 2) Persona dominada por el uso de alguna droga o por la afición desmedida a ciertos juegos. Lo que está en juego, pues, en la adicción, es el exceso. Lo que resulta elocuente en el caso de Byrne es que, como ya vimos en otra ocasión, el término parece a veces rebuscado. Para el caso habría funcionado igual *leales,* por ejemplo. Pero sucede que *adictos* podría entrar en la misma órbita de deseo que el lecho compartido «en las posadas.» Es por esto que aunque la imagen del lecho como un amigo que no exige retribución no hubiera implicado necesariamente al deseo homoerótico en otro texto, dada la carga libidinal entre sujetos masculinos que se trasmite de continuo en la poesía de Byrne, en «Los muebles» resulta casi imposible conjurar ese deseo. Obsérvese, para no poner más que otro ejemplo, la obsesión del yo con las efigies, y entre las que ocupa espacial y psicológicamente el lugar de la mediación. En unas fija la mirada porque son «muy bellas,» y en otras porque advierte en ellas un encono como si se estuvieran «odiando.» El yo no puede evitar obsesionarse con lo que pueden estar pensando y concluye: «¡Tal vez en las pupilas de un difunto / que desde lejos las está mirando!» Pero, ¿quién sino el yo mismo es el difunto que está mirando las efigies? En otra vuelta de tuerca, el fantasma aparece como el doble del yo, y es con ese doble con el que establece una relación pasional; una *adicción,* cabría decir. Llama la atención esa mirada fija en las efigies que nos trae a la mente las *Efigies. Sonetos patrióticos* (1897). Quizá en estos sonetos Byrne encontró la manera perfecta de conciliar todos los reclamos (de dentro y de fuera): la pulsión homoerótica, la necrofílica y la patriótica. No presumo (ni tengo tampoco interés en ello) de haber descubierto, entre esos «servidores amables y discretos,» los *secretos* de Byrne. Me basta con saber que, como casi todos los modernistas, tuvo su armario y su «misterioso acompañante.»

Do re mi fa sol...

A Guillermo de Montagú[309]

La ciudad se despierta... Vibra el pito
de una locomotora que jadea,
y el hálito[310] de cada chimenea
nubla del éter el azul bendito.

De cada callejuela surge un grito:
en el café se charla y se vocea;
en el altar el incensario humea
y el sol baña de luz el infinito.

Un gallo canta en la extensión distante...
Cruza un carro, premioso y vacilante...
Pasa en su coche el viejo cirujano...

Los niños... el periódico... la escuela...
Y de repente un pájaro que vuela:
el *do re mi fa sol* en cada piano.

---

309   Guillermo de Montagú (1881–1952). Cultivador de la poesía patriótica. Max Henríquez Ureña nos dice que Montagú «ganó cierta notoriedad con motivo de una discrepancia de opiniones surgida en unos Juegos Florales convocados por el Ateneo de La Habana en 1908: frente a un primer jurado que prefería declarar desierto el primer premio, surgió la disidencia, y un segundo jurado decidió otorgar la Flor Natural a Montagú» por su *Canto a la Patria*. Henríquez Ureña lo considera un «romántico rezagado, « lo que confirmó «su libro *Iris* (Barcelona, 1910), nutrida colección de poesías de sabor antañón, aunque con riqueza y variedad en la versificación.» Montagú publicó una novela realista (*Martín Pérez*) y por un tiempo «enmudeció para las letras.» Ejerció la abogacía, llegando a ser magistrado del Tribunal Supremo. Ya anciano tradujo Las flores del Mal, de Baudelaire, reeditó *Iris*, y concibió otros proyectos, pero «falleció inesperadamente, arrollado por un ómnibus» (*Panorama histórico* 290).

310   *Hálito*: vapor

LA MADRUGADA

Fúlgidos aderezos[311] de rocío
esparce generosa en la arboleda,
y misterios magníficos hospeda
en el distante alcázar[312] del vacío.

Su imagen tiembla en el cristal del río,
quiere a la brisa murmurante y leda,[313]
y en el jardín, los pétalos de seda
acaricia con noble señorío....

Precursora gentil de la mañana,
es ella quien nos abre la ventana,
en sus ojos trayéndonos el día;

y antes de que se esfume en el ambiente,
nos despierta besándonos, y ausente,
pensamos que nos besa todavía....

---

311   *Aderezos*: juegos de joyas, adornos
312   *Alcázar*: casa real o habitación de príncipe, esté fortificada o no
313   *Leda*: contenta, plácida

LOS PASOS

A Rufino Blanco Fombona[314]

Paréceme[315] que escucho todavía
aquellos pasos, sordos[316] y furtivos,
en la estancia[317] que, encima de la mía,
habitaban dos seres pensativos:
un anciano, y un niño, que tenía
unos ojos muy grandes y expresivos.[318]
¡Dormir no pude aquella noche! Atento
escuché las monótonas pisadas,
llegando a sospechar que mi aposento[319]
era un nido de hostiles emboscadas.

Quise cerrar los ojos; pero era en vano...
El rumor de los pasos me seguía,
y pensé que, al alcance de mi mano,
alguien aquella noche se moría.
Y a la noche le dije: — ¡Acaba, acaba
tu ardua[320] misión, para saltar del lecho!
Y sobre mi cabeza, y en el techo,
el rumor de los pasos arreciaba.[321]

Me levanté: delante de una mesa
me detuve anhelante,
pero el eco fatídico no cesa.
Contemplé en el espejo mi semblante,
y vi, lleno de horror, y de sorpresa,
que era mi palidez desesperante.
Oigo un nuevo rumor.... Es el lamento
de una orquesta diabólica y lejana;
y a registrar me pongo mi aposento,
hasta que me cercioro[322] de que el viento,

314   Rufino Blanco Fombona (Caracas, 1874–Buenos Aires, 1944). Escritor venezolano. En 1928
fue propuesto para el Premio Nóbel de Literatura. Es el autor de *El modernismo y los poetas
modernistas* (1929).
315   *Paréceme*: Me parece
316   *sordos*: que no vibran, apagados
317   *estancia*: habitación
318   La voz lírica, se sugiere, ve los ojos «muy grandes y expresivos» del niño *antes* de encontrarse con él.
319   *aposento*: dormitorio, cuarto
320   *ardua*: muy difícil
321   *arreciaba*: se hacía más fuerte
322   *me cercioro*: me aseguro

como un ladrón, empuja mi ventana.
Una angustia mortal y decisiva
sentí que penetraba por mis poros:
volví los pasos a escuchar arriba,
más firmes esta vez y más sonoros.

La noche se alejó con su cortejo
de espantosas tinieblas... La mañana,
con su penacho de color bermejo,[323]
surgió radiante en la extensión lejana.
Dejé mi alcoba, y al hallarme fuera,
me detuve, contrito[324] y descubierto,
para cederle el paso, en la escalera,
a mi vecino de cabello cano,
que llevaba pendiente de su mano
al niño de los ojos expresivos:
lo llevaba en su féretro liviano
seguido de otros viejos pensativos.[325]

Se alejó de mis párpados el sueño,
y al ver aquellos rostros compasivos,
en tal instante descifré el arcano
de los pasos ligeros y furtivos.
Desde el momento aquel, desde aquel día,
apenas anochece,
solitario en mi alcoba, me parece
que aquellos pasos oigo todavía.[326]

---

323 *bermejo*: rojizo
324 *contrito*: arrepentido
325 Inicialmente creemos que el niño de los ojos «grandes y expresivos» está vivo. La imagen del «vecino de cabello cano» llevando «pendiente de su mano / al niño de los ojos expresivos,» lleva al lector a suponer que ambos caminan tomados de la mano, pero los dos puntos develan lo macabro de esa trampa: sí, el vecino lleva al niño, pero «en su féretro liviano.» Por esta misma razón, cabe dudar de si ese vecino es un realmente un ser vivo, o un fantasma.
326 Como habrá visto el lector, una constante en la poesía de Byrne es la inclusión de núcleos narrativos que a veces, como en este caso, desarrollan verdaderas historias. En el «cuento» de horror «Los pasos,» por supuesto, volvemos a encontrar la figura del doble como un espejo: «Contemplé en el espejo mi semblante, / y vi, lleno de horror, y de sorpresa, / que era mi palidez desesperante.» El yo ve en el espejo su propio cadáver, la palidez de su fantasma. El horror que experimenta da cuenta también de su fascinación: es el inconsciente el que se mira en el espejo, sabiendo que va a descubrir en él los pasos «sordos y furtivos» que se repiten, arreciando, en la pieza de arriba. Así todo empieza a resonar, a repetirse en una sucesión de espejos que conducen a, o son expresión de eso que está más allá del principio del placer: el deseo de muerte. Es por eso que la historia no termina con el amanecer y la «aclaración» del misterio. La razón es que ese misterio no está fuera del yo, sino encerrado aún en la alcoba del inconsciente. La localización del horror en la estancia de encima, podría simbolizar el autoritarismo y el sadismo de la instancia paternal (el *super-yo*).

Los sarcófagos

Todos yacen alertas,
en actitud solemne y expectante;
pero si el aldabón vibra en la puerta,[327]
el que primero se asomó al postigo
murmura estremeciéndose: — ¡Adelante!
¿Quién el viaje postrer hará conmigo?

Algunos hay que con soberbia miran:
son esos los que aspiran
a viajar con los grandes millonarios,
con los emperadores del dinero,
que lívidos expiran,
perdiéndose de vista en los osarios,
lo mismo que el reptil en su agujero
y el buho en los ruinosos campanarios.

Las cajas más humildes, las de pino,
unidas permanecen:
esas a las demás no se parecen....
Sobre ellas flota un resplandor divino:
pues son las que a los pobres pertenecen
en la etapa final del camino....

Amores tienen; pero son macabros....
Aman las peligrosas anestesias,
del hospital los tristes descalabros,
los cirios y los viejos candelabros
que adornan el altar de las iglesias.
Aman los grandes órganos sonoros,
de la campana los sonidos graves,
los polvorientos coros,
y de los templos las desiertas naves.

Sufren sus crisis, y tal vez imploran,
viendo besar sus castos crucifijos
a las madres que lloran

---

327   He aquí una muestra de un impecable trabajo de orfebrería estilística que, no obstante, podría pasar inadvertido para muchos lectores. Al hacer *vibrar* el aldabón de la puerta (no *golpear*, o incluso *llamar*, que habría resultado eficaz también) –imagen inusual, y por tanto inesperada– la llamada de la muerte permanece vibrando en el presente, propagándose en ondas infinitas, visuales y auditivas.

delante de la cuna de sus hijos....[328]
Aman de cuanto existe
el matiz melancólico y sombrío:
el sepulcro, por lóbrego y por frío,
y el corazón humano, porque es triste,
como la soledad en el vacío.

Viendo sus largas, pavorosas filas,
me pregunto anhelante,[329]
en ellos deteniendo mis pupilas,
el alma triste, lívido el semblante:
¿Quién el último viaje hará conmigo?[330]

Y por mi senda sigo
murmurando en voz baja:
— Hasta la vista, cariñoso amigo:
cuando vuelva será con mi mortaja....
No olvides que en tu seno hospitalario
descansará mi pálida cabeza,
tan pronto como acabe la tristeza
de tejer en su rueca mi sudario.[331]

---

328   Véase la constante asociación cuna-sarcófago. Remito al lector al poema «La cuna vacía.»

329   El *preguntar anhelante* liga el horror a la fascinación y el deseo.

330   Si alguien duda todavía del grado de sofisticación estilística de Byrne, sólo tiene que detenerse a examinar (y gozar) el engarce oculto de esta estrofa tan pronto se la yuxtapone a la primera. En ésta, es la tercera persona la que, al llamado de la muerte, se asoma al postigo y hace la pregunta. La estrofa que nos ocupa ahora, la sexta, reescribe la primera — puesto que las «largas, pavorosas filas» de los sarcófagos son, desde luego, otra llamada —, pero la tercera persona deja su lugar a la primera. Lo que se consigue con esto es el efecto-espejo en el que la voz lírica puede separarse de su *yo* y (re)presentárselo como *otro*. Nótese, sin embargo, que no se trata de una separación sino de la *transitividad* entre ambos.

331   «Los sarcófagos» –como ya sabemos que suele ocurrir en ese salón de espejos que es la poesía de Byrne– son el doble de «Los retratos.» Basta repasar los finales de ambos poemas. «Los retratos:» «y no fueran mis horas tan sombrías / si su eterna quietud me diesen ellos.» «Los sarcófagos:» «No olvides que en tu seno hospitalario descansará mi pálida cabeza, / tan pronto como acabe la tristeza / de tejer en su rueca mi sudario.»

La visión

Abre el viento mi ventana...
Aúlla un perro en el jardín...
¿Quién, esta noche o mañana,
irá a explorar el confín,
terror de la mente humana?

Las hojas arremolina
en la calle el aquilón,
y desdobla la neblina
su cendal[332] de muselina
en la célica[333] región.

Aúlla el perro sin cesar,
como si viera pasar
un alma por el vacío;
y un sudario, en torno mío
me parece contemplar.

¡Qué noche tan espantosa!
Al penetrar en mi lecho
pensé que entraba en mi fosa,
y que una fúnebre losa
pesaba sobre mi pecho.

Alguien a la puerta llama
de mi tranquilo aposento...
¿Quién será?... ¿Será una rama
desprendida por el viento,
o será que el viento brama?

¿Quién, en las tinieblas toca
mi cabeza, y en mi boca
deja sus besos helados?
¿Quién, sus brazos descarnados,
sobre mis hombros coloca?[334]

---

332   *cendal*: tela de seda o de lino muy delgada y transparente
333   *célica*: celeste
334   Podemos ver como el horror sirve apenas de pantalla al deseo homosexual. La intensidad erótica del encuentro (obviamente con otro sujeto masculino: el «furtivo cazador») se esconde detrás del cadáver. Pero el cadáver está vivo y movido por el deseo: toca su cabeza, lo besa en

¿Quién anda en el corredor?
¿De quién son esas pisadas
de furtivo cazador,
y de quién esas miradas
desprovistas de fulgor?

Aulla el perro... ¿Dónde?... Aquí,
al pie de mi habitación:
dejar el jardín lo vi,
y siento que una visión
respira detrás de mí.[335]

---

la boca, lo rodea con sus brazos. El yo está, pues, poseído por la muerte, pero también por un muerto (es decir, por su doble). El encuentro con el muerto se inscribe en la lógica del reconocimiento mutuo y del deseo compartido. Al final del poema, la experiencia erótica se intensifica hasta el límite de sus posibilidades de representación. La visión respira detrás del yo en un presente eterno. Podemos sentir esa respiración (gozosa y horrorizada), sólo por la fuerza, por el aliento mismo que sopla del texto. Pienso que la expresión del deseo homoerótico en la poesía de Byrne es equiparable a la de Casal, si es que no lo supera (y nunca imaginé que llegaría a decir esto). El poema, como otros de Byrne, me recuerda al protagonista del cuento «El que vino a salvarme,» de Virgilio Piñera. En ambos casos la llegada del otro está teñida de un deseo homoerótico proyectado en el doble.

335   La respiración que no da tregua, siempre detrás del yo, a sus espaldas –casi podemos escuchar ese aliento sin sosiego– es la simbolización de la posesión erótica.

¿Qué pensará?

A Federico Uhrbach

¿Qué pensará, al morir, el que se muere?
¿En qué objeto, en qué cosa pensará?
¿En la mujer que quiere,
en el hijo adorado a quien prefiere
o en el abismo donde entrando va?[336]

¿Qué pensará el que brega[337]
con el fúnebre boa constrictor[338]
que por mucho que tarde siempre llega?
¿En la querida casa solariega[339]
o en el opio que existe en el Dolor?

¿Pensará en sus amigos, en aquellos
que pasaron con él su juventud,
o en los vagos y débiles destellos
que el sol despide de sus ojos bellos
cuando contempla abierto un ataúd?[340]

---

336   La pregunta sobre lo que piensa el que está a punto de morir, al especular sobre esos pensamientos, establece una jerarquía. Según se va nombrando, eso que se nombra va quedando atrás y perdiendo importancia: en «¿En qué objeto,» «¿En qué cosa,» «En la mujer que quiere,» «¿En el hijo adorado a quien prefiere,» «o en el abismo donde entrando va»? La mujer ocupa, pues, un lugar marginal, mientras que el hipoético pensamiento del moribundo encuentra su punto de concentración en el hijo, primero, y luego en la muerte misma? El hijo (figura masculina) está rodeado de amor (es «adorado» y el «preferido») en contraste con la mujer a la que el moribundo sólo «quiere.» Pero es la muerte la que, en última instancia, ocupa y habita sus pensamientos. El dominio de un estilo que ya es suyo le permite a Byrne crea esa maravilla que es el último verso de esta estrofa: la entrada en la muerte no está escrita meramente en presente, sino en un presente progresivo («entrando va»). El momento de la muerte es capturado en un pasaje que no termina, en una caída (en el abismo) que ocurre ante nuestros ojos sin permitirnos ver su final. Es la muerte como parpadeo, viva en el fugaz y permanente intersticio, paréntesis, de la vida.

337   *Brega*: lucha, combate

338   La brega con el «fúnebre boa constrictor» vuelve a ligar la experiencia de la muerte con el visitante masculino, representado en la figura fálica de la serpiente (la boa). Recordemos, primero, que *boa* es nombre femenino en español, de manera que los versos de Byrne sugieren el deseo de masculinarla (aún si sólo por las exigencias de la rima). Además, la figura de la boa constrictor erotiza la brega, puesto que esta serpiente mata a su presa apretándola, en una especie de mortal abrazo realmente íntimo. La imagen nos recuerda la célebre escultura helenística (no menos fálica) de Laocconte luchando con la serpiente.

339   *Casa solariega*: la casa más antigua y noble de una familia

340   Una y otra vez la meditación arrastra a la intimidad con otros hombres (los amigos «que pasaron con él su juventud») y hasta el sol mismo, como puede verse, pareciera un hombre o un niño rubio de «ojos bellos» que contempla un ataúd. El gesto no puede ser más torcido ni provocador. Como ocurre con Casal, el sol (tan celebrado en la poesía romántica y asociado con el calor y la exuberancia de vida en el trópico) se abisma en la contemplación de un ataúd, o lo que es lo mismo, el sembrado de la muerte.

¿Pensará en el espléndido paisaje
que absorto contempló más de una vez,
o ha de rendirle el último homenaje,
— como lo haría con su reina un paje —[341]
a la canción que oyera en su niñez?

¿Pensará con tenaz melancolía
en las dulzuras del amante hogar
en donde permanece todavía,
o en la inefable y honda lejanía
que sus ojos habrán de vislumbrar?[342]

¿De qué color serán las espirales
por las que todos hemos de subir?
¿Con qué signos, ¡oh Dios! con qué señales
en los mudos espacios siderales[343]
          nos han de recibir?

¿En aquellas incógnitas regiones
por las cuales el alma ha de viajar,
podremos percibir las oraciones
y el latido de aquellos corazones
que nunca han de llegarnos a olvidar?

¿Veremos los semblantes adorados
de los seres que amara el corazón,
o tal vez estaremos condenados
a vernos para siempre sepultados,
y a no cambiar jamás de posición?[344]

Mis tétricos y fúnebres antojos[345]
por nadie satisfechos los veré;
pero sin pesadumbre y sin enojos,
en el instante de cerrar mis ojos,
¿en qué cosa, Dios mío, pensaré?[346]

---

341   *Paje*: criado cuya función era acompañar a sus señores y asistirlos
342   Independientemente de los rodeos que dé el pensamiento, este regresa persistentemente al de la muerte.
343   *Siderales*: astrales
344   De los *ascensos* y *viajes* del alma tras la muerte, el poema nos precipita abruptamente en la materialidad del cadáver, en su inmovilidad. Y las regiones siderales pierden su incógnita en la fosa.
345   *Antojos*: caprichos
346   Como he expresado antes, la originalidad de Byrne como poeta reside en que se repite sin repetirse. El doble ciertamente regresa en estos versos finales. La pregunta que se hace el yo es exactamente la misma que se hace «el que se muere.» Por tanto, la distancia entre el primero como objeto de la meditación y el segundo como el que medita, se esfuma. Byrne es siempre el otro y lo otro. sólo puede verse a sí mismo desde el otro lado. Es por eso que el poema termina (sin terminar) en ese cerrar de ojos que no acaba de cerrarse.

Desolación

A M. Lozano Casado[347]

Nada de nadie en mi aflicción espero:
porque ambición no tengo, nada pido;
en mi tierra natal soy extranjero[348]
y en el mundo un cantor desconocido.

Tengo el aire impasible del guerrero
que en el polvo cayó desvanecido,
y que ostenta en la frente un agujero[349]
del que mana un licor enrojecido...

Cuando miro mi noche tan oscura,
pienso en el silencioso camposanto
donde cesa la humana desventura;

en sueños a la muerte me adelanto,
y entrando en mi callada sepultura
la tapa de mi féretro levanto...[350]

---

347   Miguel Lozano Casado (1873-1939). Escritor cubano nacido en España (Badajoz). Colaboró
      en *Letras* y en *El Fígaro*. Publicó tres poemarios (*Caros de luna*, 1904; *La canción de los recuerdos*,
      1906; y *Tiempos de leyenda*, 1909), una colección de novelas cortas (*Del amor y del recuerdo*,
      1907), los recuerdos de su hospitalización (*Covadonga*, impresiones de un enfermo) y la obra
      narrativa *La novela de la vida* (ambos de 1913) (*Panorama histórico* 290-1). Aclaramos que en
      la información que ofrece Max Henríquez Ureña el título de 1906 aparece, por error, como
      La canción de los tres recuerdos. Es este, por cierto, el único de los libros de Lozado Casado que
      pude localizar en Google. Aún la más descuidada ojeada notará enseguida un erotismo ex-
      plícito y agresivo cuyo objeto de deseo es la mujer. Pero igualmente encontramos el tema de
      la muerte, y cuyo tratamiento nos recuerda a Byrne. Por ejemplo, la segunda estrofa de este
      poema que no tiene título: «La noche por lo tétrica me asombra; / los vientos, como hipos de
      agonía, / repiten en la sombra / muriente sinfonía. / Y crujen con el ábrego salvaje / en el llano
      y la loma, / del árbol el ramaje; / del templo, el paredón que se desploma» (*La canción* 30).
348   Véase como el verso, simultáneamente, afirma y niega el origen: Byrne se siente extranjero
      en el mismo suelo en que nació. Lo íntimo y familiar marca también el lugar de la alienación
      y el margen.
349   La marca de la violencia brutal (el agujero) se *ostenta*, es decir, se luce con boato. Pero ese
      agujero es también el ojo del yo contemplando su propio cadáver.
350   El final de este poema se mira en el espejo del comienzo de «¿En qué pensara?» En este
      último: «¿Qué pensará, al morir, el que se muere / [...] [¿en] el abismo donde entrandó va?»
      Y ahora, en «Desolación:» «y entrando en mi callada sepultura / la tapa de mi féretro le-
      vanto.» El desplazamiento de la tercera a la primera persona da lugar a la rearticulación del
      otro como yo. Y nótese que incluso la acción en el presente progresivo, atada en ambos casos
      al mismo verbo («entrando va,» «entrando») torna definitivamente en transitiva, es decir,
      en *tránsito*, la experiencia del morir, y, con ella, la subjetividad.

Con los ojos cerrados

A José Manuel Carbonell[351]

Con los ojos cerrados, ¡cuántas noches
he asistido a catástrofes inmensas!
He visto simas[352] de color de sangre,
y que una mano me empujaba en ellas.

He visto interminables procesiones
de ágiles y amarillas calaveras,
que, al pasar por mi lado, me decían:
— ¡A Dios! ¡A Dios! — con expresión siniestra.[353]

He visto multitud de caravanas
hundirse entre las fauces de las fieras,
y he visto sobre náufragos bajeles,[354]
tripulaciones, hace tiempo, muertas.[355]

He visto en precipicios insondables,
sobre peladas y angulosas piedras,
ensangrentados cuerpos de amazonas,
peinando sus doradas cabelleras.

He visto muros escalar el cielo,
taladrando el espacio y las tinieblas,
y, encima de esos muros, he sabido
que hay quien de mí se acuerde en las estrellas.

En noches pavorosas como un crimen,
y a la instantánea luz de una centella,[356]
de seres conocidos o distantes,
he asistido a las fúnebres exequias.

Hasta el fondo del mar he penetrado
y en sus profundidades más secretas,
una legión de náufragos he visto
transformando sus lágrimas en perlas.[357]

---

351   José Manuel Carbonell (1880–1968). Publicó tres poemarios (*Mi libro de amor, Patria* y *Penachos*). Su obra más conocida es *Evolución de la cultura cubana* en 18 volúmenes.

352   *Simas*: abismos

353   La expresión es, en verdad, siniestra: el «¡A Dios!» significa «*¡Adiós!*»

354   *Bajeles*: barcos

355   Una variación, podría decirse, de «El buque fantasma.»

356   *Centella*: rayo

357   Sube a la superficie otro de los poemas de *Excéntricas*: «Los náufragos.» Es importante tener

Me he deslizado en los espesos bosques,
jinete en el bridón[358] de las tormentas,
y, a la cárdena[359] luz de los relámpagos,
me he sentido más puro que en la tierra.

He vivido en las sordas catacumbas[360]
y en el coro glacial de las iglesias,
y no existe un rincón del Vaticano
donde no se conozca mi presencia.[361]

No hay subterráneo alguno en que mi planta
no haya dejado una profunda huella;
conozco a los camellos del desierto
y he entrado con el árabe en su tienda.

Al pie de las esfinges he narrado[362]
la historia funeral de mi tristeza,
y todas me besaron en la frente,
compadecidas de mis hondas penas.

A torres carcomidas y ruinosas
he subido por rotas escaleras,[363]
donde cada peldaño al desprenderse,
la impresión me causaba de una mueca.

Con los ojos cerrados viviría
los años que me quedan de existencia,
hablando a media voz con mis ensueños
en la hermosa región de las quimeras.

Con los ojos cerrados, en silencio,
en honda soledad, como si fuera
un pobre penitente, sumergido
en la ignota extensión de una caverna.[364]

---

esto en cuenta porque demuestra que Byrne, contrario a lo que han sostenido los críticos (que por otra parte no se han tomado el trabajo de leerlo) nunca dejó atrás el modernismo.

358   *Bridón*: caballo ensillado y enfrenado a la brida

359   *Cárdena*: roja

360   Recuérdese «Las tumbas,» también de *Excéntricas*.

361   Lo irónico es la herejía (por contaminante – de la muerte, del erotismo exacerbado) que implica la ubicuidad de la presencia del yo en el Vaticano.

362   Véase «La momia rubia»

363   ¿El fantasma de «El trovador»?

364   Lo decisivo en Byrne es la intimidad con la tumba, la vida como entrañable comercio con la muerte.

EL DRAMA DE UN VIOLÍN

I

Dijo el Stradivarius...[365] «Me divierto
en este largo sótano sombrío,
pensando agredecido en el gentío[366]
que ayer me saludaba descubierto.

Mi dueño era un eslavo...[367] En un concierto,
dijo gritando una mujer: — ¡Es mío!
Conociendo la voz, tembló de frío,
y, sobre el hemiciclo,[368] cayó muerto.

Rodé con él, quedándome aturdido
y hacia mí se tornaron los gemelos,[369]
pues de mi boca se escapó un gemido.

Y aquí su amante me lanzó... Sus celos
la dicha arrebatarme no han podido,
de que siga tocándome en los cielos».

II

«Ayer a este lugar vino temprano,
ligera como un ósculo del viento;
y me vi perfumado por su aliento
y, estremecido, me agité en su mano.

— Serás para mi nuevo soberano.—
dijo con amoroso arrobamiento;[370]
y me subió con ella a su aposento
dejándome extendido sobre el piano.

Llegó un hombre después, alto y moreno,

---

365 El nombre *Stradivarius* está asociado con los violines construidos por los miembros de la familia italiana Stradivari, particularmente Antonio Stradivari. Era tal la reputación de estos violines que se creía que la calidad de su sonido desafiaba cualquier intento de explicarlo o de reproducirlo. El nombre Stradivarius se ha convertido en un superlativo, a menudo asociado con la excelencia.

366 *Gentío*: forma coloquial y/o despectiva de multitud.

367 *Eslavo*: procedente del pueblo eslavo (nordeste de Europa)

368 *Hemiciclo*: mitad de un círculo (en este caso del escenario)

369 *Gemelos*: binoculares

370 *Arrobamiento*: éxtasis

un *couplet*[371] celebérrimo[372] silbando...
— Quiéreme mucho — ella le dijo... Lleno

    de coraje salté: me fui arrastrando...
y, al separarle[373] el corazón del seno,
de aquella casa me alejé llorando».[374]

---

371   *Couplet, cuplé*: canción corta y ligera, que se canta en teatros y otros lugares de espectáculos
372   *Celebérrimo*: muy célebre
373   *Separarle*: en el sentido de *arrancarle*
374   Uno de los mejores poemas de Byrne y de más sofisticada elaboración simbólica. El simbo-
lismo fálico del violín, que ya había aparecido en «El diablo» (*Excéntricas*), aparece ahora
definitivamente como el *significante trascendental* (el falo) en términos lacanianos. Lo primero
que hay que decir es que, en cuanto tal, es lenguaje (habla) y desmontable. Como nadie puede
poseerlo, es el objeto del deseo de todos. El Stradivarius puede encarnar perfectamente al falo
porque no es un violín cualquiera; muy por el contrario, es la promesa de plenitud, perfección.
El «largo sótano sombrío» en que se divierte es, por supuesto, el del inconsciente. En ese
sótano goza recordando las cabezas (descubiertas) que se inclinaron ante él: el «gentío des-
cubierto.» Todas las cabezas de ese gentío se inclinan (en una especie de auto-castración) ante
la magnificencia no del violín, insisto, sino del Stradivarius. Significativamente, el nombre
del instrumento mismo lleva la marca del sujeto que se sueña completo (*S*, con mayúsculas,
y no barrado como el sujeto lacaniano). Desde luego, se trata de una ilusión. El auto-engaño
del Stradivarius se desplaza por los deslizamientos de los significantes [mi] «dueño» y
«eslavo.» Al reconocerse como posesión de otro («mi dueño»), el Stradivarius revela su de-
pendencia de, su sometimiento a otro deseo. Pero a la postre ese dueño no es menos *sujeto*
(en la acepción de *sujetado, subyugado*). Su dueño, sin embargo, es un *eslavo* (palabra de la
que procede *esclavo*). Así, el significante pleno es continuamente diferido, porque cada sig-
nificante (aún el Stradivarius) está condenado a no ser sino el representante de un significante
para otro. La muerte en el escenario del intérprete del violín tiene los visos de una castración
pública: el Stradivarius rueda con él por el piso y se queda aturdido. Esa castración atrae los
gemelos (la mirada), como antes la orgullosa actuación las cabezas descubiertas. Ahora bien,
es el rechazo público a la demanda (también pública) de la mujer, lo que castra (probable-
mente como efecto de culpa, de auto-censura del deseo homosexual) al «dueño» del instru-
mento. Los *celos* de la mujer instalan definitivamente la narrativa del triángulo amoroso, con
el sujeto femenino interfiriendo en la relación entre el hombre y su Stradivarius. Desde luego,
no es posible evadir, por un lado, significación onanista de esa ligazón, ni tampoco la sugerida
connotación homosexual de la misma. El final del drama en el que el falo, implícitamente,
mata a la mujer descorazonándola, no puede disociarse de la continuidad y la afirmación del
deseo homosexual sugerida en la afirmación del Stradivarius de que la mujer no pueda arre-
batarle la dicha de que su dueño «siga tocándome en los cielos.» Tocándolo (apenas hace falta
decirlo) como instrumento musical y sexual, siendo inseparable lo uno de lo otro.

LA JAURÍA

Antes de que en la aldea
suceda una desgracia,
se sabe que, ladrando una jauría,
atraviesa de noche la montaña.

Desde remotos tiempos
se conoce esa fábula:
las madres las refieren a sus hijos
al llegar del invierno las veladas.[375]

La espantosa jauría
pone las frentes pálidas,
y siempre, cuando empiezan sus ladridos,
a cal y canto[376] ciérranse las casas.

La sobrina del cura,
una bella muchacha
que hace palidecer al sol radiante,
si fija en él su fúlgida mirada;

Anoche oyó de un hombre
las fogosas[377] palabras,
y a la cita acudió, que aquél le diera,
al mismo pie de la fatal montaña.

La espantosa jauría
la víspera ladraba...
Ya se sabe en el pueblo que a la joven
le ha debido pasar una desgracia.

¿Cómo no, si la triste
volvió vertiendo lágrimas?
¡Pobre mujer la que a olvidar se atreve
la leyenda infeliz de la montaña!

---

375 *veladas*: reuniones nocturnas
376 *a cal y canto*: es una expresión para indicar un encierro absoluto, de modo que nadie pueda
       entrar o salir.
377 *fogosas*: ardientes

TEMBLANDO...

¿Por qué temblará aquel hombre?
¿Qué le pasará, que tiembla,
sin que pueda sostenerse
sobre sus convulsas piernas?

Su extraña fisonomía
aparece siempre inquieta,
y un *tic* diabólico y raro,
la descompone y afea.

Su voz vacila... Medrosa,
no pregunta, no comenta...
¿Por qué temblará aquel hombre?
¿Qué le pasará, que tiembla?

Parece que alguien lo empuja
del miedo entre las tinieblas,
y que una mano invisible
por el cuello le sujeta.

Cada vez que alguien lo mira,
a una rama se asemeja,
combatida por el fiero
hálito de la tormenta.

Le vuelve al Amor la espalda
y los niños no lo besan;
no tiene ningún amigo,
ni nadie que le proteja.

Con su temblor incesante
y con su cara siniestra,
a los seres más piadosos
los rechaza y los ahuyenta.

A la boca el alimento
con dificultad se lleva,

y de su pan las migajas
no hay pájaro que las quiera.
Y su temblor incesante
se extiende hasta su conciencia,
como las olas rugientes
del mar sobre las arenas...

Desde aquí lo estoy mirando:
ahora vuelve la cabeza...
¡Tiene miedo el miserable!
¡Cómo tiembla! ¡Cómo tiembla![378]

---

[378] Otro excelente poema que merece un comentario minucioso. Me conformo, sin embargo, con apuntar que el *temblor*, ese «tic diabólico y raro» que «descompone y afea» su fisonomía, es la marca de su excentricidad, de su desvío. En este sentido, una vez más, el yo de Byrne, descentrado, se auto-contempla y se desdobla en el otro. La voz lírica sólo pueda dar cuenta del temblor del otro si lo reproduce de tal manera que podamos verlo los lectores. Porque se repite, y no puede ocultarse a la vista de los demás, el tic hace visible la presión obstinada de las fuerzas del inconsciente. Desde nuestro lugar como lectores lo estamos mirando. Ahora Byrne vuelve la cabeza: «¡Cómo tiembla! ¡Cómo tiembla!» El texto tiene que convertirse en temblor, tiene él mismo que descomponerse, asumir el «tic diabólico y raro,» y esto es lo que logra a través de un trabajo de estilización impecable. Con Byrne comprobamos que el estilo en el modernismo no es en última instancia, o al menos no se limita a, el trabajo con los materiales preciosos (las piedras preciosas, los mármoles), el exoticismo, o la búsqueda de «lo bello,» como quiera que decida definirse la belleza. Se trata más bien de que es a través del trabajo estilizador que se construye y se deconstruye al sujeto. Por eso, en los mejores textos modernistas, inevitablemente tropezamos con el tic del estilo, con el estilo como gestualidad incontrolable y espasmódica, por más controlado que nos parezca. Siempre hay un *tic*. Para gozar el modernismo, hay que dar con ese *tic*.

Mis lienzos

¡Yo también soy pintor! En mi paleta
el negro es el color que predomina....
La luz del sol mis cuadros no ilumina
con su esplendente y colosal faceta.

Pinto la flor que nace en una grieta,
las nubes, los peñascos, la neblina,
el hondo mar y la caduca encina,
el agrio monte y la llanura escueta.[379]

Soy pintor de ruinosos campanarios,
de niños que en las noches invernales
se acuestan en la nieve, solitarios;

y copio las escenas funerales,
cuando, al entrar la luna en los osarios,
alumbra misteriosos esponsales...[380]

---

379   *Escueta*: descubierta, libre, sin adornos
380   *Esponsales*: bodas

LA ALCOBA

Al entrar muchas veces en mi alcoba,
y en mis frecuentes crisis de dolor,
formulo[381] esta pregunta: — ¿Cuántos seres
habrán aquí vivido antes que yo?

Y he alzado la cabeza pensativo
al sentir de mi cuerpo en derredor,
algo errante, sutil, imperceptible,
algo que obliga a meditar cn Dios.

He pasado en mi alcoba muchas horas
mirando en la pared una inscripción,
como se mira el rizo de cabellos
de la hermosa mujer que nos amó.

En este mismo sitio donde duermo,
¿cuál es el nombre del que ayer durmió?
¿Cuántas veces, andando, contaría
las losas de esta misma habitación?[382]

¿Dónde, la cabecera de su lecho
el antiguo inquilino colocó?
¿Dónde estaba su espejo y en qué sitio
de la pared colgaba su reloj?

¿Era joven o viejo, alegre o triste?
¿Era armoniosa o gutural su voz?
De sus cabellos el color ¿cuál era?
¿Quién fue en el mundo su primer amor?

Más de una noche, al traspasar, cansado,
el umbral de mi triste habitación,
me ha parecido percibir mi nombre,
dicho no sé por quién, a media voz...

381 *Formulo*: me hago
382 La mujer aparece primero en un símil que no la incluye necesariamente en la habitación. Pero cuando nos vemos hacia la cama donde descansa el yo, el compañero de cama que imagina se torna inescapablemente masculino: «el que ayer durmió,» «el antiguo inquilino,» «¿Era joven o viejo…? Poco a poco, como vemos, este inquilino desconocido se convierte en su obsesión, y, por lo mismo, en quien comparte con él la cama.

Y aunque encontré los muebles en su sitio,
y todo estaba intacto... ¡qué se yo!
he escuchado pisadas en la sombra
que han hecho palpitar mi corazón.

En esta estancia ¡cuántos habrán muerto,
por la postrera vez mirando el sol!
¡Cuántos habrán dejado en este ambiente
la tristeza infinita de un adiós!

Entre los que han vivido en esta alcoba,
tal vez alguno ha de saber quien soy...
Tal vez alguno, al encontrarme, piense
que él ha vivido donde vivo yo.[383]

El *otro* aquí ha llorado; aquí, reído:
y, a través del cristal de ese balcón,
vio llegar la hermosura que esperaba,
como se espera, tras la lluvia, el sol.

El *otro* sus recuerdos ha esparcido
en el radio que abarca esta mansión;
átomos suyos en el aire flotan,
y aquí los hallo por doquier que voy...

¿A qué intentarlo?... ¿Cambiaré de alcoba,
como cambia de alcázares un lord?
¡Es inútil! Doquiera que me encuentre,
el *otro* ha de saber en donde estoy.[384]

---

383   El yo se auto-representa como un fantasma para otros fantasmas, como un deseo para otros
       deseos.

384   He aquí un excelente poema que nos recuerda al Borges de «Los espejos» y obsesionado con
       el doble.

LA PESADILLA[385]

A un paso me detuve del abismo,
    pero no descendí....
Tuve miedo del crimen, de mí mismo,
y, temblando de horror, retrocedí.

El crimen me llamaba. — ¡Ven conmigo!
    Gritábame feroz.
Seré, si quieres, tu mejor amigo,
música para ti será mi voz.

Me buscó muchas veces, pero en vano:
    no más le quise oír....
¡Ay! Cierta noche en que apretó mi mano
muy poco me faltó para morir.

Hoy, pasada la crisis, me sonrío,
    más puro que una flor....
Satanás quiso ser amigo mío:
¡No pudo serlo! ¡Le negué ese honor!

Mas no sé desde entonces lo que siento:
    es algo triste, trágico, glacial....
¡Vete, vete de aquí, Remordimiento!
¡Sal de mi estancia! ¡Para siempre sal!

Solo con mi conciencia, arrepentido
    de aquella tentación,

---

385   A mi juicio, uno de los más enigmáticos poemas de Byrne. ¿Qué *abismo* es ese al que se acerca?
¿Por cuál *crimen* se siente llamado, cortejado incluso? Significativamente, el crimen y el cri-
minal aparecen representados por las figuras masculinas de un «amigo» y de «Satanás.»
Nótese que al crimen se lo simboliza como una voz y una mano que intentan seducir-violar
al yo. La persecución del deseo y la lucha por desentenderse de él sugieren, según lo veo, la
probable lucha interna que Byrne quizá tuvo que librar contra deseos de los que no quería
saber. Creo que la clave está en el supuesto rechazo de la amistad de Satanás, puesto que esa
refutación no puede borrar su intimidad con los calzones rojos del diablo; mucho menos con
el aspecto cautivador (eso es: cautivante, aprisionador) con que se complació en pintarlo en
Excéntricas. Estoy consciente de que hay un peligro en buscar un referente autobiográfico par-
ticular en textos en los que –como sucede con «La pesadilla»– no hay absolutamente nada
que lo justifique. Así y todo, no puedo evitar recordar la noche en que Byrne y Carlos Pío
Uhrbach (véase el estudio introductorio de esta edición) pudieron haber dormido juntos en
la misma cama. De todas maneras, Byrne me produce la misma impresión que Casal a Cintio
Vitier cuando afirmó que el poeta de *Nieve* obliga a que se le crea. Para resumir, sé, estoy con-
vencido de que no es posible ligar exitosamente el poema al evento autobiográfico. Para mí,
el placer como lector está en darle vueltas a la idea.

hoy me parezco a un muerto. ¡No hago ruido
más que cuando late el corazón!

No he sido un asesino. ¡Poco a poco!
    Ladrón tampoco fui....
¡Es que una noche estuve loco!.... ¡Loco,
hasta que sollozando me dormí.

SELECCIÓN POÉTICA (SELECCIONES)
de algunos libros inéditos
CUADERNOS DE CULTURA

SELECCIÓN DE

ANDRÉS
DE PIEDRA-BUENO

LA HABANA:

MINISTERIO
DE EDUCACIÓN,

DIRECCIÓN
DE CULTURA,

1942

MAÑANA

¿Qué habrá de pasarme cuando me cerciore
de que me han dejado solo en mi sepulcro?
¡qué tormento el mío!
¡qué horror y qué susto!
¡qué estupenda calma,
qué hoyo tan profundo!
Densas las tinieblas,
el féretro oscuro....
¡y el pánico luego, cuando los gusanos
de mi cuerpo surjan en loco tumulto!
De aquellos amigos que me acompañaron
se fueron los últimos....
Los enterradores desaparecieron....
Ni siquiera se escucha un murmullo....
Soledad inmensa,
silencio absoluto!
Cesó la algazara
que reina en el mundo
y, ahora, la materia
prosigue su curso....
Estoy en mi nicho
como en su agujero permanece el buho.
Mi exánime[386] cuerpo, cubierto aparece
de grietas, de surcos
que han trazado aprisa voraces gusanos
mientras me devoran, feroces de orgullo....
Hoy sí que han tenido
un gran desayuno!

Cómo he recordado
mi amado terruño
y a mis familiares
desde mi escondrijo, desde mi refugio!
Ahora, ¿qué me importa
que lluevan insultos,
y que me escarnezcan y me vilipendien
de mis adversarios los más testarudos?

---

386 *Exánime*: sin vida

Al tosco organillo de mi vida inútil,
los años de brega le han roto el manubrio:
pretender que vibre,
pudiera intentarlo no más que un iluso.
¡Adiós, versos míos!
¡Adiós mis rosales de pétalos brujos,
adiós mis locuelas, áureas mariposas;
adiós mis mullidas alfombras de musgo!
Sol, estrellas, lunas, pájaros y flores,
¡sabed que en la fosa no cesa mi culto!
Qué tormento el mío,
qué horror y que susto!
Qué estupenda calma,
qué hoyo tan oscuro!
del sueño en la tumba
sé que haré un estudio...
¡por si se me ocurre publicarlo un día
cuando torne al mundo![387]

---

[387] El poema mismo es un ataúd dentro del cual tiene lugar el proceso de subjetivación. Pero no sólo es el poema terminado lo que habla en el interior del ataúd, sino también la escritura en el proceso de devenir poema. El poema es, pues, muerte inédita y secreta que se piensa a sí misma y fantasea con la posibilidad de salir del armario-ataúd.

El espía

Noche de lluvia, torva[388] y enlutada:
es en la calle un fanfarrón el viento,
y parece que el alto firmamento
urde[389] contra la tierra una emboscada.

Oscuro todo. La ciudad callada.
Aquí en la soledad de mi aposento,
está el Insomnio relatando un cuento,
queriendo amenizarme[390] la velada...

Un relámpago, bello y fulgurante,
hunde en el cielo su cuchillo rojo,
huyendo presuroso y anhelante;

¡y alguien me observa desde los rincones,
porque en toda penumbra existe un ojo
que mira con aleves intenciones!...[391]

---

388   *Torva*: espantosa
389   *Urde*: trama
390   *Amenizarme*: hacerme agradable
391   El yo se sabe dentro de la mirada del otro, y esta es una de las formas que toma el fantaseo
       con la posesión homoerótica. La imagen del ojo omnipresente es la de uno que se clava des-
       doblándose en saeta que hace del yo una especie de gozoso y atormentado San Sebastián. El
       primer terceto constituye el espejo en que se refleja el segundo. El yo acaba de ver, fascinado,
       el «cuchillo rojo» del relámpago «bello y fulgurante» que se clava en el cielo y huye «pre-
       suroso y anhelante.» No menos «anhelante» el yo termina viéndose a sí mismo como objeto
       del deseo del ojo-cuchillo rojo que lo posee.

¡Yo lo sé!

Real y tangible lo que vi... ¡Qué imperio
sobre mis nervios hube tener!
Me encontraba delante de un misterio
y, sin duda, debí palidecer.

La materia en el mudo cementerio
tiene que estar y que permanecer;
mas libre el alma de ese cautiverio,
nunca se olvida de resplandecer.

¡Oh, yo no me impresiono ni me aturdo,
y sé que no es fábula, ni absurdo,
lo que en mi alcoba entonces contemplé.

¡El alma queda, esplendorosa existe!
Aquel que va a morir, que no esté triste!
¡Yo sé por qué lo digo! ¡Yo lo sé![392]

---

392   Pequeña obra maestra, la fuerza del poema reside en la centralidad y elaboración, sencilla por demás, del campo visual. El poema torna reversibles lo «visible» y lo «invisible» al amalgar el poder de persuasión del ojo (*vi*, *sé*, *contemplé*, *existe*, y, finalmente, la ratificación del *yo lo sé*) y su refutación a decir que fue lo que vio. Este poema, como muchos que ya hemos visto, podría ser susceptible de leerse en el contexto de los debates sobre y la propagación de las creencias espiritistas a fines del siglo XIX, éstas últimas a través de las obras de Allan Kardek y Madame Blavatsky. Hay que aclarar que el espiritismo no se extendió sólo , como pudiera creerse, entre los afrocubanos y las capas más pobres y menos educados. Por el contrario, fue objeto de debate en la prensa ilustrada y estas creencias fueron adoptadas por muchos blancos cultos y de las más variadas posiciones políticas. Así, en su discurso en el Ateneo de La Habana el 15 de junio de 1879, el doctor Veciana expresó: «Sensible nos es decirlo, señores, pues conocemos sectarios de esa doctrina que mucho valen por su inteligencia e instrucción» (*Revista de Cuba* 43). Juan Bruno Zayas (Habana, 1867), médico y general de brigada que cayó combatiendo por la independencia en 1896, abrazó el espiritismo y hoy es venerado por los espiritistas cubanos. En Cuba, comenta Lydia Cabrera, «[s]e habla con la diosa Oshún o con Obatalá lo mismo que con el Apóstol Martí o con el Dr. Juan Bruno Zayas, héroe y famoso médico 'desencarnado'» (*El Monte* 30). En el web site *Sociedad Espiritista Cubana* encontramos un «Salón de la Fama» que, además de a Bruno Zayas, incluye entre otros famosos espiritistas a José de la Luz y Caballero y a Francisco M. González Quijano (co-fundador del Partido Revolucionario Cubano y colaborador de Martí). Ver: http://sociedadespiritistacubana.com.ip01-web23.net/ Marcelino Menéndez y Pelayo menciona, entre las impugnaciones al espiritismo, la *Carta Pastoral del Excmo. E Ilmo. Sr. Arzobispo de Santiago de Cuba, al clero y pueblo de esta archidiócesis sobre el Espiritismo*. Santiago de Cuba: Imp. de la Bendera Española, 1881. Igualmente añade la refutación, ese mismo año, de la Sociedad Espiritista Española a la mencionada *Carta Pastoral*. Ver: Marcelino Menéndez Pelayo. Historia de los heterodoxos españoles, vol. 3, notas al pie de las páginas 818 y 1819 donde aparecen, además de las ya dichas, otras referencias bibliográficas sobre el espiritismo en Cuba. Como nota curiosa agregamos el poemario *Flores del espiritismo* (evocador del martiano *Flores del destierro*), cuyas composiciones fueron «comunicadas al medium Srta. Da. Josefa Díaz, por su Espíritu Protector» (Habana, 1874). José Martí, por cierto, participó en 1876 un debate sobre espiritismo y materialismo en el Liceo Hidalgo de México. Ahora bien,

Ante mi busto

Lo que se me ha ocurrido contemplando mi busto:
dijérase que hablando desde ese barro estoy,
con mis ojos opacos y mi semblante adusto,[393]
con todas mis arrugas: tal hogaño[394] como soy.

Esa es la imagen fiel de mi rostro vetusto[395]
dondequiera que surge, dondequiera que voy.
El arte, tal parece que quiso darme gusto
como la madre al hijo cuando mece su coy.[396]

Para siempre cayeron mis erguidos mostachos.
Marchitos mis laureles...[397] perdidos mis penachos...[398]
¡Adiós, adiós — te digo — lejana juventud!

¡Y ante mi busto afirmo que moriré poeta,
conservando en la frente la estrella secreta
que seguirá encendida dentro de mi ataúd![399]

---

aún sin descartar la posible –incluso la casi segura– influencia de las creencias espiritistas en la poesía, y en las creencias de Byrne, creo que lo hemos visto hasta aquí sugiere que conflictos psicológicos más profundos determinaron el rumbo *ex*céntrico de su obra poética y de su propio drama existencial.

393   *Adusto*: severo, malhumorado

394   *Hogaño*: en este año, en el año presente

395   *Vetusto*: extremadamente viejo y antiguado

396   *Coy*: mar. trozo de lana o tejido de malla en forma de rectángulo que, colgado de sus cabezas, sirve de cama a bordo. En sentido figurado, pues, debe ser una especie de hamaca

397   *Laureles*: glorias

398   Penachos: grupo de plumas que algunas aves tienen en la parte superior de la cabeza. // Adorno de plumas que sobresale en los cascos o morriones (casco de la armadura, adornado con plumas), en el tocado de las mujeres, en la cabeza de los caballos engalanados para fiestas reales u otras solemnidades

399   El doble emerge, desde luego, en el busto que representa al poeta, nos dice este, «tal como hogaño soy.» En el busto, además, la separación entre la representación (en la materia «inerte») y lo representado (el sujeto «vivo») se torna borrosa. «Dijérase que hablando desde ese barro estoy.» Lo siniestro no ocurre, entonces, como la simultaneidad vida-muerte, carne-piedra, sino en la incertidumbre que nos impone el *dijérase*. Al mismo tiempo, la preposición *desde* funciona como una bisagra que, otra vez, cuestiona la separación, puesto que si sugiere distancia, al mismo tiempo la cercanía al busto es lo suficientemente convincente como para que el yo pueda (*re*)conocerse en él. Pero hay todavía otro detalle importante: el contraste entre el busto identificado con la pérdida del renombre, de la juventud, y aún con la condición de poeta (*laureles*), y el ataúd que nos promete la conservación viva de lo perdido. De este modo, el *busto* –que podemos leer como proyección simbólica y futura del muerto– es también el *ataúd*. El escultor matancero Manuel de Jesús Rudolfo Tardo (Matanzas, 1914-Nueva York, 1998) es el autor del busto de Byrne que fue (aparentemente) develado en el Parque Central de Matanzas en 1943. Si consideramos la proximidad entre la fecha de muerte de Byrne (1936) y la de la creación o develación del busto (1943), el poema de Byrne adquiere aún más un tinte indudablemente siniestro, de tal modo que este podría leerse como una meditación *post mortem* sobre el primero; meditación *post mortem*, por supuesto, del poeta *vivo*.

Perico

Este era el nombre del esclavo aquel
que siendo yo muy niño conocí;
más negra que la noche era su piel
y era su orgullo ser carabalí.

En el África estaba su vergel:
con triste voz me lo contaba a mí;
y tuvo un amo que, feroz con él,
le dio con un bastón de manatí.

Un vaso de aguardiente que apurar
era en el mundo toda su pasión
y, después de borracho, alborotar...

Le vi, le vi en el cepo una ocasión
¡ay, desde entonces ocupó un lugar
en mi memoria y en mi corazón![400]

---

400   Martínez Carmenate nos dice que aunque los padres de Byrne no eran ricos, «tenían algunos esclavos para la realización de los quehaceres domésticos.» De estos menciona a Caridad, a la que el niño llegará a querer «casi como a su madre.» «Otro personaje inolvidable,» agrega, «resultó ser Perico, el esclavo negro que atendía las labores culinarias en la casa paterna,» y Martínez Carmenate cita un fragmento del poema que reproducimos. Creo que «Perico» interesa menos por su costado autobiográfico, que por insertarse en una serie de textos similares sobre la figura del esclavo. Con respecto a lo primero –es decir, como referente biográfico– uno tiene que preguntar por el *dueño* que mencionan los versos. Si era esclavo de la casa paterna, lo más probable es que se tratara del propio padre de Byrne. Además, si Byrne vio los castigos, es de esperar que los haya visto en *su* casa. El recuerdo es, entonces, importante, porque de haber visto el hijo al padre ejercer tal violencia sobre el esclavo, se comprende a su vez que su imagen se le hiciera más temible y autoritaria (ver introducción). No hay que descartar tampoco la posibilidad de un sentimiento de culpa por parte de Bonifacio Byrne hijo si se hubiese visto reflejado, aún si sólo nominal –y, por supuesto, inconscientemente– en la acción punitiva de Bonifacio Byrne padre. Respecto a lo segundo, «Perico» recuerda los *Versos Sencillos* XXX, de Martí. Al igual que en «Perico,» el poema de Martí documenta la violencia contra el esclavo como testimonio. Nótese, sin embargo, la diferencia entre el explícito e insistente «Le vi, le vi en el cepo,» del niño Byrne, y la mirada más oblicua del niño Martí: «Rojo como en el desierto, / Salió el sol al horizonte: / Y alumbró a un esclavo muerto / Colgado a un seibo del monte. / «Un niño lo vio: tembló / De pasión por los que gimen: / ¡Y, al pie del muerto, juró / Lavar con su vida el crimen!» (*Obra Poética* 135-6). Resulta curioso que sea el texto martiano el que más vehementemente representa el sufrimiento del esclavo, y el que compromete la vida misma del niño testigo en la emancipación del negro, pero también el que, al mismo tiempo, marca una separación con relación a la mirada y al compromiso resultante. Esto lo vemos en el paso de la primera persona, en Byrne («conocí,» «me lo contaba a mí,» «Le vi, le vi,» «ocupó un lugar / en mi memoria y en mi corazón») a la tercera persona, en Martí («Un niño lo vio,» «juró»). No obstante, hay que mencionar también la ambigua dedicatoria del poema de Byrne. Al igual que en el poema «dedicado» al hijo mulato, no reconocido, Plácido, también en el caso que nos ocupa se echa de menos el «A» afectivo. Así, «Plácido» y «Périco» contrastan con «A mi hijo Hamlet,» e incluso con el que dedica al amigo: «Para Américo.» Por esto tampoco hay que minimizar la implícita

PARA AMÉRICO

Sigue, sigue tu ruta, Américo Alvarado,
con la música extraña de tu verso sutil,
aunque los inconscientes que pasan por tu lado
no entiendan tus sonatas, puestas en el atril.

Son múltiples las almas que cruzan por el prado,
sin que aspirar consigan la fragancia de abril,
ni contemplar el cielo cuando luce estrellado,
ni ungir con sus miradas la gracia femenil.

Con tus hábiles manos afina tus violines;
al escuchar sus sones, florecen los jardines...
Y el triunfo te ha ceñido su penacho gentil...

¿Es que no te lo han dicho? Por tu «Noche Gitana»
hay fiestas en los astros... Dios abre su ventana
y besa los in promtu que has puesto en el atril...[401]

---

mente distanciamiento de «el esclavo aquel.» Otro poema que podría considerarse –y lo dejo como mera sugerencia para quienes puedan interesarse en el tema– es «El último esclavo,» de Manuel Serafín Pichardo. El lector puede encontrarlo, junto a otros textos que seguramente serán de su interés, en: Jorge Luis Morales, selección e introd. *Poesía afroantillana y negrista. Puerto Rico, República dominicana y Cuba*. San Juan: Editorial de la Universidad de Puerto Rico, 2004.

401   El doctor Alvarado es otra de las relaciones misteriosas de Byrne. Martínez Carmenate se limita a decirnos que, desde 1934, fue «visitante fijo» en casa del poeta. Por esa época Byrne se encontraba muy enfermo, Alvarado ya era «visita cotidiana en la casa», y a él acudió Marina (la última esposa de Byrne). Marina necesita que alguien de confianza estuviera presente a la hora del almuerzo para que «el enfermo» se viera «obligado a cumplir la dieta impuesta por el doctor.» Desde ese momento, continúa Martínez Carmenate, Marina «le había indicado la hora oportuna y precisa, y el almuerzo del poeta cobraba *sazón definitiva* cuando la presencia del joven amigo se anunciaba con *discreción*» (254) (énfasis míos). He podido averiguar muy poco sobre Alvarado, y es significativo que, a pesar su importancia como testimoniante, Martínez Carmenate –quien meramente se refiere a él como «doctor Américo Alvarado»– apenas tenga algo más que decir sobre su relación con Byrne. Alvarado nació en Matanzas en 1907, y en 1934 –justo el año en que comienza a visitar a Byrne– publicó el poemario *Haz*, y en 1938 *Cinco balatinas y un poema*. Es también autor de la novela *Fetiche*. En «Para Américo,» Byrne alude al poema «Noche Gitana» que Alvarado incluyó en *Haz* (pág. 103). En el poema que nos ocupa, Alvarado aparece también como una figura excéntrica, siendo su música, como la del propio Byrne, *extraña*. El apóstrofe contribuye a crear un diálogo íntimo entre los dos, por lo que el lector resulta necesariamente un intruso. A mi juicio, lo más interesante es la imagen de Alvarado que nos recuerda la del virtuosismo del diablo y la energía homoerótica asociada tanto a éste como a su violín. Nótese que «afinas tus violines» («Para Alvarado») es casi casi una imagen especular de «acaricia su violín» («El diablo»).

La caja milagrosa

Tengo una hermosa caja de herramientas
en la que guardo mi mejor tesoro:
mi numen,[402] ese pájaro canoro,
que trina en las montañas corpulentas.

Un collar regio, de preciosas cuentas
para la musa que ferviente adoro:
y un clarín, entusiástico y sonoro,
que vibra de la patria en las tormentas.

En esa caja está mi fantasía,
con su deslumbradora pedrería,
sus talismanes y sus amuletos;

y en ella es donde están los duendecillos
que forjan, con minúsculos martillos,
el oro con que labro mis sonetos...

---

402   *Numen*: inspiración.

GOOD NIGHT

Era un bello buque pintado de blanco
que raudo surcaba las aguas del mar...
Sobre su cubierta me encontré una noche
con los ojos fijos en la inmensidad...

No recuerdo el nombre que el buque tenía
ni la faz tampoco de su capitán.
Era un bello buque pintado de blanco
que raudo surcaba las aguas del mar.

Cómo en él me hallaba no lo supe nunca
y no sé en qué puerto, no sé en que ciudad,
ni se en qué momento, ni con qué motivo
en la nave aquella me llegué a encontrar.

Era su blancura la misma que ostentan
la perla radiante y el velo nupcial,
y la de los chales que teje la espuma
cuando borda el agua su azul canevá.

¡Hubo un episodio! ¡Sucedió una noche!
Mientras desde el puente contemplaba el mar,
vi unos marineros que me saludaban
con voz amistosa, con gesto cordial.

¡Raros tripulantes! Eran todos viejos,
pulcro el uniforme, radiante la faz,
nítida la barba y el cutis rosado,
los ojos azules, la boca jovial.

Good night — me decían, en tanto bajaban
por una escalera para descansar...
Uno en pos del otro bajaron mirándome...
¡No he vuelto a encontrarlos! ¡No sé dónde están!

Pero no he olvidado sus fisonomías
ni aquel su saludo lleno de bondad...
Era un bello buque pintado de blanco,
pintado de blanco... No recuerdo más![403]

---

[403] El poema relocaliza al yo entre los marineros de «El buque fantasma,» de *Excéntricas*. El ojo que siente que lo observa («El espía») es el suyo mismo. En el espejo de esa mirada, fija y al mismo tiempo corrida, Byrne se le aparece a Byrne como fantasma, como un muerto con el que convive en contubernio erótico.

1.5. Poesía y Prosa (selecciones)

Selección, prólogo y notas de Arturo Arango
La Habana: Letras Cubanas, 1988

MI BLASÓN

¡Jamás lo niego!: soy un lapidario,
que cincela sus joyas en la frente,
mientras mira hacia abajo, indiferente,
desde su vacilante campanario.

Soy uno más que sufre su calvario
entre el hosco[404] tumulto de lo gente,
y que muestra, con aire displicente,[405]
su fúlgido blasón de visionario.

Amando mucho mi natal ambiente,
es mi placer sentirme solitario,
dando asilo en mi pecho y en mi mente

— las dos iglesias de que soy vicario —,
¡a mis tristes memorias del presente
y a las reliquias de mi ayer precario!

DICIEMBRE DE 1915

---

404   *Hosco*: áspero
405   *Displicente*: indiferente

EL CUADRO AZUL

Estoy contemplando
las nubes que pasan,
y que tal parecen
esquifes[406] de plata.
La tarde se aleja,
se esfuma, se apaga...
Un pájaro cruza,
vibra una campana.
¡Qué bello paisaje
miro en lontananza![407]
¡Como éste, no existe
ningún panorama!
Está lleno el cielo
de tules,[408] de gasa,[409]
de cenefas[410] rojas,
como las granadas.
Flotan en la altura
colosales llamas;
raros arabescos[411]
hay allí de nácar,
monstruos formidables,
bajeles y playas.
¡Qué nube tan bella!
¡Qué bella y qué rauda!
¡Corpulenta luce
como una montaña!
Otra la que sigue,
de color de malva,[412]
el aspecto tiene
de una escalinata.
Aquella semeja
ronda de fantasmas,

---

406 *Esquife*: barco pequeño que se lleva en el navío para saltar a tierra
407 *En lontananza*: a lo lejos
408 *Tul*: tejido fino y transparente de seda, algodón o hilo
409 *Idem*
410 *Cenefa*: lista sobrepuesta o tejida en los bordes de las cortinas, doseles o pañuelos, como ornamentación
411 *Arabescos*: dibujo de adorno compuesto de tracerías, follajes, cintas y roleos, y que se emplea más comúnmente en frisos, zócalos y cenefas
412 *Malva*: color morado pálido

que cruzan ligeros
una encrucijada.
Parejas de cisnes...
un mar de escarlata...
cúspides enormes,
guerreros con lanzas,
la torre de una
catedral lejana,
y un grupo de ovejas,
de ovejas muy blancas,
que desaparecen
y se desparraman.
¡Cuánta maravilla,
cuánta filigrana,[413]
que nos deja absortos
la mente y el alma!
La tarde agoniza,
la tarde se acaba...
¡Dios, un nuevo lienzo
pintará mañana!

1918

---

413   *Filigrana*: obra formada de hilos de oro y plata, unidos y soldados con mucha perfección y
      delicadeza

Enigma

Nacemos y expiramos diariamente:
mientras nos dura el sueño nos morimos...
¿Quién puede asegurarnos que vivimos,
si el alma está de su envoltura ausente?

Dormidos, olvidamos el presente,
no apetecemos[414] nada, no sentimos...
¿Dónde vamos, apenas nos dormimos?
¿A qué abismo, a qué cima, a qué torrente?

¿De quién al despertar, nos despedimos?
¿Será de un invisible confidente,
que con nosotros fue por donde fuimos?

¿Recuerdas alma lúcida y creyente,
las estrellas que anoche recorrimos,
después que el sueño me besó la frente?[415]

1920

414　*Apetecemos*: deseamos
415　Hermoso poema que, hasta cierto punto, nos recuerda al Darío de «Lo fatal.» Pero el poema tiene el sello inconfundible de Byrne, marcado en ese «invisible confidente» que nos hemos acostumbrado a esperar.

DUDAS

No sé si alguna vez me contradigo,
no sé si al regresar es que me ausento,
ni si en la horca de mi pensamiento
he dejado expirar algún amigo.

Aunque la luz de la razón persigo,
¿cuando digo la verdad, será que miento?,
¿será lástima acaso lo que siento,
siempre que me incomodo y que fustigo?

¿Se pensará que soy contradictorio,
porque sentado frente a mi escritorio,
lamento la miseria de los pobres?

¿Qué queréis? He vivido en la indigencia,
y sé que del caudal de la existencia
las aguas son oscuras y salobres...

1920

La alegría de la casa

I
Revuelve mis libros,
me esconde las cartas,
se sienta en mis piernas,
zafa[416] mi corbata,
peina mis cabellos
me cuenta las canas,
zalamera[417] y ágil
me besa, me abraza;
desliza en mi plato
su manita rápida
y su cucharilla
sumerge en mi tara.
Le reprendo...[418] ¡Malo!
Me dice indignada.
y con un dedito
ella me amenaza.
Detrás de las puertas
a poco me llama,
y en mi alcoba corre,
y a mi lado salta.
Me lo cuenta todo,
porque es charlatana,
con su vocecita
musical y grata,
cual chorro de perlas
nítidas y diáfanas
cayendo en el fondo
de un cofre de plata.
Al piano se sienta
y toca y me canta;
me recita versos,
y están sus palabras
plenas de dulzura,
y ungidas[419] de gracia.

---

416   *Zafa*: desanuda
417   *Zalamera*: cariñosa y empalagosa
418   *Reprendo*: corrijo, amonesto
419   *Ungidas*: bendecidas

II

Es ella una niña,
precoz, vivaracha,[420]
que, con sus preguntas,
me acosa y me pasma,[421]
en jaque[422] trayendo
mi facundia escasa.
Abuelo — me dice —,
¿por qué tú no cantas,
por qué tú no corres,
por qué tú no bailas?
¿Por qué en las iglesias
tocan las campanas?
¿Por qué tiene oscura
la noche la cara?
¿No es verdad que el viento
al soplar nos habla
y que algunas veces
ríe a carcajadas?
Dile a Dios, abuelo,
que baje y me traiga
una sola estrella,
ya que tiene tantas!
Abuelo!, las aves
¿por qué tienen alas?
¿Dónde comen ellas?
¿Volando se cansan?
Pregúntame siempre,
niña idolatrada.
Única alegría
que existe en mi casa!

1924

---

420   *Vivaracha*: traviesa, alegre
421   *Me pasma*: me asombra
422   *En jaque*: perturba

Todavía

No están mis muertos de mi hogar distantes:
me escuchan todos y me están mirando,
aunque oculten sus pálidos semblantes
mientras estoy con ellos platicando.

Asisten a mis íntimas veladas
y a todas horas como están conmigo,
no me asustan sus débiles pisadas,
ni cuando escuchan lo que yo les digo.

A menudo acarician mis cabellos
con el helado soplo de su boca;
y muchas veces, al andar con ellos,
alguno, aproximándose, me toca.

— ¿Cuándo — les digo —, ha de llegar el día
en el que me reciban los difuntos?
Y parecen decirme: — Todavía
no ha llegado el momento de estar juntos...[423]

1924

---

[423] Una vez más el poema trastoca y borra la distancia y la diferencia entre el hogar y la tumba, el muerto y el vivo, el habla y el silencio, la presencia y la ausencia. Esto se consigue a través de la plática *con* los muertos en la íntima familiaridad del hogar. De hecho, los muertos vienen a ser los únicos signos vitales y los que compañan al yo en el poema-casa-tumba. Por otra parte, el roce ocasional, las frecuentes caricias en los cabellos, el «helado soplo de la boca,» erotizan ese «andar con ellos,» lo cargan de energía libidinal. Por esto el final es irónico. La respuesta de los difuntos parece hasta cómica, precisamente porque la pregunta que hace el yo sugiere que no tiene idea de lo que está diciendo, que permanece inconsciente de su discurso. «No ha llegado el momento de estar juntos» le responden sus compañeros, los que le hacen compañía, y asisten a sus veladas, y le acarician los cabellos, y hasta ese que *lo toca*.

MI CASA

¡Oh, casa, casa mía!,
torna a hollar[424] tus umbrales el ausente.
Me reciben con júbilo mis libros,
me dan la bienvenida mis papeles;
y hay un desbordamiento de alegría
de mi hogar en las nítidas paredes.
Cuando tú me contemplas,
se llena de pupilas el ambiente...
Sola, parece la candela abrirse:
será para que yo no me moleste.
En la desierta sala
oigo como una silla que se mueve...
El piano, abierto en un rincón, inmóvil,
sus teclas muestra como blancos dientes;
y las altas ventanas
tal vez se confabulan para verme.
El patio y el alero me saludan;
la escalera me da sus parabienes;[425]
cada peldaño suyo
es como un hombre fiel que me sostiene...[426]
El buró se diría
que cruje y se estremece,
y que, por mi salud, precaria y frágil,
lleno de angustia preguntarme quiere...
Y mis albas[427] persianas y mi alcoba
y mi balcón sentimental, parece
que cambian impresiones y que dicen:
— ¡Si pálido se fue, pálido viene![428]
¡Oh, mi casa adorada! Acaso pronto
llegue el instante en que de ti me aleje,
y que tú, preocupada por mi ausencia,
en vano, en vano mi regreso esperes...
¡Tiene que ser así, porque es forzoso!
¡Tiene que ser así, pues Dios lo quiere!
¡Escúchame, querida!

---

424   *Torna a hollar*: vuelve a pisar
425   *Parabienes*: felicitaciones
426   Véase como el imagen homoerótica aparece siempre a la vuelta de cualquier recodo.
427   *Albas*: blancas
428   Todo lo que recibe al yo y lo refleja parece ser espejo de la muerte.

Hoy no he venido alegre...
Llevaba una ilusión y la he perdido...
Arden mis ojos... ¡Lo que tengo es fiebre!
Como una madre, buena y cariñosa,
mirándome, sosténme,
y el aire tuyo que respiro ansioso,
deja que me acaririe y que me bese...
¡Oh, mis techos azules!
oh, mis gavetas fieles,
mi balcón, mi escalera
mis libros y mis muebles!
Sin mí, sin mí, sin los efluvios míos,
sin mi presencia, ¿qué será de ustedes?
¡Ea! Ya estoy de vuelta:
ya se extinguió en mi pecho el miserere...[429]
En el jardín me aguardan mis rosales,
y a verlos voy para que no se inquieten.
¡Oh, casa, casa mía!
De nuevo, entre tus ámbitos,[430] me tienes...
¿No es verdad, no es verdad que me esperabas,
que conoces mi voz y que me quieres?
Vamos. ¡Ya estoy de vuelta!
De mi ausencia tu amor sé que me absuelve,
así como una madre bondadosa
al hijo más endeble,
perdona, si comete alguna falta,
y de nuevo le entrega sus juguetes.[431]

1926

---

429   *Miserere*: canto solemne que se hace del Salmo 50 en las tinieblas de la Semana Santa
430   *Ámbitos*: espacios
431   El retorno a la casa remeda la vuelta al origen materno, y por tanto a la muerte.

MELANCOLÍA

Las calles solitarias,
son las más atractivas
para mi corazón, para mi numen
y para mis pupilas.

Las calles por las cuales
no cruza el paquidérmico tranvía,
con su mole imponente de coloso
y su arrogancia olímpica.

Por ellas casi nunca
un auto se desliza,
con su respiración estrepitosa
y su bárbaro instinto de homicida.

Ni un bar ni un cabaret, existe en ellas:
su horrenda soledad es infinita...
¡Ni un teatro, ni un cine, en ese ambiente,
logran tener un átomo de vida!

Todo en ellas me encanta:
la hierba que aparece en sus orillas,
sus paredes leprosas, sus balcones
y sus casas antiguas.

Esas calles parece que me buscan
y que conmigo intiman,
y al contemplar mi rostro, de improviso
conmigo simpatizan.

Al transitar por sus aceras rotas,
¡tengo la convicción de que me miran,
como si recordaran
mi nombre, mi apellido y mi sonrisa!

A imaginar a veces he llegado,
que, cuando me divisan,

quisieran a mi encuentro adelantarse,
para estrechar, tal vez, las manos mías.

O, tal vez, para darme, presurosas,
alguna bienvenida;
o para sorprenderme
con la impresión de una feliz noticia.

Prefiero, sí, las calles solitarias
a las más concurridas,
en que la multitud se descoyunta
tras el ágil bufón de la alegría.

¡No! No soy un cartuja,
ni soy un cenobita,
sino un inconegible visionario,
que vive acariciando sus reliquias.

1928

LA NINFA DESNUDA

Aúlla feroz el viento, mientras toca
su órgano, de registros imponentes;
y una mujer desnuda, entre los dientes
se ve surgir, de la aguzada roca...

¿Cuál de las diosas clásicas evoca?
¿No le teme a las ráfagas potentes?
¡Se fugó de un asilo de dementes,
o es una ninfa, desgreñada y loca?

Pugnan las olas por tocar el cielo;
en el espacio gris, cuelgan su velo
y sus telones, las etéreas brumas...

En tanto que la mar, ronca y bravía,
dice a la roca: — ¡Esa mujer es mía!
¡Y la arrastra en su féretro de espuma!

1930

Los violines

I

¡Oh! ¡No me cabe duda! Los violines
un alma tienen, como yo la mía;
un alma en que solloza la armonía
ausente de otra luz y otros confines.

Ellos aman los rojos escarpines,[432]
la noche melancólica y sombría,
los montañas balsámicas de Hungría
y los claros de luna en los jardines.

Narran en la mazurca sus delirios,
en el vals nos refieren sus martirios,
por la romanza tienen preferencias...

y al vibrar en las íntimas veladas,
parecen cariñosos camaradas
que en voz baja nos hacen confidencias...

II

De país en país, solos y errantes,
en sus cajas y en manos de sus dueños,
tal parecen sarcófagos pequeños
que en el aire se mecen vacilantes.

Son los monarcas únicos reinantes,
que amor infunden y apaciguan ceños;
en sus cuerdas hay lágrimas y ensueños,
oraciones y súplicas vibrantes.

Nunca ha de haber quien escucharlos pueda,
sin que asome a sus ojos el rocío
en donde el genio del dolor se hospeda...

Producen un extraño escalofrío,
y algo muy triste, que en el alma queda,
como una estrella sola en el vacío.

1930

---

432   Una de las delicias de la poesía de Byrne es verla plegarse y desdoblarse, de modo que un poema desemboca en otro, y en otro, a través de puentes, de las esclusas del inconsciente, de sus alcantarillados. Estos violines que aman «los rojos escalpines» ¿no evocan al yo que vio al diablo en «calzones rojos»? ¿No escuchamos, sin cesar, el violín del diablo? ¿No aparece otra vez, en el hemiciclo del deseo, el magnífico Stradivarius? ¿Podemos no ver a Byrne absorto en el violín diminuto y encarnado y en los calzones rojos del diablo?

ALLÍ ESTÁS

Recuerdo con dolor tu sino[433] triste:
el mundo sin piedad te condenaba,
porque eras nieto de una pobre esclava
y cobrizo el color con que naciste...[434]

¿Qué me importaba, si de mí naciste,
como del cráter del volcán la lava?
Mientras más desgraciado más te amaba...
¡Fue horrendo mi pesar cuando moriste!

Siempre te vi a mi lado en mi sendero:
sin ti, sin ti, ¿de mí que hubiera sido
en el rincón aquel del extranjero?

Al pie de un pino te dejé dormido
a solas, con tu cruz, como un viajero
sin historia y sin nombre conocido...

1931

---

433   *Sino*: destino

434   Puede afirmarse, con un mínimo margen de error, que el poema está inspirado en la muerte de su hijo Plácido, y a quie nunca reconoció legalmente. Martínez Carmenate menciona el poema «Plácido,» en *Lira y Espada* (1901), p. 76-71, pero opta por reproducir «De mi calvario,» que permanecía inédito. Esto quiere decir que hay, por lo menos, tres poemas dedicados a Plácido. A mi juicio, ellos constituyen gavetas o apartados de otro armario en la vida y obra de Byrne: las relaciones que tuvo con la mulata libre Eusebia Soriano, y fruto de las cuales fue Plácido. «[L]os pormenores del romance se pierden,» afirma Martínez Carmenate (*Bonifacio Byrne* 58), y hay que decir que también Plácido, quien no reaparece hasta que Byrne ya está en Tampa con su familia (1896). Plácido sólo se menciona entonces como el único hijo que, por ser el mayor, podía trabajar y contribuir a mantener la familia (138). No se le vuelve a mencionar hasta que muere (25 de diciembre de 1898) cuando, a propósito de esto, se menciona el susodicho poema inédito. Lo que tienen en común «Allí estás,» «Plácido» y «De mi calvario» es, precisamente, que en ellos el reconocimiento de la paternidad es casi nulo. «De mi calvario» se refiere al hijo en una innombrable tercera persona: «de mí se despidió,» «estoy oyendo el eco de su voz,» «lo fuimos a enterrar al otro día,» «a la sombra de un pino lo dejé» (166). No se nos dice quién fue el enterrado. La palabra *hijo* no aparece; tampoco *padre*. En «Plácido» esto cambia, pero sólo hasta cierto punto. Aquí el poeta piensa «en un joven que ha muerto / y hoy descansa debajo de un pino.» Se repite la innombrable tercera persona: «lo trajeron en una camilla» / ... «al pie de su lecho» / «Cuando el médico vino enseguida / al enfermo encontró tan inerte» / «yo le arrullaba en mis brazos» / «Dios lo condujo a la gloria / «lo conduje en su caja liviana.» Entonces, al fin, se produce el reconocimiento, pero no hay declaración tácita, sino *indirecta*, de la paternidad: «Escarbando en mis penas, advierto / que no olvidan los padres el día / en que el hijo que amaban, ha muerto!.....» (*Lira y Espada* 76-7). Finalmente, en «Allí estás» Plácido es, antes que nada, el «nieto de una pobre esclava» y de «cobrizo color.» Aquí sí, hay que decirlo, se declara el lazo filial («nieto de mí naciste»), pero a través de un símil que encuentro cuestionable: «como del cráter del volcán la lava.» Más que engendrar, Byrne parece parir (y expulsar) al hijo que (como la lava) lo quema por dentro. Simbólicamente, pues, Plácido es reinscrito como Plácido (como el niño expósito – *expuesto* – que fue el poeta cubano Gabriel de la Concepción Valdés, llamado *Plácido*). Y esto es aún más evidente en la admisión de culpa con que cierra el soneto: «Al pie de un pino te dejé dormido / a solas, con tu cruz, como un viajero / *sin historia y sin nombre conocido*...» (énfasis mío). Finalmente, compárense los títulos de los siguientes poemas (énfasis mío): «De mi calvario,» «Plácido» y «*A mi hijo* Hamlet» (este último en *Lira y Espada*, 51).

EL DUENDE

¿No habéis sentido, por la noche,
cómo una mano que os empuja,
cambia de sitio vuestros muebles
y vuestra alcoba deja a oscuras?

Es el culpable un duendecillo,
que su presencia disimula,
y se introduce por el ojo
de las mejores cerraduras.

De par en par abre las puertas,
en vuestro asiento se columpia,
a vuestro lado salta y baila,
y os amenaza en la penumbra.

Tiene secretos escondrijos
en donde tose y donde fuma,
y, si lo quiere, el bribonzuelo,[435]
os mortifica[436] y os asusta.

Es encarnado[437] su vestido,
de oro y de seda sus babuchas,
dos esmeraldas son sus ojos
es su tamaño el de una pulga.

Cuando montáis vuestro caballo,
él os despoja de la fusta,
y es quien lo acosa y lo encabrita,
y su carrera dificulta.

Es quien se toma vuestro vino,
y, con su mano diminuta,
en vuestro plato, ni siquiera
deja una sola confitura.

He de contarlo: por la noche
sé que en mi alcoba se refugia,

---

435 *Bribonzuelo*: travieso
436 *Mortifica*: importuna
437 *Encarnado*: muy rojo

y mis camisas desparrama[438]
y mis corbatas desmenuza.

¿Vuestro pañuelo no aparece,
se os ha perdido el cortaplumas,
vuestro dinero se extravía
y no lo halláis en parte alguna?

Pues ya sabéis que un duendecillo
de vuestro mal tiene la culpa,
pero él se escurre[439] entre los dedos,
como en el piélago[440] la espuma.

En los espejos ve su imagen
y su carita taciturna,
su naricilla impertinente
y el pulimento de sus uñas.

Sobre la alfombra se desliza,
en los rincones se desnuda,
y, entre los libros, cuando hay frío,
ese tunante[441] se acurruca.

Si hay quien osado lo persigue,
si alguien, colérico, lo busca,
de un solo salto formidable
se esconde, rápido, en la Luna.

Es encarnado su vestido,
de oro y de seda sus babuchas,[442]
dos esmeraldas son sus ojos,
y es su tamaño el de una pulga.

---

438 *Desparrama*: dispersa
439 *Se escurre*: se desliza
440 *Piélago*: mar
441 *Tunante*: bribón, pícaro
442 *Babuchas*: zapato ligero y sin tacón, usado principalmente por los moros

Hasta mañana

Diez de la noche. Calle provinciana.
Reposo y paz. En ese instante, abierta
no se ve en lontananza, ni una puerta,
ni una sola mujer en la ventana.

De tal silencio, la tristeza emana...
Hoy, como ayer, la calle está desierta...
Yo estoy con la cabeza descubierta,
y le digo al espacio: — ¡Hasta mañana!

Surge entonces la música de un piano...
A mi mujer le digo: — Todavía
no cierres el balcón, porque es temprano.

Llega hasta mí la dulce melodía,
y bendigo al intérprete lejano,
que no puedo olvidar desde aquel día.[443]

---

[443] El yo hace *aparecer* la mujer, pero sólo para darle un mandato y olvidarla enseguida por el «intérprete lejano» que no puede olvidar «desde aquel día.»

EN LA OFICINA

¡Oh, la ramplona[444] vida oficinesca![445]
La minuta, el decreto, el expediente,
la gramática hostil del escribiente,
del conserje[446] la facha[447] pintoresca;

el jefe, con su cara soldadesca,[448]
y su inmóvil pupila de serpiente;
el clásico *De usted atentamente*
y la prosa confusa y curialesca;[449]

los lápices, las plumas, las presillas,
los timbres, los tinteros, las falsillas,
en la pared retratos de patriotas,

la huella del cansancio en los semblantes,
y las oficinistas elegantes
que se alejan cual rápidas gaviotas...[450]

---

444   *Ramplona*: vulgar
445   *Oficinesca*: relativo a la oficina (despectivo)
446   *Conserje*: el que tiene a su cuidado la custodia, las llaves y la limpieza de un establecimiento
       público
447   *Facha*: aspecto (despectivo)
448   *Soldadesca*: autoritaria (despectivo)
449   *Curialesca*: perteneciente a la iglesia católica (despectivo)
450   «En la oficina» captura la modorra de la burocracia republicana de manera similar a Ni-
       colás Guillén en el ámbito de los estudios universitarios. Véanse los sonetos «Al margen de
       mis libros de estudio,» de Guillén; por ejemplo, en el que dice: «Pero asisto a las clase pun-
       tualmente. Me hundo / en la enfática crítica y el debate profundo. / Savigny, Puchta, Ihering,
       Teófilo, Papiniano... / Así cubren y llenan esta vida que hoy vivo / la ciencia complicada del
       administrativo / y el libro interminable del Derecho Romano.» Resulta, por otra parte irónico
       que Byrne, que se dejó arrastrar por el patrioterismo de la época, mire con sorna «en la pared
       retratos de patriotas.» Después de todo, esos retratos (en hilera, en serie) nos recuerdan las
       propias *Efigies* del poeta matancero.

EL TALLER DE MAQUINARIA

(Fragmentos)

Venid conmigo al vasto taller de maquinaria,
en el cual la presencia del hombre es necesaria.
Venid conmigo donde están los artesanos,
sudorosas las frentes y tiznadas las manos.
Ese sudor prestigia. Ese tizne ennoblece:
como el sol, el obrero, con ellos resplandece...
Unos, frente a la fragua. Otros, al pie del yunque.
¡Ojalá que el destino, su porvenir no trunque!
Escuchad cómo vibra el sólido martillo,
y ved sobre el acero el baile del cepillo.
¿Veis aquel ciudadano? Inteligente y diestro,
es el Jefe, el que manda... ¡El Maestro, el Maestro!
De sus subordinados él es un compañero:
perpicaz la mirada, y el rostro pensativo,
ni un segundo siquiera se le verá inactivo.[451]
Hay un nutrido grupo: ¡el de los aprendices!
Ya presentan sus manos, llenas de cicatrices.
¡Sus manos juveniles, sus manos poderosas,
harán en el futuro sabe Dios cuántas cosas!
Allí veréis el núcleo de expertos operarios:
algunos tienen ojos y faz de visionarios.
Laboran muchas veces tristes y silenciosos,
pensando en los caídos y en los menesterosos.
Y fuertes como robles y ágiles como ardillas,
hacen, con el acero, radiantes maravillas.

....

Lo digo con fe inmensa y entusiasmo profundo:
¡esos hombres mañana gobernarán el mundo![452]

....

---

451 El Maestro no es jefe de «sus subordinados,» sino compañero. Aunque la voz lírica dice de ese Maestro que «ni un segundo siquiera se le verá inactivo,» en realidad son los aprendices los que hacen el trabajo. En esta especie de fantasía bolchevique, se afirman la dominación y la asimetría al mismo tiempo que se la niega.

452 El poema está en la órbita de lo que se llamó en Cuba «poesía proletaria», y de la cual el texto más conocido es la «Salutación fraterna al taller mecánico,» de Regino Pedroso. El poema proletario de Byrne me interesa como expansión temática y estilística, pero no como logro poético en sí mismo. Tampoco niego – aclaro previendo las correspondientes objecciones – que no todos los poemas de la presente selección se presentan al lector con las mismas credenciales. Lo que sí espero haber demostrado es que Byrne es un poeta lo suficientemente fascinante y único en el contexto del modernismo cubano e hispanoamericano como para merecer y suscitar la atención, e incluso el entusiasmo de los estudiosos, o simplemente de los lectores de poesía.

I. 6. Poemas inéditos

Los poemas «inéditos» que siguen los hemos recuperado de publicaciones periódicas con las que colaboró Bonifacio Byrne y no habían sido recogidos en ninguna de las antologías publicadas antes de la presente edición.

NOCTURNO

Del jardín recorremos por las noches
Las sendas perfumadas y secretas,
Y a su paso gentil abren sus broches,
Temblando, enamoradas, las violetas.

Y he visto que las fúlgidas estrellas
Descendiendo del cielo entre la sombra,
Grababan dulces besos en las huellas
Que dejaban sus pies sobre la alfombra.

Hasta la leve y sollozante brisa
Cuando le ruegan que un suspiro guarde,
Copia la languidez de su sonrisa
Más triste que las sombras de la tarde.

Si en mí detiene su mirada pura
Late mi pobre corazón opreso,
Y mi alma se empapa de ternura
Cuando de esa mirada siente el beso.[453]

---

453 En *El Pensamiento* 8, Año I, 30 de noviembre de 1879, p. 124. Subtitulada «Revista quin-
cenal de Ciencias, Literatura, Bellas Artes, Crítica Seria e Intereses Generales», *El Pensa-
miento* estaba dirigida por Nicanor Arístides González, poeta y maestro de Byrne. Martínez
Carmenate afirma que Byrne publicó sus primeros versos en el semanario matancero *La Pri-
mavera* en 1878. El director de este semanario fue el escritor y periodista Federico Rosado.
«Al pie de una poesía titulada *Nocturno* apareció su nombre,» afirma el biógrafo, «desco-
nocido por entonces para los lectores habituales de la prensa» (Bonifacio Byrne 51). No sa-
bemos si el «Nocturno» de *El Pensamiento* es el mismo que publicó *La Primavera*, pero no
hay que descartar esa posibilidad. Si se tratase del mismo poema, entonces también sería esta
la primera vez que se publica lo que parece haber sido el primer poema impreso de Byrne.
Martínez Carmenate comenta que *El Pensamiento* se imprimía en «buen papel y excelente
tinta,» así como que «la prensa nacional [...] llegó a calificarla como la *revista más lujosamente
impresa en el país*» (itálicas del autor). Según su biógrafo, la poesía de Byrne de esta época es
una de «tanteos ocasionales; nada de versos pulidos ni originalidad en la forma o los temas.
Se ocupa sólo de la mera descripción de instantes amorosos o de sentimientos que ponen de
manifiesto sus vaivenes existenciales»(64-5).

LOS NIÑOS

(A la inspirada poetisa Catalina R. de Morales)

El espíritu alegra sus sonrisas
    Vagas y misteriosas,
Y aroma liban las errantes brisas
En sus labios más frescos que las rosas.

  Cuando, ajenos del mundo a los martirios,
Gozosos duermen en su frágil cuna,
    Semejan castos lirios
Bebiendo el rayo de la blanca luna.

  ¡Son tan interesantes! ¡Son tan bellos!
¡Astros a un tiempo son y también flores!
    Que allí donde están ellos
Tiene que haber perfumes y resplandores.

  Lo que es virtud y lo que es mal ignoran;
Ignoran lo que es goce y lo que es pena;
    Pero hay muchos que lloran
Al mirar deshojada una azucena.

  Sus miradas serenas y tranquilas
En todas partes fijan sin recelo,
    Y en sus dulces pupilas
Siempre veréis que se refleja el cielo.

  ¡Oh, cómo me cautivan sus hechizos
Y su inefable calma!
Cualquiera deja un ósculo en sus rizos;
    Pero tan solo Dios les besa el alma.

  Por ellos ¿quién no siente algún cariño?
¿Quién su candor no adora?
    ¡Oh, bendito el hogar en donde un niño
Nos deje oír su charla encantadora![454]
           30 de junio de 1882

---

454   En revista *El Álbum*, Año I, no. 1, 15 de julio de 1881, p. 7. Esta revista no aparece entre las «Fuentes periódicas» consultadas por Urbano Martínez Carmenate en su biografía de Bonifacio Byrne. Como puede verse, el poema de Byrne que reproducimos apareció en el número inaugural de *El Álbum*, y que llevaba como subtítulo: «Revista quincenal de Literatura, Ciencias, Bellas Letras e Intereses Generales». Estaba dirigida por Catalina Rodríguez de Morales. Uno de los colaboradores de *El Álbum* fue Nicanor Arístides González, poeta y maestro de Byrne.

EL MEJOR PRESENTE

En un álbum

La castellana consiente
En corresponder fielmente
A la amorosa pasión,
De quien le ofrezca un presente
Digno de su estimación.

Llegan ante su presencia
Tres hermanos, y clemencia
Le piden con ansia loca;
Y a oír se aprestan la sentencia
Que pronunciará su boca.

— Yo te ofrezco mi castillo
Dijo el hermano mayor,
Y el segundo: — Yo un anillo,
Que despide tanto brillo
Como tus ojos fulgor.

— Castillos, ni joyas tengo,
Y mi labio no contengo
Que es inmensa mi pasión —
Dijo el tercero: — yo vengo
A darte mi corazón.

Como la púrpura roja
Y temblando, cual la hoja
En el árbol, los oyó:
Luego en los brazos se arroja
Del último que le habló.

Y así le dice — te adoro!
Que no me seduce el oro,
Ni quiero rica mansión,
Desde que tengo el tesoro
De tu amante corazón.[455]

1883.

---

[455] Publicado en *Revista Matancera*, Año I, núm. 3., domingo 23 de septiembre de 1883, p. 19. Este poema, del que podríamos prescindir, lo incluimos porque permite hacernos una idea más cabal de la magnitud y trascendencia del giro estético que representó *Excéntricas*.

Arpegio X

Quien contempla una gota de rocío
De una rosa en el pétalo temblar,
Quien mira, melancólico, en el cielo
Un lucero bellísimo irradiar;

Quien de un beso el suavísimo perfume
En horas de dolor pudo aspirar,
Y el llanto amargo de unos ojos bellos
Tuvo la inmensa dicha de enjugar;

Quien palidece al murmurar el nombre
De la mujer que lo llegó a olvidar,
Quien ha creido en Dios una vez sola....
Tiene por precisión que recordar![456]

---

456   En *Revista Matancera*, Año I, núm. 7., domingo 21 de octubre de 1883, p. 51. La trivialidad
del poema, así como el descabellado verso final, resultan evidentes. Esto explica la burla
anónima de que fue objeto el poema en el número del 11 de noviembre de la misma revista.
Reproducimos esa burla para el lector curioso (itálicas en el original): /"Arpegio número.....
cualquiera» /(Imitación a B. Byrne). /Quien contempla un *garrote* en una esquina/En manos
de algún rústico bailar,/Quien mira que con paso aguardentoso/El rústico se quiere apro-
ximar,// Quien un *trompis* recibe en las narices / Que lo hace en las piernas tambalear,/Y el
llanto amargo de sus ojos vierte/Que con mano cobarde va a enjugar;// Quien recibe un pe-
druzco en la cabeza/Que un por poco lo llega a espachurrar,/Aunque no crea ni en el Dios,
ni el Diablo...../«Tiene por precisión que recordar!»//YO.

EL HUERFANITO

A jugar comenzaron los niños
De contento y de júbilo llenos;
La sonrisa vagaba en sus labios
    Rosados y frescos.

Con los ojos chispeantes y alegres
Por mi lado cruzaban ligeros,
Y la brisa al pasar agitaba
    Sus blondos cabellos.

Entre tantos querubes vi uno
Que apartado hasta entonces del juego,
En profunda abstracción, su mirada
    Fijaba en el cielo.

¡Yo no sé lo que vi en su semblante
Que llevó la tristeza a mi pecho!
¡Yo no sé qué terrible elocuencia
    Hallé en su silencio!

Conmovido hasta el fondo del alma
Vi su traje, — su traje era negro, —
Y pensé con tristeza indecible
    Que el niño era huérfano.

Acerquéme al lugar en que estaba,
Y dejando en sus labios un beso,
Por el ser que nos mece en la cuna
    Preguntéle quedo.

Ay! entonces con voz quejumbrosa
Contemplándome, dijo: — Está lejos!
Y un sollozo, hasta allí comprimido,
    Surgió su pecho.
....
Fatigados del juego los niños
Desbandáronse todos y huyeron;

Y uno solo siguió con la vista
    Clavada en el cielo.[457]

---

457   En *El Fígaro* 9, Año VIII, 13 de marzo de 1892, 6. No es, lo sabemos, un poema modernista.
      Tampoco es un poema antologable, para decirlo de algún modo. Lo he incluido porque, aún
      sin poseer las virtudes de la mayor parte de los poemas de *Excéntricas*, está ya en él algunas
      de las obsesiones que encontramos en la colección de 1893. Está en primer lugar, por supuesto,
      la obsesión con la muerte. En medio de la algazara y el juego infantil, Byrne tenía que en-
      contrar el punto ciego de la muerte: el huerfanito. Pero esta figura nos lleva a otra que en
      Byrne aparece a menudo erotizada: el niño y, más específicamente, el niño rubio. La mirada
      se fija, primero, en los labios «rosados y frescos,» y luego, en los «blondos cabellos» del
      querube. Es por esto que el contacto físico con el huerfanito (el beso) ocurre precisamente en
      los labios *rosados* y *frescos*. A propósito de esto último, nótese el extraño final del poema. La
      voz lírica atribuye la retirada de los niños a la fatiga ocasionada por el juego. Sin embargo, la
      figuración de esa retirada está más cerca del miedo («Desbandáronse todos y huyeron) que
      del cansancio.

EL 20 DE MAYO

¡Por los muertos!

Pídole a Dios, arrulladora brisa,
que hoy tu voz en sollozo se convierta....
¡Óyeme, Juventud! Ven descubierta,
y préstame tu aliento y tu divisa.
Dame ¡oh tristeza! tu letal sonrisa...
¡Humana Compasión! ¡Déjame abierta
de tu recinto celestial la puerta!
¡Venid conmigo! ¡Caminad de prisa!
Y en actitud meditabunda y grave,
del cielo azul bajo la inmensa nave
dejadme orar, con íntima ternura,
por los pobres y anónimos soldados,
que aún parece alzarse denodados
buscando su bandera en la llanura...[458]

---

[458] En *Cuba y América* 8, vol. XV, Año VIII, 22 de mayo de 1904. El poema no aparece ni en *Lira y Espada* (1901), ni en *En medio del camino* (1914). Parece, pues, tratarse de un poema por encargo (o al menos hecho para la ocasión) para el número de la revista dedicado al segundo aniversario de la proclamación de la República. Este número incluye homenajes a Céspedes y a Martí, y también al presidente norteamericano Mac Kinley, a Leonard Wood (jefe de la intervención militar), Teodore Roosevelt, e incluso a la propia intervención norteamericana. El patriotismo, como era de esperarse en un número de este tipo, se atrinchera en *Cuba y América*. La nota discordante la pone la desoladora carta de Esteban Borrero a Nicolás Heredia, que, aunque fechada en 1900, había permanecido inédita. «Estoy como hombre, como cubano, como patriota,» expresa Borrero, «lleno de inquietudes en frente del horrible, universal desconcierto producido en el país por la Intervención; he creído asistir a la dispersión de la conciencia política de mi patria: su propia conciencia moral se ha disuelto, así, en algún instante a mis ojos» (162). El poema de Byrne, aunque no con la misma insistencia que «Mi bandera,» se hace eco de la frustración nacional. Nótese, sin embargo, que los versos finales de este poema son una mera versión de aquellos con que terminaba el poema a la bandera: «Si deshecha en menos pedazos...» En este sentido, «El 20 de Mayo» parece ser un texto más de la serie fabricada por Byrne con que llegó a afirmarse como el «poeta de la bandera».

Homenaje

A Federico Uhrbach

Cada vez que descifras el arcano
del verso, y que tu estrofa maravilla,
pienso que has de sentir en la mejilla
la impresión de los besos de tu hermano.

Aunque se hospeda en un confín lejano,
en este libro su recuerda brilla,
como en la soledad de una capilla
la luz del sol sobre un cabello cano...

Si él a su tumba se llevó el secreto
de su fino cincel, y en el soneto
su musa aristocrática vencía,

nos queda aquí tu bandolín sonoro
y de tu numen opulento el oro
que se confunde con la luz del día.[459]

---

[459]   En *Oro*, La Habana: Imp. Avisador Comercial, 1907, p. 14. *Oro* recoge la poesía de los hermanos Carlos Pío y Federico Uhrbach. Carlos Pío murió el 24 de diciembre de 1897 combatiendo en la guerra de independencia contra España. El poema de Byrne forma parte de la sección «Florilegio», al comienzo del libro, en la que varios poetas rinden homenaje a los hermanos Uhrbach. Allí aparecen poemas firmados por escritores cubanos, entre los que se detacan: Dulce María Borrero, Manuel S. Pichardo, Enrique Hernández Miyares, y Bonifacio Byrne.

Palida Mors

A Julián del Casal

Quién lo dijera! Como una furia
cayó la muerte sobre tu seno,
porque... ¡quién sabe si es una injuria
el ser poeta, joven y bueno!

De ti no tuvo lástima alguna,
cual no la tienen los aquilones
del blanco esquife que en la laguna
conduce alegre dos corazones.

¿Cuál fue tu crimen? ¿Qué mal hiciste?
¡Ah! Si te hirieron con saña y dolo,
es porque siempre te vieron triste,
es porque siempre te vieron solo!

Abrazado al fantasma de tus quimeras
descendiste a la fosa, callada y fría,
porque el cielo ha querido que te murieras
para aumentar angustias como la mía.

Tu recuerdo irá siempre junto conmigo
aunque mis ilusiones se desesperen:
la ternura del alma se fue contigo....
¡siempre se llevan algo los que se mueren!

En tus inimitables estrofas bellas,
los apóstrofes llenos de pesimismo
me han parecido siempre que son estrellas
asomadas al borde de un negro abismo.

Como adorables flores guardo tus versos
y en ellos hallar supe secreto aroma;
son el ala de un ángel porque son tersos:
quéjase oculto en ellos una paloma.

Se hospedaba en tu numen la fantasía
como se hospeda el iris en las cascadas:
tu verso era un asilo que no se abría
más que para las almas infortunadas!

No me fue dable ver tus despojos,
más, desde lejos y con la mente,
arrodillado cerré tus ojos
y arrodillado besé tu frente.

¿Cuál fue tu crimen? ¿Qué mal hiciste?
¡Ah! Si te hirieron con saña y dolo,
es porque siempre te vieron triste,
es porque siempre te vieron solo![460]

---

460   En *La Habana Elegante* 43, Año IX, 29 de octubre de 1893, p. 10. Este fue el número que la
      revista dedicó a homenajear a Julián del Casal con motivo de su muerte, ocurrida unos días
      antes, el 21. Esto significa que Byrne tuvo que escribir el poema casi tan pronto como supo
      la infausta noticia. El poema se reprodujo en *Cuba y América* 3, Año VII, vol. XIII, el 18 de
      octubre de 1903. Como homenaje a la admiración de Byrne por Casal, y como afirmación
      del modernismo cubano en la obra de ambos poetas, decidí no ajustarme al orden cronológico
      seguido hasta aquí.

II. Prosa

EX·LIBRIS·

EN VEZ DE INGENIERO FUI POETA[461]

Mi madre, no queriendo que yo me separase de ella, se opuso a que mi padre me enviara a New York para estudiar allí la carrera de ingeniero. Él le pidió a un amigo americano, que me llevase con él en su próximo viaje, y me hiciera ingresar allí en un colegio, para que comenzase los estudios indispensables, continuándolos oportunamente en la Universidad que había de expedirme el título que él codiciaba para mí.

Pero mi madre, repito, se negó, acaso por la primera vez en su vida, a complacerlo. ¡Todo, todo!, — decía ella — todo menos que se aleje de mí y que atraviese el mar para ir a vivir tan lejos. ¿Y si le pasa allí algo desagradable? ¿Y el frío, la nieve y la pulmonía? Hay que tener también en cuenta las dificultades que hay que vencer para pronunciar el idioma inglés. Vamos a dejarlo para más adelante.

Quedó, pues, acordado que por entonces se desistía del proyectado viaje hasta esperar ocasión más propicia.

¡Oh! Si mi madre hubiera accedido a la pretensión de mi progenitor, en vez de versos estaría yo haciendo cálculos y con el ferroprusiato[462] a cuestas, el trípode, la escuadra, el teodolito,[463] y todos los demás instrumentos que se necesitan para realizar la labor de ingeniería.

¡Qué lástima! En vez de hacer sonetos, haría puentes. En lugar cle escribir serventesios[464] haría túneles, en vez de quintillas levantaría arcos triunfales; no sabría lo que es concebir una oda, pero construiría ferrocarriles, que debe ser más difícil. No hablaría de tópicos literarios, pero sí de álgebra y de matemáticas. Acaso no me hubieran premiado con la flor natural en algunos Juegos Florales,[465] pero me hubiese llevado la palma[466] en alguna oposición reñida o en algún concurso memorable de carácter arquitectónico.

Y lo que es mejor y más ventajoso: nadie se hubiera permitido la libertad de enviarme ningún álbum para que le escribiera *cualquier cosa*, o dejase en una página mi firma, para conservarla como recuerdo.

Pudiera también haber sido nombrado Ingeniero en Jefe de Obras Públicas; quizás Secretario del Ramo, ya que de menos nos hizo Dios, y no tiene su alma en su almario; o por lo menos hubiera sido capataz de los peones camineros en cualquier provincia, que es un puesto en cuyo desempeño no hay

---

461   Las prosas incluidas en esta sección, a menos que se indique lo contrario, fueron tomadas de: Bonifacio Byrne. *Poesía y Prosa*. Ed. Arturo Arango. La Habana: Letras Cubanas, 1988.

462   *Ferroprusiato*: copia fotográfica obtenida en papel sensibilizado con ferroprusiato de potasio, de color azul intenso, que se usó en la reproducción de planos y dibujos y en trabajos de imprenta.

463   *Teodolito*: instrumento de precisión.

464   *Serventesio*: cuarteto en el que el primer verso rima con el tercero y el segundo con el cuarto.

465   *Juegos Florales*: en el pasado, certamen literario y artístico

466   *La palma*: el premio

lugar para escriibir dísticos pareados, ni alejandrinos, ni petasílabos siquiera.

Mi madre tuvo la mejor de las intenciones, y bien considerado el asunto, su intuición fue maravillosa. Si yo hubiera ingresado en un colegio americano, hubiera corrido el riesgo de olvidar mi idioma, tan rico, tan musical y tan flexible, y para llegar a ese extremo es seguro que hubiera tenido que sufrir las mayores torturas, porque mi garganta es rebelde a la emisión de las voces guturales. Yo permanecí tres años en los EE.UU. cuando emigré, y sólo aprendí *good bye, very well,* y *all right.*

¿Y quién me asegura que conociendo a fondo el idioma de Poe, haciendo tres comidas al día y siendo diestro en todos los *sports* de la grande y poderosa República del Norte, no hubiese acabado quizás por aclimatarme allí demasiado?[467] En la niñez y lejos de los míos, acaso hubiese llegado a encariñarme con el apéndice constitucional,[468] que parece que no aprieta, y, sin embargo, nos hace sacar la lengua, cuando se le antoja, ni más ni menos que si nos estuviera estrangulando.

Colocadas las cosas en este terreno, bendita sea la decisión de mi madre y bendita la complacencia de quien pudo lograr que se respetase su voluntad, y no obstante, prefirió ceder.

---

467   Gustavo Pérez Firmat comenta en *Cincuenta lecciones de exilio y desexilio:* «Al igual que [José Antonio] Saco, Byrne teme ser absorbido por los Estados Unidos –por su idioma y sus costumbres. Y no se equivocaba: un siglo más tarde, nosotros los Cuban-Americans somos la encarnación de su miedo, *Bonifacio Byrne's worst nightmare,* la mejor muestra de los efectos de excesiva «aclimatación»» (36). El obvio gesto irónico de Pérez Firmat al hacer no sólo realidad, sino también bien visible la pesadilla, al atar a Byrne al inglés, se intensifica si pensamos con qué no disimulado orgullo el biógrafo Byrne toma nota de la españolización del apellido: de *O'Byrne* a *Byrne* (pérdida de la «O» y del apóstrofe). El elegante gesto de Pérez Firmat lo devuelve, pues, a su origen. Y que se reinicie la Batalla del Vinagre.

468   *Apéndice constitucional:* la Enmienda Platt.

COMO SURGIERON LAS *Excéntricas*

Hallándome un día del año 1893 en la redacción de *El Correo de Matanzas,* tropecé de manos a boca[469] con Francisco Hermida, crítico teatral de *La Discusión* y el cual tenía en su diestra el padero[470] en lo que respecta a los componentes de la farándula y a juzgar, sus trabajos escénicos.

Yo conocía a Hermida por sus escritos, desde que actuó como director de *La Correspondencia* en La Habana, recién llegado de España, en la que habíase hecho periodista.

Saliendo de la redacción y sentándonos en la librería, cuyo dueño lo era también de *El Correo de Matanzas,* me dijo Hermida de pronto:

— ¿Qué hay de versos? — Poca cosa – le respondí. Pero le voy a enseñar una poesía que he titulado «Los Náufragos». Acerca de ella déme su opinión.

Le leí los versos, y después de oírlos, me dijo Hermida:

— ¿Por qué no escribe usted treinta composiciones de esa misma índole? Con ella podía formar un volumen y publicarlo.

— ¿Qué título le pondría usted? — repuse.

— Excéntricas – me contestó prontamente.

— Reconocido por la sugerencia y por el título.

Al día siguiente puse manos a la obra, haciendo el trabajo en unos cuartos altos que se hallaban al fondo del establecimiento La Emperatriz, cuyos propietarios, Manuel Serrat y José Russinyol, eran íntimos amigos míos.

En esos altos nadie interrumpía mi labor. Nadie iba a molestarme. Y en ese lugar, escribí las poesías que integran el tomo, al que bauticé con el título que hubo de indicarme Francisco Hermida.

Como consecuencia del esfuerzo a que sometí en esos días mi cerebro, me saltó una neurastenia que me dio muchísimo combate. Me enfermé de veras.

Durante el día, como he dicho antes, escribía en La Emperatriz. Por la noche, en mi casa. Vivía yo entonces en la calle San Diego núm. 16, Pueblo Nuevo. Recuerdo que una vez, después de entregada al sueño mi familia, me puse a escribir mi composición titulada «El Diablo».

Una tras otra, las estrofas iban brotando de mi pluma, fáciles y espontáneas, ni más ni menos que si alguien me las fuera dictando, y yo no tuviese más trabajo que ir trazando los versos en el papel.

Cuando acabé de escribir esta estrofa:

El diablo es un gran músico. Inspirado,
sólo toca de noche su violín:

---

469   de manos a boca: de improviso, de repente
470   La palabra no existe, y supongo que debe tratarse de *espadero* (hombre que hace, guarnece o compone espadas, o que las vende), lo cual tendría sentido si usada figurativamente en el contexto en que aparece.

un violín diminuto y encarnado,
que se encontró en las márgenes del Rhin.

Miré en torno mío aterrorizado, como si detrás de mí hubiese alguna
persona. Un escalofrío me recorrió la médula espinal y levantándome de
pronto, me dirigí a mi habitación, caminando no de frente, sino de espaldas,
señal esta del pánico que habíase apoderado de mí. Metíme en el lecho, cos-
tándome trabajo conciliar el sueño.

Al día siguiente acabé la poesía comenzada, repuesto y avergonzado de
mis pueriles temores. Aunque haya quien se ría de lo que voy a decir, con-
fieso que llegué a figurarme, gracias a mi neurastenia, que era el diablo el
autor de aquellos versos, que hicieron reír grandemente a mi colega y amigo
Manuel de los Santos Carballo, el día en que se los di a conocer.

¿Por qué se reirá el autor de *Voces en la noche* de una poesía que mereció
celebraciones y alabanzas de Rufino Blanco Fombona y de otros muchos es-
critores y literatos de fuste?

El no me lo dijo. Ni yo insistí entonces en averiguarlo. A mi me queda la
satisfacción de no haberme reído jamás, después de haberle oído alguna de
las bellas poesías con que me deleitaba el espíritu.

La fe que animaba a Balzac, cuando su propia familia dudaba de sus ap-
titudes para sobresalir y vencer en el cultivo de un género tan difícil como la
novela; el entusiasmo que le dominaba, en tanto que sus preceptores en el
colegio y sus condiscípulos le hacían burla y se mofaban de él y de sus aspi-
raciones literarias; esa fe y ese entusiasmo debían tener algún parecido o se-
mejanza con la confianza que yo experimentaba, cuando sometía una em-
presa poética y lograba darle cima, o cuando un Zoilo me salía al paso para
sin razón censurarme.

Las contrariedades eran para mí un acicate. La risa, un estímulo. La
crítica, una exhortación para que no cejara[471] en mis propósitos.

Publicadas las *Excéntricas,* tuve la suerte de que fueran acogidas benévo-
lamente por los críticos. Julián del Casal, el poeta cubano por excelencia, lo
mismo que el ilustre peruano don Ricardo Palma les tributaron un cálido
elogio, aunque inmerecido.

Manuel Sanguily en sus *Hojas Literarias* hizo un juicio acerca de ese vo-
lumen: «Por cierto, que se notaba en las poesías que integraban el tomo, la in-
fluencia de Baudelaire.» ¡Y yo no sabía el francés, ni tampoco lo sé a estas
horas, por negligente y perezoso!

Pero Sanguily hizo una observación tan atinada coma juiciosa. Como las
Excéntricas aparecían dedicadas al diablo — ¡oh neurastenia! —, Sanguily
fijó sus ojos perspicaces y certeros en una poesía titulada: «Muerta», que
figura en el volumen y en la cual se habla de Dios — ¡nada menos que de
Dios! —, y de ello dedujo que mi incredulidad y mi culto a Satanás eran fruto
en mí, de un estado mental transitorio y no de convicciones arraigadas.

---

471   *Cejara*: cediera

Sanguily dio en el clavo, estando conmigo muy comedido, lo que de veras le agradecí, pues en cuestiones de arte y de críticas no se paraba en barras y decía la verdad, costase lo que costase y pésarele a quien le pesare. A mí me juzgó benévolamente, y por ello mereció mi gratitud. Rufino Blanco Fombona, el insigne escritor venezolano, que es una gloria no de su patria, sino de toda la América Latina, en un hermoso capítulo habla de las *Excéntricas,* obligándome, por lo que de ellas dice, a mi inextinguible y profundo reconocimiento.

En ese capítulo dice el ilustre autor de *Letras y letrados* y de *La lámpara de Aladino,* que mi tomo *Lira y espada* reducido a la mitad hubiera quedado mejor. ¡De acuerdo, Maestro! Véase como en asuntos literarios, igual que en todos, no me duelen prendas.

De las *Excéntricas* no queda hoy más ejemplar que el que yo poseo, y está dedicado a mis hijos. Bien es cierto que la edición de ese libro mío fue corta: quinientos ejemplares. Como no soy de madera de héroes, no pasé prudentemente, de ese número. Y creo, con toda sinceridad, que hice bien y que estuve en lo cierto. Hacer otra cosa hubiera sido una verdadera excentricidad...

Mi soneto a Domingo Mujica

Le fusilaron el 20 de agosto de 1895, y ese mismo día, por la noche, escribí el más popular acaso de mis incontables sonetos. Vivía yo entonces en la calle San Juan de Dios, núm. 4. Salí de mi casa después de comer, y yendo por la calle, con dirección a la quincallería La Emperatriz, donde formaba habitualmente parte de la tertulia que allí solía congregarse, hice, valiéndome de la memoria, los dos primeros cuartetos de dicha composición.

Esa misma noche, hallándome de visita en casa de un íntimo amigo, Francisco Olivera, le pedí un lápiz y un pedazo de papel, los que utilicé para escribir los versos finales de mi soneto, que al día siguiente circulaba por toda la ciudad en múltiples copias.

Yo le proporcioné la poesía a Francisco Sorondo y Govín, con la recomendación de que podía enviarla a los nuestros, pero no sacar copias, por lo mucho que ello me hubiese comprometido. El caso es que no hubo cubano que no conociese esa poesía en Matanzas, y hubo muchos que se la aprendieron de memoria. Puedo asegurar, ateniéndome a lo que me han dicho personas fidedignas, que el soneto de referencia circuló de un extremo al otro de la isla. ¡Hasta los españoles lo leyeron! En Matanzas los integristas no se despistaron, atribuyéndome su paternidad aunque carecía de firma, desde que leyeron el soneto. Escribía yo entonces la sección de gacetillas del periódico *La Región*. La mesa en que yo redactaba mis trabajos, estaba en un cuarto contiguo al que ocupaba el director de dicho periódico. Una puerta sin hojas, comunicaba ambos aposentos. Y una mañana, a raíz de haber escrito esa poesía vi asomar la cabeza de Carlos Alberto Boissier y las de otros jóvenes del Liceo, por una puerta de mi cuarto, por la que se podía entrar y salir, y que daba a la calle Ayuntamiento.

Se acercaron todos sigilosamente a mi mesa, y Carlos Alberto

— *Bolito* —, como le llamábamos sus familiares y sus íntimos, me dijo, llevando la voz cantante:

— Vengo a que me dé una copia de su soneto a Mugica.

Me puse un dedo sobre los labios, indicándole de ese modo que no alzacen la voz y le recomendé que viesen a Francisco Sorondo, amigo nuestro, para que éste les proporcionara lo que deseaban.

Eso sí — concluí diciéndole a Bolito — no me saques más que una sola copia.

Ya presentía yo que esa advertencia mía significaba algo semejante a una invitación al vals, o lo que es lo mismo, a que sacasen cuantas copias le viniesen en ganas.

Mis jóvenes amigos fuéronse satisfechos y alegres, contando desde luego con hacer más grande y efectiva la circulación de la composición patriótica con la que había logrado yo estremecer las más recónditas fibras del alma y el corazón de mis compatriotas de uno y otro sexo, porque fue como un pájaro de fuego, volando de campamento en campamento.

Cuando pasaron varios días, fue a verme a mi domicilio mi amigo muy querido, y pariente por añadidura, Bienvenido Sánchez, el cual solicitó de mí le facilitase una copia del consabido soneto, porque los encomenderos le habían dicho en la Plaza del Mercado que aquella composición era mía.

Como San Pedro negó a Cristo, yo negué que el soneto fuera mío. Le temí al entusiasmo de Bienvenido Sánchez. Temí que se desbordara y dijese, *urbit el orbe*, que era yo quien lo había escrito. Él no le ponía sordina a sus opiniones ni a sus frases, aunque se hallase en presencia de los mantenedores de la colonia.

Y como le conocía, de ahí mi negativa, cuyo recuerdo constituye para mí un remordimiento, que me persigue y atenacea desde el día en que fue fusilado aquel dignísimo y ejemplar patriota, que herido como estaba, fue trasladado al lugar del suplicio, donde se
le inmoló por el crimen inaudito de amar entrañablemente a su tierra natal y de haber combatido para libertarla y lograr su independencia.

El soneto siguió circulando. Una noche del mes de diciembre de 1895, yendo yo por la calle Ayuntamiento, me detuvo, frente al edificio donde había sido establecida una incubadora, un amigo mío peninsular, asiduo visitante al gobierno civil.

— Un momento – díjome —. Tengo un recado de Porset para
usted. Me mandó a decir que tiene entendido que el autor del soneto a Mugica es usted, aunque no tiene la prueba material. Y que si continúa usted publicando artículos como los que están apareciendo en *Diario de Matanzas,* se verá en el caso de meterlo en el Castillo de San Severino.

— ¡Amén! — eso respondí.

El 24 de diciembre, hallándome en la redacción del *Diario de Matanzas,* vi flotar en el aire la paja quemada de los cañaverales que incendió Maceo en Coliseo, y el 30 de enero de 1896 desembarqué en Tampa, donde no había Castillo de San Severino ni autoridades que me amenazaran con privarme de la libertad.

Como pormenor curioso, agregaré que el original de mi soneto sufrió dos enmiendas. En el primer verso sustituí *como* por el pronombre *aquel.*

Supe que dicha sustitución, que fue aconsejada por un querido amigo mío, poseedor de grandes conocimientos gramaticales, no fue del agrado de Enrique José Varona. Si es así, soy del mismo parecer de nuestro sabio filósofo y polígrafo.

La otra enmienda me la aconsejó un poeta de altos méritos: Nicanor A.

González. Fue ella suprimir un ripio, es decir, quitar la frase *quién lo diría*, contenida en el octavo verso, y sustituirla por esta otra: *en hora impía!* Ese verso quedó completo en esta forma:

> ¡Murió de cara al mar, en hora impía!

Un favor me hizo en aquellos días Francisco Sorondo, amigo mío al que mucho estimo. Al pasar por los portales del palacio donde residía el gobernador civil, advirtió que en una de sus paredes, la que forma la esquina de Ayuntamiento y Gelabert — hoy Milanés —, habían sido trazados con lápiz y con letras grandes como huevos de gallina, los dos cuartetos del soneto a Mugica.

Ni tardo, ni remiso, en la noche del día en que hizo aquel descubrimiento, como a las dos de la mañana, valiéndose de una esponja empapada en agua, fue borrando los versos escritos en la pared.

Para el efecto, púsose a dar paseos de un extremo a otro de los portales. Primero desapareció un verso, luego otro. Y ojo alerta, para no ser sorprendido por algún espía o por algún esbirro, acabó de borrar los renglones que faltaban, a fin de que no quedara allí una huella tan visible de la poesía que fue entonces la pesadilla de las autoridades y la oración fúnebre de los matanceros. ¡La oración ante los ensangrentados despojos del inmortal patriota jovellanense,[472] el primero que en la provincia de Matanzas y en la contienda de 1895, enseñó a sus paisanos el camino del honor y del deber!...

La sangre de Domingo Mugica fue la primera que regó la fatídica y espantosa esplanada del Castillo de San Severino. De seguro que este dato no será olvidado por los futuros historiadores de la guerra de los tres años.

Por ese soneto se convirtió en una excelente amiga mía la señora Dominga Carratalá Mugica, madre del inmortal cubano, y debido a esa circunstancia, mientras estuve enfermo en La Habana, iba ella a visitarme de vez en cuando a la habitación que yo ocupaba en el hotel La Unión.

Recuerdo que la progenitora del héroe jovellanense me entregó y leyó en una de sus visitas, unos versos escritos por ella, con motivo de la muerte de mi hija Irma, que murió a los dieciséis meses de edad.

Por cierto, que dicha poesía no es un modelo en su género, pero está llena de sentimiento y aparece escrita con la mayor facilidad y fluidez, indicando ello que su autora poseía cualidades innegables de apreciable y espontánea versificadora.

---

472   *Jovellanense*: de Jovellanos (en Matanzas).

MI LIBRO EFIGIES

Wen Gálvez y yo, solíamos los domingos por la mañana hacer una escapada en el tranvía, hasta Palmetto Beach, Ballest Point o Port Tampa, en uno de cuyos talleres de tabaquería era lector Martín Morúa Delgado.

Íbamos a Ballest Point cuando en aquel bello paraje celebrábase algún acontecimiento patriótico y allí se congregaban las familias cubanas para algún acto, en beneficio del suelo natal, más adorado cuanto más distante.

A Palmettovich, donde leía Wen Gálvez, fuimos una vez, y sentados allí en un banco, junto a una jaula, donde vimos unos ciervos de ojos de melancolía encontró el que luego fue juez de instrucción de Guanabacoa y más tarde teniente fiscal del Tribunal Supremo de la República, un pequeño relojito de mujer. Era de acero dicha prenda, y su valor no arruinaría a su dueña cuando hubo de adquirirla.

En el acto Wen cogió en sus manos el relojito, y después de mostrarme risueño su hallazgo, se lo guardó en el bolsillo. Creo que al poco tiempo la máquina del relojito sufrió una descomposición, y que mi amigo lo sepultó en el depósito de las cosas inútiles y viejas, ya que allí constituía una obra de romanos mandar a componer una prenda parecida o semejante. No teníamos dinero, a veces, para lo más necesario, para los compromisos más urgentes y perentorios: ¿cómo íbamos a tenerlo pues, para emplearlo en la composición de desperfectos sufridos por alguna prendecita o de alguna joya de metal dudoso?

Allí en Tampa escribió Wen un ameno libro titulado *Tampa*. Recuerdo bien que yo fui su corrector de pruebas y que conocí los capítulos del libro antes de que su autor los diera a la estampa. Wen desconfiaba un tanto del éxito de librería. Pero yo le infiltraba mi entusiasmo y mi optimismo:

— ¡Con tal que obtenga lo preciso para pagar la impresión! — decíale yo al autor —. Siempre habrá de haber un superavit. Ya verá.

¡Y creo que lo hubo!

No creo que se haya escrito nada más ameno e interesante acerca de Tampa, que la obra a que me refiero. Claro es que Gálvez tenía que escribir bajo el apremio de sus compromisos económicos, y que su imaginación tenía que luchar, en aquellas condiciones, con la pavorosa realidad de las cosas y con aquel ambiente, que si era esencialmente patriótico, no era en cambio, esencialmente literario.

Así y todo, los ejemplares se colocaban entre los amigos y entre los operarios de las tabaquerías. Este último elemento carecía de tiempo para leer, pero era partidario acérrimo de que se les leyese para instruirse y lograr saber

aquellas cosas que ignoraban en absoluto los demás trabajadores pertene-
cientes a otros gremios, con distinta misión y diferentes ocupaciones. La
lectura en las tabaquerías ha dado por resultado que sean sus operarios los
más capacitados y más ilustrados entre los obreros cubanos.

Un tabaquero sabe cosas que muchos doctos no conocen, y sabe de libros
lo que ignoran muchas eminencias de *doublé*. Hay más: más de un operario
de tabaquería ha tenido que abandonar la chaveta para dedicarse únicamente
al manejo de la péñola,[473] que le ha proporcionado fama y dinero. Hay
ejemplos...

¡Oh, la charla de Wen Gálvez conmigo! Hablábamos de Cuba, antes que
todo, luego de nuestra misérrima labor en los talleres donde trabajábamos
desde las diez y media de la mañana hasta las tres de la tarde. Comentábamos
pacientes y filosóficamente más de una escena ocurrida en la tabaquería. Nos
infundíamos ánimo mutuamente y teníamos en los labios a cada momento
la historia y célebre frase de Lacret Morlot: *¡Todo por Cuba!*

Él solía leerme sus trabajos, y yo mis versos. Fue Wen quien me inspiró
mi libro de soneto *Efigies*. Una tarde, en que leí mis poesías a Máximo Gómez,
a Calixto García y a Serafín Sánchez, me dijo, empleando aquel su tono de
voz, reposado y grave:

— ¿Por qué no hace un libro de sonetos? Le propongo que lo escriba con
el título de *Efigies*.

Antes de que acabara aquel mes, ya estaba listo el libro. El soneto a Flor
Crombet lo escribí en un viaje en tranvía que hice a
Ballest Point, acompañado de Carlos Pío Uhrbach, el gran poeta, mi
amigo del alma y padrino de bautismo de mi hijo Hamlet. Él y Suna Eche-
mendía fueron sus padrinos, ante la pila bautismal de la iglesia católica de
Tampa.

A Carlos Pío — alma blanca — se le iluminó de júbilo el semblante
cuando le recité al oído, en el tranvía y rodeado de yanquis, los tres versos fi-
nales, que dicen así:

¡Y pasó entre las huestes enemigas,
como pasan los vientos por los prados,
haciendo estremecer a las espigas!

¿Y mi soneto a los Maceo?[474]

Lo dejé para escribirlo el último, tanto era el respeto que me infundía el
tema, y el miedo que me asaltó de que no estuviera en consonancia el mérito
de mis catorce versos con la gloria inmarcesible del Titán de Bronce.

Una mañana, estando todavía en el lecho, concebí el primer verso, y luego,
uno tras otro, sin esfuerzo alguno, como el nabab que extrae de un cofre sus
mejores joyas, fui concibiendo las demás hipérboles que integran dicho
soneto. Fue para mí uno de mis partos intelectuales más felices por lo rápido

---

473 *Péñola*: pluma
474 El soneto «Los Maceo» se publicó también en *Maceo*, «Semanario político independiente»,
     Año I, no. 5., 10 de noviembre de 1898, pág. 32. El semanario se publicaba los jueves en La
     Habana. Aparece escrito por O. N. S.

y espontáneo. Eso mismo me ocurrió cuando a mi regreso a Cuba escribí «Mi bandera», después de haber intentado, en múltiples ocasiones, escribirla en Tampa. Allí lo que hice a ese respecto, no merecía la pena. Aquellas banderas, no hubieran podido ondear en el campo literario... La que en mi concepto vale, es la que escribí en Guanabacoa, en la calle Jesús María, núm. 9.

A poco publiqué *Efigies* en Filadelfia. Fue ése mi primer libro patriótico. Lo escribí entre escaseces, con hambre y frío. Es acaso su único mérito, aparte de los nombres de patriotas que lo iluminan y constituyen el único valor del texto.

De ese libro mío el elogio más vivo y más intenso lo ha hecho una pluma española. A raíz del cese de la colonia en Cuba, una mañana, en 1899, me sorprendió en *El Reconcentrado,* periódico que dirigía en La Habana un veterano periodista, la producción de un vibrante artículo que había aparecido en las columnas de *Vida Nueva,* semanario satírico y literario que entonces se publicaba en Madrid y del cual era colaborador Emilio Bobadilla.

En aquel artículo se hacía un juicio crítico de mis sonetos, el más halagador con que yo hubiese podido soñar, y para demostrar mi benévolo crítico la razón que le asistía para prodigarme sus elogios, copiaba mis sonetos «Hatuey» y «Los Maceo». ¡Y eso, en España, a raíz de la pérdida de sus colonias!

Ignoro el nombre del autor del referido artículo.

Pero supongo que pertenecía a la redacción de *Vida Nueva.* ¡Qué grandeza de alma la que demostró poseer quien escribió aquel juicio, y qué valentía la suya, exponiéndose a las iras de los intransigentes y los intolerantes!

Y ahora que hablo de los críticos que fueron bondadosos conmigo y con mis producciones literarias, permítaseme que traiga a colación el nombre esclarecido del que fue un gran novelista español, del fecundo y preclaro autor de *Sor Lucila, La Cigarra, Don Juan Solo* y otros libros llenos de amenidad y de profundo interés.

Me refiero, como se habrá visto, a don José Ortega y Munilla, padre del insigne polígrafo español don José Ortega Gasset.

Una mañana, estando enfermo, gravemente enfermo, en un cuarto del hotel La Unión, en La Habana, me pareció que un amigo lejano y querido me daba los buenos días y me preguntaba por mi salud, lleno de afecto y de solícito interés. La voz aquella era la del notable novelista, criado y educado en Madrid, aunque nacido en la ciudad de Cárdenas. Ortega y Munilla publicó aquel día en el *Diario de la Marina* en el lugar destinado a los editoriales, una carta hermosísima hablando de mi libro de versos *En medio del camino,* que yo publiqué en 1914.

¡Cómo me estimuló con sus alabanzas y con sus celebraciones, quien no me conocía personalmente! Su voz amable y su juicio generoso, me confortaron aquel día a la manera de un cordial milagroso, verlido en mis labios por una mano amiga, mano a la vez de mago y taumaturgo!

La fe de un corazón esencialmente cristiano y la bondad de un alma pura, inmaculada y noblísima, parecen palpitar y resplandecer en esa carta, dirigida a un poeta doliente. Conservo la carta y he besado su firma muchas veces, por el bien que me hizo, cuando yo estaba casi moribundo, y esperaba, tranquilo y resignado, el fin de mi existencia.

Es mi agradecimiento el que me ha impulsado a escribir estas líneas, débil testimonio de afecto y de respeto a la memoria de aquel ilustre compatriota, que amando entrañablemente a la nación descubridora, no se olvidó jamás del hermoso suelo en que su cuna se meciera.

El hijo del héroe

En 1896 estuvo en Tampa Carlos Pío Uhrbach para desempeñar cerca del coronel Fernando Figueredo, una comisión que le había encomendado el general Antonio Maceo. Carlos Pío fue huésped en mi casa durante los tres días que permaneció en la ciudad que baña el río. Por la noche iba a dormir al hotel, por ser mi vivienda muy pequeña y carecer de una habitación adecuada para que mi amigo la ocupase.

Dos visitas hizo Carlos Pío Uhrbach: una a las hermanas del general Lacret Morlot y otra a la prometida del doctor Fermín Valdés Domínguez. A petición suya fui su compañero en ambas visitas.

La primera de ellas la hicimos a las hermanas del general Lacret, dos señoritas muy distinguidas, que durante su permanencia en Tampa hicieron el bien infatigablemente a las familias cubanas que se encontraban en una situación precaria. Ellas les mandaban el alimento y les proporcionaban las medicinas cuando caían enfermas.

Las hermanas del general, resueltas y animosas, nos recibieron con la sonrisa en los labios y un reflejo de alegría iluminó sus rostros cuando supieron el objeto de la visita de Uhrbach. Se habló del general Lacret con cariño y unción, saliendo a relucir su famoso lema: ¡*Todo por Cuba!*

En aquella salita limpia como una patena, y resplandeciente como una estrella, se respiraba un ambiente cubanísimo. En torno nuestro parecíanos que rondaba la querida y simpática visión del ausente caudillo de la Revolución, del valeroso general que supo pelear como un héroe, sin ensañarse jamás con los vencidos ni con los prisioneros.

Presente estaba allí un gracioso infante, hijo del paladín cubano. Era un niño de faz trigueña, de ojos negros y vivaces, nervioso en grado sumo, inquieto sobre toda ponderación, precoz y simpático.

Se hablaba de los hombres que estaban luchando en la manigua. De pronto, el niño aquel volviéndose rápidamente y fijando en mí sus ojos penetrantes y parlanchines me lanzó, como un pistoletazo a boca de jarro, esta pregunta;

— Y tú, ¿no has ido a la guerra?

Las tías del niño, y Carlos Pío acudieron con el capote para impedir que el hijo del héroe siguiera asaeteándome con su curiosidad infantil, pero en balde.

El chiquillo, sabiendo que había dado en el blanco y que, por ende, su tiro había sido certero, volvió a las andadas, después de decirle yo, que no había ido a la manigua y de darle mis razones para justificar mi ausencia del campo de lucha:

— Pues yo hubiera ido a pelear aunque tuviera como tú muchos niños. Primero es la patria.

De ahí no hubo quien lo sacara y eso que sus tías y Uhrbach agotaron su elocuencia para demostrarle que mi caso era excepcional, y que hombres con el acero de la pluma también luchaban por la independencia de la tierra en que nacimos.

Nos despedimos a poco de aquellas abnegadas compatriotas, tan sencillas, tan nobles y tan heroínas, y pronto nos vimos en la calle.

Anduvimos algunas cuadras a pie, dirigiéndonos a un sitio por el que tenían que pasar los tranvías eléctricos, en uno de los cuales debíamos trasladarnos a Ibor City. Nos detuvimos al pie de un poste, y mientras azotaba al madero con su junquillo, me dijo Carlos Pío Uhrbach:

— ¿Todavía estás preocupado por lo que te dijo el hijo de Lacret?

— ¿Qué quieres? — le respondí —. Me dijo la verdad y eso me entristece y apena.

Carlos Pío se sonrió como él lo hacía, demostrando la bondad de su alma y la ternura de su corazón. Yo acabé también por sonreír, pensando en que los niños y los locos son temibles muchas veces.

Después comimos, y recuerdo que en el acto de lavarnos las manos en el lavabo al ir a secármelas con la toalla que sostenía en las suyas Carlos Pío, éste me la entregó diciéndome en el acto:

— Cuéntase que es malo secarse las manos a la vez dos personas, con la misma toalla.

— Una superstición — le contesté.

— Dicen más: que no se debe pasar, cuando se por la calle, por debajo de la escalera donde alguien se encuentra subido y pintando.

Me eché a reír, y entonces me refirió que según le habían contado sus familiares, en Alemania, en las casas de comercio no se deshollinaba nunca, por cuyo motivo las telarañas pendían del techo, llegando a veces hasta tocar el suelo. Los comerciantes creen allí que suprimir las arañas es atraer la fatalidad, la ruina y la desgracia.

Cuando salimos de visitar Ibor City a la señorita prometida del doctor Valdés Domínguez, Uhrbach al ver las agujas de una torre perteneciente a no sé qué iglesia, comenzó a escribir unos versos de Federico Balart que tratan de un asunto místico.[475] Un poco más lejos me recitó en voz baja, en plena calle, el admirable y bellísimo soneto que firmado por él aparece en la primera página de mi libro *Efigies*, soneto aquel en que me demostraba su cariño y la excelsitud de sus sentimientos amistosos.

El 24 de diciembre de 1896 celebramos la Nochebuena en Ibor City. Cenamos con Raúl Miranda, matancero y emigrado, en la casa del último. Aquellos frijoles negros, aquel arroz blanco y aquel dulce de guayaba nos hicieron forjar la ilusión de que estábamos en la patria.

---

475   Federico Balart (Murcia, España, 1831-1905). Periodista, poeta, crítico de arte, crítico teatral y humorista español vinculado al Realismo. La muerte de su esposa Dolores Anza lo sumió en una crisis espiritual que halló su expresión en el poemario *Dolores* (1894), el cual tuvo una gran acogida. En estos poemas, el autor elucubra sobre el sentido de la existencia, sobre la fe y la inmortalidad.

La Nochebuena lejos de Cuba... ¡Qué tristeza y qué pesadumbre!

Como eran las doce y había pasado el último tranvía de aquella noche, tuvimos que quedarnos a descansar en casa de Miranda; creo que Carlos Pío y yo dormimos en la misma cama.

No me olvidaré mientras viva, de aquella cena, de aquella mesita humilde y pulcra ante la cual nos sentamos, ni de la santa y abnegada mujer y de su hijo, que fueron nuestros anfitriones; ni tampoco del guerrero y del poeta, que fue mi compañero en letras, mi amigo del alma y el padrino de mi hijo Hamlet, que murió en Tampa.

Al día siguiente nos dimos un estrecho abrazo muy apretado... Fue el último, porque ya no volvimos a vernos más.

NICOLÁS HEREDIA

Conocí a Nicolás Heredia en 1882, cuando la redacción del *Diario de Matanzas* hallábase instalada en un pequeño local, contiguo al lugar donde hoy existe el establecimiento de ropas La Isla de Cuba, el Jovellanos, esquina a Milanés.

Los editoriales de dicho periódico eran leídos con deleite por el elemento culto de la ciudad, que admiraba el léxico castizo y el estilo incomparable de quien, años más tarde, habría de enriquecer la literatura cubana con dos joyas de gran valor: *Un hombre de negocios*, que obtuvo un premio en un certamen celebrado por el Liceo, de Matanzas; y *Leonela*, cuyo mérito y cuya importancia no decrecen, sino que aumentan con los años y justifican la nombradía y la fama de su preclaro autor.

La prosa de Nicolás Heredia era inconfundible. Su estilo era personalísimo. Sobre lo que escribía derramaba el polvo de oro de la amenidad y de la gracia. Cualquier tema, por insignificante que fuera, bajo su pluma encantadora adquiría colosal importancia y supremo interés. Era un maestro escribiendo o hablando. Su charla era un prodigio. Había viajado y leído mucho y con provecho.

Llegó a cobrarme verdadero afecto, hasta el punto de prologar dos tomos de versos míos: *Excéntricas* y *Lira y espada*. Por cierto que al segundo de los libros citados, le puso el título, porque yo puedo hacer una obra, pero me juzgo incapaz de bautizarla. Fue testigo además, de mi primer matrimonio y padrino de mi hija Adoración, que murió a los 24 años de edad, a los tres meses de casada y a mi regreso de un viaje a New York en 1915.

Mucho le quise y mucho le admiré, por la brillantez de su talento y la excelsitud de su carácter. Caballero sin tacha, sus actos estaban siempre de acuerdo con su conciencia y con la rectitud de sus nobles intenciones. Pero no era muy amigo de prodigar su afecto, ni las manifestaciones íntimas con que se demuestra cariño por personas que se estiman y se quieren.

Recuerdo que una vez, de regreso él de una temporada de tres meses que pasó en los Estados Unidos, fue a verme a la redacción del periódico donde yo ocupaba el puesto de gacetillero. Éramos bastante amigos. Él conoció mi vida y yo la suya, y nos unían idénticas aficiones literarias. Sus autores predilectos eran también los míos y nuestros puntos de vista en la mayoría de los casos, eran análogos.

Vivíamos compenetrados, y no obstante, al regreso del viaje de placer a que me refiero, cuando entró en la redacción y yo me levanté de mi silla para recibirlo con los brazos abiertos, él se adelantó con la frialdad de un témpano polar, extendiéndome la mano, como si me hubiera dejado de ver la víspera o como si hubiese pasado inadvertido mi abrazo, que quedó limitado a la categoría de un simple conato y nada más. Era ésa su manera de ser. No era partidario de las efusiones y no se daba por interés a nadie.

No olvidé la lección y en lo adelante, aunque seguí siendo el mismo para él, puse freno a mis vehemencias, dique a mis ímpetus, y me limité a ser su amigo, sin extralimitaciones en las que se transparentara una ternura demasiado familiar. Me costó algún trabajo dar contravapor para que retrocediera el tren vertiginoso de mi carácter espontáneo, afable y solícito.

A pesar de lo expuesto, continuó dispensándome atenciones y teniendo conmigo deferencias que no empleaba con sus demás amigos. En muchas circunstancias de mi vida demostró sentir por mí verdadero cariño. Una de ellas, cuando me defendió en aquella causa que se me siguió por supuestas injurias al ministro de ultramar, señor Fabié. Su influencia estuvo a mi disposición.

Cuando cesó la soberanía de España en Cuba, fue nombrado director de instrucción pública, bajo la jefatura del doctor José

Antonio González Lanuza, por quien él sentía honda admiración, como la sentía por los doctores Raimundo Cabrera, Enrique José

Varona y Manuel Sanguily.

Una noche, viviendo él en el Cerro, fui a verlo para que me diese una carta que me había prometido para el general Pedro Estanislao Betancourt. Estaba comiendo. Parece que la criada que salió a recibirme no supo decirle bien mi apellido, y tuve que esperarlo más de una hora.

Yo le oía reír con aquella su risa sonora, de hombre feliz y afortunado.

Cuando acabó de comer, al darse cuenta de que era yo quien le había aguardado, el disgusto por la tardanza a que me había sometido, sin querer, se reflejó en su semblante de rasgos apolíneos. Le vi sincero y se lo agradecí.

Con la carta, que escribió en su despacho, me entregó un ejemplar de su notabilísima obra *La sensibilidad en la poesía castellana,* acompañado de una muy afectuosa dedicatoria. Ocupa ese libro lugar predilecto en mi modesta biblioteca. La carta de Nicolás Heredia me facilitó el ingreso en el gobierno civil de mi pueblo natal. Cuando el general Betancourt leyó aquella carta me preguntó sencillamente: — ¿Qué puesto desea en el gobierno?

Charlando conmigo me hablaba del tiempo en que estuvo en

España y de sus relaciones con Martí. Me contaba que un día con motivo de una fiesta nacional, Martí había enarbolado una bandera con los colores azul y punzó, y con su correspondiente estrella solitaria.

Esa enseña la desplegó al aire desde la ventana de la habitación de un hotel en que residía. Poco tiempo la acarició el aire madrileño, porque en el acto la policía se presentó allí, obligando a nuestro augusto visionario a que la hiciera desaparecer de aquel lugar.

También me refirió Heredia otra anécdota. Me dijo que en una ocasión estando en un teatro con Miguel Figueroa, éste debía hacer uso de la palabra, pues así estaba anunciado en el programa de la función, oportunamente distribuido.

Figueroa le dijo al oído:

— Tú hablarás esta noche.

Heredia se echó a reír, echando lo dicho a una broma del insigne orador. Pero cuando dio comienzo el acto, Figueroa, adelantándose al proscenio, le dijo al público con aquella voz sonora y vibrante que era en él un don del cielo;

—El señor Nicolás Heredia va a hacer uso de la palabra.

El autor de *Leonela* no iba preparado, pero con la misma facilidad con que escribía un magnífico artículo, improvisó un bello dliscurso que le valió las felicitaciones de Figueroa y los nutridos aplausos de la concurrencia.

¡Cómo se reía Heredia al narrarme ese episodio, recordando la sorpresa de Figueroa y el éxito que obtuvo con su repentino *espeech!*

Cuando el general Wilson, gobernador de Matanzas, buscaba un sustituto suyo entre los cubanos, se fijó en Nicolás Heredia y con él conferenció acerca del particular, pero el insigne escritor, llevándose las manos a la cabeza le dijo:

— ¿Yo, gobernador? ¡No lo puedo pensar! Imposible, general!

Apremiado por Wilson, que le preguntaba el motivo de su negativa, le contestó:

— ¿Cómo quiere usted que sea gobernador de Matanzas un hombre a quien todo el mundo le dice tú en esta ciudad?

Profundo psicólogo, comprendía que en los primeros tiempos se le hubiese llevado en palmitas, y aún en andas, si el caso hubiera sido necesario; pero sabía que después de tantos honores, su talento se diría era nulo; sus novelas, plagios, sus demás obras, mal concebidas y peor escritas; su patriotismo, de *doublé;* y su historia de buen cubano, un mito.

Yendo en un tren de pasajeros en New York, falleció de repente el día 16 de julio de 1901. Su muerte constituyó una pérdida irreparable para Cuba, porque si personalmente era un prestigio aquel egregio escritor, desde el punto de vista intelectual fue — y sigue siendo — una gran figura representativa, majestuosa, impoluta, inconmovible, porque ante su pedestal detiénense impotentes las malas pasiones, incluyendo la envidia y la calumnia.

Rara coincidencia

No deja de ser curiosa la particularidad que ofrecen los poetas de Matanzas, desde los tiempos del inmortal en infortunado Plácido hasta la fecha en que escribimos.

Antes de pasar adelante y antes de que algún erudito a la violeta nos salga al encuentro tratando de sorprendernos con la estupenda noticia de que el inimitable autor de *Fela*, nació en La Habana, debemos consignar que ya lo sabíamos; pero nadie podrá negarnos que en la ciudad de los dos ríos pasó su juventu y se desarrolló su admirable talento poético, hasta el punto de que son muchos los que aún viven en la creencia de que Plácido no oyó durante su vida otros rumores que los del río San Juan y Yumurí.

Plácido, pues, nació en La Habana *per accidens*; pero él se consideraba como hijo de esta ciudad. Aquí creó las afecciones que conservó hasta el día de su muerte, y aquí se los otorgaron los primeros aplausos y alabanzas a que se hizo acreedor por su genio y el vuelo de su inspiración, verdaderamente pindárica.

La particularidad a que nos referimos al comienzo de este artículo, — o lo que sea, — no es otra que la muerte que han sufrido esos hijos preclaros de las Musas, esos rimadores cuyos sueños y desvaríos poéticos han recreado a más de una generación, y seguirán recreando a las venideras, con la ventaja que proporciona y da la vejez a las cosas delicadas y exquisitas.

José Jacinto Milanés no pudo tener un final más triste. Después de haber sido con su hermano Federico, el Pontífice de la literatura en esta ciudad; después de una era de esplendor, en que sus versos eran saboreados con delectación por los doctos y los no doctos, la inteligencia del cantor de *La fuga de la tórtola* y de *El Beso*, languideció de súbito, oscureciéndose como el cielo cuando se extinguen en el horizonte los postreros resplandores del sol que va desapareciendo lentamente...

¿Cómo murió Plácido? Nadie lo ignora. El gobierno español temió que la voz de un poeta, de un pobre poeta, mulato por añadidura, lo que contribuía a hacer más mísera su condición en aquella época, temió, decíamos, que revolucionara a la raza de color en esta provincia y que esta, despertando del letargo en que yacía, enarbolase la bandera de la rebelión y rompiese, de una vez para siempre, las ignominiosas cadenas de la vil y degradante esclavitud.

Bajo el plomo artero de un enemigo cruel y sanguinario, aquel mulato, aquel cóndor de la poesía americana, abatió el vuelo para no levantarlo nunca más, dejándonos por único legado su nombre y sus obras, llenas de inspi-

ración, aunque no exentas de defectos literarios. ¡Pobre Plácido! Aspirando
otro ambiente, entre otros hombres, ¿a qué altura no habría llegado? ¿a qué
rango moral no habría ascendido quien, como él, recibió en la mente, — y a
la hora de su nacimiento, — el ósculo inebable del más celeste de los dones?
El que escribió la *Plegaria a Dios* y el soneto *La muerte de Gesler*, tendrá
siempre una página de honor y de gloria imperecedera en los anales de la li-
teratura antillana.

De Miguel Teurbe Tolón se sabe que su vida no fue más que una cruz pe-
sadísima, una prolongada serie de sinsabores. Murió en su pueblo natal, a los
dos meses de haber regresado del extranjero. Murió como quiso: no lejos de
su patria, a la que tanto amaba, y por cuya independencia trabajó incansa-
blemente con la pluma y con la privilegiada imaginación que le concediera
el cielo.

¿Y Ángel Mestre? Murió en un manicomio, profiriendo palabras ininte-
ligibles, sin conocer a nadie, con el cerebro completamente trastornado...

Santiago Manzanet no ha muerto, pero es lo mismo que si hubiera muerto
para nosotros, toda vez que vive en un pueblo extraño, y el eco de sus cantos
— si es que escribe aún — no llega a nuestros oídos. La historia de Manzanet
es sobradamente conocida para que necesitemos repetirla. Historia trágica,
en que los celos desempeñan el papel principal, armando, a un tiempo, la
mano del esposo, del padre y del hijo. Manzanet, sobre ser un poeta de ex-
presión delicada y exquisita, era un gramático de primer orden, como lo
prueban sus censuras, publicadas en *La Estudiantina*, contra el notable crítico
don Juan Martínez Villergas, quien hubo entonces de escribirle, según
cuentan las crónicas de aquellos tiempos, ofreciéndole un puesto en la re-
dacción de *El Moro Muza*, y con el puesto, una retribución mensual, tentadora
para un periodista que solo vivía del producto de sus concepciones literarias.
Manzanet no aceptó, sin que dejara por eso de agradecer la halagadora oferta.

Contempráneo de Manzanet, Mestre y Teurbe Tolón, fue Nicanor A.
González, poeta de cuerpo entero, patriota exaltadísimo y un hombre bueno
en toda la extensión de la palabra. La miseria fue la compañera inseparable
de Nicanor González, quien vivió pobre, pobrísimo, siendo el educador en
Matanzas de algunas generaciones que le deben a él los conocimientos que
poseen. Fue tan buen cubano como poeta. Acaso algún día, con más tiempo
y espacio, diga yo cuanto hay de interesante en la historia de aquel hombre-
cillo enclenque, bilioso, atrabiliario, mordaz de lengua y de pluma, que no
entendía de términos medios en cuestiones de política, criollo hasta la médula,
e inteligente y erudito como pocos. Me quiso entrañablemente, guiándome
en los primeros *pininos* que hice en el camino de las letras, siendo para mí lo
que la sombra de Virgilio para el Dante en su travesía por los abismos infer-
nales.

Y Nicanor A. González, en su pueblo natal, que tanto quiso, en medio de los amigos que demostraban tenerle aprecio y simpatías, se enfermó gravemente durante la guerra; y solo, y triste, desamparado del cielo y de los hombres — menos de uno, que se llamó Prudencio Rabell — murió en una casucha antihigiénica y miserable, donde hasta los rayos del sol parecían penetrar con lentitud y pesadumbre. A su entierro, acudieron cuatro amigos. Los demás, no quisieron proporcionarse la molestia de acompañarle al cementerio, o tal vez quisieron economizar el duro que había de costarles el alquiler del coche..... ¡Oh! Aquellos eran tiempos infaustos; la gente se moría de hambre en las calles; los víveres costaban un ojo de la cara; el que disponía una peseta le daba un millón de vueltas entre los dedos; pero sin soltarla... Lo que decía Hamlet: *¡Words, words, words!* Lo que hay en el fondo de todo esto no es más que un egoísmo brutal y sórdido, un cínico encogimiento de hombros en presencia de un infortunio, que a tiempo pudo ser aliviado, evitándose la muerte de un ser de elevada fantasía y de dotes intelectuales nada comunes.

Para remate cuentas, a González le inició una **suscripción** *El Correo de Matanzas*, alcanzando un éxito asombroso, pues no llegó el producto de aquella a una docena de pesos. ¡Qué ignominia!

Rafael Otero y Castroverde murió algunos años antes que Nicanor A. González. Un día nos sorprendió la noticia de que Oterito, como le llamábamos sus amigos y admiradores, habíase convertido en un idiota, de la noche a la mañana. Aquel muchacho, tan simpático, tan alegre y decidor, no era más que un bulto, arrinconado contra la pared de un cuarto.... Los médicos acudieron a visitarlo, sometiéndolo al efecto de cuantos medicamentos recomienda la terapéutica para esos casos. Todo fue inútil. Oterito murió, sin que un destello de inteligencia iluminara sus ojos antes de espirar.

En su cuarto, sobre una mesa, se halló una cuartilla, donde aparecía escrito este octosílabo: *Casta virgen de mis sueños...* Fue lo último que escribió, el que durante su vida fue considerado el ídolo mimado de la culta sociedad matancera.

Otro poeta, Carlos Pío Uhrbach — mi amigo del alma, — murió en medio de la *manigua* enmarañada. Se lanzó al campo de combate para pelear por Cuba. De una naturaleza débil y enfermiza, en breve se desmejoró notablemente, convirtiéndose en una especie de autómata. Una ocasión pasóse tres días sin comer, y, no obstante, le escribió una carta a la autora de sus días, dándole cuenta de que se hallaba muy satisfecho y feliz, bebiendo buen vino, excelente chocolate y nutriéndose con exquisitos bizcochos y golosinas. Murió cerca de Colón, en brazos de un cubano meritísimo, del Comandante Luis Argüelles. Este acababa de matar una jutía para prepararle con ella una taza de caldo. Apenas Carlos Pío aproximó el líquido a sus labios, cuando sus ojos se cerraron para siempre.

Carlos Alberto Boissier también tuvo idéntico fin al de Uhrbach. Simpático y apuesto como un doncel de la Edad Media,[476] lanzóse a la lucha con ánimo decidido y resolución inquebrantable. Fue uno de los expedicionarios del *Bermuda* y escapó con vida en aquella memorable jornada marítima... Reincidente, se embarcó otra vez, formando parte de una nueva expedición, logrando pisar las riberas natales. Acometido por una fiebre tenaz que hubo de minar su débil organismo, falleció en Pinar del Río, abrazado a su bandera, por cuyo triunfo lo había abandonado todo: padres, novia y amigos. Hoy sus restos mortales descansan en el cementerio de su pueblo natal. No pasa así con los del malogrado Carlos Pío Uhrbach. ¿A qué se espera para cumplir con este piadoso requisito?

Por último, Manuel de los Santos Carballo, el primero, — en sentir del que esto escribe, — de los poetas cubanos de estos últimos tiempos, murió en La Habana no hace mucho, sumido en la mayor desesperación y en el más completo estado de miseria. Carballo es aún poco conocido, pues su poesía, hosca y extraña, no podía ser apreciada por todas las inteligencias. Pero llegará un día en que se le haga justicia, en que se desentrañen las bellezas de sus raras concepciones, y entonces quedará plenamente probado que Manuel de los Santos Carballo fue una personalidad poética, con estilo propio, y con una fisonomía literaria, original a todas luces. Entonces Cuba sabrá lo que ha perdido, y Matanzas adoptará el acuerdo de traer, para inhumarlos en la necrópolis de San Carlos, los restos del poeta que hoy yacen en el cementerio de la capital.

Ahora recuerdo a un pobre muchacho, inofensivo como una paloma, que también nació en Matanzas y que se dedicó desde muy joven a cultivar el trato de las Musas. Me refiero a Leopoldo Reyes. ¿Cómo olvidarlo? No voló muy alto, ni tampoco muy bajo. No hizo nada notable; pero sus versos todos se distinguían por su dulzura y sentimiento. El amor filial hizo muchas veces vibrar su lira, y entonces era espontáneo y sencillo. Murió en un hospital, sin tener el consuelo de estrechar a la hora de su muerte la mano de un amigo... Sobre su fosa, no hay una cruz, ni nadie tampoco esparce flores, como homenaje cariñoso a la memoria del pobre visionario.

Véase, pues, cómo es cierto lo que decíamos al principio. Un hado fatídico parece haber presidido el nacimiento de los poetas de Matanzas, durante el siglo pasado. Esta ciudad, donde parece que la poesía se pasea por sus valles, sus ríos y sus lomas, ya no cuenta con poetas de importancia y mérito excepcionales como los citados.

Pero yo no desconfío. Matanzas es el pueblo de los bardos y de las mujeres hermosas. Ya surgirá la figura del heredero de los poetas que hemos nombrado, y tras él surgirán otros muchos, para encantar con los sones armoniosos de su lira, al hermoso país en que nacieron.

Cuba y América 105, Año V, octubre 1901, 455-59.

---

[476]   Juan José Remos y Rubio se refiere a Boissier como «aquel apuesto muchacho matancero de veinte años, que murió en la manigua durante la guerra del 95.» Ver: Juan José Remos y Rubio. *La bandera en la emoción de nuestros poetas.* Imp. Siglo XX, 1950, p. 23. Boissier colaboró en *La Habana Elegante* y en *El Fígaro*.

El quinto Congreso Panruso, celebrado en Moscú, editó la ley orgánica de la República Socialista Federativa de los Soviets de Rusia. He aquí los puntos más notables de ese documento, los que reflejan su alma y su luz:

La constitución de los Soviets [dice el artículo 3°], se propone esencialmente suprimir toda explotación del hombre por el hombre, abolir definitivamente la división de la sociedad en clases, aplastar sin piedad a todos los explotadores, realizar la organización socialista de la sociedad y hacer triunfar el socialismo en todos los países.

Para realizar la socialización de la tierra, la propiedad privada de la tierra abolida, todas hs tierras son declaradas propiedad nacional y son entregadas a los trabajadores, sobre las bases de un reparto igualitario, en usufructo. Los bosques, el subsuelo y las aguas, representan también un interés, desde el punto de vista nacional, por lo que todo el ganado y todo el material, así como todos los dominios y toclas las empresas agrícolas y de gran cultivo son declaradas propiedades nacionales.

Hay, pues, tantos soviets, como circunscripciones. El Soviet constituye la autoridad suprema para los intereses puramente locales. Los miembros de los Soviets son elegidos por tres meses solamente.

Rusia, en lo que concierne a sus intereses regionales, es administrada por un congreso formado por representantes de todos los Soviets locales. A toda Rusia corresponde el Congreso Panruso, que se reúne cada seis meses. Un Comité Ejecutivo, nombrado por el Congreso y responsable ante él, conduce los asuntos nacionales y forma en su seno el Consejo de los Comisarios del Pueblo.

Esa representación no pierde jamás el contacto con el elector, y ese organismo es muy flexible, muy vivaz, merced a la brevedad del mandato de cada diputado.

La constitución decide que el trabajo es obligatorio para todos los ciudadanos de la república, a fin de suprimir los elementos parasitarios de la sociedad y de organizar la vida económica del país.

Todos los habitantes son considerados como ciudadanos, cualesquiera que sean su raza y su nacionalidad.

No pueden ser electores, ni elegidos los que viven del trabajo de otros, ni los que viven de una renta no producida por su trabajo, los rentistas, los intermediarios comerciales, etcétera. Tales son los principios del bolchevismo.

La opinión de Enrique Barbusse, es que la conciencia universal se encamina ineluctablemente hacia ese ideal. Él cree que el bolchevismo es una doctrina de razón, y que, en ella, es el principio mismo del socialismo lo que está en juego.

La fuerza del bolchevismo ataca a los privilegios injustos, no a los hombres. Ningún gobierno puede sostenerse en Rusia si no es socialista. Lo que hasta hoy ha hecho el Soviet, en pro de las universidades, las escuelas, donde los niños pobres son alimentados y nutridos; las bibliotecas, los laboratorios de investigaciones científicas o médicas, los museos, los teatros — todo desde el punto de vista popular —, es más, en algunos meses, que lo que hizo el régimen anterior en varios siglos.

El norteamericano Jacques Sadoul dice que el gobierno soviet ejerce tal imperio sobre la imaginación de las masas, que las mujeres están dispuestas a sufrir el hambre, y los hombres están decididos a morir por él.

Tolstoi decía desde mucho tiempo antes de la caída del Zar:

> El pueblo ruso será el redentor de todos los pueblos.

La bandera de la República Socialista de los Soviets, es la bandera roja de la emancipación de los hombres.

¡Proletarios de todos los países, uníos!, decía Carlos Marx.

III.
BONIFACIO BYRNE:
SU RECEPCIÓN CRÍTICA

Prólogo de *Excéntricas*

Nicolás Heredia

Los que conocen la tendencia o propensión artística que ha venido revelando el señor Byrne hasta hace poco, se mostrarán maravillados viéndole recorrer un camino que no es ciertamente el que antes frecuentaba. Si por algo se distinguía el joven poeta matancero, era por una especie de timidez casi femenina, por una delicadeza en la expresión de sus estados pasionales, que todo verso hijo de su musa, más que verso formado con palabras era un verso suspirado con blandura y envuelto en perfumes tenues, como si su autor no atinara a hablar sino en la armoniosa lengua de rimas suaves y aromas exquisitos en que hablan las brisas y las flores.

El artista como tal –y más que nadie–, obedece a un conjunto de fenómenos y leyes que forman la fisonomía interna del sujeto, como la piel, el color y los perfiles forman la fisonomía externa que físicamente limita la personalidad y la revela. Así pues, la figura intelectual de Bonifacio Byrne se retrataba precisamente en la última delicadeza que le atribuye, en ese murmurar dulce y discreto de su inspiración que nunca levantaba la voz, ni tampoco las ideas, para acariciar el espíritu con melodías insinuantes y lejanas. Había en él la dejadez encantadora, el descuido simpático de un alma que departe consigo misma sin decir nada que enseñe, pero sí mucho que halaga y emociona.

Aunque no se ha publicado todavía su colección de *Mariposas,* muchas de las poesías que la componen son conocidas por el público, y ellas pueden evidenciar si tengo o no razón en lo que digo. Byrne recuerda en esa colección a Milanés y a Juan Clemente. Es un temperamento en el cual predominan las sensaciones lánguidas que apenas se resuelven en ideas. La impresión recibida, el movimiento engendrado por un fenómeno cualquiera, parece que nunca llega al cerebro y siempre se dirige al corazón, que es la lira del poeta. Allí tiene su nido la inspiración, un nido de plumas tibio y agradable; de allí sale para volar, no al modo del águila que se pierde entre las nubes, sino como el insecto de alas de oro que sólo levanta el vuelo en las florestas.

Pero no todo lo dicho conviene a las *Excéntricas,* ya que muchas de mis apreciaciones quedan desmentidas por la reciente manera del cantor sencillo y fácil que quisiera escribir en un idioma «en que cada palabra fuera azul, / cada sílaba música y aroma, y cada frase un manantial de luz...» y del que, al finalizar la misma composición, expone en estos arrullos las blandas exigencias de su «Anhelo»: «Y... ¡quién sabe! Tal vez este profano anhelo que alimento soñador, / yo pueda realizarlo en otro mundo, al lado de una estrella y de una flor.»

Pues bien: el señor Byrne desmiente ahora las condiciones esenciales que manifiesta, tal vez sin quererlo, en esas estrofas susurrantes; y ha acertado, desde luego, titulando *Excéntricas* al conjunto de poesías en que se sustrae a la ley de gravitación propia de su habitual temperamento. Quizás, sugestionado por sus nervios en plena rebeldía e influido por un estado de conciencia transitorio, ha querido romper con su misma naturaleza yendo a buscar en el diablo, las brujas, los monos, los sauces, los buitres y los muertos, lo que antes le venía de los jardines en ráfagas dulces y emanaciones delicadas.

Si las *Excéntricas* no son un mero alarde de facultades no cultivadas hasta ahora, algo se ha movido dentro del poeta, algo que desequilibra, no sé si en bien o en mal, sus viejas aptitudes. La alta fiebre de lo bello que antes le era campletamente desconocida, la horrible neurosis del artista que crea con el trastorno de la madre en el período laborioso de la gestación, invade también su alma serena. Genios de otros climas le arrebatan su matojito de silvestres florecillas para brindarle un *bouquet* de exóticos matices. Este hecho inesperado explicará por qué Byrne, que jamás ha tenido comercio lírico con el diablo, anda ahora en compañía de tan extraño personaje y de otros muchos que en nada se parecen a las lindas *Mariposas* de otros tiempos.

¿Ha ganado o perdido el poeta con el cambio? No considero oportuno el presente instante para decidir este litigio. Ni las *Mariposas* constituyen una manifestación definitiva de su talento, ni tampoco la constituyem las *Excéntricas*. Lo único que me concierne es comparar los rasgos salientes de una y otra colección, sus caracteres respectivos, y después que el público decida. Hay en las *Mariposas* mayor espontaneidad, por lo mismo que responden a una situación permanente del espíritu del vate. El trabajo psíquico que precede a la explotación poética es tranquilo y fácil, como son fáciles y tranquilas nuestras impresiones cuando los nervios disciplinados las trasmiten sin desorden. Allí el poeta se expresa arrullando o suspirando, siempre en su tono y siempre en su lenguaje. La palabra se le doblega como el lomo del can doméstico al contacto de la mano que lo *acaricia,* y el ritmo surge como la nota de un violín bien afinado.

De las *Excéntricas* no puede formarse un juicio idéntico; el poeta se descompone y el instrumento emite sonidos más ingratos y profundos. La sensación sacude su larva y aspira a convertirse en idea trascendental, en símbolo de cosas que se dicen a medias o simplemente se insinúan. Ha habido un progreso mental indiscutible, aunque yo no sé si ha habido un progreso literario igualmente indiscutible. Los que miran hacia adentro están de plácemes; los que miran hacia afuera, tal vez lamenten que el poeta no les hable de amores y de ensueños, para contarles historias de esqueletos y de brujas.

Diríase que el señor Byrne ha renunciado a sus gustos nativos para inmergirse en la hermosa, pero turbia poesía del septentrión. Tal vez obedezca a una ley improvista de atavismo, evidenciada en su nombre extranjero y en algunas gotas de sangre sajona que circulan por sus venas. El hecho es que sus concepciones actuales recuerdan las brumas del norte y aquellos cantos extraños en que la sensibilidad y la fantasía, lejos de pugnar, se suman y confunden, como los resplandores del día y las sombras de la noche se disuelven en la poética indecisión de los crepúsculos. De ninguna de las *Excéntricas* se puede asegurar que imite esta o aquella composición de Uhland o Enrique Heine; pero casi todas los recuerdan.

Sin embargo, por muy lejos que el poeta matancero se encuentre ahora de sus antiguas propensiones, de aquel lirismo moderado que cantaba los afectos comunes con formas simples y armoniosas, siempre se manifiesta un residuo de su anterior personalidad en aquellas de las *Excéntricas* en donde no ha perdido por completo su transparencia meridiana. La «Introducción» del libro en que ha exagerado la nota satánica puesta en moda por Baudelaire y Richepín, está denunciando con rasgos reveladores al suave y sencillo autor de *Mariposas*. Cierto que dedica su obra al rey de los abismos infernales, puerilidad perdonable en un poeta: pero en la misma hoguera de Lucifer caen algunos granos de mirra y hacen surgir estos efluvios exquisitos:

> Lo que ha sido no sé; pero hace días
> que no aspiro otro olor que el del incienso,
> el son de las campanas me entristece
> y alguien me está llamando desde lejos.

No es tampoco de las *Excéntricas,* sino de sus aladas hermanitas, la rara composición que ha bautizado con el nombre de «Las islas pálidas», islas que empieza a describir de esta forma:

> En esas islas hermosas
> que yo he visto en mis delirios,
> desaparecen las rosas
> bajo una lluvia de lirios.

> Sus mujeres son delgadas,
> puras, dulces, ideales,
> cual lo son las alboradas
> o las tardes otañales.

> De sus ojos el fulgor
> es una caricia leve,
> y su boca es una flor
> que sembró Dios en la nieve.

También revolotea en la primera colección esa mariposita titulada «Mi anhelo», argumento manoseado aunque de magnífica vestidura, según ha podido verse en las estrofas que he transcrito a punto y raya. Y esto sucede porque nadie puede divorciarse en absoluto de sí mismo. Mientras más huimos de nosotros, más nos encontramos con nosotros. La naturaleza nos ha marcado con su hierro, y el *yo* nos sale al paso para llamarnos como ese alguien «que está llamando al vate desde lejos».

Yo no me atrevo a aconsejar al señor Byrne que retroceda, ni tampoco que persista en sus nuevas aficiones; lo único que le exijo es que en uno u otro campo se esfuerce por recoger una buena cosecha de poesías. Sus aptitudes son innegables y las muestras que contiene este volumen, honran al parnaso de Matanzas, cuyo sueño intelectual se iba prolongando con exceso. No todas las *Excéntricas* están a igual altura, pero las más son buenas y algunas excelentes. «El diablo» es una fantasía preciosa, digna de un poeta del Rhin. «El buque fantasma» una linda reminiscencia del famoso cuento neorlandés, «Las joyas» atraen por la delicadeza de sus toques, «El vino» por sus rasgos pintorescos y brillantes. «Las brujas» por su exacto colorido, y por su trascendencia y profundidad «El monarca», que es la más original y filosófica de todas. El verso corre en ellas sin obstáculos, como corre el aura por los prados. Y doy por terminada mi tarea sin hablar de los defectos, ya que la obligación del prologuista no es propiamente la del crítico.

15 de marzo de 1893

Del poeta Byrne

Enrique Hernández Miyares

Acabo de releer las *Excéntricas* de Byrne desde el Prólogo hasta el Índice, con verdadera delectación. El Prólogo del ilustrado literato Nicolás Heredia me dejó un tanto pensativo; porque Heredia comienza por anotar que el autor de *Mariposas* lo ha sorprendido con su nueva manera. «Ha habido — dice el prologuista — un progreso intelectual indiscutible, aunque yo no sé si ha habido un progreso literario igualmente indiscutible. Los que miran hacia adentro están de plácemes; los que miran hacia afuera tal vez lamenten que el poeta no les hable de amores y de ensueños, para contarles historias de esqueletos y de brujas».

Cuando a mi excelente amigo Ramón Catalá, en un artículo que a propósito de *Excéntricas* publica en «El Fígaro», después de colocar a Byrne a ojos cerrados, entre el grupo (?) que aquí representa la tendencia decadentista dice que «diríase.... que su autor (el de las *Excéntricas)* no se propuso otro fin que el de adquirir carta de ciudadanía parnasiana, no por resolución definitiva de su entendimiento, sino por una a modo de interinatura.....» «mientras salen a luz sus *Mariposas.* «El decadentismo de Byrne es, pues, temporero» — añade Catalá.

Y aquí me tienen ustedes de nuevo pensativo, y mucho.

Con esta memoria flaca que Dios me ha dado, yo que algo leo, al no recordar los antiguos versos de Byrne me he entretenido largo rato en registrar colecciones de periódicos, a caza de *Mariposas* azules de las de mi admirado amigo el profundo y triste autor de *El Monarca* y he tenido la buena fortuna de aprisionar cuatro de ellas que andaban en un número de abril del ochenta y nueve, de este mismo periódico; pero en verdad que las cuatro quintillas a que me refiero, o no son *Mariposas,* o son versos que desertaron del tomito que el poeta matancero ha dedicado «A Luzbel».

Lean Heredia y Catalá esta primera *Mariposa:*

Es tu mirada amorosa,
si en mí la fija con calma,
una sutil mariposa
volando sobre la fosa
que tengo abierta en el alma.

O en el estado pasional de Byrne ha habido antes de ahora, antes de *Excéntricas*, tristezas y nostalgias infinitas, o ahí va esta otra quintilla que no me dejará mentir:

> Siempre que miro una estrella
> perdida en la inmensidad,
> me imagino que es más bella,
> y quisiera, junto a ella
> compartir mi soledad.

Parece, amigo Catalá, que el decadentista temporero hace tiempo que viene firmando la nómina; porque, dime con franqueza: ¿no es lo mismo que Byrne *antes* quisiera compartir su soledad con una estrella, como que *ahora* quisiera realizar su profundo anhelo «al lado de una estrella y una flor»?

Lo dicho. El hallazgo de las cuatro *mariposas* me envanece, porque yo quería encontrar en los antecedentes del poeta, — que tantos aplausos recoge hoy — razones que lo hayan traído a manifestarse de la nueva manera; porque en mi sentir, Bonifacio Byrne no ha retrocedido, ni decae, ni sus *Excéntri*cas han visto la luz interinamente, mientras salgan a revolar sus *Mariposas*.

Yo creo que los sentimientos pasionales de Byrne han sufrido, es verdad, un cambio brusco; digo, una evolución radical en su manera de sentir, si es que sus *Mariposas* blancas, tiernamente recordadas, eran, como aseguran Heredia y Catalá, y no como estas que voy citando; pero también creo firmemente que en Byrne «ha habido un progreso intelectual indiscutible», como dice su prologuista, y que no es decadente, sino parnasiano, cosas de todo en todo desiguales.

Los decadentes franceses que apenas han logrado prosélitos, y menos entre los españoles e hispanoamericanos, forman un grupo de literatos *sui-generis*, extravagante, que comenzando por desgonzar el elegante idioma de Racine, rebuscando las palabras más anticuadas o más prosaicas, pretenden, en su afán de romper los viejos moldes, imponer audazmente una rima estrafalaria, sin ritmo ni cadencias; escogen los asuntos más incoherentes, y presumen ser los últimos romanos, sin más coturnos que sus botas llenas del negro barro del boulevard.

El parnasiano, en cambio, es otra cosa; el parnasiano bien puede ser José María de Heredia, el cubano francés, y entonces pinta un *Recif de corail* o *Les Conquerants,* o puede ser Byrne escribiendo su soneto La *Seducción,* o Rubén Darío o Salvador Rueda o Julián del Casal o Arciniegas, o tantos otros poetas adeptos al parnasianismo, modernismo, que no es en mi concepto, sino la escuela de los depurados, de los más artistas, aunque a veces pequen, lo confeso, de amanerados.

Entre los románticos de que hoy hacen befa los intransigentes de la democracia literaria, se abusó extraordinariamente del diablo, de las brujas, de los sauces, de los cráneos, de los buitres, de los muertos y hasta del veneno y el puñal. No veo la razón ni el motivo para que los sorprenda tanto y tanto lo de que ahora algunos poetas (motejados de decadentes sin serlo) entremezclen en los asuntos de sus versos ideas e imágenes, y palabras lúgubres o tristes. Vuelva la hoja el que no esté sino para reír a mandíbula batiente...

Pero me he olvidado de las *Mariposas* de Byrne:

> En desenfrenada orgía
> la ví, la copa en la mano,
> y desde tan triste día,
> afanosa la alegría
> está buscándome en vano!

¿No es verdad que esta Mariposa tiene las alas de luto?

¿Y esta otra que es la última que encontré de Byrne y que por cierto el poeta ha incluído en las *Excéntricas* con el título de *Los Buitres*?

> Te he vuelto a ver... Tu belleza
> ha ido el tiempo marchitando,
> ya sobre tu cabeza
> he notado con tristeza
> que están los buitres volando!

Bellísima y triste. Difícil me parece que Bonifacio Byrne vuelva a la antigua manera, porque miro que desde *antes* lo había mordido la neurosis.

¡La neurosis! Que carga con todas las culpas, cuando llega el descreimiento, y pasan fugaces las ilusiones, como las *Mariposas*...

1893.

Enrique Hernández Miyares.
Obras Completas II. *Prosas.*
Habana: Avisador Comercial,
1916. 29-33.

Bonifacio Byrne

Julián del Casal

Triste, pobre, aislado en una provincia que no conozco, pero que me parece tan abrumante como todas las provincias, a pesar de que a ésta le otorgan algunos el sobrenombre de Atenas de Cuba, sin haberse mostrado ateniense en ninguna ocasión, pasa este admirable y exquisito poeta los más floridos años de su vida, consagrado a las bajas tareas del periodismo, tan opuesta a la realización de sus legítimas aspiraciones como contrarias al desarrollo de sus soberbias facultades poéticas.

Sí! el periodismo, tal como se entiende todavía entre nosotros, es la institución más nefasta para los que, no sabiendo poner su pluma al servicio de causas pequeñas o no estimando en nada los aplausos efímeros de la muchedumbre, se sienten poseídos del amor del arte, pero del arte por el arte, no del arte que priva en nuestra sociedad, amasijo repugnante de excremencias locales que, como manjares infectos en platos de oro, ofrece diariamente la prensa al paladar de su lectores. Lo primero que se hace al periodista, al ocupar su puesto en la redacción, es despojarlo de la cualidad indispensable al escritor: de su propia personalidad. Es una exigencia análoga a la que los directores de teatro tienen con los que abrigan la pretensión de salir a las tablas. Hay que blanquearse los cabellos, si son negros, o ennegrecérselos, si son blancos; enrojecerse las mejillas, si son pálidas, o empalidecérselas, si son rosadas; alargarse las cejas, si son cortas, o recortárselas, si son largas; redondearse el abdomen si está plano, o aplanárselo, si está redondo; mostrar la sonrisa entre los dientes, si el dolor retuerce los labios, o la alegría en el fondo de los ojos, si las lágrimas humedecen las pestañas. Así el periodista, desde el momento que comience a desempeñar sus funciones, tendrá que sufrir inmensos avatares, según las exigencias del diario, convirtiéndose en republicano, si es monárquico, en libre pensador, si es católico, en anarquista, si es conservador. Omito hablar de las mil tareas pequeñas del periodismo, las únicas a que pueden aspirar aquí los jóvenes literatos, por ser demasiado larga la enumeración de todas ellas. Básteme decir que algunas, como las inherentes a las secciones ínfimas, no sólo son atrofiantes, sino envilecedoras. El periodismo puede ser, dado el odio que en él se respira hacia la literatura, la mano benefactora que, llevando el oro a nuestros bolsillos, coloque el pan en nuestra mesa y el vino en nuestro vaso. ¡Ay! pero no será nunca el genio tutelar que nos ciña la corona de laurel. Sé que es mas provechoso, como dice Zola, emborronar cuartillas en una redacción que mascar ensueños en una buhardilla, pero eso será en la magnífica Francia, donde el periodista tiene que ser un literato, no en la infortunada Cuba, donde sólo es, salvo excepciones, el antípoda de su cofrade parisiense. Escribiendo con frecuencia, como lo hace el periodista, la pluma adquiere cierta soltura, pero, a cambio de esto, ¡cómo se aprende a cortejar la opinión pública, cómo a aniquilar las ideas propias, cómo a descuidar el pulimento de la frase, cómo a expresar lo primero que se ocurra y cómo a aceptar el gusto de los demás!

De todas las cualidades que adornan al poeta matancero que, con el título de *Excéntricas*, ha coleccionado algunas de sus composiciones poéticas, la más sobresaliente de todas es la de que, habiendo pasado por el periodismo, ha sabido conservar íntegra su personalidad, del mismo modo que un cisne, al cruzar por un pantano, o un astro, al atravesar un nublado, saben conservar la blancura de sus plumas o la pureza de sus fulgores. Es un caso más raro de lo que a primera vista parece, porque supone una fuerza incontrastable, resistente al medio, propia sólo de los verdaderos artistas. Encuéntranse algunos prosaismos en sus poemas, como guijarros entre alfombras de césped, pero son de esos que se hallan en las mismas obras de algunos maestros. Quizás contribuyan a aumentar la belleza de algunos, a la manera de esos lunares de terciopelo que, mal adheridos a la piel, hacen resaltar el rosa de la tez de algunas mujeres. Otra de sus cualidades, que tal vez sea un defecto para algunos, es que el poeta tiene, como muy pocos de los nuestros, el sentido de lo vago, de lo misterioso, de lo lejano, de lo desconocido, es decir, de todo lo que constituye la esencia misma de la poesía. Sanguily, hojeando el tomo, por diversas partes, me decía una tarde: — estos versos no parecen escritos por un cubano, sino por un escandinavo. Tenía razón el ilustre crítico, pero hacía, al mismo tiempo, según mi criterio, el mayor elogio que se puede hacer de un poeta. Los poetas son, por regla general, seres quiméricos, descontentos y antojadizos. Sólo creerían encontrarse bien si se encontraran, como gime uno de ellos, en el sitio en que no están. Si estuvieran en el cielo, tendrían la nostalgia de la tierra, como estando en la tierra, tienen la nostalgia del cielo. Bajo el fuego del Ecuador suspiran por los hielos del Norte. Prefieren ser amados por una Teodora que por la virgen más hermosa de su valle natal. Calígula les parece más interesante que cualquier Cleveland. Viviendo en pleno siglo diecinueve, irán a buscar sus aspiraciones, como nuestro magnífico Heredia francés, entre las ruinas de las antiguas civilizaciones o en la época de los soberbios conquistadores. No me parece extraño, pues, que Byrne, a quien tengo por verdadero poeta, haya hecho versos que parezcan escritos en las regiones nevadas del globo, prescindiendo en absoluto de cantar las decantadas bellezas tropicales. Tampoco me sorprende, como al señor Heredia, que ha escrito un galano prólogo para las *Excéntricas*, el cambio de manera del poeta. Lo que me sorprendería mucho es que apresar de sus decepciones, de su cansancio y hasta de su desesperación, bastante visibles, en todas las páginas, para los que sepan leer, sin que necesite yo detenerme a entresacarlas, conservara todavía su antigua manera, la de las *Mariposas*, cantando las ilusiones, los ensueños y los devaneos de la primera edad. Por idéntico motivo, no creo que el poeta, al dedicar sus versos a Luzbel, el príncipe de las tinieblas, lo haya hecho por seguir las huellas de Baudelaire o de Richepin, sino más bien porque cansado de invocar al Bien acude a arrojarse entre los brazos del Mal. Hasta presumo que, al coleccionar esos versos, tuvo el presentimiento de que iban a ser acogidos con cierta reserva, por lo cual le consagró el tomo *A Luzbel*, diciéndole:

> Te consagro estos versos que han surgido
> De mi cerebro mísero y enfermo,
> Como surgen, bailando, a media noche
> De su helada mansión los esqueletos.
>
> ....
> Fíjate en estas páginas sombrías,
> Donde te habrán de parecer mis versos
> Muecas horripilantes de una momia
> Que pugna por alzarse de su lecho.
>
> ....
> Escribiendo este libro, una vez sola
> No he abismado mis ojos en el cielo....
> ¡Es para ti, Luzbel! Cuando te aburras
> Léelo en alta voz en el Infierno.
>
> Y cuando te lo sepas de memoria
> Y yo duerma en el vasto cementerio,
> Sus páginas destroza, y haz que bailen
> Una danza macabra con el viento.

La musa de este poeta, como se adivina, es una musa triste, quejumbrosa, doliente y funeral. Yo me la represento bajo la imagen de una joven viuda que, con su traje de gasa negra, bordado de siemprevivas, se pasea, a la caída de la tarde, por desolado jardín, mirando avanzar las sombras de la noche y oyendo crujir las hojas secas bajo sus plantas. Su color favorito es el gris. Ama las piedras preciosas, pero el ópalo y la perla, por ser tan pálidas, le cautivan más. Disculpa la caída de Margarita, porque sabe que

> ... encierra placeres enervantes
> La fiebre intensa, misteriosa y triste,
> Que producen las joyas deslumbrantes.

Prefiere el crepúsculo al mediodía, la noche a la mañana, la luna al sol, el invierno a la primavera. Dice que ha nacido en unas *Islas Pálidas* que

Son unas islas en donde
Existe la sangre apenas,
Pues parece que se esconde
Fugitiva entre las venas.
En esas islas hermosas
Que *ella* ha visto en *sus* delirios,
Desaparecen las rosas
Bajo una lluvia de lirios.

Tiene noches de insomnio en que el miedo, como el hálito de un titán, la hace estremecer, o noches de sueños lóbregos, en que la pesadilla, como siniestro Aqueronte, la conduce en su barca, por un río de pez, hasta el trono de Satán, adonde suben, como el oleaje de un mar de fuego, los gritos de los réprobos, o hasta el fondo de las selvas legendarias, donde las brujas, acurrucadas bajo los árboles, aguardan la venida de la noche, para celebrar sus orgías en los cementerios. Ha sentido la embriaguez del vino, pero encontrándola triste, ha vuelto a la vida real, oyendo el rechinamiento del carro de los muertos, los sollozos de los sauces, los graznidos de los buitres, los estertores de los náufragos y exclamando, por último,

Lo que ha sido no sé; pero hace días
Que no aspiro otro olor que el del incienso,
El son de las campanas me entristece
Y alguien me está llamando desde lejos....

Cualquiera que sea el juicio de la crítica sobre estos versos, yo creo que su autor, tanto por su elevada fantasía como por su exquisita sensibilidad, es el primero de los poetas de la nueva generación. Yo estimo al hombre, sin conocerlo, porque lo creo un mártir, un mártir que sufre el triple martirio de su destino, de sus aspiraciones y de su medio social. Lo tengo, como diría Verlaine, por un maldito o por un saturniano. Y, a la vez que estimo al hombre, yo admiro en alto grado al poeta, porque me ha iluminado, con la antorcha de su talento, las tinieblas de su corazón; porque es un espíritu triste, y las almas felices, como los objetos grotescos, me inspiran repugnancia sin límites; porque no ha halagado, con sus estrofas, los caprichos de la inmensa mayoría de los lectores; porque se ha atrevido a cantar, en admirables versos, lo que aquí no se puede apreciar, porque no se acierta a comprender, sin temor a la indiferencia del público, a las censuras de los críticos o a las burlas de los critiquillos; y, en fin, porque ha interrumpido el tono monótono de la poesía cubana, lanzando en ella una nota nueva, extraña y original.

La Habana Elegante, 30 de abril de 1893

Las Excéntricas de Byrne

Manuel Sanguily

Hace pocos días llegó a mis manos un tomito de versos, de 84 páginas, esmeradamente impreso en Matanzas, titulado *Excéntricas,* con el cual se ha servido obsequiarme su distinguido autor señor Bonifacio Byrne. Precede a las 38 composiciones un «Prólogo» bellísimo, primorosamente escrito, del excelente literato señor D. Nicolás Heredia. Después de cuanto él dice allí con tanta maestría no veo cómo añadir nada que caracterice y aquilate la obra reciente del poeta matancero. Parece ser ésta que muestra en el nuevo libro, al decir de Heredia, una faz distinta, acaso contradictoria y difícil de explicar, respecto a la primera colección todavía inédita que intitula *Mariposas.* Como realmente revelan las últimas poesías una imaginación así como septentrional, el prologuista atribuye al atavismo este cambio inesperado, este aspecto diverso bajo el cual se presenta ahora el que era en otros días tímido, delicado y tibio poeta, de lo que pueden ser indicios graves «su nombre extranjero y algunas gotas de sangre sajona que circulan por sus venas». Pero al mismo tiempo descubre el sagaz crítico, que «siempre se manifiesta un residuo» de la personalidad anterior en algunos versos de las *Excéntricas.* Antes aludió oportunamente a «la alta fiebre de lo bello», que «era completamente desconocida» a nuestro autor y aun a «la horrible neurosis». Yo no conozco personalmente al poeta; pero me temo que esta colección impresa tiene mucho de artificial, de voluntario y estudiado, como fruto de extrañas influencias, de la acción de otros poetas, acción por tanto puramente artística, libresca, adventicia e inconsistente; pues si aquellos poetas son a modo de productos de su temperamento, su medio y la historia de su propio país, los poetas en segundo grado que reproducen sus ideas y sentimientos, no pueden sino ser derivaciones de las obras escritas por los primeros y no a su vez productos naturales. En la sentida composición «¡Muerta!» dice el autor de *Excéntricas:*

> Siempre he creído, *lo que es tan cierto*
> *como que existen el cielo y Dios,*

y no obstante dedica su tomo de versos a Luzbel («Introducción»)

> Te consagro estos versos, que han surgido
> *de mi cerebro mísero y enfermo,*

le dice al diablo, a quien canta en otra composición (p. 18), muy bonita por cierto, que empieza:

¡Sí! ¡Yo lo he visto! Entre las manos mías
las suyas oprimí más de una vez —

y termina con esta cuarteta:

Los que me miren, *cuando a solas hablo,*
que estoy demente pensarán al fin,
y es que charlo, que charlo con el diablo,
mientras él acaricia su violín....

Si esto es simbolismo, y alguno pudiera encontrarse aquí y allí en el tomito, como lo sospecha el señor Heredia, — es demasiado vago y muy dudoso en realidad. ¿Cree Byrne en el diablo? ¿Cree al mismo tiempo, como lo afirma, en Dios? ¿Coexisten para él? Y si así lo cree, ¿cómo en su maniqueísmo prefiere al diablo, el principio del mal, él que tiene elevación, ternura y bondad de alma y que, por lo mismo, puede declarar (p. 78):

Yo tengo compasión por los que sufren,
....
Con el ajeno llanto corre el mío:
¡no hay extraño pesar que no me angustie!?

Y luego Byrne parece creer también en las categorías celestes:

El ángel de las penas me acompaña
con sus alas lívidas me cubre....

Y cuando el ángel de la muerte, casto,
mi helado cuerpo con su brazo ciro...

¿No es muy artificioso todo esto? ¿No es caso de tradición *verbal*? ¿Puede ser verdad tampoco lo que rezan estos versos?:

Siempre fue en este mundo *mi delirio*
un poema fantástico escribir,
sobre el nevado pétalo de un lirio
que acabaran los céfiros de abrir.

¿No es estudiado esto, tan estudiado como decir:

Y... ¡quién sabe! Tal vez este profundo
anhelo que alimento soñador,
yo pueda realizarlo en otro mundo,
al lado de una estrella y una flor.

En *La momia rubia* (p. 80) cuenta una especie de danza macabra de

las momias en las pirámides
dejando sus sepulturas,

en que una momia rubia

es proclamada la reina,

y concluye el autor en esta guisa:

Esta escena en las pirámides,
por más que parezca absurda,

....

Refiérenla en el infierno

....

y que es verdadera en todo,
Satanás me lo asegura...

Si al mismo autor le parece *absurda* la escena, no cabe encanto, y ni cabe creer en su sinceridad, tampoco. ¿La Poesía (quiero decir ahora, los versos) debe ser, por ventura, ha de ser acaso, el refugio, la consagración y el espectáculo de las aberraciones, de los caprichos y extravagancias *pensadas*, urdidas por mero pasatiempo?

El vaho helado y enervante que como emanaciones de un pantano despiden las obras de los Richepín y los Baudelaire, si produce la fiebre, también, pasando el mar, originan desequilibrios artificiales, fantasmas extraños, apenas delineados, evocaciones raras y voluntarias, incoherencias rebuscadas, un aquelarre de contradicciones en que suelen danzar, sin objeto, palabras vanas dándose las manos con algunas boberías, al compás... de versos muy bonitos; pero la gran poesía no brota, o no viene, esa única poesía del corazón y del cerebro, la idea conmovida, sanguínea: en su lugar languidece la poesía anémica, amarilla, flaca, visionaria, como un chino depauperado que se va entre acres bocanadas de opio.

Y esto no obsta para que en el tomito de Byrne haya varias composiciones notables — como *Los náufragos, Las Brujas*, el capricho titulado *Las joyas, El diablo, Las tumbas, La cuna vacía*, y *Deseo*, en que el autor se muestra misántropo desesperado cuando tal vez no lo sea. Hay una, la titulada *¡Muerta!* escrita en el ritmo propio de la canción y que por eso y su asunto, resulta un contrasentido violento, un sarcasmo penoso. ¿Será porque acaso es positivo lo que dice el poeta, de su «ulcerado espíritu», y que hay hojas secas que dolientes

---

477 Artículo publicado en d número de la *Hoja del sábado de Patria*, correspondiente al día 6 de Abril de 1901.

478 En 1895 estalló la segunda guerra de independencia contra España. El matancero Domingo Mujica, amigo de Byrne, fue fusilado por los españoles. Byrne escribió un soneto que comenzó a circular de forma manuscrita y que llegó a hacerse, por lo mismo, popular entre los cubanos de ideas independentistas. Byrne no firmó el soneto, pero nadie ignoraba que era su autor, por lo que se vio obligado a emigrar en 1896 estableciéndose en Tampa (n. del ed.)

crujen dentro de su pecho? ¿Quién podría decir que todo ello no sea efecto de la moda y cosas que sólo mantiene el hábito y que ya no se toleran hasta cierto punto, sino dichas en versos?

Manuel Sanguily
Hojas Literarias, año I, núm. II, 30 de abril de 1893. Sección «Varie-dades».

Lira y Espada[477]

Nicolás Heredia

La transformación que ha experimentado el espíritu de Byrne, es la provocada en el país por el levantamiento del 24 de Febrero. Las musas cubanas, al eclipsarae con el Pacto del Zanjón el ideal que tuvo por Tirteo a José María Heredia, solo abrían un horizonte reducido, y el poeta era el hombre más que el ciudadano. La atmósfera política, serena y enervante, dilataba su influjo en el ambiente literario. La poesía era un tema de significación puramente individual. La aspiración autonomista, predominante en esos días, no era muy artística por lo mismo que intentaba ser muy práctica. Esa idea entraba bien en la cabeza, pero no llegaba al corazón, y allí donde el corarazón no se interesa el arte no florece.

Byrne fue entonces en poeta subjetivo que cantó sus ilusiones en versos exquisitos, muy bellos en su forma e impregnados de suavísimos perfumes. En vísperas de la crisis colonial, tuvo la suya y halló por exponente la extraña colección que publicó por esos días con el título de *Excéntricas*, paréntesis de un alma sin rumbo ni timón. Mas a poco resuena el grito redentor, y en un instante trágico, cuando el general Martínez Campos decretó el suplicio de Mujica,[478] el poeta matancero, indignado y febril, escribió su célebre soneto que corrió manuscrito, de uno a otro extremo de la Isla. Byrne halló entonces su camino, emigró al extranjero y fue, desde esa hora, el poeta de la guerra.

Tal título le di al trazar los conceptos que anteceden, en New York, para el número de *Cuba y América* de primero de Noviembre de 1897, y a fin de puntualizar aun más la metamorfosis, transcribí el final de su soneto al pintor Armando Menocal:

> Hoy el verso palpita en la metralla,
> en el cañón está La sinfonía
> y el cuadro en nuestros campos de batalla.

Hechos posteriores han venido a confirmar el parecer que, a guisa de presentimiento, expresé entonces. Hoy cuando se habla del autor de *Excentricas y Efigies*, se le suele aplicar el nombre con que ye le bauticé. La colección *Lira y Espada* que se imprime en estos días, será otra prueba de la interesante evolución que ha dado a Cuba un continuador de Heredia y de Quintero, en el mismo que antes era un simple legatario de Milanés y Juan Clemente.

Grande es la impresión que ha causado en mi espíritu la lectura de las composiciones que figuran en el libro. Mas no oculto, porque me esmero cuanto puedo en respetar como se debe el ejercicio honrado de la crítica, que hay también en esa obra los defectos observados en las producciones anteriores de su autor. Byrne, a mi juicio, demuestra cierta flojedad e inconsistencia, algo así como cansancio que procede de la pronunciada languidez de su natural temperamento. Nunca atina a ser vehemente y aun en sus versos de carácter guerrero, se advierte este fenómeno, que al responder a su organismo ha pasado fácilmente a sus poesías. Así suspira cuando debe rugir y pone agua de rosas en lugares que piden sangre roja y humeante. Muchas veces, como si no estuviera satisfecho de la primitiva pincelada, escribe cuatro o seis estrofas con el mismo pensamiento, aunque siempre con variedad de imágenes y formas. Cualquiera de ellas vale tanto como las que la anteceden o la siguen, pero nada añaden al concepto que se inicia en la primera.

Sin embargo, si sus defectos son los mismos, las bellezas que prodiga en la nueva colección aumentarán notablemente la fama que ha adquirido. Observo, por lo pronto, que su instinto poético se ha afinado de un modo sorprendente. Tiene ahora el dominio absoluto de la rima y es una especialidad como versificador experto e intachable. Tal parece que ha escrito sus poesías para flautas y violines. De otro lado, la revolución cubana encuentra en Byrne su intérprete más fiel, su cantor más sincero y armonioso. Y debo hacer notar un aspecto que avalora aún más el libro, en cuanto ha logrado sustraerlo a la monótona «manera» que impone siempre la subordinación al mismo asunto. Para ello, como el incomparable Béranger, ha mezclado hábilmente las poesías patrióticas con aquellas que responden a otro orden de ideas y sentimientos; y aún en las primeras ba dejado lo concreto por lo abstracto, ha sacrificado – con leves excepciones – el caudillo a la idea, al revés de lo que hizo en sus *Efigies*, donde cada ano de los héroes halla su hoja de laurel y cada uno de los mártires encuentra su epitafio. La gloria anónima, el esfuerzo colectivo, el soldado sin nombre ni aureola, el machete como agente simbólico del drama y el audaz cabecilla, como signo comúa de hazañas inauditas, que después encarnamos en Gómez y Maceo, en Zayas y Aranguren – aunque el poeta no lo diga – he aquí los temas más salientes de la obra.

Hay que añadir también otra nota expresiva y simpática, que el poeta matancero no escatima. Byrne es un optimista; siente su ideal; cree profundamente en su eficacia y lo canta con una sinceridad consoladora. Ruiseñor solitario en estos días de dudas angustiosas y desoladores pesimismos, sus trinos melodiosos penetran en el alma como una música divina, como un eco celeste que atraviesa las sombras y estremece de júbilo nuestras fibras atrofiadas por la duda. Cuando flaquea, como sucede en estos rasgos que parecen modelados en el taller de Núñez de Arce:

Aunque la rama se retuerza y cruja;
Su fruto al árbol con placer hurtamos,
Aunque la mar alborotada ruja
Su colérico embate desafiamos......
Parece que una mano nos empuja

Y que al abismo en derechura vamos;

inmediatamente halla en su fe profunda y arraigada consuelo a sus tristezas personales o patrióticas, y así exclama reaccionando:

¿Dónde vamos? No sé...... ¿Que nos espera?
Eso lo sabe Dios, que nada ignora
Desde su solio en la celeste esfera.
Mas tengo una ilusión consoladora,
¡Los que estamos al pie de la bandera
Aun podemos alzarla vencedora!

Lira y Espada es un progreso indiscutible en la labor de Bonifacio Byrne, y, a la vez, un suceso excepcional en nuestro o microscópico mundo literario, donde hay apenas quien se consagre con seriedad y verdadera vocación al arte ilustre de Tula y de Zenea. Por eso su figura se destaca con enérgico relieve y más desde que el autor de *Un ramo de violetas* ha dejado la cruz de la poesía por la cruz del socialismo.

Bonifacio Byrne. *Lira y Espada*.
La Habana: Tipografía El Fígaro,
1901.

AL TRIBUNAL SUPREMO DE LA CRÍTICA[479]

WENCESLAO GÁLVEZ

El infrascrito, admirador de las buenas letras, con residencia fija en esta capital, según acreditaré oportunamente, como mejor proceda digo:

Que han resultado inútiles los consejos amistosos que por distintas personas autorizadas se han dado a los escritores modernistas decadentes para que desistan de corromper el gusto con giros y frases que perturban la rica habla castellana, por lo que me veo en la necesidad de entablar la presente demanda que debe ventilarse por los trámites establecidos para los juicios ordinarios de mayor cuantía.

Creo innecesario buscar el origen de este mal, que desde luego es importado, pero sí debo señalar que uno de los medios seguros de transmisión lo constituyen los mosquitos literarios, que envenenados con la literatura centro y sur americanas y las adulteraciones de la francesa, clavan su aguijón en la patria literatura.

Los grandes focos infecciosos se hallan en las publicaciones diarias y en los semanarios de arte, verdaderos criaderos de estas larvas que se convierten luego en mosquitos que zumban y aguijonean en nuestra sociedad.

Muertos Quevedos y Juvenales, los modernistas decadentes se han enseñoreado del parnaso cubano, sepultando con sus rimas de tartamudos las espléndidas rimas de Luaces y Zenea, de Heredia y Milanés. Gracias a los esfuerzos de alguno que otro Byrne, la lira criolla no ha perecido víctima de la fiebre de pedantería infecciosa.

Los infinitamente pequeños, incoloros como los protoplasmas, según ha dicho el Dr. Coronado en una conferencia pública, insípidos si hemos de juzgar por las muestras, son capaces de destruir los más fuertes organismos, las naturalezas más vigorosas y por consiguiente la anémica literatura criolla.

Los microbios, que no son animales como se había sostenido por personas estudiosas, no son ofensivos en sí, pero segregan sustancias tóxicas en progresión creciente, al extremo de que un solo microbio que produce cuatro rimas en un día, puede producir cien en una semana y veinte volúmenes de versos tóxicos en un mes.

---

479 *Cuba y América* 21, 1902. Este número de la revista estuvo dedicado a la inauguración de la república cubana de 1902. Ricamente ilustrado con las fotos de los festejos, aparecen también en él las crónicas que dan cuenta de los mismos. Reproducimos el texto por varias razones. En primer lugar, da cuenta de la existencia del modernismo en Cuba. Como puede verse, además, los modernistas cubanos tienen apellido: *decadentes*. En segundo lugar, está el hecho curioso de que la «enfermedad» modernista la recibieron los escritores cubanos, supuestamente, de las literaturas «centro y sur americana» (decadentismo de producción americana, autóctono si se prefiere), y luego de las «adulteraciones francesas.» Esta también la paradoja de los festejos por la independencia política sirviéndole de marco al discurso represivo y autoritarista del texto. A Byrne se lo menciona en oposición al modernismo, mientras que Nicolás Heredia es mencionado ejerciendo la censura. No resulta difícil imaginar, y creo que sería imposible sobreestimar, la presión que este tuvo que haber ejercido sobre Byrne desde el momento mismo de la publicación de *Excéntricas*. Esa presión, en lo que respecta a la esfera pública, está ya en el prólogo que escribió para el libro.

El microbio decadente no se encuentra nunca solo en la literatura, vive agrupado, formando colonias con los demás congéneres y adopta formas especiales por las que pueden ser fácilmente reconocidos. Los más terribles son los llamados *parvadas*, que siempre están a la defensiva y que se revuelven airados, cuando se administra a la literatura que los padece un laxante salino o satírico, por lo que sería más prudente tratarlos por otro medio, con lavados de críticas doctrinales de Varona o Sanguily o de cualquier otro desinfectante.

A simple vista no se les descubre, pero puestas sus toxinas en el objetivo de cualquier microscopio crítico, se advierten en los versos tóxicos manchas *glaucas* y *carmesíes*, sombras dulces

«con pequeñas auritmias eucarísticas.»

Aunque se trabaja activamente no se ha podido descubrir el suero contra esta infección, que es distinta a la de la rabia, por más que no lo parezca.

El mal puede propagarse fácilmente a nuestras mujeres donde puede hacer verdaderos estragos toda vez que no se conocen poetisas inmunes.

Cumpliendo un precepto de la ley adjetiva, fundo la demanda, ejercitando la acción personal que me compete, en los siguientes

HECHOS

Primero. — Los escritores modernistas decadentes corrompen el idioma con el uso de giros y vocablos ignorados del Diccionario de la lengua castellana. — Pruebo este hecho con las crónicas de salones y poesías publicadas en periódicos que por aquí circulan.

— No presento los originales porque no los tengo a mi disposición, pero designo el archivo, ofreciendo traerlos a los autos en el período probatorio.

Segundo. — Los demandados continúan en su dañina labor a pesar de los consejos dados pública o privadamente por D. Nicolás Heredia y Diego Vicente Tejera.

Tercero. — Dichos escritores modernistas decadentes pervierten con sus producciones el buen gusto literario.

De estos hechos se derivan los siguientes

FUNDAMENTOS DE DERECHO

Primero. — La naturalidad en el decir es la primera cualidad que debe tener el escritor público. Sentencias de Revilla, Cervantes, Larra, y Biblioteca clásica española.

Segundo. — En poesía la cadencia es lo de menos, y lo de más ideas y sentimiento. Artículo 12,300, serie H. — Enteritis legislativa.

Tercero. — El escritor que no escribe su idioma como Dios manda, debe ser condenado a perpetuo silencio. Capítulo III, libro IV de la Novísima Asociación de la Prensa.

POR TANTO

Al tribunal suplico que se sirva tener por establecida esta demanda contra los escritores modernistas decadentes, mandarla sentenciar en la forma pedida, dando traslado de ella a los demandados para que la contesten en el término improrrogable de veinte días y en definitiva condenarlos a que se enmienden en el sentido indicado, y en caso contrario condenarlos a perpetuo silencio con las costas de oficio en atención a que no puede apreciarse su temeridad y mala fe.

Otrosí. — Sírvase el Tribunal tener por acompañadas tantas copias de este escrito cuantos sean los demandados. Pido justicia. — Habana a veinticinco de Abril del último año de la Intervención americana.

Lcdo. WENCESLAO GÁLVEZ
Cuba y América 21, Año VI, 8 de
junio de 1902, p. 20-22.

Lira y Espada

José M. Carbonell

Bonifacio Byrne, el poeta delicado de *Excéntricas* y *Efigies*, *el cantor de los héroes de la guerra*, ha publicado en estos días, en conjunción hermosa de la lira con la espada, «ambas de acero,» un nuevo y lindo tomo de versos esmaltados de joyantes flores, del más variado matiz, que esparcen su embriagadora fragancia en los temperamentos esencialmente artísticos y disuelven su nítida blancura en las almas elegidas por el Arte.

Aún no ha llegado a mis manos el bello libro, que he ojeado rápidamente en una mesa de redacción, pero que de antemano conocía en gran parte, por haber vivido muy cerca del tierno poeta de *Mariposas*, en días brumosos de desolación y entusiasmo.... Divide Byrne el casto manojo de sus brillantes rimas, como lo indica el sugestivo título que les sirve de aureola: en tiernas y en guerreras, en tristes y en heroicas.

«Cada hombre lleva en sí una tragedia» ha dicho Enrique Sienkiewicz autor de *Quo Vadis?* Byrne, esforzándose en la poesía bélica cuando canta la patria, satura sus estrofas de sus eternas e inefables melancolías, porque él lleva en su alma un poema de lágrimas. No tiene Byrne la cuerda vibrante y sostenida del cantor de *Melancolías y Cóleras*, ni las satánicas tempestuosidades de Walt Whitman, autor de las *Briznas de yerba* y de los *Redobles del tambor*; él posee la lira pasional y exquisita del dulce Milanés; el arpa eolia de la miel y del ensueño...

No está Byrne en carácter retando en sus estrofas al tirano, ni son sus mejores versos aquellos por donde ha estallado su coraje de patriota rebelde. Él no nació para el fragor dantesco, ni para rimar sus iras, sino para arrullar dolores y restañar heridas. Él tiene lo que dijo Martí, de Palma, más del azul de Rafael, que del negro de Goya; y de él, como dice de Rubén Darío en *Prosas profanas* su prologuista incógnito, podría decirse, que ha tenido su musa la debilidad de cantar combates y victorias; pero la creo convencida de que como en la frente de la Herminia del Tasso, el casco de la guerra sienta mal sobre su frente, hecha para orlarse de rosas y de mirtos.

El medio en que se agitó y sintió, los acontecimientos que se desenvolvieron a su alrededor, y a los que no podía ser indiferente el vate yumurino, hicieron del misántropo, dulce y melancólico rimador de amores, al soñador acerado que había de cantar aisladamente que fuese, las homéricas hazañas de la leyenda patria, en aquellos azarosos días de congojas y de muerte.

Pero pasado aquel período histórico de horrisonante estruendo y de flamígero luchar — a los arrullos de la paz más hermosa, — vuelve Byrne a ser el poeta del sentimiento y de las suaves ternuras; aunque la patria que va desapareciendo tristemente, agobiada bajo el peso de sus grandes desventuras; oscurecida por la sombra fementida del águila del Norte, siga esperando en su letal agonía al cantor de su gloriosa epopeya, que en hexámetros de acero, grabe y rememore sus románticas proezas, e inmortalice sus martirios infinitos, desde sus mejores días de Amazona rebelde y victoriosa, en que ceñida la «broncínea cimera» desafiaba la muerte, hasta sus postreros momentos en que envuelta en un crepúsculo de agonía indecisa, llega al ocaso de sus sueños sin haber saboreado en la cima del triunfo, la languidez enervante del feral combate...

No ha tenido nuestra patria mártir, en el clásico romance de sus épicas leyendas, Homero que cante su Odisea de sangre. Acaso si ella espera, como en una vaga fatamorgana envolver en su postrer mirada, como novia al amante, al Dante inmortal enamorado de sus marciales proezas, que narre en auríferas estrofas sus hazañas portentosas.

Byrne no es el poeta de la guerra, él es el poeta del sentimiento, el mago sibilino de las almas, que enamora por su estro exquisito y por su temperamento delicado y artístico. Sentimental como Heine; doloroso como Espronceda.

En las composiciones más épicas cae Byrne en las íntimas ternuras de su *yo*, y en las melancolías misteriosas de su espíritu alucinado por herrabunda falange de hiperbóreos sueños.

Él ha cantado la época que todo lo absorbía, como cantaba el poeta palaciego de jubón dorado y tricornio de oro, los fastuosos festines de la corte excelsa...

No encierra *Excéntricas* una sola composición que pueda delatar, en Byrne, al bardo de rodelas legendarias y de fieras cinceladuras. En cambio, Luaces no vivió en días de guerra, — ¡qué digo! — ni en días de libertad y adivínase en él, al poeta heroico por avatares, de estrofas bravías y sonoras como dianas marciales y de himnos gigantes, de ritmo acompasado y vibrante, semejantes al galopar lejano de fantásticos centauros...

Luaces era batallador por temperamento: Luaces hubiera sido el poeta de la guerra. Superior a Heredia por su léxico fácil y robusto y por la limpidez de la frase, en sus cantos griegos, surge de la onda espumosa de sus versos, Cuba esclavizada, iluminada su frente ruborosa por una aurora de sangre. De no haber muerto tan joven el celebrado autor de *Aristodemo, El último día de Babilonia, La caída de Misologni*, y el canto *Al trabajo* premiado por el «Liceo de la Habana,» Cuba, la eterna luchadora, se hubiera desceñido un lauro de su frente virgen de azucena pálida, para aureolar la del cantor soberbio. Luaces tuvo la trompa de Tirteo; Byrne tiene la flauta de Virgilio.

Que la musa de Byrne, yo me la imagino como se la representara el dulce cisne de ojos verdes y cabellera rubia, el monarca de la frase y el orfebre bizantino del pensamiento, Julián del Casal: *triste, quejumbrosa, doliente y funeral*.

¿No nos lo demuestra así *Lira y Espada*? De las noventa y tantas composiciones del lindo volumen, apenas si unas veinte nos hablan de la espada; las demás, jaspeadas y pálidas son las rosas enfermas y odoríferas a que da color el alma nostálgica del poeta escandinavo. Porque leyendo las ternuras de Byrne, la cascada de perlas y diamantes que se desgrana de su collar de rimas, yo me he sentido bañado por el resplandor lucífero de un crepúsculo rosado, aromado por clemátides blancas y rosas de Alejandría. Posee la lira mágica del sentimiento que hace vibrar las almas como un tenue susurro de flautas y violines, sacudidos por alas invisibles de trémulas armonías.

Mi bandera, que es una de las poesías más sentidas, aunque una de las más incorrectas del libro, no es un grito de furor dantesco; no, es como el ¡ay! lastimero de una alondra que se queja en el belfo de un volcán. Que si los poetas llevasen en el pecho a manera de escudo, el ave sol, que simbolizase sus sentimientos, Luaces hubiera llevado un cóndor colérico escondido en la garganta, Heredia un águila soberbia, una tórtola Alfredo de Musset, — sol de las almas, — Byrne llevaría una alondra doliente que se queja.

Y si en las tumbas tristes de los pobres poetas, o los soberbios túmulos que la piedad levanta, se hubiesen de adornar compasivamente, como postrer tributo de recuerdo, con el blasón heráldico que simbolizase la frase de que más han usado en su poesía, en la tumba de Martí perfumaría una rosa; en la de Rubén Darío, mañana cantaría un cisne, en la de Byrne ondearía una bandera.

Leyéndose detenidamente el volumen, podrán apreciarse las delicadas sutilezas del bardo matancero. *Plácido* es un lamento doloroso, *Rayito de sol* es de una ternura admirable, *Excelsior* es magnífica, *En la altura*, *Solo*, *Los ancianos*, *El abuelo*, *A mi hijo Hamlet*, son como lauros que reverdecen en la frente del poeta. *Sobre el escudo*, muy bella en su idea, es a mi juicio, una de las más desgraciadas por sus prosaísmos y las vulgaridades de algunos de sus consonantes.

Lira y Espada, abunda en imágenes nuevas, aunque las hay muy repetidas en distintos versos. Pero no vamos nosotros a señalar sus defectos, que no ha sido ese el objeto que nos propusiéramos. El medio en que hoy se agita el poeta es en extremo maleante, que no es lo mismo rimar versos, aunque el alma los sienta, en el París elegante y arrobador de Verlaine y de Rostand, que en nuestra triste patria, donde la poesía es el sol de invierno que se anida en muy pocos corazones, y mucho menos en la nebulosa Matanzas, que agoniza lentamente dormida sobre el pedestal de su pasada gloria....

No será *Lira y Espada* la obra última de Byrne. Como ha dicho Conde Kostia su libro es el que viene...

Esperémoslo, con la pasional y amorosa sonrisa, con que espera la dulce y blanca prometida de cabellos de oro, al triste soñador de alada planta, que pasó por el cielo de su alma... y que voló con ella a la región azul...

Cuba y América 103, Año V,
Agosto 1901, 321-323.

Lira y Espada — POR BONIFACIO BYRNE.
HABANA. — TIPOGRAFÍA «EL FÍGARO,» OBISPO 62. — 1901.

ANTONIO MIGUEL ALCOVER

Colección de poesías en un volumen, tamaño octavo, de 180 páginas; impresas con gusto tipográfico y papel exquisitos. Prólogo del malogrado literato Nicolás Heredia.

El libro contiene noventa y seis selectas producciones del vate matancero, y de ellas, más de la cuarta parte, son sonetos. En *Lira y Espada* hay más *espadas* que *lira*. A Byrne se le ha llamado con justicia el *poeta de la guerra*, y yo creo que además es, actualmente, el *poeta de la patria*. Nadie, ninguno otro que yo sepa, canta con frecuencia tanta, con amor tan íntimo y legítimo, ni inspiración tan grande, a la patria, como el autor de *Efigies*. Lira y Espada ha dado lugar a controversias entre críticos y *soi dissant* críticos, acerca de si Byrne es más o menos poeta, y si es más o menos buen rimador. Yo no hago aquí juicios críticos, y me gusta respetar la opinión ajena; pero colocándome en el punto de vista de mi propio gusto estético, declaro que es uno de los poetas que leo con más placer, el único, entre los que hoy hacen versos, que me obliga a leerlos. Siento verdadero deleite saboreando la versificación byrneana; veo en ella sublime inspiración, aunque a todos los críticos, más o menos autorizados, se les antoje que sea peor que la de Díaz Silveira, Foncueva, Collantes, etc. En mi gusto nadie ejerce dominio más que yo mismo, y ¡qué se yo!, pero cuando leo a Byrne, me parece que leo un poeta, y no un versificador, de esos que buscan y rebuscan frases, conceptos revesados, pensamientos oscuros, y consonantes, para colocarlos con arreglo a las leyes del arte métrica castellana y espetarnos cualquier cosa, con tal que adopte la forma de una composición poética. ¿Qué, no ven los críticos corrección, métrica, o lo que sea, en Byrne? Tanto monta; de preferirse es un poeta a un cultivador del ritmo, y conste, que yo entiendo que versificador lo puede ser cualquiera, y «poeta» solo los que nacen para serlo. ¿Hay quien se atreva a regatearle a Byrne ese don con que natura lo ha dotado? Sería un atentado contra la naturaleza misma. Es craso error afirmar que son términos necesariamente correlativos, versificación y poesía. La versificación viene a ser el lenguaje de la poesía; es el elemento enaltecedor de la belleza, pero nunca, en ningún caso, debe ser considerada como elemento *productor*, por sí sola, de lo esencialmente poético o de lo genuinamente bello. Byrne es un poeta, aunque le[s] pese a los descontentadizos por convicción, o pedantesca cursilería, que los hay en el mercado de todas las clases habidas y por haber.

Y vuelvo a repetirlo una vez más; no hago juicios críticos; digo solamente lo que siento, y quien habla así, sin pretensiones de crítico, anula preventivamente la acción de los *sistemáticos*. Y venga agua.

¿Qué más puedo decir del libro de Byrne?... Que quien tenga deseos verdaderos de solazarse en lectura que deleite y llegue al alma, se haga de un ejemplar de *Lira y Espada*, que, de seguro, lo pasará y repasará tantas veces cuantas tenga ganas de saborear cosa buena y dar pábulo al espíritu.

Mi modesta felicitación al autor de La mía bandiera.

Cuba y América, 105, Año V.
Sección «Bibliografía», octubre
1901. 525-526.

RIPIORREA CUBANA

EMILIO BOBADILLA (Fray Candil)

(fragmento)

Bonifacio Byrne, rimador cubano, menos cursi y ramplón que Abelardo Farrés, autor de unas *Guajiras* (género siboney) que bailan solas; menos cursi y ramplón que Rodríguez Cáceres, que canta *Al siglo XX* en estrofas campanudas y flatulentas; un *traficante en astros*, como diría Chocano; Bonifacio Byrne, «gloria del parnaso cubano», según *El Fígaro*, de la Habana, así me condenen por vida a leer crónicas del microcéfalo Valdivia (*Conde Kostia*) si tiene chispa de poeta. En Cuba no hay poetas, desengáñense ustedes. Exceptúo a Diego Tejera, autor de *La hamaca* y de algunas baladas de insinuante melancolía, y a Casal, que ha escrito algunos versos que me gustan. *La agonía de Petronio*, por ejemplo. El autor del *Satiricón*, sin embargo, no muere en una bañera de agua perfumada, según Casal. Tácito, al menos, en sus *Anales*, cuenta que *se sentó a la mesa, entregándose al sueño, a fin de que su muerte pareciese natural* (1). Emile Moreau, en su drama *Quo Vadis?* sacado de la célebre novela polaca, le hace morir coronado de rosas, echado en un triclinio, entre los brazos de una esclava corintia.

Prosistas, sí, los hay en Cuba excelentes. No muy castizos, acaso, pero nutridos de ideas vigorosas y limpios de levadura católica.

Todos esos versificadores gárrulos, insípidos, ignorantes, inflados de vanidad y hepáticos de envidia, diríase que escriben con la médula espinal, órgano reflector o automático. Carecen de sensibilidad estética y revelan una inconciencia de idiotas. Como sus congéneres de la Península.

Véase la clase:

«Le tengo miedo al vacilante paso,
a quedar rezagado en el camino;

(con tomar un coche...)

¡que aún perfuma los bordes de mi vaso
la juventud con su licor divino!»

¿Qué tendrá que ver el paso vacilante (paso de borracho, como si dijéramos) con el perfume de la juventud?

El licor de la juventud, ¿perfuma solamente los bordes del vaso? Perfumará el vaso entero.

«Tengo miedo a las manos temblorosas

(un caso de pantofobia)

> que ya le han dicho adiós a los placeres,

¿*Le* han dicho adiós a los placeres? *Les* han dicho, porque placeres es plural. Ni gramática sabe D. Bonifacio.

> y que no pueden alfombrar con rosas
> el sendero que siguen las mujeres.»

¿Qué sendero será ese? De fijo que no será aquél por donde han ido los sabios, de que habla Fray Luis. El miedo de Byrne resulta ridículo. ¿Qué pueden hacerle unas manos temblorosas que ni para regar flores sirven?

> «No quiero presentarme en las veladas
> en donde todo es tétrico y anciano;
> desde las viejas sillas empolvadas,
> hasta las partituras olvidadas
> sobre el atril del *moribundo* piano...»

Por mí no se presente usted. ¿Quién le obliga? Sí, debe de ser penoso ver a un piano *moribundo* estirando las patas entre partituras y sillas viejas.

> «Es mejor descansar en una fosa,

La cosa no es para tanto. Con no ir a la velada del piano moribundo...

> que sufrir el martirio y la agonía

o sobra el martirio, o sobra la agonía.

> de ver pasar a una mujer hermosa
> y no decirle con afán: — ¡Sé mía!»

Lo *agónico* (que no nos oiga el piano) no reside en no poder decir a una mujer hermosa: «¡Sé mía!», sino en que, después de habérselo dicho, no nos haga el maldito caso, que es lo corriente.

Grafómanos de América. Vol. I.
Madrid: Librería General de
Victoriano Suárez, 1902. 109-112.

Un poeta de Cuba
Rufino Blanco Fombona

Por el año de 1893 vivía yo en Filadelfia. Era el cónsul de Venezuela en la antigua ciudad puritana. Amigo inseparable del cónsul de México, leía a menudo la prensa de aquella república, que el cónsul me prestaba. Leía sobr todo con placer *El siglo XIX,* periódico liberal muy interesante, en donde colaboraba D. Hilarión Frías y Soto, anciano jacobino de vigorosa inteligencia y pluma fuerte, algo como un D. Tomás Michelena de México, pero más literato.

En ese periódico advertí, por vez primera, el nombre de Bonifacio Byrne, al pie de unos versos que me impresionaron gratamente. Los versos se titulaban: *El Diablo.* Si mal no recuerclo, rompían de este modo:

Sí, yo lo he visto; entre las manos mías
las suyas oprimí más de una vez;
y mi cómplice ha sido en las orgías
donde embriaga el amor más que el Jerez.

Eran los tales versos, o a mí me lo parecieron, originales de toda originalidad y de un corte y sabor muy agradables.

Desde entonces he procurado leer por diarios y revistas versos de Byrne. Hoy cae en mis manos una obra de ese poeta: *Lira y espada.* Veré por fijar las impresiones que ese volumen me ha producido.

El poeta de antes, el que yo conocía, el de los versos a *El Diablo*, el cantor de *Las joyas* y otros poemitas, se distinguía por cierta aristocracia nativa de forma, por una molicie elegante, no sé qué de encantadora femenilidad, y la preocupación — o tendencia innata — de trovar lo delicado, noble y exquisito. Esa musa rara, no extravagante, era de lo menos americano que puede imaginarse. Tampoco era muy francesa o española.

Quizá haya en este poeta, conocida de él o no, alguna influencia atávica de raza no latina, influencia más o menos remota, pero latente. No es sin embargo, en mi sentir, tan inglesa como su nombre, el alma de su musa, sino más bien alemana. Del espíritu lírico inglés no me parece que Byrne tenga mucho, y de las personalidades de esa lírica nada tiene: no se parece a Shelly, ni a Keats, ni a Hood, ni a Kent, ni a Byron. Sutilizando un poco, y a juzgar solo a Byrne por ciertos poemas, como *El huerfanito*, y a pocos más de carácter doméstico y candoroso, en los que se desvía de su antigua tendencia del exquisitismo, acaso pudiera buscársele un vago y remoto abolengo en aquella Musa que pone en boca de una chicuela inmortal, la enrevesada y divina cuenta de *We are seven.* Wordworth es, en efecto, el prototipo de asuntos humildes, rusticanos, infantiles, caseros. En cambio, del romanticismo alemán sí tiene; tiene el claro de luna, la sensación convertida en cuento y pintada como un cuadrito lírico, el poemín corto y vagaroso, el verso de arte menor, que suena como los metros populares de Alemania, los metros amados del lied. Además Byrne canta como el malogrado Koerner: *Lira y espada*. A este vago germanismo, tan vago que muchos pueden negarlo, júntese el rayito de sol cubano, la cultura latina; y he ahí al poeta.

¿Es este poeta de *Lira y espada,* el Byrne que yo conocía? ¿Ha sido Byrne, en su última obra, fiel a sí mismo? ¿Continúa andando aquel caminito del Parnaso, el caminito que él desmontó primero?

Nicolás Heredia, crítico muy juicioso que por desgracia acaba de morir, se pronuncia por la negativa, en el Prólogo de la obra. Describe Heredia la evolución intelectual de Byrne, acordada con el movimiento de independencia cubana; y lo transforma en Tirteo y lo apellida *el poeta de la guerra.*

Heredia conoce mejor que nadie a este poeta, y además es un maestro de la crítica. Perdónenme sus manes; pero yo creo que ningún poeta es menos tirteico y quintanesco que Bonifacio Byrne, a pesar de cantar cosas y gentes de guerra, como Koerner, patria y banderas marciales. Ni tampoco imagino que haya evolucionado en el sentido de transformación radical. Sólo me parece que solicitado su espíritu por las influencias de un medio nuevo, como fue el de la Revolución; movido por las pasiones propias y por las circunstantes, encendidas en la hoguera política, el poeta cantó sus pasiones y su medio, prestándole a las cosas efímeras aquel antiguo y secreto encanto suyo, aquel sabor y misterio de cosa añeja y velada.

Cuando el poeta no obedece a su instinto, cuando da la razón a Heredia, cuando se hace «continuador de Quintero y no de Zenea», cuando *evoluciona*, entonces fracasa. Díganlo si no las composiciones iniciales del libro, como ¡*Excelsior!*, *El deber*, *Sobre el escudo*, y otros pindarismos y chocheces que no valen nada, y que no escasean en el volumen. Pero cuando el poeta es sincero, ¡qué poeta!

Byrne ha inaugurado en América un género especial de arte: el arte de cantar la guerra sin cañones, sin pomposidades de rima ni tronamenta de fusilería, sino por medio de cuadros, de brochazos sugestivos. Así *El cabecilla*. A menudo no pinta el horror, sino la dulzura muerta o desaparecida. Y el alma se pone a suspirar por esa dulzura.

Hay un poemín de fondo amargo que, salvo algún descuido en la ejecución, es primoroso. Se llama *Los tres lutos*. Un mancebo patriota corrió a la guerra en su caballo blanco: tres mujeres lo despidieron, entre lágrimas. Al cabo de un tiempo vuelve el caballo blanco, sin el jinete, con su mensaje doloroso. Las mujeres visten luto:

El de la novia duró tres meses;

el de la hermana duró tres años;
el de la madre... ¡duró hasta el día
que al cementerio se la llevaron!

Dícese que Weyler ordenó flagelar a varias cubanitas para que bailasen en su presencia. Un poeta del montón, enfrente de semejante neroniada, hubiera maldecido a Weyler y a España, en oda tremebunda con notas explicativas y demás prolijidades de buen tiempo viejo. Byrne se contenta con una trimurti de estrofas:

El baile
Con un látigo en la mano
a tres jóvenes hermosas
hace bailar el tirano:
parecen tres mariposas
volando junto a un pantano.

Las desnuda, las abraza por el talle, las enlaza,
y si, airadas huyen de él,
al punto el látigo traza
un surco rojo en su piel.

Encarnadas las mejillas,
inermes como avecillas
al suelo cayeron yertas:
¡y cayeron de rodillas
y las tres cayeron muertas!

Este poemita es casi una flor de antología. Ese poeta es un poeta exquisito. Byrne será *el poeta de la guerra,* pero a su modo. Lo que se advierte en su libro es que se prodiga demasiado, y ensaya muchas veredas del Parnaso, como para justificar a Heredia; pero pronto vuelve a su caminito de antaño, pronto vuelve a encontrarse a sí mismó, deliberada o instintivamente. Es la persistencia de ese *yo* lo que me sostiene para reafirmar que no hubo la anunciada evolución, sino meras descarriadas, o si se quiere, descarriladuras.

Una de las cualidades eminentes del verdadero bardo es la de poder cristalizar la emoción en la estrofa. Mientras más honda, más exquisita, más sincera sea la emoción y más noble el verso que la contiene y guarda fresca, mayor es el poeta. Desterrado en New York, ciudad protestante, Byrne echa de menos un día el ruido familiar de la campana católica; y rima su añoranza.

Para sacarle son a las cascadas *campanas de aldea*, campanas que han repicado todos los poetastros, se necesitan dos cosas: ser bastante ingenuo para suspirar por esas torres y esas campanas, y ser bastante artista para no ponerse en rídiculo. A Byrne no le suena la campana por casualidad.

Pero la mejor de las composiciones de todo el volumen, es en mi sentir, la última del libro: *Mi bandera*. El bardo regresa del destierro, luego de triunfar la insurrección. Por fin, Cuba es libre. De algo valieron la vida y la muerte de José Martí, el heroísmo de los cubanos; el hambre, la proscripción, la sangre de los patriotas; el duelo de los hogares, la agonía de tantos luengos años. ¡Por fin, Cuba es libre! Ya no más bandera española; ya no más bandera extraña. El bardo quiere, desde el buque en donde viene del ostracisrno, ver su bandera, la bandera cubana. Pero, ¡cuál es su dolor, cómo grita un grito sublime de hermosura, de honor, de sinceridad, cuando mira otra bandera junto a la suya, otra bandera extraña, la bandera de los yanquis!

> Al volver de distante ribera,
> con el alma enlutada y sombría,
> afanoso busqué mi bandera
> y otra he visto, además de la mía.
> ¿Dónde está mi bandera cubana,
> la bandera más bella que existe? Desde el buque la vi esta mañana,
> y no be visto una cosa más triste
> ....
> ....
> Aunque lánguida y triste tremola,
> mi ambición es que el sol con su lumbre,
> la ilumine a ella sola, a ella sola,
> en el llano, en el mar, en la cumbre.

¡Bendito sea este poeta! ¡Sí, tu bandera sola debe flotar sobre tu isla! ¿Qué busca ahí, en tierra latina de América, esa bandera extraña, cobija de rapacidades y amparo de la codicia? ¡Qué! ¿No basta comprar la libertad a costa de sacrificios? ¿No basta merecerla?
Esa mano extranjera tendida a Cuba quiere ahora trocarse en la mano que no afloja del comendador de Zorrilla; en la mano de aquel

> buen viejo, barbas de piedra,

en *El Burlador*, de Tirso.

El poeta lo columbra y protesta. Acaso tales versos muevan un poco el alma cubana a ver por no dejarse arrebatar sus triunfos, sus ilusiones, su derecho a la vida, acaso tenga ese poemita la trascendencia de una batalla.
Cuba se miró siempre separada de nosotros, los américo-latinos. Primero fue España, quien a intento de matar en Cuba todo anhelo de liberarse, nos pintaba a los ojos de la Isla, con los más negros colores. Ahora los Estados Unidos continúan esa política. Por donde Cuba ignora, o poco menos, que

su causa la hacemos nuestra. Ciertos americanos, sobre todo aquellos que somos legatarios de los ideales de Bolívar, vemos hermanos en los latinos de todo el Continente y las Antillas, y tememos por la patria común, la gran patria de América, desde México hasta Chile; desde Cuba, Puerto Rico y Santo Doming hasta Uruguay, Paraguay y la Argentina.

¿Por qué — pensará Cuba, —, por qué esa América hermana me abandonó a mis propios esfuerzos en la lucha con la Península? Y a esa pregunta sería imposible responder.

Después nos extrañamos en Hispano-América de los apetitos yanquis, cuando nuestra loca política de aislamiento, de no solidaridad, ha contribuido a despertarlos.

Mucho más pudiera decirse de Bonifacio Byrne. Su libro último, reducido a la mitad, ganaría bastante. Si no fuera Byrne tan pródigo de su talento no diera fácil asidero a la crítica.

Letras y letrados de Hispano-América. París: Sociedad de Ediciones Literarias y Artísticas, 1908.

Bonifacio Byrne
P (Agustino) Graciano Martínez

Este poeta dice en alguna de sus composiciones, refiriéndose a su inspiración, estos versos que se me antojan caprichosos por lo falto de verdad:

> mi musa tiene amigos cariñosos
> en la hermosa región escandinava.

Se equivoca de medio a medio el poeta, si con eso ha intentado significar que su musa era oriunda de las nieblas del norte. La musa de Byrne es española, muy española. Lejos de presentarse a su fantasía en el momento de brindarle el néctar inspirador, vestida con cendales de brumas, se le presenta vestida con gasas de luz, irradiando de sí mucha luz meridional.

Esto no quiere decir que algún poeta, si no es escandinavo, por lo menos sajón, Heine, por ejemplo, no ejerza ni haya ejercido visible influencia en el alma de Byrne. El tender como tiende casi de continuo a encerrar en cada una de sus composiciones una acción más o menos dramática e interesante, es algo esencialmente heiniano.

Pero en cuanto se refiere a la forma, adviértase a la legua que el poeta favorito de Byrne, por lo menos el que ha leído y releído con fruto, es Núñez de Arce. *Lira y Espada* son unos *Gritos del combate* modestos y humildes. La huella nuñearcina nótase siempre en el espíritu del bardo cenfoguense, no sólo cuando da recia contextura a sus versos esculpiéndolos a cincel y haciéndolos como de mármol, sino también cuando grita, cuando apostrofa y cuando maldice.

No importa que el gran vate vallisoletano no figure en *Mis noches* entre la pléyade de autores favoritos de nuestro poeta, donde figuran tantos a los cuales debe poco o nada su espíritu, como Goethe, Schiller, Byron, Victor Hugo, Gautier y, pásmese el lector, Zola, a quien Byrne no debe más que el verso oliente a farmacia que le dedica en la citada composición:

> Zola como un cordial me vigoriza,

y el haberle echado a perder una poesía de versos tan rotundos y sustanciosos, y de frases tan enérgicas y tan gráficas como la que lleva *Mañana* por título. Aquel *dreifusismo* trasnochado con que termina, proyecta hacia atrás como una sombra de desdoro que desluce todos sus bellos rasgos.

Decía que Núñez de Arce, con no brillar entre la pléyade de autores, queridos de Byrne, que figuran en *Mis Noches* — no seguramente por ingratitud del autor, sino por olvido —, es el que más resalta en esa poesía por lo sobrio y austero de su factura, por lo maciso de su sustancia y por lo rítmico y armonioso de sus versos, que, excepción hecha de dos, en los que salen a relucir Goethe y Heine, cuya respectiva *e* final no se pronunciará en francés ni en inglés, pero sí en alemán y español, son robustos, acerados y sonoros.

Pero me dejaré de asignar abolengo a nuestro vate y trataré de puntualizar las cualidades características de su obra poética.

Lo primero que llama la atención en Byrne es su fuerza descriptiva. A veces en cuatro rasgos nos da un cuadro bellísimo de la naturaleza, que es la fuente de Hipocrene que mana para Byrne abundantísima linfa inspiradora. Byrne, pintor, hubiera sido un paisajista admirable. ¡Qué bien advierte las cosas delicadas que alientan en la naturaleza, y qué hondamente le inspiran, y con qué dulzura las canta!

Lo exterior a sí, lo épico, es lo que más vivamente le sugestiona y lo que más intensamente lo inspira. Su lirismo es llorón, pesimista, con un pesimismo antipático y hosco, que le fuerza a ver todas las cosas negras y sombrías, y anhelar estar solo y considerar su mejor amigo al que de él se aleja; un pesimismo que le hace resbalar hasta lo prosaico y lo pedestre, como en aquella poesía simbólica en que nos pinta a un Job ficticio y despechado que en nada se parece al Job de las santas letras.

No obstante transijo de mil amores con ese pesimismo en algunas poesías, como en *El rayo de Sol*, por ejemplo, que es un diálogo tierno y melancólico entre un rayo de sol y el poeta. Aquello de decirle el poeta a su interlocutor el rayo solar, que lo que él ansía le caliente es el corazón, y la respuesta del rayo solar al poeta errante y expatriado, confesando que hasta el corazón de un extranjero nunca pudo llegar él, es precioso, felicísimo.

Otra de las cosas que resalta en Byrne es la manera fuerte y robusta de sentir la patria, cuando su musa se ciñe sólo a sentir la patria, esto es, a amar. Cuando junta con el amor el odio y se deja llevar de increpaciones y apóstrofes al «nefando despotismo» y a la «caduca España», entonces los versos le salen duros, violentos, inarmónicos, como en la poesía *A los estudiantes*, o le fuerzan a caer en puerilidades e inverosimilitudes como las de *El baile*. ¡Tres cubanitas graciosas obligadas a bailar desnudas delante de Weyler y luego las tres por él mismo asesinadas! Pase que el pueblo, para hacer odioso a un tirano invente patrañas evidentemente absurdas, como las del *Baile* de Byrne; pero que un poeta consciente las recoja y sobre ellas poetice, dispénsenos el apreciado vate que lo juzguemos indecoroso y menguado.

Mucho daría de bueno porque nuestro poeta no hubiese descendido a niñerías por el estilo, bien que, en el momento de la revolución y al lúgubre eco del choque de las armas, parezcan naturalísimas.

Y digo esto porque Byrne sabe ceñir su frente de esplendores cuando, como acabo de decir, se concreta a cantar el sentimiento de patria. Entonces sí que de su lira brotan inspiradísimas notas y acentos preñados y rotundos. Léase *Grito del alma* saboreando aquellos versos acerados y sustanciosos, casi aforísticos, ornados de expresivos símiles y de bellas imágenes, y en los cuales se entona un himno de bronce a la libertad y se fulmina un anatema contra la transacción con las circunstancias, consejeras siempre egoístas y miopes, y se verá que es casi dogmático lo que digo, esto es, que Byrne sabe coronarse de poeta de vigorosos alientos cuando, posponiendo el odio, se deja llevar suavemente del sentimento dulcísimo del amor a la patria.

Entonces nos regala con bellos idilios simbólicos de factura irreprochable como *La estrella*, donde la inspiración del vate fluye límpida y pura como raudal cristalino, y nos recrea y extasía viendo a aquella niña que se llama Gloria contemplando absorta en un pedazo de cielo a una estrella solitaria... Entonces traza versos sencillos y poéticos, a pesar de algún prosaísmo, como los de *Fosas ignoradas*, doliente elegía de antiguo corte español, que sabe a Jorge Manrique, y que rezuma de todas sus estancias sanísimo y ardiente sentimiento patrio... Entones remóntase en alas de la inspiración y desgrana desde lo alto quintillas tan bellas como las que rotula *A Martí*, que son una entusiasta semblanza poética del apóstol de la independencia cubana, donde hay pensamientos tan hondos como este:

> Para dejar en la vida
> un surco extenso y profundo
> y una memoria querida,
> hay que atravesar el mundo
> llevando abierta una herida...

Lástima que, sin querer, desvirtúe el mérito de la singularidad de *Martí*, diciendo que de soñadores como él

> el mundo se encuentra lleno
> como el sol de resplandores,
> y el valle fértil y ameno
> de pájaros y de flores...

No lo crea el entusiasta poeta. Estos versos los ha pensado poco. Son un *lapsus cálami*, o por mejor decir, un *lapsus mentis*. Los soñadores como Martí no abundan como los pájaros y las flores. Nuestro apreciado poeta es uno de ellos; pero vaya numerando nuestro poeta los Byrnes que hay en Cuba, que, en cuanto a pájaros, es una pajarera y, en cuanto a flores, es un jardín...

Pero me olvidaba de que estaba probando que el sentimiento de patria inspiraba intensamente la lira de Byrne. Y no siempre son gritos de combate y alaridos de desesperación los que pone en sus cuerdas: a veces pone en ellas notas dulces y melancólicas que llegan hasta lo íntimo del alma, como en *Los tres lutos*, donde uno gusta y paladea, como si fuera dulcedumbre misteriosa, la vaga melancolía que nos causa el pobre insurgente que se fue a la guerra y cayó muerto de un balazo en la arena del combate, enlutado y llenando de pena a tres mujeres. ¡Qué patética y hermosa aquella conclusión hablando de los distintos lutos!

> El de la novia duró tres meses:
> el de la hermana duró tres años:
> el de la madre... ¡duró hasta el día
> que al cementerio se la llevaron!

Resalta otro sentimiento nobilísimo en las poesías de Byrne: el sentimiento del hogar. Es como nunca tierno, sensible y apasionado, cuando constituyen su vena inspiradora la mujer, los hijos, los abuelos. Y lo propio sucede con otro poeta cubano de quien hablé en otro artículo, con Guillermo de Montagú.

¡Qué bella flor de rica esencia, la deshojada por Byrne, en loor de los abuelos, en aquella preciosa composición que lleva por título *Los ancianos*. Y cantando las cosas de los niños, también está inspirado. Léase *Los juguetes*, que trasciende un poquillo a Juan de Dios Peza, y mejor aún, *¡Oh, vida!* que es una bella dolora campoamoriana: Un niño roba un pan para su madre impedida y hambrienta. Se le encierra en una cárcel. Pasa en ella un mes soñando con el ídolo de sus amores, y cuando sale de la prisión le sorprende un entierro:

> ¡Era su madre la muerta
> que llevaban a enterrar!...

¿Verdad que, como cada dolora del insigne Campoamor, encierra esta pequeña poesía de Byrne todo un tristísimo y doloroso drama?

Poco me resta ya por decir, respecto de la obra poética del vate matancero; pero aún me queda en cartera una nota simpática, y es que ha dado de mano a las impiedades de que salpicó anteriores colecciones de versos enclenques y primerizos, y que aquí y allá en las poesía de *Lira y Espada* palpita un acendrado sentimiento religioso que rompe a veces, a chorros, como en *La campana*, composición vagamente melancólica y nostálgica, en cuyos versos cristianos y sentidos, parece que van diluídas tonalidades de crepúsculo. Con todo lo que vengo diciendo y con añadir que por las páginas de *Lira y Espada* se tropieza de cuando en cuando con sonetos magníficos, como *Nuestro idioma*, *Vorrei morire* y *En la orilla*, pienso haber reflejado bastante exactamente la valía estética de los versos de Byrne.

No están exentos de defectos, de incorrecciones gramaticales, de descuidos en la técnica artística, que hacen duros, cuando no cojos, algunos versos, y no vendría mal zurcir un párrafo acerca de esos múltiples lunares, si no por él, que no merece esa tarea, para el mismo crítico ingrata y repulsiva, por la *barbaridad* de poetillas, como diría Martínez Campos, que pululan por la hermosa Antilla y que se ponen a versificar tan frescos, sin haber saludado los umbrales de la gramática, ni los de la retórica, ni mucho menos los de la estética. Con lo que he dicho se está el valor literario que podrán tener todas las efusiones líricas de que atiborran los semanarios provincianos y no provincianos, creyéndose ya poco menos que hombreando con Espronceda o con Zorrilla, con Plácido o con Heredia, y ostentando en la frente el lauro de la inmortalidad.

A pesar de sus defectos de técnica artística, a pesar de sus no infrecuentes pisoteamientos de la gramática y a pesar de su anti-españolismo, no se puede poner en tela de juicio que, hoy por hoy, es Byrne el mejor poeta cubano, el sinsonte que más inspirado canta entre las frondosidades de la cubana manigua.

De paso por las bellas letras (críticas y critiquillas). T. II. Madrid: Bruno del Amo, 1921, 251-259.

POETAS Y LITERATOS

MEDARDO VITIER

«La bella región matancera ha sido pródiga en grandes poetas y brillantes escritores.

«Una gloriosa legión de bardos ha cantado en todas las épocas a las magnificencias del suelo natal.

«Al través de los siglos, la musa inspirada de los poetas ha legado páginas hermosas.

«Este no es un artículo rigurosamente crítico. Es más bien una idea a modo de síntesis, de los literatos cultivadores del verso de la gloriosa Atenas cubana de los últimos tiempos. Voy a referirme a escritores que viven actualmente; lo cual dificulta el juicio, entre otras razones, porque algunos de ellos preparan libros o los tienen ya en publicación, y sería injusto apreciarlos por modo definitivo, sin conocer esa labor. Agustín Acosta, por ejemplo, acaba de publicar un tomo de versos, «Hermanita», que no he visto, y de fijo, será ese fruto de su estro dato fundamental para fijar la significación estética del glorioso autor de *Ala*.

«De los bardos cubanos considerados como ya muchos clásicos, a más de ser algunos matanceros como Milanés, los hay que residieron aquí y hallaron asunto en Matanzas para sus cantos.

«Basta recordar, a este respecto, a Heredia, cuya musa ardiente vagó por la cima azulada del Pan y exaltó en nostálgicas estrofas los tesoros del amor y la amistad que aquí tenía y Plácido, Teurbe Tolón y Otero y Boissier, acuden a la memoria cuando evocamos las sombras de tanto prócer lírico, enamorados como vivieron, de las eternas armonías sólo percibidas por los que traen a la vida el «don divino.»

«Bonifacio Byrne, a quién se ha llamado el poeta nacional, ha visto surgir y formarse el grupo literario novísimo, de tendencias distintas de las suyas, y que, con él, enaltece en Matanzas la cultura cubana; Nicolás Heredia lo señaló como el más apropiado heredero de Zenea y Milanés por lo exquisito de su sensibilidad.

«En sus libros *Lira y Espada, Efigies, Excéntricas* [y] *En medio del camino*, se hallan composiciones que difícilmente arrastrará el olvido. Byrne tiene su nota emotiva peculiar, inconfundible. Cuando la da es poeta de ley. En el soneto a Mujica, en «El sueño del esclavo,» en «Mi bandera,» etc., siéntese ese su tenue, seductor efluvio lírico que salva su obra. Desde luego que no siempre lo baña esa misteriosa aura, y sin ella, decae, y apenas se le reconoce. Lo cual ocurre con muchos poetas. Sólo se libran de ese escollo quienes, como Rubén Darío, a más de la casi constante presencia del número, o de «su momento,» dominan de manera magistral el instrumento de la lengua o decoran sus versos con las preseas de extensa cultura.

«Byrne ha demostrado en estos últimos años la flexibilidad de su espíritu poético, al emplear los metros que puso en boga el movimiento modernista. Su aliento no es épico. Es un suave, penetrante lirismo, que, a veces, se diluye o pasa fugaz por el poemita, ungiéndolo; lo que comunica a algunos cantos suyos la gracia alada del goce estético. Es una nota similar a la que se escucha en «La hermana,» de Villaespesa. Ese es el Byrne que perdurará. Y no es sino fino, luciente blasón.

«En Federico Urbach, ese acento íntimo que se advierte en Byrne, no es tan directo porque está más diluido. En Byrne se destaca, en el autor de *Oro* se derrama soñador o hasta morboso por toda la composición, que a menudo es luminosamente melancólica. Hay más tintes, más ondular en Urbahch. Hay más inconfundible acento en Byrne, cuando acierta. Decidan otros cual de ellos posee más brío, más «pensamiento musical,» como llamó Carlyle a la poesía.

«Agustín Acosta, admirador de Urbach, a quien considera altísimo poeta, ha seguido, no obstante, otros caminos. Yo no me atrevo a juzgarlo sin leer «Hermanita.» Rubén Darío lo apasionó y ha ejercido notoria influencia en él. Pero Acosta, cuya cualidad saliente es la independencia, sacudió pronto el yugo amable y avasallador a un tiempo del autor de *Prosas Profanas*.

«Ha leído a todos los poetas contemporáneos de habla hispana, y a franceses y a portugueses. Conoce las extravagancias o las genialidades de los últimos cenáculos. Hallaréis en su vasta y heterogénea obra influencias, reminiscencia, de acá, de allá. Pero lo hallaréis siempre a él. El vigor de su individualidad realza sus versos. Es más imaginativo que emotivo... Pero no quisiera afirmar esto sin leer «Hermanita.» De los poetas actuales es el de mayor renombre fuera de Cuba.

«Miguel Ulacan es menos conocido a pesar de sus triunfos en Juegos Florales y otros certámenes, y de las obras que ha publicado, entre ellas *Ritmos del ideal*, su último libro de versos.

«En Ulacan el lirismo lucha con una indecisión: quiere el poeta ser pensador, y lo es a veces; quiere al propio tiempo, ser emotivo. Paréceme que no acaba de decidirse, lo cual no obsta para que haya escrito excelentes composiciones, generalmente breves, de motivo condensado, como «El cernícalo.» Suele bañar su visión objetiva de las cosas, con el tinte de personal pesimismo que lo envuelve.

«Su más genuina vocación es dramática. Posee cierto fino instinto de la acción teatral, y en su bibliografía se cuentan comedias y dramas de positivo merito, elogiadas por Linares Rivas.

«Creo que prepara un libro, y también en su caso, me abstengo del juicio firme.

«De más reducida ejecutoria es Alberto Lovio, joven también y merecedor de que se le conozca más en nuestro mundo literario. Es el poeta de motivos eróticos cantados con ternura singularmente delicada. Parece que en el cordaje de su lira no se modulan ni gimen sino los madrigales irisados de fúlgida tristeza. Y en sus versos de amor resalta la melodía verbal que acompasa los tonos emocionales. Pocos le igualan en lo delicado de sus efusiones. Eso sí, sus asuntos tienen cierta uniformidad que contrasta con la variedad de motivos de Agustín Acosta.

«Los hermanos Llés contribuyen fina y briosamente a enriquecer el caudal poético de la literatura cubana. Francisco, desaparecido hace poco, era una naturaleza angélica, venero de bondad honda y humana. En sus versos reflejo su temperamento dulce, constituido para sentir la suave, cósmica música que desgranan las mañanas campesinas, cuando van despertando seres y cosas. No sabemos a que visiones o concepciones de la vida habría llegado este elegido, de semblante resignado, de modestia extrema, de sugerentes versos.

«Hoy está en el auge de su poderosa mentalidad su hermano Fernando. Los dos nos brindaron «Limoneros en flor» y «Sol de invierno.»

«La civilización griega, mejor dicho, el genio heleno en su fresco, pretino, naturalismo, antes de lo que Nietzsche llama decadencia «apolínea,» espíritu socrático, etc., he ahí lo que ha cautivado con fecundo hechizo al autor de *La Higuera de Timón*. Apresúrome a señalar que es pensador, y en no pocos versos suyos levanta la idea su cima de oro. En composiciones que aparecen en *La Higuera de Timón* y en otras de igual índole, asunto, ambiente, devoción personal, todo mira a Grecia Pero Llés tiene una profunda interpretación del paganismo, que si en parte, la debe a Nietzsche, él la siente de un modo muy propio.

«Es un adorador de la forma.

«Sus estrofas tienen tersura, son límpidas, armoniosas; pero en sus senos se desperezan mundos.

«Recientemente, con motivo de *La Higuera de Timón* y de *La Sombra de Heráclito*, el prosista pensador ha eclipsado un tanto al poeta; esto es, ha hecho que se piense más quizá, en esos libros inquietantes, que en sus composiciones poéticas. Ya he dicho en otra ocasión que Llés figura entre los más insignes representantes de las letras de Hispano-América.

«No puede omitir aquí el nombre de un poeta sobremanera simpático: el doctor José Quirós catedrático del Instituto Provincial. Su vena festiva es de buena ley. Posee su sacra visión regocijada de las cosas y nos la ofrece en versos crispeantes, donde revienta la risa. Pocos en Cuba han cultivado con tanto acierto ese género, que no es fácil.

«Ni debemos olvidar a Carlos Prats, muerto hace algunos años. Residió en Matanzas, por la época en que el doctor Plácido Martínez dirigía *El Estu-*

diante, y en esta revista publicó versos. Siempre inquieto, activo, nervioso, locuaz. Era agresivo, temible como periodista. Como conversante, una delicia y un asombro. A nadie he visto jamás coordinar con ingenio y rapidez tantas ideas.

«Su labor poética es descuidada; pero había en Prats un poeta de brillante imaginación, a quien la vida abrumó y abatió inmerecidamente.

«Desde luego que no menciono aquí a todos los poetas de Matanzas. Y no quiero omitir dos nombres más. Uno es el de Isidoro Virgilio Merino, joven que, si bien no ha precisado todavía su modalidad artística, ha escrito composiciones de verdadero vigor lírico, dentro de cierto tono byroniano, muy propio de los veinte años. El otro nombre es él del doctor Félix Campuzano, literato cultísimo, no muy conocido como poeta. Ha producido, sin embargo, versos excelentes, ajeno al novísimo sabor de los Darío, Lugones, Acosta. Es de los últimos admiradores de Núñez de Arce. El brío y la corrección de sonetos como el que dedicó a Maceo, nos hacen recordarle con caluroso aplauso.

Nota: Esta es la sección que trata con los «Poetas y Literatos» de Matanzas en el ejemplar que tenemos del *Magazine de «La Lucha»* editado en Cuba. No indica fecha de edición, sin embargo, las últimas fechas en las cronologías y otros datos son de 1923. Muchas de las fotos en nuestro ejemplar se encuentran en estado bastante deteriorado y es imposible poderlas reproducir.

http://www.guije.com/pueblo/municipios/matanzas/lucha/poetas.htm

Bonifacio Byrne

Félix Lizaso y José Antonio Fernández de Castro

Nació en Matanzas en 1861. Colaboró en periódicos y revistas locales. En 1893 publicó su primer libro, que fue bien recibido por la crítica cubana. Cuando la guerra de 1895 emigró a los Estados Unidos, publicando en Filadelfia un folleto de sonetos patrióticos, destinado a aumentar los fondos de la insurrección. Volvió de los Estados Unidos a fines de 1899, y se hizo eco, en la célebre poesía *A mi bandera*, de la angustia que oprimió el alma cubana en aquellos días de ocupación americana, cuando se ignoraba aún si nos sería entregado el gobierno, cumpliendo la promesa hecha a la faz del mundo en *La Joint Resolution* famosa de los días que precedieron a la guerra hispanoamericana. Fue aquel el momento de celebridad mayor para el poeta. Luego volvió a su retiro provinciano, y aunque ha ensayado — en versos dedicados a políticos y militares de la República — ser de nuevo el intérprete del alma cubana, no lo ha logrado más.

La publicación de *Excéntricas* lo dio a conocer ventajosamente como un poeta exquisito, en el que predominaba «el sentido de lo vago, de lo misterioso, de lo lejano, de lo desconocido, es decir, de todo lo que constituye la esencia misma de la poesía», como refiriéndose poeta y a su libro apuntara Casal, señalando seguidamente el hecho de que Sanguily, hojeando el tomo, notaba que aquellos versos no parecían escritos por un cubano sino por un escandinavo, con lo que hacía, a juicio de aquella sensibilidad tan pura que fue Casal, el mayor elogio que es posible hacer de un poeta. Un crítico hispanoamericano, Rufino Blanco-Fombona, recordando la lectura de algunas composiciones de Byrne, publicadas antes de que apareciera el volumen *Lira y Espada*, decía: «El poeta de antes, el que yo conocía, el de los versos a *El diablo*, el cantor de *Las joyas* y otros poemitas, se distinguía por cierta aristocracia nativa de forma, por una molicie elegante, no sé qué de encantadora femenilidad, y la preocupación — o tendencia innata— de trovar lo delicado, noble y exquisito», expresando después que esa musa rara, aunque no extravagante, era de lo menos americano que puede imaginarse, para concluir afirmando: «Del romanticismo alemán sí tiene; tiene el claro de luna, la sensación convertida en cuento y pintada como un cuadrito lírico, el poemín corto y vagaroso, el verso de arte menor, que suena como los metros populares de Alemania, los metros amados del *lied*». Esta concordancia curiosa del escritor venezolano con nuestro crítico es suficiente para dejar fijado el matiz nórdico en las primeras producciones de este poeta, recogidas en *Excéntricas*, colección a la que, no obstante, su prologuista Nicolás Heredia consideró como producto de una crisis del poeta, surgida en el «paréntesis de un alma sin rumbo ni timón». Sin embargo, es indudable que, de haber continuado cultivando aquella su primera manera, Byrne hubiera hecho dar a nuestra lírica un

enorme paso de avance; pero he aquí que ha estallado la guerra, y «en un ins-
tante trágico, cuando el general Martínez Campos decretó el suplicio de
Mugica, el poeta matancero, indignado y febril, escribió su célebre soneto que
corrió manuscrito de uno a otro extremo de la Isla». La senda ya quedaba
trazada, y Byrne la seguiría con entusiasmo creciente; sería *el poeta de la
guerra*, como le llamara Heredia. Las figuras más representativas de la revo-
lución, los héoes y los mártires, tendrán el canto del poeta, que despúes re-
cogerá en su colección de sonetos titulada *Efigies*. *Lira y Espada* completará
el ciclo patriótico de este poeta, que cosechará los aplausos más cálidos del
alma cubana, alcanzando una verdadera apoteosis el culto y la admiración
que se le tributan. Terminada la guerra, pasado el momento de los héroes y
los mártires, trató en vano de hacer vibrar en su vieja lira las inquietudes más
recientes. Halla con frecuencia temas nuevos y hasta logra a veces imprimirles
cierta modernidad; pero sus intentos resultan fallidos, porque era la nota ro-
mántica o la modalidad clásica las que imprimían carácter a sus producciones.
En su último libro, *En medio del camino*, nos será fácil hallar composiciones
de este aserto en multitud de poesías, como *Los colores*, *Los muebles*, *Los sar-
cófagos*, etc. Pudo haber sido un paladín del modernismo, porque reveló sen-
sibilidad exquisita y preocupaciones nuevas; ya Casal decía que lo amaba
porque había «interrumpido el tono monótono de la poesía cubana, lanzando
en ella una nota nueva, extraña y original». Pero no fue sino el *poeta de la
guerra*, y es ése su mejor y único lugar. Naturalmente, ha cultivado también
notas íntimas, de un subjetivismo sugerente y emotivo, y en este aspecto ha
llegado a verdaderas realizaciones, como en el soneto *¿Cuál sería...?* Sus me-
jores composiciones, aquéllas que el gusto general de una época ha consagrado
y que han vivido en todos los labios, son casi exclusivamente de puro corte
clásico. En el soneto, dentro de esta misma modalidad, pocos han podido su-
perarle, si es que ha habido en Cuba quien en ese respecto esté a su altura.

*La poesía moderna en Cuba (1882-
1923)*. Madrid: Librería y Casa
Editorial Hernando (S. A.), 1926.

BONIFACIO BYRNE
Cintio Vitier

Nació en Matanzas en 1861. Murió en esa misma ciudad en 1936. Su primer libro *(Excéntricas,* 1893) fue saludado con gran encomio por Julián del Casal. A causa del soneto que escribió sobre el fusilamiento de Domingo Mugica, decretado por el general Martínez Campos en plena guerra del 95, tuvo que emigrar a los Estados Unidos, donde publicó la colección patriótica titulada *Efigies* (1897) para ayudar a los fondos de la revolución. Terminada la guerra, a fines de 1899, regresó a Cuba, escribiendo entonces *Mi bandera,* poema en que recogió con extraordinario acierto la emoción de aquel momento angustioso de la ocupación norteamericana. El resto de su vida lo pasó en Matanzas, recibiendo allí toda clase de homenajes.

Con gusto incluiríamos en este libro el soneto a Mugica, gallardo y fino, si no fuera por la poca fortuna de las líneas finales:

«mientras la Libertad le sonreía
señalándole el cielo *con la mano.*»

En cuanto a *Mi bandera,* memorable y siempre conmovedora página, es composición desigual, en la que, no obstante delicadas inflexiones líricas, predomina el valor histórico y civil sobre el poético.

Aunque Nicolás Heredia lo llamó *el poeta de la guerra,* y así fue conocido Byrne durante toda su vida, hoy comprendemos que el juicio de Casal era más profundo cuando señalaba en su tono «el sentido de lo vago, de lo misterioso, de lo lejano, de lo d'esconocido». En efecto, aún en los poemas patrióticos, lo peculiar de Byrne (en quien, como dato interesante, puede señalarse ascendencia irlandesa), es una sensibilidad velada, llena de asociaciones nostálgicas e indefinibles, a cuyo influjo las cosas adquieren una voz confusa y melancólica. No creemos, por eso, que en el Byrne posterior a la República, el de *Analogías* y *Los muebles,* hubiera un modernista frustrado por los imperativos políticos del país, ni que «su mejor y único lugar» (como apuntan los antólogos de *La poesía moderna en Cuba,* pág. 123) fuera el de *«poeta de la guerra».* Al contrario, la principal virtud del autor de *¿Cuál sería...?* parece residir en lo aislado e irreductible a escuela de su acento, cuya singularidad, en medio de una obra profusa y poco depurada, lo señala como el poeta más importante del período que va de Casal a Boti, y al que más bien llamaríamos, por la delicadeza de sus penumbrosas asociaciones, *poeta de la intimidad.*

Cincuenta años de poesía cubana.
La Habana: Dirección de Cultura del Ministerio de Educación, 1952. p. 16.

Recuento de la poesía lírica en Cuba. De Heredia a nuestros días[*]
Cintio Vitier

(fragmento)

Con Casal y Martí el proceso de interiorización e independencia de nuestra lírica alcanza muy notable plenitud. Pero Martí, desvinculado de la vida literaria de la isla y urgido por otros afanes, no logró discípulos, mientras que el influjo de Casal sobre un pequeño grupo (Juana Borrero, Byrne, los hermanos Uhrbach) se malogró en gran parte, por la prematura muerte del autor de *Nieve* y el estallido de la guerra del 95. Al inaugurarse la República en 1902, despejado ya el horizonte, el paisaje poético se nos aparece como una inmensa ruina: han muerto Martí, Casal, Juana Borrero y Carlos Pío Uhrbach; las pavesas del último y exangüe romanticismo, humean débilmente; la posible plenitud del Modernismo se ha frustrado. En este paisaje, junto a discretos y a ratos afortunados versificadores como Enrique Hernández Miyares y Manuel Serafín Pichardo, se destacan sólo las figuras de Bonifacio Byrne (1861-1936) y Federico Uhrbach (1873-1931). El primero, elogiado por Casal cuando aparecieron sus *Excéntricas,* se desvió pronto de esa línea refinada, publicando en la emigración *Efigies,* estampas de patriotas cubanos. Al volver a la isla en 1899, supo expresar las inquietudes que generaba la intervención norteamericana en un musical y gallardo poema que disfrutó de enorme popularidad: «Mi bandera». Su libro *Lira y espada* prolonga las resonancias de la guerra, pero en él hallamos acentos que anuncian la voz de *En medio del camino:* el temblor de «¿Cuál sería..?», las penumbrosas asociaciones de «Amigos viejos», «Analogías» y «Los muebles». Byrne no fue un modernista típico ni un «clásico» trasnochado: su sensibilidad es indecisa, y eso mismo le da a veces un peculiar encanto. [...]

Cintio Vitier. *Obras* 3. La Habana:
Letras Cubanas, 2000. 16-17.

---

[*]   Se publicó primero en *Revista Cubana*, oct.-dic. 1956.

NOVELA LECCIÓN*
*Orientaciones de la poesía después de la guerra. La obra de
Boti y de Poveda en relación con el ambiente republicano*
CINTIO VITIER

(Fragmento)

Al terminar la guerra de independencia, Casal y Martí han muerto.
Ninguno de los hombres mayores de nuestra poesía en el siglo XIX, tras-
ciende los umbrales de la República. Únicamente sobrevive, hasta 1922, Luisa
Pérez de Zambrana. Pero ella, que tan alto puesto tiene en el proceso de re-
velación de lo cubano en nuestra lírica, era esencialmente ajena al dinamismo
histórico de las corrientes literarias — aunque en algunas de sus últimas com-
posiciones, como «Lo que se ve en el agua», la sentimos acercarse con en-
cantadora timidez a lo que ella podía percibir de la sensibilidad modernista.

Rota por la guerra la continuidad de nuestra poesía, frustrada la sazón
de nuestro modernismo con la muerte de Casal y de los que prometían ser sus
mejores discípulos, Juana Borrero y Carlos Pío Uhrbach,[480] el período que va
de 1895 a 1913 se nos presenta vacilante, confuso y en términos generales, me-
diocre. Podemos en él destacar, sin embargo, algunas débiles orientaciones
principales:

1. La continuación de la poesía patriótica.
2. La continuación de la poesía nativista o tipicista.
3. La continuación de la línea del paisajismo cubano.
4. La influencia directa de Casal.

Nótese que ni la poesía ni la prosa de Martí ejercen ningún influjo en este
momento, como sería de esperarse por lo reciente de su muerte y su papel
decisivo en la gestión revolucionaria. En realidad, tardó mucho en conocerse
y valorarse la obra literaria de Martí, aunque ya Darío lo había llamado Ma-
estro. Todavía en la generación anterior a la nuestra, parecía cosa de enterados
superiores, poner discreta y risueñamente en entredicho las capacidades po-
éticas de Marti. Es en nuestros días cuando su centro poético absoluto ha
venido a ser iluminado, o por lo menos, vislumbrado.

1. Volviendo a las direcciones aludidas,[481] lo más valioso de la poesía pa-
triótica en los años a que nos referimos está sin duda en la producción de Bo-
nifacio Byrne (1861-1936): en los sonetos de *Efigies,* publicados en Filadelfia

---

*   Primera edición, 1958.

480   Puede añadirse, no precisamente como discípulo de Casal sino como poeta afín, al malogrado
       Augusto de Armas (1869-1893), elogiado por Théodore de Banville y por Darío en *Los raros*,
       y que con sus *Rimes byzantines*, publicadas en París, en 1891, como Joseph-Marie Heredia con
       Les Trophées, se incorporó a la literatura francesa.

481   Intentamos sólo apuntar algunos ejemplos descollantes o característicos. El propósito de esta
       primera parte de la Lección es, en realidad, servir de fondo a la valoración de Boti y de Poveda.

en 1897, y, sobre todo, en su canto «Mi bandera», escrito al volver el poeta de la emigración en 1899. Con un ritmo reminiscente del «Himno del desterrado» de Heredia, pero más lánguido, Byrne expresa en estas estrofas la angustiosa alarma (no sólo suya, sino de lo mejor de Cuba) ante la prolongada intervención norteamericana. La presencia de las dos banderas en el Morro le provoca los decasílabos, más dolientes que gallardos. El *estro* de Byrne (para decirlo con una palabra muy de la época) era en realidad penumbroso y elegíaco, no enfático y altivo. Por eso los arranques supuestamente fieros del poema suenan forzados, mientras que las evocaciones dolorosas, trémulas, íntimas, de los sufrimientos de la guerra y de la emigración cubana, constituyen sus momentos más bellos:

> *En los campos que hoy son un osario*
> *vio a los bravos batiéndose juntos,*
> *y ella ha sido el honroso sudario*
> de los pobres guerreros difuntos.
>
> *En el fondo de obscuras prisiones*
> *no escuchó ni la queja más leve,*
> y sus huellas en otras regiones
> son letreros de luz en la nieve...

Cualquiera que sea el valor absoluto de este poema, es para mí el último canto de genuina y entrañable emoción patriótica, en el tono acuñado por nuestros poetas revolucionarios — aunque Byrne le infunda, como hemos visto, sus peculiares medias tintas. Después vendrán las altisonancias porque sí, los intentos estériles de resucitar una entonación que pertenecía definitivamente al candor y al temple del pasado heroico.

Del primer libro de Byrne, *Excéntricas* (1893), dice Casal que interrumpe «el tono monótono de la poesía cubana, lanzando en ella una nota nueva, extraña, original»; esa nota es, a su juicio, «el sentido de lo vago, de lo misterioso, de lo lejano, de lo desconocido, es decir, de todo lo que constituye la esencia misma de la poesía». Si contrastamos esta opinión con la que le merece Fornaris: «hueco, vulgarote e insulso rimador de lugares comunes», comprendemos que ambas están dictadas más por el *partí-pris* que por la justicia. Hoy esos primeros poemas de Byrne (como «El diablo» y «Las joyas»), que suelen rozar la más afectada y gratuita extravagancia, nos interesan poco. En seguida la guerra lo desvió hacia el tema patriótico en *Efigies* y *Lira y espada,* que se publica en 1901. Volviendo por sus fueros íntimos, Byrne recoge en 1914 sus poemas de mayor madurez bajo el título de *En medio del camino.* En páginas como «Amigos viejos», «Analogías», «Los muebles», «¿Cuál sería...?», se expresan plenamente su sensibilidad indefinida, ni del todo modernista ni del todo «clásica» (en el sentido que se daba entonces a esta palabra); su vago acento nórdico, sus delicadas asociaciones:

En su alcoba revuelta y enlutada
quedaron sus recuerdos esparcidos,
como quedan las plumas en los nidos,
si el ábrego sacude la enramada.

(«¿Cuál sería...?»)

Existe un misterioso sacramento
entre la mano, el bálsamo y la herida,
entre el lúgubre adiós de la partida
y las secretas ráfagas del viento

(«Analogías»)

....

Cintio Vitier. *Lo cubano en la poesía*. La Habana: Letras Cubanas, 1998. 230-32.

Bonifacio Byrne a los cien años[*]
Raimundo Lazo

Si la realización y difusión de la obra del artista indudablemente confiere a éste vida histórica, es decir vida ultraindividual, con permanentes valores, derechos y responsabilidades, se puede y se debe traer a Bonifacio Byrne a nuestra actualidad, relacionarlo con ella, verlo y apreciarlo integrando, desde su época, el campo literario de nuestro proceso histórico nacional; y claro está que esto, en vez de propiciar los rituales convencionalismos de un centenario, conduce a precisar el aporte esencial y perdurable del poeta, a la mejor manera de hacerle justicia histórica, fijando y destacando lo que de él queda en nuestra historia literaria.

Este poeta que históricamente cumple ahora cien años, pertenece a la segunda de las dos generaciones finiseculares del XIX. Si ateniéndose a la simple cronología, se escoge al año 1885, literariamente pueden señalarse dos hechos de notable importancia: la aparición de dos revistas muy significativas y valiosas, la *Revista Cubana,* de Varona; y el *El Fígaro,* que agrupa a Ramón A. Catalá, Manuel Serafín Pichardo, Enrique Hernández Miyares, y que atrae a su círculo y sus columnas al propio Varona y a Julián del Casal, entre otros muchos colaboradores. Sin embargo, generacionalmente — históricamente — la coincidencia cronológica, ese año 1885, no significa, por sí, nada. Aquellas dos publicaciones, órganos representativos de nuestra cultura, a despecho de esa ocasional coincidencia cronológica, sirven precisamente para documentar la existencia de dos generaciones finiseculares. Varona, que en la *Revista Cubana* continuaba la *Revista de Cuba* de José Antonio Cortina, fundada en 1877, pertenecía a la primera generación finisecular, la de Piñeyro, Sanguily, Borrero Echevarría, la de José Joaquín Palma y Diego Vicente Tejera, Nicolás Heredia y Rafael Montoro, numerosa y diversa promoción presidida por la figura genialmente extrageneracional de Martí; mientras que *El Fígaro* es la creación y expresión de la generación siguiente, de los jóvenes de entonces, de Byrne y de Casal, de Hernández Miyares, Ramón Meza, Manuel de la Cruz, *Fray Candil* — un desarraigado —, Aurelio Mitjans, Pichardo, Catalá.

Cuando la magnitud del quehacer de una época alcanza dimensiones excepcionales, los esquemas generacionales parecen romperse, y hombres de promociones diferentes se confunden, agrupados en partidarios u opositores, ante el gran hecho de la época. Equivale esto a decir que lo individual — temperamento, edad, circunstancias particulares — se reduce a lo mínimo, y el gran hecho histórico de la época se eleva a la categoría de elemento diferenciador que tiende a borrar lo privativamente generacional. Tal fue el caso de

---

[*]   Publicado originalmente en *Revista Universidad de La Habana*, núms. 151-153, julio-diciembre, 1961.

Cuba en las últimas décadas del siglo XIX. La independencia política de España, y la constitución de una *Cuba libre e independiente,* confundió y hermanó hombres de todas las edades, de diferentes promociones históricas. Por eso, pasados los años, pudo hablarse indiferenciadamente por mucho tiempo, de «los finiseculares», agrupación inexacta desde el punto de vista vital o generacional. A los efectos del gran quehacer histórico, y de la apreciación de las reacciones ante el mismo, ello carecía y sigue careciendo de valor; pero desde el punto de vista artístico, ideológico, cultural, la confusión impide una clara y justa apreciación de valores. En lo privativamente artístico o ideológico, hombres de generaciones diferentes generalmente se diferencian, vistos y apreciados por ese lado individual en que la biología y la cronología se conjugan, imponiendo la clasificación primaria del hombre: juventud, madurez, vejez.

Bonifacio Byrne fue uno de aquellos jóvenes finiseculares del XIX. Lo mismo que para Casal, la guerra del 68 — para Martí iniciación heroica y definidora — para él sólo pudo ser la tradición gloriosa y excitante de un pasado inmediato. La personalidad de Byrne tiene que formarse precisamente al calor de los recuerdos de la Guerra Grande, y en la tensión creciente que, merced a los esfuerzos populares polarizados por el genio de Martí, había de tener natural consecuencia en la guerra del 95. Entonces, en una juventud que entraba en la madurez, estaba Byrne, se sintió vinculado al deber, a la faena de su tiempo, y fue lo mejor que en tal sentido podía ser: el poeta patriótico de su tiempo.

Con Byrne debía cerrarse el amplio ciclo de la poesía patriótica cubana del siglo XIX, comenzada por Heredia. Pero en la poesía patriótica de Byrne se destacan dos aspectos: el de la patria irredenta y el de la patria amenazada, el poeta de los patriotas perseguidos o combatientes en la lucha contra España colonial, y el poeta de la bandera envuelta en la sombra de la intervención norteamericana que se prolongaba después de la derrota de España; el poeta de *Efigies* y el de *Lira y espada.*

La primera fase de la poesía patriótica de Byrne se enlaza con su vida. Su soneto a la muerte de Domingo Mujica le impone el exilio; y una consecuencia de este hecho fue *Efigies,* la colección de sonetos patrióticos, publicados en Filadelfia, en 1897, en edición destinada a proporcionar recursos económicos a la guerra de independencia contra España.

El modo de expresión literaria del poeta de *Efigies* no es en modo alguno renovador. Su estilo se define por notas románticas del siglo XIX sobre un fondo clásico tradicional puramente hispánico. No parece un contemporáneo de Casal en el orden de la novedad de expresión. La intención patriótica no alcanza la deseada meta de la realización poética; aunque pugna por conseguirlo al evocar a Hatuey, a Martí, a los Maceo, a Juan Gualberto Gómez.

Indudablemente la poesía de Byrne alcanza su mayor altura, y cumple mejor sus fines extraliterarios, en *Lira y Espada*, colección publicada en 1902. La razón de ello es evidente; el poeta entra ya en la madurez, y, sobre todo, logra captar y expresar una emoción, en la que se confunde con su pueblo:

> *Al volver de distante ribera,*
> *con el alma enlutada y sombría,*
> *afanoso busqué mi bandera,*
> *¡y otra he visto además de la mía!*

Desde entonces y para la posteridad, merced a la feliz expresión de la emoción que hermana al artista con su pueblo, en un canto de perdurable vigencia, Byrne es el poeta de la bandera, símbolo de la patria soberana. Aquí no hay ni hace falta pedirle novedades. Sostenido por el impulso de una genuina y profunda emoción, Byrne, sin esas caídas que lamentablemente limitan con frecuencia sus intentos poéticos, logra aquí una ejemplar unidad de estilo, caracterizada por la naturalidad y la eficacia de expresión; mantiene la tensión lírica sin artificios, y realiza, en fin, ese sencillo y raro milagro de comunicación de todo poema verdaderamente logrado.

Juntamente con el poeta patriótico, se desarrolla y perdura definitivamente en Byrne un poeta sentimental, influido muy irregularmente por tendencias líricas del siglo pasado. Parte de los temas y esquemas estilísticos del romanticismo español del siglo XIX, con sus modos sentimentales y más o menos oratorios o académicos, y avanza hacia manifestaciones del bajo romanticismo francés y alemán, que anunciaron, en Francia principalmente, la poesía simbolista y decadente finisecular. Pero la asimilación de Byrne de estas orientaciones poéticas [es] siempre algo borrosa, sin desasirse nunca de los modos y motivos generalizados en el romanticismo español del siglo XIX. De ello surge en él, en sus *Excéntricas* (1893), una peculiar, una rara amalgama de *exóticos matices,* bajo la estructura hispánica, que parece que desconcierta a su prologuista Nicolás Heredia cuando pretende precisar una caracterización de estos poemas en los que se entrelazan influencias que van de Espronceda hasta Heine.

La evolución de la poesía de Byrne no se relaciona con el proceso poético de su tiempo. La renovación modernista no influye en él, ni por su temas, ni por por razón de estilo. Por el contrario, parece muy conscientemente desconocer lo que inevitablemente tenía que ser su circunstancia literaria, lo que en el orden literario ocurría entonces en Hispanoamérica. Sus *Poemas,* aparecidos en 1903, por su contenido y por su estilo, es un libro de versos anacrónicos. Cuando el esteticismo y los refinamientos del Modernismo culminaban en la obra de Darío y sus seguidores, Byrne trata entonces el tema social —«El mendigo», «El andamio» — e insiste en la narración romántica multiplicada por Zorrilla y los románticos españoles.

Años después, en 1914, *En medio del camino* ratifica este aislamiento artístico del autor. El poeta continúa siendo un romántico con notas personales; pero en su madurez, en el curso de una obra persistente, en gran parte inédita, sin variar, sin renovar su estilo, afirma su dominio de la expresión poemática: y en la lírica esencialmente humana, y en la poesía descriptiva, deja acertadas realizaciones.

Una selección mínima de tales aciertos podría tener como antecedente «El sueño del esclavo», de *Lira y Espada;* y cabe integrarla con ejemplos como «Amigos viejos», de penetrante quintaesencia sentimental; «Los muebles», el canto elegíaco de las cosas viejas asociadas a nuestra vida, que recuerda a Silva y a Poveda; y el fino soneto «¿Cuál sería...?» tan sencilla, tan concisa y naturalmente acabado

> *Su último pensamiento, ¿cuál sería,*
> *cuando, muriendo, me apretó la mano*
> *y cruzó su mirada con la mía?*

Gran parte de la obra de Byrne está inédita. Hace años, en muy breves momentos, visitando la casa de su hijo en Matanzas, hube de repasar rápidamente varios cuadernos, formados, a lo que recuerdo, por sonetos generalmente descriptivos; y además un diario que el autor dispuso que permaneciera no sólo inédito sino desconocido hasta cierto número de años después de su muerte.

Fiándome del recuerdo de aquella ligera exploración, pienso que toda esa obra poética desconocida de Byrne no aumenta, y, sobre todo, no varía los valores que hay que adjudicar a su producción. Según tradición de su familia, versificó hasta el final de su vida, y no consideraba bien empleado el día en que no podía terminar algún poema. A esta dedicación poética se debe la larga serie de sonetos descriptivos que hube entonces de hojear. Son apuntes descriptivos que recogen escenas del paisaje matancero, alboradas o puestas de sol que cotidianamente iluminaban para el poeta la hermosura del valle del Yumurí, sus sinuosas alturas circundantes, sus dormidas corrientes. Reiteración de motivos y recursos de expresión, y también complacencia del autor en el vencimiento de las dificultades y resistencias de la forma son las notas de esta desconocida producción final.

En esa parte inédita, tan extensa, de la obra de Byrne acaso puedan seleccionarse poemas de tema social que superen los ya conocidos, y que contribuirían a completar el cabal enjuiciamiento de su poesía.

Pero ateniéndonos a lo publicado, Byrne, a los cien años, además del lírico romántico de momentos felices en que sorprende la expresión de la nota íntima, fugaz, penetrante de un dolor, de una nostalgia, de una ausencia o de un presentimiento, perdura como el poeta que en un momento crítico de nuestra historia, supo identificarse con nuestro pueblo, ser el ingenuo y emocionado intérprete de una incertidumbre angustiosa y de un anhelo colectivos que culminaban en una decisión de lucha, en suma la voz poética natural y firme cuya resonancia era como la proyección admonitoria de un pasado heroico, lanzada hacia el futuro:

> ¿No la veis? Mi bandera es aquella
> que no ha sido jamás mercenaria,
> y en la cual resplandece una estrella
> con más luz, cuanto más solitaria.

Del destierro en el alma la traje entre tantos recuerdos dispersos, y he sabido rendirle homenaje al hacerla flotar en mis versos.

> Aunque lánguida y triste tremola,
> mi ambición es que el sol con su lumbre
> la ilumine a ella sola — ¡a ella sola! —
> en el llano, en el mar y en la cumbre!

> Si deshecha en menudos pedazos
> llega a ser mi bandera algún día...
> ¡nuestros muertos alzando los brazos
> la sabrán defender todavía!...

Y la voz poética de Byrne resuena todavía, y perdura incorporado su canto al patrimonio artístico del pueblo cubano, como una expresión de emocionado y noble nacionalismo destinado a fundirse en un ideal de fraternidad humana.

RAIMUNDO LAZO. Páginas críticas.
La Habana: Letras Cubanas,
1983.

BONIFACIO BYRNE
MAX HENRÍQUEZ UREÑA

El poeta de más alto relieve entre los que señalan aquel momento de transición es, sin duda, Bonifacio Byrne (1861-1936), cuyo primer libro, *Excéntricas* (Matanzas, 1893) fue acogido por Casal con caluroso encomio, porque había «interrumpido el tono monótono de la poesía cubana, lanzando en ella una nota nueva, extraña y original». El libro ofrecía en su temática un maridaje extraño de leyendas y brumas nórdicas, que revelan la lectura de Uhland, y evocaciones demoníacas, que se inician con una dedicatoria *A Luzbel* y se completan con una pintoresca descripción de las visitas que suele hacerle *El diablo,* con acompañamiento de violín. Tampoco faltan las danzas de *Las brujas* en el bosque. El libro todo estaba animado de un espíritu novedoso, si bien no contenía innovaciones métricas. Lo que sí acusaba era maestría y desenfado en la versificación.

Dos años después estallaba la guerra del 95. Su amigo y convecino Domingo Mujica fue fusilado allí, en su Matanzas natal, acusado de conspirador. Byrne lo ensalzó en un soneto:

> Murió de cara al mar aquel valiente,
> bañado por la luz de la alborada
> noble, serena y firme la mirada,
> tranquilo el corazón, alta la frente.
>
> Cerca, la muchedumbre indiferente
> para ver aquel crimen congregada;
> mejor hubiera estado arrodillada,
> que es la actitud que cuadra al impotente.

El soneto circuló manuscrito de mano en mano, aunque sin firma, pero todo Matanzas sabía de quién era. Byrne logró escapar a Tampa en 1896. Allí se ganó el sustento como lector de tabaquería, a la vez que colabaraba en los periódicos revolucionarios. Escribió una serie de sonetos patrióticos (a Martí, Máximo Gómez, Céspedes, Agramonte, los Maceo, Calixto García) con los que formó un tomo de *Efigies* (Filadelfia, 1896). Sus cantos revolucionarios le valieron el dictado de «poeta de la guerra», que para él propuso Nicolás Heredia.

Al regresar Byrne del exilio, terminada la guerra, compuso la más famosa de sus poesías, *Mi bandera*, que tuvo honda repercusión en la conciencia pública, porque representaba la ansiedad de todo un pueblo que había luchado heroicamente por su libertad y aún no le era dable sentirse dueño de su destino, ni ver flotar, imperativa y soberana, su bandera:

Al volver de distante ribera
con el alma enlutada y sombría,
afanoso busqué mi bandera,
y otra he visto, además de la mía!

¿Dónde está mi bandera cubana,
la bandera más bella que existe?
Desde el buque la ví esta mañana,
y no he visto una cosa más triste!...

Con la fe de las almas austeras
hoy sostengo con honda energía,
que no deben flotar dos banderas
donde basta con una: ¡la mía!

Se han querido señalar pequeños lunares a esa poesía, pero retocarla habría sido tarea ociosa, y por eso Byrne no lo hizo: tal como está, refleja la emoción colectiva de aquel momento, y tiene elevación patriótica, sonoridad y energía. Con eso basta. ¿A qué cambiar alguna que otra palabra o suprimir una coma?

En *Lira y Espada* (1900) compiló Byrne su obra poética de la emigración. Después dio a la estampa un pequeño volumen de *Poemas (El mendigo, El andamio, La granja* y, otros, a la manera narrativa, y episódica que puso de moda Núñez de Arce), y en 1914 recogió otra cosecha poética, *En medio del camino.*

Y como Byrne no dejaba pasar un solo día sin escribir versos, sus colecciones de poesías inéditas sobrepasan el número de treinta. Una de esas colecciones, bastante nutrida, lleva el título de *Mariposas* y almacena composiciones breves, algunas con reminiscencias de Bécquer; otras, de Campoamor. Otra colección agrupa multitud de poesías patrióticas, bajo el nombre de *Al pie de la bandera.* Otras poesías de igual índole forman colección aparte: *De la epopeya.* Otra colección, inspirada en temas musicales, se llama *Sin título.* Otra, *La voz del mar,* sólo contiene poesías de inspiración marítima. Otros muchos títulos abarcan composiciones de muy diferente índole, agrupadas en atención al tema que las inspiró: *¡Alea jacta est!* (temas de la guerra mundial de 1914), *El poema de los humildes* (temas sociales y humanos), *En voz baja* (poesías íntimas), *Farándula* (temas funambulescos), *La ciudad maravillosa* (impresiones de Nueva York), y, en fin, muchas más, entre ellas *Palaciegas,* que es, de todos los libros de Byrne, el que más lo acerca al modernismo por la variedad de las combinaciones métricas y por la temática. De todos estos libros inéditos sólo alguna que otra composición ha visto la luz, con permiso de las familiares de Byrne.[482] Esos libros tienen mérito indudable, como todo lo de Byrne, pero no superan su labor precedente ya conocida.

También han quedado inéditos algunos dramas que fueron estrenados con éxito favorable, pero que tampoco se imprimieron: *El anónimo,* y *El*

482　En la tesis de grado de Filosofía y Letras de la doctora Armantina Rodríguez Cáceres hay una relación detallada de las obras inéditas de Byrne y siete composiciones entresacadas de las mismas.

legado. Dejó además cuatro comedias que no llegaron a ser puestas en escena.

Acaso si en ninguna otra forma poética alcanzó Byrne la maestría que demostró en el soneto. De *Efigies* pueden entresacarse algunos, como el de *Juan Arnao;* de sus otros libros, *Analogías, Nuestro idioma* y estas dos piezas antológicas: *¿Cuál sería?* e *Hilo de luz.*

MAX HENRÍQUEZ UREÑA. *Panorama histórico de la literatura cubana (1492-1952).* T. II. Puerto Rico: Ediciones Mirador, 1963.

Bonifacio Byrne[*]

José Lezama Lima

Nació en Matanzas, en 1861. Realizó sus estudios en Matanzas, viaja a los Estados Unidos en 1896 y en 1915. Colaboró en *La Primavera, El Ateneo, Diario de Matanzas, La Mañana, Yucayo,* periódicos todos de su provincia. Después colaboró en *Patria, El Porvenir, El Expedicionario,* periódicos de la emigración separatista en los Estados Unidos.

En 1893, publicó *Excéntricas;* en 1896, *Efigies;* en 1900, *Lira y Espada;* en 1903, *Poesías;* en 1914, *En medio del camino.*

Hay que escindir la producción poética de Byrne en dos corrientes: su poesía patriótica y su otra poesía de excelente poeta modernista *(Excéntricas).* En la primera manera Byrne llega a convertirse en el poeta de la revolución, en el cantor del separatismo. Canta a los héroes, a los mártires, a los grandes días de la patria.

La segunda corriente de interés mucho más mantenido, es la de Byrne poeta del modernismo, lleno de aciertos, de matizaciones, de riqueza verbal y de cierto intimismo, de una voz secreta que se revela con delicadeza. En «Los muebles», «La alcoba», hay una poesía de evocación, de nostalgia, por las pequeñas cosas abandonadas, que serán después nota frecuente en la poesía de Antonio Machado. En la poesía de Byrne ha sido señalado cierto elemento nórdico, Casal diría escandinavo, de lejanía, de reminiscencia. Dentro de su producción hay que señalar el logro de sus sonetos «El sueño del esclavo», «Nuestro idioma», «¿Cuál sería?», «Harén de estrellas», ofrecen una cumplida maestría, en esa forma su temperamento adquiere su total expresión.

En 1903, con el título de *Poemas,* Byrne publicó una colección de poemas, «El mendigo», «El andamio», «La granja», «El relicario», «De buena raza», «Reina», son poemas extensos, algunos de ellos recuerdan a Leopoldo Lugones, claro que no hay que hablar de influencias, pues Byrne realizó los suyos mucho antes de que Lugones encontrara su manera. Una lectura reciente de Byrne, nos sorprende por su rica intuición para nuevos caminos poéticos, que el poeta no pudo realizar, tal vez por limitación provincial, pues su provincia le dio elementos poéticos, variados y frescos, pero le faltó lo que la provincia no le pudo dar, una preocupación más universal por el hombre y sus inquietudes.

José Lezama Lima. *Antología de la poesía cubana* III. Madrid: Verbum, 2002. 486.

---

[*]   La *Antología de la poesía cubana* consta de tres volúmenes y se publicó primero en 1965.

BONIFACIO BYRNE: LA POESÍA NECESARIA[*]

ARTURO ARANGO

La obra de Bonifacio Byrne ha permanecido en la historia de la literatura cubana bajo el signo de la polémica. Desde la publicación de su primer libro, *Excéntricas*, en 1893, hasta los últimos textos que publicara, alrededor de su poesía es posible reunir los juicios divergentes de destacadas personalidades de nuestras letras. Los matices estilísticos y temáticos de su obra parecen sustentar este signo. Pero además la polémica ha sido terreno propicio para la expresión de las aspiraciones y modelos poéticos de cada momento, tendencia o grupo literario.

Cuando *Excéntricas* aparece, el nombre de Bonifacio Byrne no es desconocido para los que siguen con atención las publicaciones periódicas. Editado dos años antes del comienzo de la «guerra necesaria», y en el momento en que el modernismo florecía como expresión de las angustias individuales que caracterizaron cierta zona de la intelectualidad de entre guerras, el libro atrajo sobre sí la atención de una crítica literaria pocas veces superada en nuestra historia. Nicolás Heredia, a partir del prólogo, y a pesar de una manifiesta cautela, dio pie a las contrapuestas opiniones de nombres tan autorizados como Julián del Casal, Manuel Sanguily, Enrique Hernández Miyares, entre otros, en polémica abierta en dos sentidos fundamentales: la ruptura experimentada en relación con sus Mariposas,[483] y la comparación entre la calidad de ambos libros, y la validez de la nueva manera adoptada por este sencillo bardo matancero.

Heredia afirma desde la primera línea del prólogo que existe un cambio, y luego expresa su duda sobre la superior calidad. Casal, por supuesto, vota con explicable entusiasmo a favor del nuevo libro, y coloca a Byrne en la primera fila de la nueva poesía. Ese mismo día, 20 de abril de 1893, Sanguily rompe armas en contra de lo que llama falta de autenticidad, y considera la forma como impostada y extraña para nuestras exigencias estéticas, sin dejar de reconocerle virtudes formales, en lo que constituye, sin dadas, un ataque al modernismo. Y luego Hernández Miyares se opone a Heredia basado en dos afirmaciones: *Excéntricas* no rompe, sino continúa el estilo de las *Mariposas*, y la poesía de Byrne no es decadente, sino parnasiana, que para él es «la escuela de los depurados, de los más artistas».

Esta discusión original nos obliga a comenzar por la presentación de las *Mariposas*. Se trata de una serie de poemas breves, encadenados, de corte epi-

---

[*] Prólogo de: Bonifacio Byrne. *Poesía y Prosa*. La Habana: Letras Cubanas, 1988.

483 En la papelería dejada por Byrne hemos encontrado un original de *Mariposas* que, evidentemente, es posterior a *Excéntricas*. Las alusiones al destierro y el «Liminar» — «En mis años juveniles / ni volar en mis pensiles / estas pobres mariposas...» – lo prueban. Por ello hemos cuidado referirnos a aquellas cuyos temas están más vinculados a preocupaciones ju veniles. Es indudable que la intención del libro sí es anterior a 1893. Además de las constantes alusiones de los críticos, la contraportada de *Excéntricas* anuncia la próxima publicación de *Mariposas*.

gramático y muy diversas formas estróficas, en la mayoría de las ocasiones sobre la base del octosílabo. Por su tono sentencioso, moralizador, por su re- currencia en el tema amoroso, abordado a partir del desengaño y la descon- fianza en las virtudes éticas de la mujer, y de la relación muerte-amor, y por el tono ligero que le confiere su estructura, están muy cerca de cierta zona del romanticismo español –de Bécquer y Campoamor, ha señalado Max Hen- ríquez Ureña.

En ellas, además, se estrenan muchos de los temas que luego resurgirán en su obra; personajes humildes, tratados a partir de la conmiseración; la pro- clamación de la sencillez y el decoro como forma de vida; la importancia de los objetos cotidianos para vencer la soledad, etc. Hay, sin embargo, un sentido muy juvenil del amor que después desaparecerá casi por completo.

Mariposas es el soplo final de un romanticismo moribundo y desgastado que alcanza sus mejores momentos cuando abandona el juego retórico y se alimenta de las preocupaciones cercanas al poeta.

La presencia de la muerte y el desengaño vital, con motivaciones y refe- rencias a elementos de esta especie — la fosa, el ataúd, el cementerio —, de clara estirpe romántica, son esgrimidos por Hernández Miyares para esta- blecer la continuidad entre ambos libros.

Ha dicho José A. Portuondo que en los modernistas «la actitud es, en esencia, romántica, con un más acentuado sentido individualista, pero las formas están más sabiamente trabajadas y el exotismo se hace sentir hasta cuando se cantan temas americanos»,[484] y nada lo demuestra mejor que el tránsito de Byrne en este período.

En este punto, todos los polemistas tienen razón y todos se equivocan, cada uno a su manera.

Es cierto que los temas recurren, sobre todo el de la muerte y el de la so- ledad como aspiración extrema de la evasión. El tema del amor, por su parte, apenas está en *Excéntricas*.

En su momento, este fue catalogado como un libro de excepción. Su «aliento nórdico» dio pie a más de una especulación de raíz positivista, y toda la crítica posterior no ha hecho sino subrayar la aseveración de Heredia acerca de las influencias recibidas.

En él, a pesar de la cualidad de «raro», podemos encontrar muchos puntos coincidentes con otros poetas del momento. Insistiremos en estos caracteres comunes a la corriente casaliana, entendida en su dimensión tradicional. Todo el libro está transido por el disfrute de los estados de ánimo cercanos al dolor y al pesar. Con frecuencia encontramos la personificación de estos estados sí- quicos («El insomnio») que lo acercan a ciertos giros simbolistas. También es posible advertir en la «Introducción», «El diablo» y «El monarca», entre otros, el contrapunto entre el segmento de la realidad escogida como símbolo y su referencia real.

---

484   José Antonio Portuondo: *Bosquejo histórico de las letras cubanas*, La Habana, 1961, p. 45.

«Las joyas» es un poema típico. El asunto ofrece a Byrne la oportunidad de exponer sus cualidades como cincelador del verso descriptivo, a la vez que descubre las características del objeto inerte sugiriendo la posibilidad de su espiritualización. Byrne no alcanza el esplendor plástico en el juego de texturas, brillos y colores propios de los maestros del modernismo, por lo que acude a la definición sobre la base de sensaciones abstractas.

«Mi anhelo» ofrece otra arista común: la sinestesia tomada como descubrimiento de las relaciones sensoriales que fundamentan las potencialidades de la creación poética. La permanencia de lo macabro es nota predominante en *Excéntricas*, incorporado como motivo central, y a la manera de pretexto descriptivo: «Las brujas», «Mi sepulturero», «El fantasma», «El esqueleto», «El carro de los muertos», «La momia rubia», entre muchos otros, pueden tomarse como ejemplos. En Byrne, con frecuencia, lo macabro se queda sólo en lo escenográfico, no logra la trascendencia del símbolo arraigado, a preocupaciones esenciales del ser humano. Entonces lo terrible deja de serlo, pierde sustancia y queda como hueco exotismo.

La aspiración de evadirse también tiene su lugar en *Excéntricas*. Lo característico en este caso es que la soledad no se anhela como escape al hastío, al dolor, al agobio ante la circunstancia inmediata, sino como necesidad para la realización de las esperanzas individuales, de puridad ética («Deseo»).

Excéntricas no es un libro de proposiciones transformadoras desde el punto de vista estructural. La mayoría de sus poemas están escritos en endecasílabos, los que predominarán en toda su obra posterior, y en algún que otro poema aparece el verso de arte menor.

El diablo es la nota más original introducida por Byrne en la poesía cubana. Luzbel va de uno a otro poema, vestido de manera que por momentos es más digno de la gracia que del terror, con sus «blancas manos de duquesa», su pelo rubio y sus ojos azules. En el prólogo, Heredia explica el libro a partir de estados de ánimos circunstanciales. Los demás, casi sin excepción, partieron de ese punto para confirmarlo o rebatirlo. En la «Introducción», Byrne habla de su «cerebro mísero y enfermo», y en un trabajo posterior nos explica el origen de estos versos.

Cualquiera que haya sido su génesis, lo cierto es que *Excéntricas* se inserta de manera coherente dentro del quehacer poético de esos años. Con muy contadas excepciones, lo «raro» y angustioso, lo «excéntrico» y atormentado, distinguió al modernismo cubano, en un momento en que se incubaban las fuerzas que desalojarían del suelo de Cuba, al colonialismo español, pero que, en el país, predominaban la desesperanza y la desorientación.

A pesar de las discrepancias, el único criterio conservador en relación a la calidad de *Excéntricas* es el de Nicolás Heredia. Hoy podemos afirmar que este es su libro más cuidado, el más sostenido y coherente, lo que explica el efusivo saludo que tuvo su publicación. Sus asuntos están arraigados al centro de las preocupaciones existenciales de Byrne, lo que confirmaremos al leer libros posteriores. Si *Excéntricas* es un libro de avance hacia el modernismo, *Efigies* es un volumen que inicia la vinculación esencial de Bonifacio Borne a la historia política de nuestra patria.

El poeta modernista dejará lugar al hombre comprometido con las contradicciones esenciales del país. El origen del libro, indudablemente, lo constituye el soneto escrito en 1895 contra el fusilamiento del revolucionario Domingo Mugica. Cuando el poema corrió como encendida proclama de mano en mano de los matanceros, y llegó a ser escrito en los muros de la sede del Gobierno español, Byrne se convertía, de hecho, en un intelectual subversivo y como tal fue considerado por las autoridades españolas. Su camino será el destierro.

No hay que hablar aquí de torcedura o desviación de su rumbo poético,[485] sino de la más alta comprensión del deber del artista cuando la patria exige sus servicios. «Todo al fuego», había escrito Martí y Byrne echó en él diablos y sepultureros, momias y joyas, y dispuso su verso a brillar en la fragua de la Revolución.

El soneto a Mujica pronto se vio acompañado de otros dedicados a mártires y patriotas de nuestra independencia, y nació la intención de un libro que los agrupara. *Efigies* fue editado en la emigración, en 1897, con 39 sonetos que recorren desde Hatuey, Céspedes y Agramonte, hasta Martí, los Maceo, Flor Crombet. Su arte poética está claramente expuesta en el poema «Armando Afenocal»:

> Hoy el verso palpita en la metralla,
> en el cañón está la sinfonía,
> y el cuadro en nuestros campos de batalla.

Efigies, más que un buen libro de poemas, es un libro de servicio, que significa la historia de la literatura cubana. Los enfoques vertidos sobre este segundo cambio estilístico y, sobre todo, temático, van desde los que aprecian con objetividad los imperativos circunstanciales, hasta los que especulan acerca de las posibles excelencias que su modernismo hubiera aportado a las letras cubanas.[486]

Al concluir la guerra, Byrne regresa a Cuba. En 1901 es editado su tercer libro de poemas, *Lira y Espada*, con prólogo, otra vez, de Nicolás Heredia. A partir de las dos proposiciones de su título, este tomo se abre en varias direcciones, algunas de ellas ya aparecidas en su obra, y otras que irán dominando en años siguientes. Son poemas, en su mayoría, escritos durante su estancia

---

485   En *El Caimán Barbudo*, no. 93 –agosto de 1975– firmé junto a Bladimir Zamora un trabajo –«Un poeta de la guerra»– donde se evaluaban estos criterios. Por necesidad, se reiterarán aquí muchos de esos juicios, que son también de B. Z. C. (A. A. A).

486   Dicen F. Lizaso y Fernández de Castro: «Es indudable que, de haber continuado cultivando aquella su primera manera, Byrne hubiera hecho dar a nuestra lírica un enorme paso de avance» –*La poesía moderna en Cuba*, Madrid, 1926, p. 122–, y Salvador Bueno: «Bien es cierto que si hubiera continuado con su anterior manera, si hubiera mantenido la misma línea de creación lírica expuesta en *Excéntricas*, Byrne hubiese llegado a conquistar una expresión peculiarmente modernista...» — *Historia de la literatura cubana*, La Habana, 1963, p. 322.

en Tampa. El primer gran tema, como es lógico esperar, es el de la guerra, tratado desde dos vertientes distintas. Textos como «Excelsior», «El ejemplo», «El deber», «Con los buenos», entre otros, la asumen desde una perspectiva en la que se nos habla de una guerra concreta —la de Cuba contra el colonialismo español— en medio de situaciones objetivas. En ellos se hace evidente la presencia de preocupaciones comunes para los emigrados cubanos y que, por ello, tienen en letra de Byrne un tono de inmediatez, de utilidad propagandística. El romanticismo herediano emana de ellos en la grandilocuencia de los símbolos y de la expresión. En «¡Excelsior!» es el llamado a la esperanza en la victoria, con referencias muy directas a la función de la poesía. «Los emigrados» es una emotiva loa al estoicismo de aquellos que desde suelo extraño sostuvieron la guerra. «Con los buenos» es un canto a la unidad, al respeto a los jefes, en abierta arenga.

La segunda manera fue sabiamente advertida por Heredia y Rufino Blanco Fombona. El primero dice que Byrne ha dejado «lo concreto por lo abstracto»; el segundo, después de condenar la otra variante por no sincera, dice que «Byrne ha inaugurado en América un género especial de arte: el arte de cantar la guerra sin cañones, sin pomposidades de rima ni tronamenta de fusilería, sino por medio de cuadros, de brochazos sugestivos».

Esta forma, por supuesto, se aleja más de la inmediatez funcional, aspira a atrapar lo trascendente, no lo circunstancial. Acude no a razones de sustancia política, sino a posiciones éticas que, en el fondo, están animadas por el patriotismo, la valentía o la entereza del carácter. Contraponer ambas maneras nos parece ocioso, y cada una tiene sus bondades y carencias. El desbordamiento romántico, directo en la expresión, grandilocuente, suele ser —y lo es, en el caso de Byrne— irregular y descuidado, aunque alcanza momentos de notable calidad, o versos de tal fuerza que no es común encontrarlos en toda su obra; la contención pierde en inmediatez, gana en cuidado formal y, en *Lira y Espada* va, en ocasiones, más al sentimetalismo, a lo lloroso, que a la esencia de los problemas. Son voces diversas de un mismo autor que no debemos oponer entre sí.

La tercera vertiente pertenece al universo de la lira. Vuelve en ella el Byrne modernista, ahora por aguas más diáfanas, despojadas de los artilugios luciferinos de *Excéntricas*. Es una expresión más asentada, llena de motivaciones simbolistas y de sensualidad. El simbolismo es claro en «En la orilla» («que algo que tiene el mar también es mío»); lo sensual en «Los perfumes», interesante poema donde el giro realista del final crea un rompimiento agudo en relación con el delicado aliento descriprivo de las estrofas que lo anteceden. Los poemas de esta naturaleza son, por lo general, los más logrados.

Muy cerca de esta manera, encontramos en *Lira y Espada* la presencia de temas relativos a la intimidad del poeta, en los que se busca la vida interna, la relación ignorada entre el hombre y los objetos de la realidad que conforman su medio. «Amigos viejos», y «Mis noches» son claros ejemplos.

En algunos sonetos se vinculan de manera acertada las modalidades que hemos descrito, como los antologables «El sueño del esclavo» y «Nuestro idioma», en los que símbolo y sensualidad se conjugan con el contenido político sin detrimento de ninguna arista.

El poema que cierra el libro es, sin dudas, la pieza que le da permanencia imborrable a la obra de Bonifacio Byrne. «Mi bandera» es el momento supremo de una obra, aquel en el que la voz del poeta se funde de manera absoluta con el sentimiento de su pueblo. Es, además, uno de esos ejemplos culminantes en que lo circunstancial coincide con lo trascendente. Por eso estamos de acuerdo con Max Henríquez Ureña cuando afirma:

> Se han querido señalar pequeños lunares a esa poesía, pero retocarla habría sido tarea ociosa, y por eso Byrne no lo hizo: tal como está, refleja la emoción colectiva de aquel momento, y tiene elevación patriótica, sonoridad y energía. Con eso basta. ¿A qué cambiar alguna que otra palabra o suprimir una coma?[487]

Los trabajos críticos a propósito de este libro confirman su repercusión política. Heredia, que extrañamente no menciona «Mi bandera», cierra su prólogo con claras alusiones al difícil momento que padecía la patria, en el instante en que el imperialismo imponía oficialmente su penetración económica y militar. Blanco Fombona, que le censura lo concreto-político, no puede evitar que «Mi bandera» le motive hermosas líneas por la hermandad de Cuba con el resto de Nuestra América y contra la intromisión de «los apetitos yankis».

Posteriormente,[488] Byrne da a conocer *Poemas*, pequeño libro de sólo seis composiciones extensas, donde prima lo narrativo y, como preocupación, la crítica a la falta de virtud. Se mueven dentro de un universo referencial no localizado de forma concreta, pero las situaciones pueden aplicarse, casi sin excepción, a la sociedad cubana. También está la lástima por los que ocupan los más bajos escalones en la distribución del poder económico. Los poemas están muy próximos a la visión de los narradores de la época, que presentaron los problemas de forma fenoménica, expositiva, sin alcanzar una penetración aguda en sus esencias.

El último libro publicado por Byrne es *En medio del camino*, en 1914. Lo componen ochenta y cuatro poemas, organizados en cuatro secciones, cuyos títulos nos sugieren con precisión la sustancia del volumen: «Consonancias», «Vox rerum», «Resplandores», «Alucinaciones». Hemos venido insistiendo en esta vertiente de su obra, que alcanzará en su quinto libro la plenitud. *En medio del camino* viene de «Las horas», de «Deseo», de «Amigos viejos», de todos esos textos que han centrado su propósito en la vida cotidiana, íntima, en los asuntos relacionados con la incidencia de la realidad que nos rodea en

---

487   Max Henríquez Ureña: *Panorama histórico de la literatura cubana*, La Habana, 1967, p 208.
488   La edición de *Poemas* no consigna la fecha de su aparición, que corresponde a 1903.

nuestros sentimientos y en el rumbo de nuestra vida. El tercer poema, «Entre los míos», nos anuncia su intención, su amor a la vida reposada, que permite la existencia junto a objetos, calles, recuerdos, con significación particular. Regresa, por momentos, lo moralizante, que no lo ha abandonado desde *Mariposas*.

El tema general de «Consonancias» puede ser el de «Antologías», uno de sus más conocidos sonetos. Se trata de las relaciones implícitas o desconocidas entre el hombre y su medio. Es muy similar el de «Vox rerum», pero aquí se insiste más en la personificación de lo inanimado. «Los muebles» es uno de sus textos más sostenidos. La importancia concedida a estos objetos (las gavetas, las hojas, los retratos) indica, más que la deshumanización del medio, la soledad del individuo que tiene que humanizar su entorno para sentir el calor de compañías ausentes.

En «Resplandores» prima lo descriptivo, utilizando para ello, a la manera del impresionismo pictórico, los matices que nos ofrecen los diferentes momentos del día. Muy interesante es el soneto «Do re mi fa sol...» como introducción a la ciudad a partir de sus sonidos, lo que implica la presencia de un lenguaje aún no usual en la poesía de la segunda década del siglo: pito, locomotora, chimenea, café, carro, periódico. «Alucinaciones» vuelve al tema de la muerte, tratado en múltiples modalidades. Impera la perspectiva del hombre que, al final de sus días, espía la inevitable llegada de la muerte. Lo ético se concreta en temas relativos a la justicia, con Dios como juez supremo. El misterio surge con la presencia de los que han muerto en los asuntos de la vida. Esta sección cierra el ciclo abierto en *Excéntricas*, en un nivel de mayor profundidad en la percepción de la realidad.

En este libro parece apoyarse Cintio Vitier, cuando introduce una nueva contradicción en la apreciación de la obra de Byrne:

> No creemos, por eso, que en el Byrne posterior a la República, el de «Analogías» y «Los muebles», hubiera un modernista frustrado por los imperativos políticos del país, ni que «su mejor y único lugar» (como apuntan los antólogos de *La poesía moderna en Cuba*, p. 123) fuera el de «poeta de la guerra». Al contrario, la principal virtud del autor de «¿Cuál sería?» parece residir en lo aislado e irreductible a escuela de su acento, cuya singularidad, en medio de una obra profusa y poco depurada, lo señala como el poeta más importante del período que va de Casal a Boti, y al que más bien llamaríamos, por la delicadeza de sus penumbrosas asociaciones, poeta de la intimidad.[489]

Hasta ahora hemos observado esa diversidad de modelos que oscila entre un romanticismo inicial, de tono íntimo y menor, a un romanticismo desbordado, peleador, y un modernismo exótico en sus *Excéntricas*, que deviene una expresión de corte modernista, pero arraigada a preocupaciones coti-

---

489   Cintio Vitier: *Cincuenta años de poesía cubana*, La Habana, 1952, p. 16.

dianas. Pero si esa «irreductibilidad a escuela» lo caracteriza, es erróneo calificarlo atendiendo sólo a una de esas modalidades: la intimidad.

En medio del camino es un libro consecuente con un momento distinto de nuestra historia, es decir, de nuestra literatura. En los años iniciales de este siglo esa poesía caracterizó nuestro medio: expresión cerrada, que buscó acentos interiores, preocupada por la revitalización formal. Byrne no puede inscribirse dentro del llamado posmodernismo, si lo entendemos a la manera de lo alcanzado por Boti y Poveda, pero los anuncia y precede con absoluta dignidad. Introduce en nuestra lírica esa penetración en la vida provinciana, en los matices de su acontecer diario, que persistirá en mucha obra posterior. La ciudad modesta, los cambios en un país que se inicia en un tímido desarrollo capitalista neocolonial, están en muchos poemas: en el ya mencionado «Do re mi fa sol...», en el cuadro de caracteres y situaciones que dibuja «En el tren», en la acentuada moralización. Pero, además, un libro no es una obra, y al lado de En medio del camino coexisten poemas que indican la persistencia de todas las vertientes que se habían reunido en Lira y espada.

Penetrar en la obra de Byrne no publicada en libro es, también, corroborar lo de «profusa y poco depurada» que está presente en cuanto escribió. Byrne trabajó hasta su muerte y dejó centenares de páginas, muchas de ellas organizadas en colecciones a las que los historiadores de nuestra literatura han hecho referencia. Vendimia es la más compleja, en tanto reúne muestras de la mayoría de ellas. Pero Vendimia tampoco está salvada de esa profusidad irregular. Muchos de esos poemas aparecieron en publicaciones periódicas. Lo más conocido es aquello que fue incluido en la Selección poética editada en 1942, pero está lejos de ser representativo.

La obra posterior a 1901 no tiene, en esencia, las características que hemos venido apuntando. Hasta la nota de Excéntricas reaparece en algún que otro poema, fundamentalmente, en aquellos agrupados en la colección Misterios. Los aportes más significativos de esa región de su obra se pueden situar en dos terrenos básicamente: el retrato con matices críticos de la vida republicana, y la evolución de su pensamiento político.

Habíamos indicado cómo es posible advertir en algunos poemas de En medio del camino la existencia de temas, situaciones y motivaciones propios de la realidad cubana de los primeros años del siglo. Con el tiempo su penetración trascenderá la mera descripción, y tanto desde asuntos vinculados a su intimidad, como en personajes y contradicciones externas, se perfilará una visión ácida, con ribetes críticos. Así sucede con el desengaño, con la necesaria falsedad impuesta por la circunstancia, que se hace evidente en «El antifaz»; con la monotonía del trabajo burocrático, muy bien dibujado por «En la oficina», y la pintura despectiva que hace del demagogo, lleno de detalles que lo convierten en un triste personaje de nuestra realidad republicana. Estos atisbos de Byrne no se deben sólo a su intuición. Algunos pasajes de sus artículos periodísticos nos indican que estuvo su pupila siempre atenta contra la corrupción política de un aparato gubernamental que conoció por dentro. En su semblanza del político Luis Fortún hay un acertado juicio de la descomposición creciente de la democracia republicana, y de aquellos que usaron la politiquería como forma de vida.

A Byrne puede corresponderle también el calificativo de «re-formador social ingenuo», que se ha aplicado a Milanés.[490] Su pensamiento político no responde a una formación sistemática en sentido alguno. Lo político, en términos de justicia social, parte como ya hemos apuntado, de posiciones éticas. «Civismo» es una palabra de época que califica con bastante precisión esa actitud. Hasta donde su poesía y, sobre todo, su prosa, nos permite conocer, Byrne se conduce más por las exigencias de una formación religiosa, que tuvo como bastión la honestidad, que por concepciones basadas en doctrinas o sistemas políticos y filosóficos. Toda su poesía está marcada por el espiritualismo y, al mismo tiempo, por la preocupación ante la desigualdad social y los padecimientos de las clases más humildes.

Uno de los textos más importantes de Byrne, y una de las mayores alegrías para el que penetra en sus papeles, es el encuentro con el poema «Lasciate», dedicado a Juan Gualberto Gómez. Está fechado el 27 de mayo de 1901, en el momento en que la Convención Constituyente debatía la aprobación de la Enmienda Platt. Es un claro manifiesto en contra de la intromisión de los Estados Unidos en la vida social y, lo más importante, económica del país, desde la advertencia por lo que significará esa penetración para nuestra naturaleza, hasta lo que dañará la autoctonía de nuestra cultura. Es, además, un llamado a la lucha, a la oposición. Su visión no se limita a las concepciones típicas de los intelectuales de esos años, quienes culpaban la penetración a la indolencia de los cubanos, ignorando la naturaleza de la rapacidad imperialista. Byrne acusa la «mano de mercader», la «codicia ruin sin corazón ni entrañas». La claridad de sus planteamientos es excepcionalmente superada por el pensamiento cubano del comienzo del siglo. Su importancia trasciende también al plano formal. «Lasciate» es un poema sostenido a pesar de su extensión, en el que el verso blanco alcanza plenitud, y en el lenguaje y en la elaboración encontramos un cuidado no habitual en la obra de Byrne.

Los asuntos sociales no desaparecen, como se ha visto, en ningún momento, tanto en poemas sobre las pasadas guerras, como en piezas sobre el acontecer que le fue contemporáneo. Tal es el caso de «El taller de maquinarias», que sintetiza su simpatía hacia los hombres vinculados al trabajo. Este poema enuncia concepciones que nos hacen reafirmar que esa simpatía está basada en algo más que la simple intuición, y evidencia que Byrne, por lo menos, había asomado sus ojos por libros e ideas mucho más avanzadas.

A comienzos de la década del treinta, vuelve Byrne a poner su obra al servicio del país, lo que demuestra que no fue ajeno a los desmanes de la tiranía

---

490   Ver Ricardo Vázquez: «Aproximaciones al pensamiento político-social de José Jacinto Milanés», en *Revista de Matanzas*, no 4.

de Machado. Ahí están «Crimen inútil» y «Los muchachos», fechado el 13 de noviembre de 1930:

> ¡Si hoy de la insignia nuestra está la estrella ausente,
> es que los estudiantes la llevan en la frente,
> para que la divisen los ojos de Martí! ...

Por todo ello, esta antología es una necesidad impostergable. Desde su muerte, la obra de Bonifacio Byrne exigía que las nuevas generaciones que lo saben vivo, porque ha permanecido vibrando en nuestra historia más reciente en la inolvidable voz de Camilo, lo conozcan en amplitud y profundidad, sin parcialidades que lastren los matices de una poesía imprescindible para la historia de la literatura cubana y para la historia de Cuba.

Matanzas, invierno de 1981.

BONIFACIO BYRNE*

SUSANA MONTERO

Cuando en 1893 apareció *Excéntricas* en nuestro horizonte lírico, Julián del Casal, guiado por su natural generoso y modesto, afirmó con respecto a su autor, Bonifacio Byme (1861-1936): «Tanto por su elevada fantasía como por su exquisita sensibilidad, es el primero de los poetas de la nueva generación [...] ha interrumpido el tono monótono de la poesía cubana, lanzando en ella una nota nueva, extraña y original.»[491] Y si bien no puede validarse hoy este criterio desmedido, conformado al calor de la novedad, sí permite constatar en el asombro del apologista, un elemento importante: que el modernismo cubano del período finisecular — aun sin tener en cuenta la excepcional obra martiana — no puede considerarse como una prolongación o irradiación del casalianismo, sin otra virtud que la que le prestase este acento centrípeto, pues cada uno de los representantes del movimiento logró una voz auténtica, medularmente diferenciable no sólo del estilo de Casal — innegable estímulo rector para la mayoría de estos contemporáneos — sino también con respecto a la tradición lírica cubana en la cual todos se insertan de manera más o menos evidente.

Antes de publicar este tomo Byrne había mostrado su vocación lírica con un breve grupo de poemas que — por la referencia de Nicolás Heredia,[492] se sabe — respondían a los cánones consagrados del romanticismo intimista, en la línea de Milanés y Zenea. Por lo cual *Excéntricas* constituía un ensayo un tanto al margen — como lo indica el título — de su voz lírica cierta, la cual definiría el poeta antes de terminar el siglo, bajo la influencia de las lecturas literarias de moda y el intercambio con los inquietos creadores coterráneos.

Este carácter experimental no compromete algunas virtudes del poemario, como su riqueza lexical y temática, la diversidad de los matices de lo lírico que ostenta, la profundización del pensamiento poético en relación con la lírica intimista, la plasticidad descriptiva, la fantasía, la voluntad renovadora con respecto a la tradición lírica nacional — rasgos que lo definen como modernista —, y un elemento que constituyó el aporte más novedoso de la colección: el humorismo, nota extraña, sin dejar de ser coherente, en el contexto de la estética finisecular, y muy lograda en un poema como «Mi sepulturero», en el cual, dentro del tema satánico, muestra el autor aquella irreverencia característica del modernismo, en este caso frente a la gravedad de la muerte:

....
Inútiles muebles, odres ya vacíos,

---

*   Fragmento de la sección sobre los poetas modernistas cubanos en *Historia de la literatura cubana*. T. I. La Habana: Instituto de Literatura y Lingüística, 2002.

491   Julián del Casal: *Prosas*, tomo I, pp. 274-275.

492   Bonifacio Byrne: *Excéntricas. Versos*. Prólogo de Nicolás Heredia. Imp. Galería Literaria, Matanzas, 1893, p. IV.

> él se ha imaginado que los muertos son:
> y aburridos a veces de hallarlos tan fríos,
> con mano sacrílega les da un bofetón.

No todas las composiciones alcanzan un mismo nivel de originalidad ni pareja fluidez expresiva — muestra de que esta obra marcaba una fase de búsquedas estilísticas del autor — y a menudo la gabela romántica (lenguaje, imágenes, temas) prevalece sobre el propósito renovador y la utilería infernal; así como incurre el poeta en prosaísmos y ciertas expresiones de auténtico mal gusto o aun grotescas.[493]

El poeta alcanzaría un significativo estadio de su estilo con sus *Efigies* (1897), poemario editado en el exilio y cuyas ganancias de edición fueron destinadas por Byme para fondos de la guerra independentista. Mucho se ha repetido que a partir de esta obra el autor abandonó el modernismo para inscribirse en la larga evolución de nuestra poesía patriótica, más épica que lírica, y permanecer definitivamente en ella como «el poeta de la guerra»[494] por antonomasia: considerados así, tácitamente, como incompatibles el motivo patriótico y la renovación modernista. En tal sentido conviene señalar que si desde el punto de vista temático el autor retomó una de las líneas más frecuentadas anteriormente por los poetas cubanos, esto no significó en modo alguno un regreso, sino una actualización, y un testimonio de la avanzada político-social del momento, y su trascendencia, más allá de las virtudes estilísticas que posee esta obra, debe medirse en términos de lo necesario histórico, advertido por José Martí desde los albores de la nueva lírica, en una declaración que ha sido considerada en justicia como el manifiesto de la modemidad:

> Lloren los bardos de los pueblos viejos sobre los cetros despedazados, los monumentos derruidos, la perdida virtud, el desaliento aterrador: el delito de haber sabido ser esclavo, se paga siéndolo mucho tiempo todavía. Nosotros tenemos héroes que eternizar, heroínas que enaltecer, admirables pujanzas que encomiar, tenemos agraviada a la legión gloriosa de nuestros mártires que nos pide, quejosa de nosotros, sus trenos y sus himnos.[495]

Por otra parte, desde el punto de vista estilístico *Efigies* representa una superación de la voz poética de Byrne, pues si no abandona del todo el legado romántico e incorpora en algunas composiciones, como la dedicada a Martí, las fórmulas expresivas más usadas por la lírica patriótica, en la mayoría de ellas se observa la tendencia hacia un lenguaje de mayor síntesis, concentración y efectividad, culminantes por ejemplo en su antológico poema «Los Maceo»:

---

493   Son ejemplo de ello en este poemario de 1893 las composiciones «Mar adentro» y «La momia rubia».
494   Max Henríquez Ureña: *Breve historia del modernismo*. Fondo de Cultura Económica, México, 1954, p. 417.
495   José Martí: ob. cit., tomo V, p. 95. (La autora cita por la edición de los *Obras Completas*, de 1975).

Estirpe de colosos y titanes
Ellos alimentaban sus legiones
con médula y con sangre de leones
para lograr mejores capitanes.

Su séquito era sólo de huracanes,
su música, la voz de los cañones,
las nubes del espacio, sus bridones,
sus amigos ausentes, los volcanes.

Para narrar sus épicas hazañas
hay que escribir exámetros de acero
interrogando al mar y a las montañas.

Y para ese milagro es lo primero,
descender de la tumba a las entrañas
y a Dios pedir que resucite Homero...

Concebido todo el tomo en sonetos endecasílabos, el autor demuestra la maestría que lo hizo figurar desde entonces como uno de los mayores sonetistas de la lírica cubana, por su habilidad para encauzar, sin forzarlo, el pensamiento poético en el molde severo de la estrofa; propósito a veces fallido en su primer poemario, y en punto de diversidad de acentos no desmerece los logros anteriores pues adecua al perfil del patriota elegido una voz lírica o épica, intimista o exaltada e hiperbólica, como en los ejemplos respectivos de «Zenea» y «Máximo Gómez».

La concepción del poemario como galería de imágenes descriptivas converge en la afición modernista por el lenguaje de las artes plásticas, apreciable en los múltiples medallones, camafeos, bustos, mosaicos, perfiles, siluetas..., que adornan la literatura del período. Pero en las efigies de Byrne prevalece la proyección histórica y emocional del héroe sobre el trazo pictórico, en el cual, no obstante, logra el escritor ocasionalmente versos magníficos, como el terceto final del poema «Ignacio Agramonte», en que la figura fantasmagórica del Bayardo galopa perennemente la llanura camagüeyana en una instantánea de la victoria.

El concepto de lo poético y su función que representa *Efigies* es el más opuesto al esteticismo que proliferó en el primer período modernista, habida cuenta del sentido ancilar, ideologizante, que fundamenta en última instancia esta poesía de combate, según se explicita en el siguiente fragmento:

....

No hay arte superior a la energía,
cuando la humana indignación estalla
tras épocas infaustas de agonía.
Hoy el verso palpita en la metralla,

en el cañón está la sinfonía
y el cuadro en nuestros campos de batalla.

Versos en los que Byrne retorna el pensamiento martiano expresado en el prólogo a *Los poetas de la guerra* — su literatura no estaba en lo que escribían, sino en lo que hacían —[496] y lo revalida desde su praxis de poeta culto y hombre de acción revolucionaria; con lo cual este poemario suyo posibilitó una inmediación entre la línea poética de dicha antología y la esencia de la nueva estética, y en tal enlace *Efigies* marca la solución de continuidad, sólo prevista por Martí, entre ambas formas del «espíritu nuevo y viril de los cubanos»,[497] rebelde, independiente, fundador.

Ya en el siglo actual la merecida fama de su poema «Mi bandera», para siempre incorporado a nuestras tradiciones patrióticas, opacó las valiosas composiciones que el autor fue entregando en sus siguientes poemarios,[498] y que dan fe del desarrollo de su voz lírica en su paso del modernismo exaltado de *Excéntricas* al acento coloquial, contemporáneo, de los últimos poemas que el autor deja inéditos. De nuestros líricos del período finisecular que alcanzaron la presente centuria, Byrne es el único que muestra en su obra una evolución formal e ideote-mática ininterrumpida, sin abandonar sus anteriores conquistas expresivas que constituyen el sello de su estilo. De la obra de ese grupo de escritores la suya fue la más receptiva de las corrientes estéticas e ideológicas de avanzada, de ahí la conversión de sus ideas independentistas en antimperialismo, el paso de las semblanzas heroicas de *Efigies* a las caricaturas posteriores de la fauna administrativa seudorrepublicana, la sustitución del ambiente espectral y de flamante satanismo de *Excéntricas* por el escalofrío premonitorio que estremece de vez en vez sus poemas y que recuerda las alucinaciones casalianas.[499] Pero tales recepciones de vida y arte las reflejó fusionadas en su poesía, en vencimiento del escepticismo y las ideas artepuristas finiseculares, en función de los más nobles intereses patrióticos, por lo cual, dentro del contexto modemista cubano del período, la postura estética de Byrne es la más coherente con los postulados martianos, a pesar de que en lo estilístico el autor sólo siguió tímidamente la acelerada marcha de los principales poetas cubanos de aquellos años.

---

496   *Los poetas de la guerra*. Colección de versos a la independencia de Cuba, con un prólogo de José Martí. Imp. La Verónica, La Habana, 1941, p. 13.

497   Ibid.

498   *Lira y Espada* (1901), *Poemas* (1903), *En medio del camino* (1914).

499   Buena muestra de ello son poemas como «Los muebles», «El espía», «Misterios», «El duende», correspondientes a su creación en la seudorrepública.

BONIFACIO BYRNE: ¿POETA CONOCIDO?

Iraida D. Rodríguez Figueroa[500]

Cuando en marcha por las calles, en plazas o tribunas, a cielo abierto o en un recinto escolar nos llegan con vehemencia unos versos que proclaman la decisión de ser, hasta después de la muerte, fiel a la patria simbolizada en su bandera:

> Si deshecha en menudos pedazos
> llega a ser mi bandera algún día
> nuestros muertos, alzando los brazos
> la sabrán defender todavía.

los oímos con la satisfacción de haber encontrado las palabras exactas, esas insustituibles porque recogen con plenitud toda la carga afectiva del expositor y nos mueve a la reflexión del hecho, que constatamos, de que la asunción colectiva del pensamiento poético por grandes multitudes y por mucho tiempo, despoja al creador de la paternidad de la obra.

Esto, expresado categóricamente, parece un parricidio literario y hasta una expropiación cultural, sin embargo es algo que se aprecia cuando advertimos que pocos recuerdan el nombre del poeta y, si lo hacen, son escasamente esas frases repetidas las que conocen de él. El autor ha alcanzado la máxima popularidad de su obra, esa que convierte en voz de pueblo su pensamiento.

Bonifacio Byrne es uno de esos creadores que ha alcanzado la aspiración de verter en versos el sentimiento popular. Fragmentos de su poema «Mi bandera» han sido repetidos a través de los años por múltiples generaciones que han hallado en ellos la plena traducción de su sentir. En momentos de contiendas políticas, en instantes de reafirmación patriótica, en ocasiones de angustias y desazones, sus estrofas han servido de aliento y compromiso para quienes las han coreado.

Pero esta utilización reiterada de su expresión poética, hace a Byrne más desconocido cada vez. Si acaso se recuerda su autoría, se le nombra como el poeta de «Mi bandera» sin preocuparse de conocer nada más de su creación literaria ni de su destacada trayectoria como intelectual revolucionario –paradójico desconocimiento de alguien tan citado–. Por ello, resulta imprescindible recordar que este escritor fue una figura importante en la realización del modernismo poético en la literatura cubana del siglo XIX con la publicación de un libro significativo en 1893, *Excéntricas*, poemario indispensable para conocer la trayectoria poética de su autor. En él van a apreciarse los

---

500   Profesora de la Universidad de La Habana. Este artículo y el de Denia García Ronda –también profesora de la misma universidad– publicados ambos en la *Revista de la Biblioteca Nacional* en 2006, conmemoran el 70 aniversario de la muerte de Byrne. La reproducimos para que el lector pueda constatar que la crítica literaria en Cuba sigue estancada en los mismos slogans y supercherías ideológicas que junto con la miseria editorial no han permitido hasta ahora una apreciación justa de la obra del poeta matancero.

moldes modernistas del fin del siglo cubano y una marcada tendencia experimentalista que hace uso de algunos recursos no habituales en la poesía del momento, entre ellos la nota humorística que resulta lo inusitado en la época. Valores fundamentales del libro son, además, su riqueza ideotemática y lexical, la dimensión lírica con que se expresa la intimidad del poeta y el uso de una imaginación renovadora que busca nuevas sendas creativas para la poesía.

En 1897, Bonifacio Byrne abandona esta trayectoria poética para encausar su estro poético por senderos de consagración patriótica, a partir de la publicación en el exilio del poemario *Efigies*, cuyas ganancias de edición son entregadas como fondos para la guerra de independencia. Colección de sonetos de estructura impecable y descripciones de honda patriótica que le ganaron en su tiempo el apelativo de «el poeta de la guerra» — apelativo este olvidado hoy por el desconocimiento de la amplia producción poética dedicada al tema. Esta temática de poesía patriótica y social continuará a lo largo de la vida de Byrne con la apasionada entrega del autor a diversos aspectos de la vida social republicana en los que puso toda su sinceridad y lirismo expresivo.

Otras publicaciones poéticas fueron: *Lira y Espada* en 1901, *Poemas* en 1903 y *En medio del camino*, 1914; en esta última, se concretaron algunas vueltas a sus primeras creaciones, muy personales, desasidas de las tendencias poéticas en boga.

«Al volver de distante ribera, con el alma enlutada y sombría,» Byrne escribe en su poema «Mi bandera,» donde logra sintetizar toda la urdimbre de sentimientos, asombros, nostalgias y pesadumbre que había entronizado en la sensibilidad popular la intervención norteamericana en los destinos de la patria cubana. En un panorama poético cargado de poesías de alabanzas hacia la contienda independentista que acríticamente la cantaban como vencedora, la visión dolorida de la gran frustración y la enérgica confirmación de las ansias mantenidas, resultó la más completa entrega de argumentación patriótica para el sentir popular que la sintió propia y, como tal, comenzó a utilizarla.

Por estas razones a Bonifacio Byrne le agradecemos el habernos entregado el pensamiento del pueblo cubano expresado poéticamente en una realización literaria cuya musicalidad, fuerza y sencillez expresiva le ha permitido mantener su vigencia, inalterable, a través del tiempo. Y seguimos sintiéndola tan propia que a veces olvidamos al poeta que la escribió para considerarla producto del alma nacional de la que cada uno forma parte.

Revista de la Biblioteca Nacional José Martí 1-2, Año 97, enero-junio, 2006.

CARTA A BONIFACIO BYRNE
RAMÓN FERNÁNDEZ LARREA[501]

Enlutado y sombrío Bonifacio Byrne:

No se me vaya a hacer la bala que mató a Kennedy. No se me ponga en período especial[502] del corazón y esas cosas, que a todos creo que nos ha pasado lo mismo, de distintos modos y maneras – como decía una muy abuela mía – pero a todos nos ha mordido ese tipo de perro alguna vez. Y a lo mejor no con un trapo ondeando, pero sí con ventilador sovieto,[503] de aquellos que absorbían aire en vez de echarlo. De los que tenían su complejo de inferioridad y no querían ni hacerse notar. Pero yo, en el fondo del fondo, le comprendo la indignación patriótica en eso de regresar de distante ribera y encontrarse otra cosa flotando,[504] en vez de lo que decía la promoción turística[505] que lo embulló a regresar.

Y ya empecé juzgando, que no es lo mío. Que en este mundo andamos a cocotazos[506] por ver la papa rellena en el ojo ajeno y no la vaca de contrabando en el propio.[507] Vamos a ir por partes, que es lo que en la gramática se llama, muy decentemente, los participios. Si yo le indico algo, aunque sea mentira, serían entonces participios indicativos. Dejemos la poesía de marras para el

---

501　Cerramos la sección de textos críticos sobre Bonifacio Byrne desatentiendo – tal y como hicimos con la de poesía – el criterio cronológico que mantuvimos aquí. En abierto contraste con el texto insípido, plagado de lugares comunes y por una prosa tan cursi como vacía que lo precede, la «carta» de Fernández Larrea es, pudiéramos decir, su respuesta paródica, desacralizadora y – en el sentido más saludable del término – política. Ramón Fernández Larrra es poeta y ha sido productor radial, guionista de cine y televisión. Obtuvo el premio Julián del Casal de poesía 1985 con su libro *El pasado del cielo*. Desde entonces a la fecha ha publicado ocho libros de poesía, incluyendo *Nunca canté en Broadway*, una antología de su obra poética publicada en el 2005. Su libro *Terneros que nunca mueran de rodillas* recibió el premio de poesía Julio Tóvar. Su libro *Kabiosiles. Los músicos de Cuba, retratos emocionales de la música y los músicos cubanos* fue editado en el 2005 por Linkgua. Desde el año 2005 reside en Miami donde trabaja como escritor de humor para programas de la televisión: *Seguro queyes* y *Esta noche tu nitgh*, conducidos ambos por el comediante y actor Alexis Valdés. Finalmente, cabe agregar que Fernández Larrea es uno de los poetas más importantes de la llamada generación de los 80s. Su obra poética ha sido recogida en numerosas antologías como: *Cuba: en su lugar la poesía* (México, 1982); *Usted es la culpable* (La Habana, 1984) y *Un grupo avanza silencioso* (México, 1994), entre otras. Realizó, desde 1988 hasta 1891el «Programa de Ramón». El programa se caracterizó por el tono satírico y la herejía, bordeando siempre el límite de lo que podía decirse en Cuba. Fue un éxito absoluto, y rompió records de audiencia.

502　Alusión al eufemísticamente llamado «Período especial en tiempos de paz», y que marca un período extendido de crisis económica en Cuba que habría empezado en 1991, tras el colapso de la Unión Soviética.

503　*soviético*

504　la bandera norteamericana. Véase el poema "Mi bandera," de Byrne.

505　Es decir, la idea de que ya Cuba era independiente.

506　*Andar a cocotazos*: pelear (Es una pena tener que *traducir* muchas de las expresiones que usa Fernández Larrea, pero considerando la amplitud de la audiencia que busca este libro, no había manera de evitar estas distracciones; por lo que pido perdón con toda la humildad posible).

507　*Por ver....*: es decir, para ver que la falta es del otro, y no nuestra.

final, el poema de la bandera hacia el fondo, y entremos en su vida a todo trapo.[508] Que el último que se atrevió a recitar sus inflamados versos se inflamó tanto que se hundió en el agua. O lo hundieron, que hay bururú barar[509] con el tema.[510]

La cuestión en sí es que usted era matancero, y a pesar de eso llegó lejos cantidad. Y hasta lo nombraron en su momento Poeta Nacional, título que luego le tocó a otro coterráneo suyo, Agustín Acosta. Acosta de la Carreta. Luego la carreta fue de Catcher y la llevaron para Camagüey.[511] Parece que la provincia era como una especie de cantera de Poetas Nacionales, lo que dice muy bien del nombre que le pusieron los que saben: «La Atenas de Cuba», y su lugar más conservado, las Cuevas de Bellamar, si no las han agarrado de refugio todavía.

A los frijoles, caballero: usted nació allí en 1861, así que tendría siete años cuando en La Demajagua se soltó Papillón.[512] No sé si aún le tocaba leche en esa edad[513] y en esa época, tal vez sí, y eso lo inclinó hacia los versos. Eso y el haber nacido en el lugar adecuado. Y en una semblanza de su semblante se dice que usted no se incorporó al movimiento Modernista. Tal vez ni lo llamaron para que lo hiciera. Yo siempre le huyo a los movimientos, aunque sean de tierra. Siempre hay un capitán araña y una pila de gente sepultada.[514]

---

508   Véase el gesto hábil y desmitificador que asimila la *bandera* al *trapo*.

509   *Bururú bararás*: misterio

510   Se refiere a Camilo Cienfuegos. Comandante del ejército revolucionario, que terminó su último discurso con la voz enronquecida y repitiendo la estrofa final de "Mi bandera." Camilo era uno de los líderes revolucionarios más populares al producirse la caída de la dictadura de Batista en 1959. Era conocido como "El Comandante del Pueblo», «El Señor de la Vanguardia» y el «Héroe de Yaguajay». En octubre de ese año Fidel Castro envía a Camilo Cienfuegos a Camagüey con la misión de arrestar al comandante Hubert Matos, quien había decidido renunciar. La versión oficial indica que Camilo Cienfuegos falleció el 28 de octubre, en un accidente de aviación a causa del mal tiempo mientras retornaba de Camagüey a La Habana a bordo de su avión ejecutivo, un Cessna 310. Sin embargo, nunca encontraron sus restos, ni los de su avión. Tampoco hubo informes de problemas climáticos en la ruta que supuestamente debía seguir el mismo, ni el avión de Cienfuegos emitió ninguna llamada de auxilio. El misterio que rodeó, no ya su muerte, sino su desaparición, dio lugar a diferentes teorías que van desde considerar lo sucedido como el resultado de un atentado del que Castro sería el máximo responsable, un error de la defensa antiaérea cubana, hasta una operación de la CIA. En Cuba la idea de que Castro estuvo directamente involucrado en la muerte de Camilo persiste todavía hoy en mucha gente.

511   El nombramiento oficial de Byrne ocurre cuando en julio de 1920 la Gaceta Oficial publica una ley, según la cual, dice Martínez Carmenate, se le concedía "una pensión vitalicia de cinco mil pesos en moneda de curso legal a Bonifacio Byrne, el Poeta Nacional de Cuba" (UMC 239). Agustín Acosta (Matanzas, 1886 – Miami, 1979) fue influido por el modernismo. Su título más famoso es *La zafra* (1926). Esto explica que Fernández Larrea lo llame "Acosta el de la Carreta" (el de la carreta de caña). En 1955 el gobierno de Batista lo nombró Poeta Nacional. Posteriormente el título, en efecto, pasaría otra provincia: Camagüey. Tras el triunfo de la Revolución Cubana hubo otro cambio de Poeta Nacional, y el título fue a las manos de Nicolás Guillén (aunque eso sí; el gobierno reinante se cuidó de no emitir ningún decreto al respecto).

512   La primera guerra de independencia, llamada de los Diez Años, comenzó en el ingenio La Demajagua, de Carlos Manuel de Céspedes.

513   Alusión al racionamiento de la leche de los niños en la revolución cubana.

514   Véase cómo se desacraliza la figura de Martí. Primero, Fernández Larrea evita nombrarlo por su nombre sino por el que le dieron algunos de sus enemigos: «capitán araña». Hubo una época, en que la agitación emancipadora desencadenada en los territorios españoles de ultra

Aunque sea en el olvido. Que en su caso, matancero de la Atenas cubana, sería «sepultado en el Ovidio», aunque creo que éste era un romano o de por allí cerca de la Antigüedad. La cuestión es que, impulsado por el aire provincial se puso a escribir versos. Y lo que es peor, a publicarlos. Que si uno los escribe y los va diciendo en las barras y en las esquinas, todavía se salva por delirante, loco o borracho. Pero «papelito jabla lengua».[515]

Y en esta misma semblanza, se dice textualmente que usted «se acercó a Julián del Casal» -- pero no menciona de qué forma o de qué lado –, «y éste le tomó tanta estima que le dedicó la semblanza que incluyó en *Bustos y Rimas*».[516] Parece que usted tenía mucho buen busto, que todo el mundo le dedicaba una semblanza. Buen semblante a lo mejor era lo que tenía, y le bustaba a todos.[517] Yo mismo, ahora, me doy cuenta que estoy haciendo lo mismo, semblanteándolo hasta donde puedo, porque observado que mucha gente, cubanos inclusive, lo conocen a usted sólo de los versos finales del poema a la bandera y sólo tienen en mente los artríticos brazos cadavéricos levantados con una pila de retazos. Y el poema dice más, cómo no. Y su vida también.

Por eso me voy pa' Sibanicú[518] – que más que una licencia poética, es médica o transportista – hasta el año 1893, cuando el pobre Casal le dio la patá a la lata[519], muriéndose de risa, sellando así el destino de nuestro carácter nacional. Ese año publicó usted su poemario *Excéntricas*, que no eran versos dedicados a mujeres de la farándula, sino un intento más de alejarse de los Modernistas, que luego fueron un cuarteto musical,[520] pero en su época era gente

---

mar, obligó al gobierno a reclutar grandes cantidades de hombres de la Península, para hacer frente a aquellos movimientos de insurrección. Una de las figuras de ese reclutamiento iba a ser – sin duda – un tal Capitán Arana o Araña, personaje de origen oscuro, pero que llegó a desempeñar su tarea con diligencia y eficacia extraordinarias. Pero, sucedió que a la hora de embarcarse él mismo, desapareció como tragado por la tierra. Desde entonces, la expresión ser (o hacer de) *Capitán Araña*, que embarca a otros y él se escapa, se aplica para calificar la conducta de quien, tras inducir a otros a realizar una tarea dificultosa, personalmente se abstrae de participar del trabajo. Se cree que este apodo influyó en la decisión de Martí de ir a la guerra a pesar de no tener ninguna experiencia militar. Lo segundo, aunque también incluye a Martí, lo rebasa; puesto que el dardo de Fernández Larrea se clava en los llamados de «Libertad o Muerte», «Patria o Muerte», etc. que solo pueden imaginar la patria y la libertad sobre una pila de cadáveres. Esto, como sabemos, es el caso de prácticamente todos los nacionalismos y las «causas» de este mundo.

515   Dicho popular cubano que pretende imitar el español de los chinos. Quiere decir que escribir es hablar, y por tanto el peligro es mayor si lo que se ha escrito se supone que deba mantenerse en secreto.

516   El último libro de Casal, como sabemos, y en el que se incluye su comentario sobre *Excéntricas*.

517   No es imposible que así fuera. Las fotos de Byrne de 1893 y de 1897 (que no reproducimos desafortunadamente por no disponer de imágenes con un mínimo de calidad) demuestran que, en efecto, Byrne tenía muy buen busto y muy buen semblante, y que es muy posible, por tanto, que le haya bustado a Casal, y que este no haya podido resistir ponerle la mano en el busto.

518   «Me voy pa' Sibanicú» es un son cubano.

519   *Darle la patá a la lata*: morirse.

520   El cuarteto Los Modernistas hizo época con su popular guaracha *Teresa*, que les entregó Osvaldo Farrés para su estreno y con una versión de *Siboney* (siempre con arreglos vocales y orquestales de Fernando Mulens) que ha trascendido en el tiempo por el impecable montaje de las cuatro voces. Esta agrupación, que lanzó su primer disco en los sesenta, logró mantenerse en la popularidad por más de treinta años.

alejandrina, endecasílaba y llena de cisnes por todas partes. Y dos años después, es decir, como reza la canción: «Allá en el año 95 / y por las selvas de Mayarí…»[521] (y esto es importante para los naturalistas, porque testimonia que Mayarí era una selva[522]) empezó la guerra, y usted se metió en un jelepe[523] por un soneto que escribió defendiendo a su vecino Domingo Mujica, fusilado por los españoles. El soneto tuvo una aplastante popularidad, llevado por Radio Bemba[524], y ahí se le complicó a usted el sábado por Domingo.

Si me remito a la semblanza de marras, me doy de morros[525] con una idea que afirma lo que yo sospechaba: «Ese lamentable hecho [se refiere al fusilamiento del vecino conspirador, no a la composición poética] inspira al poeta un soneto que va a provocar una nueva orientación de su poesía. Byrne deviene poeta civil». Ya caigo.[526] A partir de entonces, los lectores del soneto se volvieron «byrneros»[527], y comenzó lo que ahora se conoce como «estar en el byrne»[528], que alguna gente confunde con vender plátanos a sobreprecio o café oriental por debajo de la manga. Muy civil todo, pero perseguido, como ha de ser cuando es algo que huele a fufú.[529]

Eso me deja una gran inmolación en el alma. Yo siempre quise convertirme en poeta civil, pero nunca supe en qué oficina había que inscribirse. Teniendo el Comité Militar tan cerca de mi casa, y tan pendiente de mi busto, cambiaba de semblante al pasar con mis secretas intenciones poéticas de civilidad.[530] No sé si con el soneto construyó usted una balsa, pero sí que tuvo que salir como siquitraqui[531] sobre las olas, echando un pie,[532] y no paró hasta Tampa, que cuando un poeta le cae gordo[533] a las autoridades, le quieren hacer tampas diversas, ponerle un tampón en la boca y amarrarle las manos. Allí

---

521   Así comienza *El mambí*, célebre composicón cubana de Luis Casas Romero, camagüeyano que con sólo 15 años se enroló como mambí para luchar por la independencia. *Los versos de El mambí son de Sergio La Villa.*

522   Mayarí (en la provincia de Oriente). Por supuesto, el chiste está en que allí no hay ninguna selva.

523   *Jelepe*: lío, problema

524   *Radio Bemba*: rumores

525   *Me doy de morros*: me caigo de bruces

526   *Ya caigo*: Ya caigo en la cuenta. Ahora comprendo.

527   *Byrneros* juega con *bisneros* que es una muestra del spanglish de producción nacional. *Bisnero* es, por su puesto la versión castellana – cubana más bien – del inglés *businessman*. La criollización del término tiene la virtud de traerlo a la órbita de la risa, del choteo, y de revelar los frecuentemente turbios manejos del business (la transacción ilícita, el relajamiento de ciertas conductas) al despojar al término de su respetabilidad y seriedad.

528   «estar en el byrne» es, pues, traficar con la poesía, hacerla entrar en las operaciones bursátiles de la ideología.

529   Otro juego de palabras: *fufú de plátano* es un plato cubano. Recuerde que ya se ha mencionado el *bisne* de vender plátanos a sobreprecio. Pero el olor del *fufú* no es precisamente el de plátano. Véanse, además, las constantes alusiones – a través del chiste y la parodia – a la situación política, económica y social de la Cuba actual: la escasez de comida, el contrabando en que resulta esto, la ideología convertida en byrne.

530   Una alusión a la represión, a la vigilancia en Cuba.

531   *Siquitraqui*: cohete

532   *Echando un pie*: corriendo a todo dar

533   *Caer gordo*: molestar, importunar

se hizo usted lector de tabaquería, que es uno de los oficios cubanos más loables y llenos de humo que existen.

Para terminar el semblanteo, dicen en esa semblanza citada que cuando usted regresó al finalizar la guerra, venía con un pitirre[534] patriótico en el corazón, y que por poco le da un terepe[535] al ver ondear sobre el Morro un par de banderolas: la de U.S.A. y la nuestra. Ya eso sí se lo sabe la gente. Textúo y cito: «Le hubiera bastado ese poema para quedar definitivamente consagrado en la lírica de Cuba junto al nombre de José María Heredia». Vamos por partes, fuera casacas, y metamos el codo y el guante. Porque en esto de las banderas hay como un olor a trauma en el ambiente. Ya nuestro pensador mayor[536] se acoquinaba[537] y engurruñaba[538] el hombro para no entrar a un tablao donde bailaba una tremenda hembra española, dignísima de entablillar, solo porque el trapito enemigo[539] estaba afuera.[540]

Y usted va a rajatabla, a por todas,[541] diciendo de nuestra insignia que: «¡Al cubano que en ella no crea / Se le debe azotar por cobarde!». No es para tanto, Bonifacio, ya sé que encabrona[542] esperar ver una cosa y ver otra. Duele, mucho, como decía Elena Burke,[543] pero hay que ser un poco flexible. En mi tiempo, por ejemplo, la bonita del rubí, las tres franjas y una estrella[544] ondeaba de lo más solita y danzarina ella, pero luego te metías en los lugares[545] y qué encontrabas: pollo a la jardinera búlgaro, compotas rusas de tanquista, mermelada de arándanos de Volokolams, jugos de manzana de los Urales (muy bueno para la urea), salianka en sobre.[546] Era para estar boquiabierto, Bony, bonificado en Uzbeko. Hay algo en ese nacionalismo textil que no me encaja[547] del todo. En mi caso personal, que ya sé que es un poco monstruoso, pero es personal, civil y poético, a esta altura del mundo sobran los trapos. O que se los dejen a los equipos de fútbol y de pelota. O en los desfiles de las Olimpíadas, para saber que el prieto[548] ése es de otro continente y el chino judoka es de nosotros. Digo yo.

---

534   pájaro cubano, algo más pequeño que el gorrión
535   *Terepe*: ataque
536   José Martí
537   *Se acoquinaba*: se amilanaba
538   *Encogía*
539   Trapito enemigo: la bandera española. Obsérvese como la representación de la *bandera* como *trapo* se convierte en un gesto demoledor del discurso nacionalista que no cesa de producir exclusiones y reprime la diferencia. Se trata del uso de la bandera para movilizar emociones fáciles, mientras la nación se pierde por otros tragaderos.
540   Alusión al célebre poema sobre la bailarina española en *Versos Sencillos*, de Martí.
541   *A rajatabla, a por todas*: directamente, sin andarse por las ramas
542   Jode, fastidia
543   Elena Burke, una de las más populares cantantes cubanas. Llamada «Reina del feeling» y «Señora Sentimiento». Su interpretación de *Duele* es emblemática del *feeling*.
544   *La bonita...*: la bandera cubana
545   *Lugares*: mercados, bodegas
546   La bandera cubana ondeando solita arriba; abajo, todo era ruso, o búlgaro.
547   Me encaja: me convence
548   *Prieto*: negro

Ya sé que usted se berreó[549] con razón, y que quería esto tan lindo: «Aunque lánguida y triste tremola, / Mi ambición es que el sol con su lumbre / La ilumine a ella sola – ¡a ella sola! – / En el llano, en el mar y en la cumbre». Y mire qué casualidad, que tremola y el sol la alumbra a ella solana. Pero por abajo pasan las verdes pelucas del enemigo.[550] Nuestro pensador mayor no entra ya ni a ver una bailarina malaya, y no porque seamos enemigos de Sandokán.[551] La bandera allá arriba y la gritería es en otro idioma, aunque el idiomador[552] sigue hablando en un lenguaje parecido al suyo, que ya no convence.

Entonces, que me azoten si alguien quiere seguir su tremebundo[553] consejo. Porque no me conmueven la tela ni otras cosas banales. Y que, cuando me parta un rayo,[554] no se les ocurra envolverme inmolado en ella, que es gastar material por gusto. Que me quemen y me esparzan calpes, allí donde me toque. O que sigan el consejo de otro poeta, un poco menos civil que usted, pero más marxista. Se llamó Chico Marx[555] y le escribió esa nota a su hermana: «No olvides lo que te he dicho, cielo. Pon en mi ataúd una baraja de cartas, un palo de golf y una bonita rubia».

A mí me van sobrando el palo de golf y las barajas. Que echen también una trigueña[556] y un disco de Benny Moré.[557] Y que nadie se enlute el alma, que yo iré guaracheando[558] mi siguaraya.[559]

Civilmente embanderado,

Ramón

Encuentro 24, primavera de 2002.

---

549   *Se berreó*: se molestó, se enojó
550   Ahora no se trata de las compotas rusas, sino de los dólares norteamericanos (*pelucas verdes*) que son la moneda fuerte.
551   Nuestro pensador mayor no entra… La ironía está en que el billete de un peso en moneda nacional tiene la imagen de Martí. Y con ese billete no se compra casi nada, ha perdido valor de uso y de circulación: no entra "ni a ver una bailarina malaya." Sandokán era el protagonista de uno de los ciclos de novelas de Emilio Salgari, muy leído en Cuba.
552   Castro
553   *Tremebundo*: horrendo
554   *Me parta un rayo*: me muera
555   Uno de los famosos hermanos Marx. El otro era Groucho.
556   *Mulata*
557   Uno de los ícomos de la música cubana.
558   La *guaracha* es un baile popular afroantillano
559   Una alusión a *Mata siguaraya*, composición de Lino Frías (pianista de la Sonora Matancera) y de inspiración afrocubana, popularizada por grandes soneros como el propio Benny Moré, Celia Cruz y el venezolano Óscar de León.

IV. BIBLIOGRAFÍA DE BONIFACIO BYRNE

Bibliografía Pasiva

«Nocturno.» *El Pensamiento* 8, Año I, 30 de noviembre de 1879: 124.

«Los niños.» *El Álbum* 1, Año I, 15 de julio de 1881: 7.

«El mejor presente.» En un álbum. *Revista Matancera* 3, Año I, 23 de septiembre de 1883: 19.

«Arpegio X.» *Revista Matancera* 7, Año I, 21 de octubre de 1883: 51.

«El huerfanito.» *El Fígaro* 9, Año VIII, 13 de marzo de 1892: 6.

Excéntricas. Prólogo de Nicolás Heredia. Matanzas: Imprenta y Librería Galería Literaria, 1893.

«Palida Mors» A Julián del Casal. *La Habana Elegante* 43, Año IX, 29 de octubre de 1893: 10.

Efigies. «Pórtico» por Carlos Pío Uhrbach. Filadelfia: La Compañía Levy-type, 1897.

«Byrne, el bardo matancero.» *Cuba y América* 2 (27), 26 de febrero de 1898: 10.

«Los Maceo.» *Maceo.* «Semanario Político Independiente» 5, Año I. La Habana, 10 de noviembre de 1898: 32.

Lira y espada. Prólogo de Nicolás Heredia. La Habana: Tipografía El Fígaro, 1901.

«Rara coincidencia.» *Cuba y América* 105, Año V, octubre 1901: 455-59.

«La tierra.» Poema. *Cuba y América* 105, Año V, octubre 1901: 491.

Poemas. La Habana: Imprenta de Rambla y Bouza, 1903.

«Palida Mors» A Julián del Casal. *Cuba y América* 3, Año VII, vol. XIII, 18 de octubre de 1903: 10.

«El 20 de Mayo. ¡Por los muertos!» *Cuba y América* 8, Año VIII, vol. XV, 18 de octubre de 1903.

«Homenaje.» A Federico Uhrbach. Carlos Pío Uhrbach. Federico Uhrbach. *Oro.* Habana: Imp. Avisador Comercial, 1907: 14.

«Martí.» Poema. José Martí. *Obras Completas.* Vol. VIII. *Norteamericanos.* Gonzalo de Quesada, editor. La Habana: Imp. y Papelería de Rambla y Bouza, 1909: 69-70.

En medio del camino. «Pórtico» por Conde Kostia [Aniceto Valdivia]. Matanzas: Imprenta de Tomás González, 1914.

«Carta.» *Anales de la Academia Nacional de Artes y Letras* 2 (4). La Habana, oct-dic., 1917: 490-491.

Selección poética. «Prisma en siete notas» por Andrés de Piedra-Bueno. Cuadernos de Cultura, Quinta serie 6. La Habana: Dirección de Cultura del Ministerio de Educación, 1942.

«Lo que se propone el soviet ruso.» *Juventud Rebelde* 2. La Habana, 10 de enero de 1975.

«Lasciate. Elegía a Cuba.» *Revista de Matanzas* 1 (3). Matanzas, sept-dic., 1978: 10-13.

«Mi soneto a Domingo Mujica.» *Revista de Matanzas* 1 (3). Matanzas, sept-dic., 1978: 10-13.

Poesías. La Habana: Letras Cubanas, 1981.

Poesía y Prosa. Selección, prólogo y notas de Arturo Arango. Apuntes histórico-biográficos de Saúl Vento. La Habana: Letras Cubanas, 1988.

«Tres poemas inéditos de Bonifacio Byrne.» *Yumurí*, III (8). Matanzas, 5 de marzo de 1978: 4.

Bibliografía activa

Alcover, Antonio Miguel. «Lira y Espada, por Bonifacio Byrne.» *Cuba y América*, 105, Año V. Sección «Bibliografía», octubre 1901: 525-526.

Alonso, Digdora: «Excéntricas y Efigies. Dos instantes poéticos de Bonifacio Byrne.» *Bohemia*, 73 (48). La Habana, 27 noviembre de 1981: 16-19.

_____. «Un poema de la obra inédita de Bonifacio Byrne,» *Yumurí*, III (8). Matanzas, 5 de marzo de 1978: 4.

Alvarado, Américo. «Cuartillas al margen de un gran viejo lírico.» *Anales del Grupo Índice*. Matanzas, 1936: 21-27.

Arango Arias, Arturo. «Bonifacio Byrne: la poesía necesaria.» Bonifacio Byrne. *Poesía y Prosa*. La Habana: Letras Cubanas, 1988: 23-35.

Arcos, Jorge Luis. *Las palabras son islas*. La Habana: Letras Cubanas, 1999.

Belmont Parker, William. «Bonifacio Byrne.» *Cubans of to-day*. New York and London: The Hispanic Society of America, 1919: 455-459.

Blanco Cabrera, Gladys. «Bonifacio Byrne, recuerdos autobiográficos del poeta de la bandera». *Granma,* La Habana, 3 de marzo de 1975.

_____. «Bonifacio Byrne. El poeta cubano que escribió sobre los soviets rusos.» *Verde Olivo* 17 (15). La Habana, 13 de abril de 1975: 30-33.

_____. «La inédita poesía antimperialista de Bonifacio Byrne. *Bohemia* 69 (3). La Habana, 21 de enero de 1977: 10-13.

_____. «En versos inéditos: la rebeldía estudiantil universitaria,» *Romance*, 41 (3). La Habana, marzo de 1978: 14-16.

_____. «Bonifacio Byrne. Poeta de la patria irredenta.» *Girón*. Matanzas, 4 de julio de 1981.

Blanco Fombona, Rufino. «Bonifacio Byrne, el Poeta de la Guerra.» *Cuba y América*, 4 (82). La Habana, 5 de mayo de 1900: 9.

_____. «Un poeta de Cuba.» *Letras y Letrados de Hispanoamérica*. París: Sociedad de Ediciones Literarias y Artísticas, 1908: 181-189.

Bobadilla, Emilio (Fray Candil). «Ripiorrea cubana.» *Grafómanos de América*. Vol. I. Madrid: Librería General de Victoriano Suárez, 1902: 109-112.

Bueno, Salvador: «Bonifacio Byrne. El poeta de la bandera.» *Figuras Cubanas*. La Habana: Comisión Nacional Cubana de la UNESCO, 1964: 179-188.

Carbonell y Rivero, J. M. *Evolución de la cultura cubana*, t. IV. La Habana: Imprenta El Siglo XIX, 1928: 291-306.

Carbonell Rivero, M. A. *El Poeta de la Guerra*. La Habana: Ed. Guáimaro, 1938.

Carbonell, José M. «Lira y espada.» *Cuba y América*, 5 (103). La Habana, agosto de 1901: 321-323.

Carrera, Delia: *Bonifacio Byrne. Breves datos sobre la vida y la obra del Poeta Nacional*. Matanzas: Imprenta Enrique González, 1944.

Casal, Julián del: «Bonifacio Byrne.» *La Habana Elegante*, 30 de abril de 1893.

Cossío Woodward, Miguel: «La bandera de Bonifacio Byrne.» *Granma*. La Habana, 2 de marzo de 1981: 4.

«Donan hijos de Bonifacio Byrne, numerosos trabajos inéditos del destacado poeta.» *Granma*. La Habana, 14 de diciembre de 1974: 4.

Galindo, Claudio. *Bonifacio Byrne: patriota y poeta*. Sección de Activistas de Historia. Matanzas: DOR CP-PCC, /s. f./.

_____. «Cómo y quién compuso el soneto a Domingo Mujica.» *Girón*. Matanzas, 16 de septiembre de 1984: 2.

_____. «Un sabio maestro neopoblano.» *Girón*. Matanzas, 24 de abril de 1983: 2.

Gálvez, Wenceslao. «Bonifacio Byrne.» *Tampa. Impresiones de emigrado*. Tampa: Establecimiento tipográfico «Cuba,» 1897: 102-104.

_____. «Poesías de Byrne.» *Universidad*, 3 (74). La Habana, 31 de mayo de 1914: 15.

García Lorenzo, Orlando. «Las letras patrióticas de Bonifacio Byrne.» *Girón*. Matanzas, 1ro de marzo de 1981.

García Ronda, Denia. «Bonifacio Byrne ante la intervención.» *Revista de la Biblioteca Nacional José Martí* 1-2. Año 97, enero-junio, 2006: 10-16.

González, Julián. «Algo sobre Bonifacio Byrne.» *El Fígaro* 19 (19). La Habana, 10 de mayo de 1903: 228.

González Villalonga, Reynaldo. «Bonifacio Byrne: murió con un verso en la mente.» *Girón*. Matanzas, 3 de julio de 1976.

Henríquez Ureña, Max: *Panorama Histórico de la Literatura Cubana*, t. II. Puerto Rico: Ediciones Mirador, 1963.

Henríquez Ureña, Pedro. «El Modernismo en la Poesía Cubana.» *Ensayos críticos*. Habana: Imp. de Esteban Fernández, 1905: 33-42.

Hernández Miyares, Enrique. «Del poeta Byrne.» Enrique Hernández Miyares. *Obras Completas* II. *Prosas*. Habana: Avisador Comercial, 1916: 29-33.

Heredia y Mota, Nicolás. Prólogo a *Excéntricas*. Bonifacio Byrne. Matanzas: Imp. Galería Literaria, 1893.

_____. «Efigies. Sonetos patrióticos por Bonifacio Byrne.» *Cuba y América*, 2 (15), 1 de noviembre de 1897: 15.

_____. «Prólogo.» Bonifacio Byrne. *Lira y Espada*. La Habana: Tipografía El Fígaro, 1901.

«Homenaje a Bonifacio Byrne.» *Museo* 1 (9 y 10), Matanzas, enero-febrero, 1961. Instituto de Literatura y Lingüística de la Academia de Ciencias de Cuba. *Diccionario de la Literatura Cubana*. t. I. La Habana: Letras Cubanas, 1980: 161-163.

Iznaga, Alcides. «Byrne, poeta de la guerra.» *Bohemia* 69 (37). La Habana, 16 de septiembre de 1977: 29.

Larrea Fernández, Ramón. «Carta a Bonifacio Byrne.» *Encuentro de la cultura cubana* 24. Primavera, 2002: 13-16.

Lazo, Raimundo. «Bonifacio Byrne a los cien años.» *Universidad de La Habana*, 25 (151-153). La Habana, julio-diciembre, 1961: 105-112.

Letras Cubanas. *Poesía Social Cubana*. La Habana, 1980.

Lezama Lima, José. *Antología de la poesía cubana*, t. 3. La Habana: Consejo Nacional de Cultura, 1965: 552-553.

Lizazo, Félix y José Antonio Fernández de Castro. *La poesía moderna en Cuba (1882-1923)*. Madrid: Librería y Casa Editorial Hernando (S. A.), 1926.

Lles, Fernando. «Glorias nacionales. Bonifacio Byrne.» *El Estudiante*. Matanzas, 26 de noviembre de 1911.

Lombardo, Oscar: «Bonifacio Byrne: cómo le conocí.» Reproducido en *Museo*, 1 (9 y 10). Matanzas, enero-febrero, 1961: 8-9.

Márquez Sterling, Manuel. «Byrne y su último libro.» *El Fígaro*, 17 (20). La Habana, 26 de mayo de 1901: 222.

_____. «Poemas de Byrne.» *El Fígaro*. La Habana, 16 de agosto de 1903.

Martínez Carmenate, Urbano. «Bonifacio Byrne: mambí de las letras.» *Girón* 2, Matanzas, 5 y 6 de julio de 1985.

_____. *Bonifacio Byrne*. La Habana: Editora Política, 1999.

Martínez Graciano, P (Agustino). «Bonifacio Byrne.» *De paso por las bellas letras (críticas y critiquillas)*. T. II. Madrid: Bruno del Amo, 1921: 251-259.

Medrano, Higinio J. «Un libro de Byrne.» *Letras*. 2da época, 10 (21): La Habana, 7 de junio de 1914: 245.

Memorias del Liceo Artístico y Literario de Matanzas: Matanzas, 1878-1882, 1886, 1893-1933.

Moliner, Israel. *Los clubs revolucionarios*. Matanzas, 1934.

_____. *Índice Bio-bibliográfico de Bonifacio Byrne*. Atenas de Cuba, 1943.

_____. *La imprenta en Matanzas*. Cuaderno de Historia matancera, IX. Matanzas, 1964.

_____. *Ño Carlo. El negro viejo de Byrne*. Atenas de Cuba, 1956.

_____. «Yo vi morir a Bonifacio Byrne.» *Girón* 2. Matanzas, 3 de julio de 1985.

Montero, Susana. «Bonifacio Byrne.» *Historia de la literatura cubana*. T. I. La Habana: Instituto de Literatura y Lingüística, 2002.

Noda González, Emiliana. «Byrne es un ejemplo, en lo mejor y más válido de su obra, del papel que le toca jugar a los intelectuales.» Conferencia ofrecida (...) en el acto de conmemoración del nacimiento del poeta Bonifacio Byrne, efectuado el 3 de marzo de 1978, *Yumurí* III. Matanzas, 26 de marzo de 1978: 2-4.

Núñez Booth, Jenaro. «Síntesis biográfica de D. Antonio Luis Moreno,» leída en el Ateneo de Matanzas el 25 de agosto de 1943 /.../, *Revista Mil* 1 (7). Matanzas, 1ro de octubre de 1943: 10-12.

Palma, Ricardo. *Recuerdos de España: precedidos de La bohemia de mi tiempo*. Lima: Imp. La Industria, 1899: 128-129.

Pérez Firmat, Gustavo. «XIV.» *Cincuenta lecciones de exilio y desexilio*. Miami: Ediciones Universal, 2000: 35-37.

Pérez Hernández, Raúl. «Byrne-su vida.» *El Moderado* 2. Matanzas, 28 de octubre de 1915.

Piedra-Bueno, Andrés de. *Matanzas y sus poetas*. La Habana: Imp. P. Fernández y Cía, 1939.

_____. *Evocación de Byrne*. La Habana, 1942.

Portuondo, José A. «Apuntes sobre los Uhrbach.» *Universidad de La Habana* (100-103). La Habana, diciembre de 1952: 39-72.

Rodríguez Figueroa, Iraida D. «Bonifacio Byrne: ¿poeta conocido?» *Revista de la Biblioteca Nacional José Martí* 1-2. Año 97, enero-junio, 2006: 17-18.

Ruiz de Zárate, Mary. «Martí en la poesía de Bonifacio Byrne.» *Juventud Rebelde*. La Habana, 16 de noviembre de 1983: 2.

Salom, Diwaldo. «Byrne y sus nuevos libros.» *Diario de la Marina* 62 (34). La Habana, febrero 8, 1901: 3.

_____. «Sobre un poema socialista. Divagaciones.» *Letras*, 2da época, /2/ (14, 15, 16 y 17): /s.f./, mayo 15, 31: junio 15 y 30, La Habana, 1906, respectivamente.

Sanguily, Manuel. «Las Excéntricas de Byrne.» *Hojas Literarias*, año I, núm. II, Sección «Variedades», 30 de abril de 1893.

Santiago, Miguel y Guillermo Cabrera. «Bonifacio Byrne, nuevo documento del poeta matancero.» *Juventud Rebelde*. La Habana, 9 de enero de 1975: 2.

Sosa de Quesada, Arístides. *Byrne*. La Habana: La Verónica, 1943.

Vázquez Pérez, Roberto. «Algo más sobre la obra de Byrne, el Poeta de la Guerra.» *Girón*. Matanzas, 23 de enero de 1975: 2.

Vento Almohalla, Saúl. «Bonifacio Byrne. El hombre, su tiempo y su obra.» *Revista de Matanzas* IV (9). Matanzas, 1983: 17-27.

Villanueva, Pelayo. «El gran poeta Bonifacio Byrne.» *La Nueva Senda* 319, Año VI. Colón, 8 de enero de 1920.

Vitier, Cintio. *Cincuenta años de la poesía cubana (1902-1952)*. La Habana: Dirección de Cultura del Ministerio de Educación, 1952: 16.

_____. *Lo cubano en la poesía*. La Habana: Letras Cubanas, 1998: 230-232.

_____. «Recuento de la poesía lírica en Cuba. De Heredia a nuestros días.» Cintio Vitier. *Obras* 3. La Habana: Letras Cubanas, 2000. 16-17.

Vitier, Medardo. «Poetas y Literatos.» *La Lucha* [¿1923?] http://www.guije.com /pueblo/municipios/matanzas/lucha/poetas.htm

Zamora Céspedes, Vladimir y Arturo Arango. «Unpoeta de la guerra.» *El Caimán Barbudo*, 2da época (93). La Habana, agosto de 1975: 7-8.

Thank you for acquiring

Poesía y Prosa de Bonifacio Byrne

from the
**Stockcero collection of Spanish and Latin American significant books
of the past and present.**

This book is one of a large and ever-expanding list of titles Stockcero
regards as classics of Spanish and Latin American literature, history,
economics, and cultural studies. A series of important books are being
brought back into print with modern readers and students in mind,
and thus including updated footnotes, prefaces, and bibliographies.

We invite you to look for more complete information on our website,
www.stockcero.com, where you can view a list of titles currently
available, as well as those in preparation. On this website, you may
register to receive desk copies, view additional information about the
books, and suggest titles you would like to see brought back into print.
We are most eager to receive these suggestions, and if possible, to
discuss them with you. Any comments you wish to make about
Stockcero books would be most helpful.

The Stockcero website will also provide access to an increasing
number of links to critical articles, libraries, databanks, bibliographies
and other materials relating to the texts we are publishing.

By registering on our website, you will allow us to inform you of
services and connections that will enhance your reading and teaching
of an expanding list of important books.

You may additionally help us improve the way we serve your needs by
registering your purchase at:
http://www.stockcero.com/bookregister.htm

CPSIA information can be obtained
at www.ICGtesting.com
Printed in the USA
LVHW111452070921
697214LV00005B/63